Offenbar hat Jesus als der Gründungsfigur des Christentums an Einfluß eingebüßt, während Ödipus, der im Zentrum der Freudschen Psychoanalyse steht, zur Bezugsfigur all jener geworden ist, die sich in der nachchristlichen Moderne um ein angemessenes Verständnis der menschlichen Seele bemühen. Gerhard Vinnais Studie unternimmt den Versuch, ausgehend von der Psychoanalyse, die versteckte Verwandtschaft zwischen beiden Sinngestalten der westlichen Kultur aufzudecken. So entwickelt das Buch eine psychoanalytische Interpretation der christlichen Lehre, die darlegt, daß Leben, Tod und Auferstehung des christlichen Jesus als Chiffren des unbewußten Dramas zu entziffern sind, das Sigmund Freud unter dem Namen des antiken Ödipus thematisiert hat. Diese psychoanalytische Lesart der Lehre Jesu gestattet es, Tiefendimensionen unserer individuellen und kollektiven Geschichte zu artikulieren, die in der Religion selbst so nicht verhandelt werden können. Vinnai bedient sich dabei nicht nur der Instrumente Freudscher Religionskritik, vielmehr wendet er seine Befunde kritisch auf Freuds Werk an, um das in der Psychoanalyse selbst noch Verdrängte bewußt zu machen. Insofern darf sich Vinnais Darstellung auch als ein Beitrag zur konstruktiven Auseinandersetzung mit der Kulturtheorie Freuds verstehen.

Gerhard Vinnai, Dr. phil., geb. 1940, ist Professor für Analytische Sozialpsychologie an der Universität Bremen. Buchveröffentlichungen: ›Fußballsport als Ideologie‹ (1970), ›Das Elend der Männlichkeit‹ (1977), ›Die Austreibung der Kritik aus der Wissenschaft. Psychologie im Universitätsbetrieb‹ (1993).

Gerhard Vinnai

Jesus und Ödipus

Fischer
Taschenbuch
Verlag

Geist und Psyche
Begründet von Nina Kindler 1964

**Für August Scheuermann (1873 – 1946)
und Erwin Vinnai (1908 – 1990)**

Originalausgabe
Veröffentlicht im Fischer Taschenbuch Verlag GmbH,
Frankfurt am Main, Oktober 1999

Redaktion: Anita Jantzer
Gesamtherstellung: Clausen & Bosse, Leck
Printed in Germany
ISBN 3-596-14478-7

Inhalt

Einleitung

Jesus und Ödipus sind zentrale Figuren der europäischen Innerlichkeit. Viele Jahrhunderte haben Menschen im Abendland ihre Erfahrungen mit sich und der Welt mit Hilfe der Jesusgestalt bearbeitet, die im Zentrum der christlichen Religion steht. Sie haben einen Sinn für ihr Leben gesucht, indem sie sich Christus zum Vorbild genommen haben; er bedeutete für sie eine Zuflucht vor inneren und äußeren Bedrängnissen. Der christliche Jesus hat an Einfluß verloren, der Ödipus, der im Mittelpunkt der Lehre Sigmund Freuds steht, hat ihn in mancher Hinsicht abgelöst und wird in einer nachchristlichen Moderne von vielen in Anspruch genommen, um seelische Probleme zu bearbeiten. Das eigene Selbst, das früher mit Hilfe der Lehre Jesu gesucht wurde, kann heute mit Hilfe der Psychoanalyse erkundet werden, die ihr Begründer um eine Konfliktkonstellation zentriert hat, die er mit dem Namen der antiken Sagen- und Tragödiengestalt Ödipus versehen hat. Der folgende Text will, von der Psychoanalyse ausgehend, die Verwandtschaft zwischen diesen beiden Sinngestalten der westlichen Kultur klären helfen, indem er die Beziehung von Psychoanalyse und christlicher Religion untersucht. Er liefert sowohl eine Interpretation der biblischen Lehren Jesu, die im Horizont der von Freud initiierten psychoanalytischen Religionskritik angesiedelt ist, als auch eine kritische Auseinandersetzung mit der Lehre Freuds, die von seiner Religionskritik ausgeht.

Nicht dem historischen Jesus, über den die Wissenschaft kaum etwas weiß, gilt das Interesse dieser Arbeit, sondern dem Jesus, der sich in der Seele der Menschen Geltung verschafft hat und noch verschafft. Für gläubige Christen gilt, daß sie Jesus in ihrem Herzen tragen, daß er in ihnen wirkt. Bei Martin Luther heißt es: »Durch den Glauben ist Christus in uns, ja eins mit uns.«[1] Mit Hilfe der Psychoanalyse soll untersucht werden, welche verborgenen psychischen Kräfte in diesem

---

[1] Lutherlexikon, Hrsg. K. Aland, Stuttgart 1957, S. 62

Erleben ihren Ausdruck finden. Gottesvorstellungen sind mit der seelischen Verfaßtheit der Gläubigen verbunden. In der Sprache der modernen Psychologie heißt das, daß sich in Gottesbildern Persönlichkeitsstrukturen und die mit ihnen verknüpften psychischen Prozesse niederschlagen. Die Menschen können ihre eigene psychische Verfaßtheit nie völlig durchschauen. Da die Psyche unbewußte Anteile enthält, die bewußt gemacht zu haben das zentrale Verdienst der Psychoanalyse ausmacht, verkennen sie notwendig mehr oder weniger, wer sie sind. Die begrenzte Möglichkeit der Einsicht in die eigenen seelischen Strukturen führt nach Freud zu »Denkillusionen«, die ihm zufolge religiöses Bewußtsein möglich machen. Was die Menschen im geheimen sind, was sie an sich nicht wahrhaben können oder wollen, führt zu »Psycho-Mythologien«, die den psychischen Kern des Religiösen ausmachen. Bereits 1897, also vor seinen entscheidenden psychoanalytischen Veröffentlichungen, schreibt Freud an seinen Freund Wilhelm Fließ: »Die unklare innere Wahrnehmung des eigenen psychischen Apparates regt zu Denkillusionen an, die natürlich nach außen projiziert werden und charakteristischerweise in die Zukunft und in ein Jenseits. Die Unsterblichkeit, die Vergeltung, das ganze Jenseits sind Darstellungen unseres psychischen Innern [...] Psycho-Mythologie.«[2] Dem Bewußtsein entzogene, ihm fremd gebliebene oder gewordene Mächte in der eigenen Psyche erzeugen diesem Gedanken zufolge Vorstellungen, die den Gläubigen als göttliche Mächte gegenübertreten. Schon Ludwig Feuerbach hat argumentiert, daß religiöse Bewußtseinsformen Äußerungen von undurchschauten menschlichen Wesenskräften sind, die gewissermaßen auf den Himmel projiziert werden: »Gott ist das offenbare Innere, das ausgesprochene Selbst des Menschen; die Religion die feierliche Enthüllung der verborgenen Schätze des Menschen, das Eingeständnis seiner innersten Gedanken, das öffentliche Bekenntnis seiner Liebesgeheimnisse.«[3] Freud, der Feuerbach sehr geschätzt hat, denkt auf verwandte, wenn auch ungleich nüchternere Art als dieser und faßt religiöse Vorstellungen als Projektionen unbewußter psychischer Regungen auf. »Ich glaube in der Tat, daß ein großes Stück der mythologischen Weltauffassung, die weit bis in die modernsten Religionen hineinreicht, nichts anderes ist als in die Außenwelt projizierte Psychologie. Die dunkle Erkenntnis

[2] Freud, S.: Briefe an Wilhelm Fließ. Frankfurt am Main 1986, S. 311
[3] Feuerbach, L.: Das Wesen des Christentums. Stuttgart 1969, S. 53

psychischer Faktoren und Verhältnisse des Unbewußten spiegelt sich [...] in der Konstruktion einer übersinnlichen Realität, welche von der Wissenschaft in Psychologie des Unbewußten zurückverwandelt werden soll. Man könnte sich getrauen, die Mythen von Paradies und Sündenfall, von Gott, vom Guten und Bösen, von der Unsterblichkeit und dergleichen in solcher Weise aufzulösen, Metaphysik in Metapsychologie umzusetzen.«[4] Die Psychoanalyse hat die Aufgabe, die andere Welt der Religion als Ausdruck der anderen Welt des Unbewußten kenntlich zu machen.

Gottesbilder werden in verwandter Gestalt üblicherweise von vielen Menschen geteilt, ihre individuelle Ausformung erlangen sie nur innerhalb eines sozial vorgegebenen Rahmens. Ihre psychoanalytische Untersuchung kann deshalb Auskunft über die kollektive Verfaßtheit des Unbewußten von Menschen in einer bestimmten Kultur geben. Religiöse Vorstellungen, wie die des Christentums, die ursprünglich von einem Religionsstifter und seinen Jüngern und später von Geistlichen in religiösen Institutionen entwickelt wurden, können nur dadurch eine weitreichende soziale Geltung erlangen, daß sie dem Unbewußten vieler Menschen entsprechen. Der Einfluß der Religion entspringt, in einem psychoanalytischen Interpretationshorizont, nicht einer irgendwie gearteten transzendenten Macht, sondern der Macht von Unbewußtem unter bestimmten gesellschaftlichen Verhältnissen. Die Jesusfigur erlangt als Äußerung von kulturell erzeugten unbewußten Phantasien, Konflikten, Triebregungen oder Gefühlen ihre Bedeutung. Jesus und seine Lehre hatten im Bewußtsein früherer europäischer Generationen eine immense Bedeutung, die auch noch im heutigen nachchristlichen Bewußtsein fortwirkt. Ihr psychoanalytisches Verständnis erlaubt deshalb einen Zugang zu den Tiefendimensionen der okzidentalen Kultur. Man kann die Jesusfigur, in einer religionskritischen psychoanalytischen Perspektive, als ein Symptom verstehen, dessen unbewußte Wurzeln die sozialpsychologischen Geheimnisse dieser Kultur enthalten. Jesus symbolisiert auf verschlüsselte Art eine geheime psychologische Wahrheit des Abendlandes, die es zu enthüllen gilt.

Das Christentum hat sich im Laufe seiner Geschichte gewandelt, jede seiner Epochen bringt für sie typische Jesusbilder hervor. Die Jesusfigur wirkt im Christentum als eine Art Projektionsfläche, an der,

---

[4] Freud, S.: Zur Psychopathologie des Alltagslebens, GW IV, S. 287f.

unter dem Einfluß sich wandelnder Erfahrungswelten, in denen sich gesellschaftliche Zwänge und Möglichkeiten niederschlagen, Verschiedenes identifiziert wird. Daß man über den historischen Jesus und seinen originären Anteil an den christlichen Lehren auch heute noch wenig weiß, hat das Christentum keineswegs geschwächt. Dieser Sachverhalt hat vielmehr dafür gesorgt, daß die Jesusgestalt als eine solche Projektionsfläche, der sich die christliche Innerlichkeit bedienen konnte, besonders geeignet war. Diese Arbeit will helfen, das Christentum zu begreifen, indem sie sich dieses in einer Gestalt vornimmt, die noch nicht durch die Aufklärung und die Anpassung an die moderne Welt um seine Substanz gebracht worden ist. Die Untersuchung eines Jesusbildes, das von einem solchen Christentum hervorgebracht wurde, trägt am ehesten zum tieferen Verständnis des Christentums bei. Dieses Buch orientiert sich nicht an modernen, zunehmend einflußlos gewordenen christlichen Glaubensformen, es orientiert sich an einem traditionellen, geschichtsmäßig gewordenen Christentum und nimmt sich deshalb einen seiner zentralen Texte vor, die Bibelübersetzung von Martin Luther. (Zum leichteren Verständnis allerdings in einer kirchlich genehmigten fragwürdig modernisierten Form.)[5] Deren Textmaterial soll durch Äußerungen Luthers und bedeutender mittelalterlichen Theologen und Mystiker ergänzt werden, die dazu beitragen können, das Wesen des historischen Christentums leichter sichtbar werden zu lassen. Die Lutherbibel gilt als zentrales heiliges Buch des Protestantismus, das auch dessen katholische Widersacher beeinflußt hat. Als Übersetzung, die nicht nur für Theologen, sondern auch für den »gemeinen Mann« erstellt wurde, hat sie großen, bis heute fortwirkenden Einfluß auf Christen erlangt. Als Text, der am Ende des Mittelalters, an der Schwelle zur Neuzeit, verfaßt wurde, nimmt er das Erbe des mittelalterlichen Christentums in sich auf und verweist auf das Christentum der bürgerlichen Epoche. Daß die Bibelübersetzung Luthers bei der Entstehung der deutschen Hochsprache eine entscheidende Rolle gespielt hat, verleiht ihr eine zusätzliche Bedeutung. Es ist nicht das Ziel dieser Arbeit, entsprechend der Intention einer historisch-kritischen Bibelforschung, herauszufinden, ob Luther seine hebräischen und griechischen Quellen richtig übersetzt hat. Sie will auch

[5] Die Bibel oder die ganze Heilige Schrift des Alten und Neuen Testaments. Nach der deutschen Übersetzung D. Martin Luthers. Nach dem 1912 vom Deutschen Evangelischen Kirchenausschuß genehmigten Text. Stuttgart o. J.

nicht herausfinden, was in der Bibel wirklich von Jesus stammt oder wem welche Passagen zu verdanken sind. Sie analysiert den biblischen Text in einer Gestalt, die eine sehr weitreichende psychische Besetzung erfahren hat und deshalb Auskunft über eine historisch wirksame christliche Innerlichkeit geben kann.

Die folgenden Analysen haben nicht den Kampf gegen bestehende Kirchen und ihre Lehren zum Ziel. Die Aufklärung hat hier ihr Werk getan; außerdem besorgen der moderne kapitalistische Konsumismus und seine Zerstreuungskultur die Schwächung des Christentums viel gründlicher als jede Aufklärung. Die Arbeit zielt auf eine kritische Sozialpsychologie der westlichen Kultur, die deren verdrängte Schattenseiten ans Licht heben will. Die Bewußtmachung der seelischen Mechanismen, die im Bereich der Religion wirksam sind, soll nicht nur deren Verständnis dienen, sondern auch dem Verständnis von ihr nachfolgenden, ohne sie organisierten Realitätsbezügen, in denen diese Mechanismen fortwirken. Die Psychoanalyse kann deutlich machen, daß es notwendig ist, sich immer wieder von neuem mit der eigenen Vergangenheit auseinanderzusetzen, um sich der Zukunft zu öffnen. Die Vergangenheit muß ständig neu aufgearbeitet werden, wenn ihre unbewältigten Elemente uns nicht der Gegenwart und Zukunft entfremden sollen. Was für die individuelle Geschichte gilt, gilt auch für die kollektive. Die geschichtliche Vergangenheit enthält unbewältigte kollektive Traumatisierungen, die durchgearbeitet werden müssen, um Fixierungen an sie zu lockern, und unerlöste Wünsche, die ins Bewußtsein gehoben werden sollten, um die aktuellen Beziehungen zur Welt zu bereichern. Die gegenwärtige westliche Kultur wird, auch wo sich ihre Mitglieder nicht mehr als christlich verstehen, doch von einer christlichen Vergangenheit entscheidend mitgeprägt. Ihr Einfluß ist auch auf jene, die sich dem Christentum gegenüber kritisch oder gleichgültig verhalten, keineswegs erloschen. Man kann viele Jahrhunderte Christentum, das unsere Vorfahren gelebt haben, nicht ohne weiteres abstreifen, sie wirken, ob wir es wollen oder nicht, noch in uns fort. Die Auseinandersetzung mit dem Christentum ist deshalb eine notwendige Auseinandersetzung mit unser aller Vergangenheit.

Dieses Buch wendet die psychoanalytisch orientierte Kritik nicht nur auf die christliche Religion an, sondern in seinem zweiten Teil auch auf ein wissenschaftliches Denken, das der Religion seinem Anspruch nach entgegensteht. Die Interpretationsmuster, die Freud zur Kritik der Religion entwickelt hat, lassen sich in verwandter Gestalt auch gegen Züge seines eigenen theoretischen Denkens richten. Nicht nur die Religion, auch die von Freud propagierte Wissenschaftlichkeit weist unbewußte Elemente auf, die es dem Bewußtsein zugänglich zu machen gilt, um die Aufklärung voranzubringen. Das Ödipale, das Freud im Bereich der Religion ausgemacht hat, beeinflußt auch seine Arbeit an der Psychoanalyse. Der Macht von Wünschen, die Freud im Bereich der Religion am Werk sieht, ist auch die Wissenschaft keineswegs völlig entronnen. Dies zu ihrem Nachteil, aber keineswegs nur dazu: Es gilt noch Potentiale der Religion, die Freud aus der Wissenschaft verbannen wollte, für das kritische Denken nutzbar zu machen. Im dritten Teil dieses Buches, »Das Andere im Innern«, werden hierzu Gedanken vorgetragen. Der Übergang vom religiösen zum wissenschaftlichen Weltbild bedeutet einen Fortschritt, aber dieser Fortschritt wurde mit Verlusten bezahlt, über die es noch nachzudenken gilt. Dies nicht, um der Religion eine neue Legitimationsgrundlage zu verschaffen, sondern um die Aufklärung durch das in der Religion noch nicht Abgegoltene zu bereichern.

Eine nur psychoanalytische Interpretation der christlichen Religion reicht keineswegs aus, um ihr Wesen zu begreifen. Die Bibel ist auch geistesgeschichtlichen, historischen, soziologischen oder philosophischen Auslegungen zugänglich, die durch eine psychoanalytische Interpretation ergänzt, aber keineswegs ersetzt werden können. Bereits Freud hat auf die Grenzen der psychoanalytischen Religionskritik hingewiesen. »Von der Psychoanalyse, welche zuerst die regelmäßige Überdeterminiertheit psychischer Akte und Bildungen aufgedeckt hat, braucht man nicht zu besorgen, daß sie versucht sein werde, etwas so Kompliziertes wie die Religion aus einem einzigen Ursprung abzuleiten. Wenn sie in notgedrungener, eigentlich pflichtgemäßer Einseitigkeit eine einzige der Quellen dieser Institution zur Anerkennung bringen will, so beansprucht sie zunächst für dieselbe die Ausschließlichkeit so wenig wie den ersten Rang unter den zusammenwirkenden Momenten. Erst eine Synthese aus verschiedenen Gebieten der Forschung kann entscheiden, welche relative Bedeutung dem hier zu erörternden Mechanismus in der Genese der Religion zuzuteilen ist; eine solche Arbeit überschreitet aber sowohl die Mittel als auch die Absicht des Psychoanalytikers.«[6] Außerdem ist durchaus mehr als nur eine sinnvolle psychoanalytische Interpretation des Bibeltextes möglich.

---

[6] Freud, S.: Totem und Tabu. GW IX, S. 122

Auch die folgenden Untersuchungen bringen verschiedene psychoanalytische Theoriekonstruktionen zur Anwendung, ohne daß das dabei zutage Geförderte ein völlig konsistentes Ganzes ergibt. Selbst wissenschaftliche Texte lassen verschiedene Interpretationen zu. Um so mehr gilt das für einen vielschichtigen religiösen Text wie den der Bibel. Er läßt sich zu sehr unterschiedlichen Denkformen und psychischen und sozialen Problemen in Beziehung setzen.

Die Bibel führt eine vom Männlichen beherrschte Religion vor und verdankt ihren Einfluß einer patriarchalisch organisierten Gesellschaft. Bei den im folgenden vorgeführten Übersetzungen des biblischen Textes in psychoanalytische Konstruktionen ist deshalb zu beachten, daß es sich bei diesen um idealtypische Konstruktionen handelt, die auf eine patriarchalische Ordnung bezogen sind. Begriffe wie Vater, Mutter oder Kind sollten bei der Lektüre nicht zu konkretistisch verstanden werden, es handelt sich dabei um mit der patriarchalischen Familie verknüpfte soziale Funktionen. Die Begriffe verweisen auf Positionen in einer symbolischen Ordnung, die von einer Kultur zur Verfügung gestellt werden, die aber erst verknüpft mit der Phantasietätigkeit des Kindes ihre besondere Bedeutung erlangen. Die Texte der Bibel wurden von Männern verfaßt, und innerhalb kirchlicher Institutionen vor allem von Männern interpretiert und verbreitet. Es scheint deshalb sinnvoll, sie aus einer männlich akzentuierten Perspektive zu interpretieren, der sie auch ihre Entstehung und ihren Einfluß verdanken. Außerdem sollte ein Autor akzeptieren, daß alle seine Interpretationen mit einer männlichen Identität verknüpft sind, auch wenn in seiner Psyche, wie in der aller Männer, Weibliches wirkt, das den Zugang zum Weiblichen möglich macht. Eine solche Textauslegung kann für Frauen zum Ärgernis werden. Eine von Frauen durchgeführte Bibelinterpretation könnte und sollte zu durchaus anderen Ergebnissen kommen.

Die folgenden Analysen versuchen sich relativ eng nicht nur an die Texte der Lutherbibel, sondern auch an Texte Sigmund Freuds anzulehnen. Die Rezeption der biblischen Schriften ist bei Christen wie Nichtchristen häufig durch Unkenntnis, durch die Wahrnehmung verzerrende Wunschvorstellungen oder blind machende Abwehr verstellt. Dies gilt in verwandter Form auch für das Verhältnis zu den Schriften Freuds. Um diesem entgegenzuwirken und die Urteilsbildung zu erleichtern, soll ausgiebig aus den Texten der Lutherbibel, ebenso wie aus Texten Freuds und seiner zeitgenössischen Mitstreiter zitiert werden.

Der Vorteil einer möglichst textnahen Analyse hat den Nachteil, daß die historisch-politische Reflexion zu kurz kommt, es gibt nur an einigen Stellen des Buches Ansätze hierzu. In jeden religiösen, ebenso wie in jeden psychologischen Text, geht eine bestimmte geschichtliche Konstellation ein. In ihm verschaffen sich bestimmte gesellschaftliche Verhältnisse und eine auf sie bezogene psychische Verfaßtheit Geltung. Die Lutherbibel verarbeitet seelische Probleme, die mit dem krisenhaften Übergang vom Mittelalter zur Neuzeit verknüpft sind; die Freudschen Untersuchungen hingegen sind mit psychischen Problemen verknüpft, die mit den Krisen der Moderne zu tun haben. Die gründliche Bearbeitung dieser historischen Differenz wäre eigentlich notwendig, aber sie würde den Rahmen dieser Arbeit sprengen. Nachfolgende Veröffentlichungen sollen dazu beitragen, dieses historische Defizit zu reduzieren, das aber, aufgrund der folgenden Überlegungen, nicht überschätzt zu werden braucht. Im Unbewußten ist die Symbolisierung um einige wesentliche Elemente zentriert. Die basalen Vorstellungen, die dort eine entscheidende Rolle spielen, haben mit der Erfahrung des Körpers zu tun, mit den Beziehungen zu Mutter, Vater und Geschwistern und denen zu Geburt, Liebe und Tod.[7] Diese Kernelemente des Psychischen spielen in jeder menschlichen Seele, in jeder menschlichen Kultur eine entscheidende Rolle. Im Unterschiedlichen wirkt – in verschiedener Gestalt – Gleiches. Daß die biblischen Texte, ebenso wie die Texte der Psychoanalyse, mit diesen Kernelementen verknüpft sind, erlaubt es, sie legitimerweise aufeinander zu beziehen.

Eine psychoanalytische Bibelinterpretation wirft mancherlei methodische Probleme auf.[8] Es läßt sich für die Bibel kein Textproduzent ausmachen, der psychoanalytische Deutung akzeptieren und ablehnen kann und so, wie der Patient auf der Couch, mit dazu beitragen kann, den geheimen Wahrheitsgehalt einer Äußerung aufzudecken. Im Rahmen der therapeutischen Praxis der Psychoanalyse spielt die Gegenübertragung des Analytikers, mit der er auf die Äußerungen des Patienten reagiert, eine zentrale Rolle. Die Phantasien und Gefühle, die

---

[7] Siehe hierzu: Jones, E.: Die Theorie der Symbolik in: Die Theorie der Symbolik und andere Aufsätze. Berlin 1978, S. 55 ff.

[8] Siehe hierzu: Raguse, H.: Psychoanalyse und biblische Interpretation. Stuttgart 1993. Raguses Text kann auch den Gedanken auslösen, daß eine gar zu ausführliche Methodenreflexion auch die Funktion haben könnte, die Angst vor der Veröffentlichung anstößiger Ansichten zu reduzieren.

der Patient beim Analytiker auslöst, sollen Hinweise auf das Unbewußte des Patienten geben. Indem der Analytiker sich mit diesen auseinandersetzt, kann er einen Zugang zu den dem Patienten verborgenen seelischen Problemen gewinnen. In einer trotz aller Unterschiede verwandten Art geht in eine psychoanalytische Interpretation der Bibeltexte das ein, was sie bei ihrem jeweiligen Leser und Interpreten an Gefühlen, Phantasien oder theoretischen Gedanken der verschiedensten Art auslösen. Damit verschafft sich bei jeder Bibelinterpretation ein subjektives Element Geltung, das von der Person des Autors abhängig ist. Was bei diesem an Einfällen zum Text auftaucht, kann dadurch bearbeitet werden, daß es zu nicht auf die Religion bezogenen theoretischen Konstruktionen aus dem Bereich der Psychoanalyse und Einsichten von bereits vorhandenen Texten zur Psychoanalyse der Religion in Beziehung gesetzt wird. Psychoanalytisch aufgearbeitete Erfahrungen können darüber hinaus mit Befunden aus verschiedenen Geistes- und Sozialwissenschaften konfrontiert werden. Durch ein solches Vorgehen kann im Text etwas Allgemeines gefunden werden, was über die Subjektivität des Autors hinausweist, aber immer auch bereits in ihr enthalten ist. Trotz allem Bemühen um Objektivität bleibt die Interpretation, auch wenn sie wissenschaftlich ausfällt, immer an die Subjektivität des Autors gebunden. Mit ihr sind auch die spekulativen Züge verknüpft, ohne die eine Arbeit – wie diese – nicht auskommen kann und will. Eine psychoanalytische Textinterpretation soll nichts im streng naturwissenschaftlichen Sinne beweisen. Außerdem wäre die Exaktheit von psychologischen Einsichten jeglicher Art immer nur ein methodisch produzierter Schein.[9] Wer allein streng abgesichertes psychologisches Wissen vorführen will, produziert damit womöglich nur Langeweile. Das fundierte Wissen eines Autors und die Art, wie er es vorträgt, sollten die Plausibilität der Ergebnisse von psychoanalytischen Untersuchungen gegenüber dem bloßen Meinen und Behaupten entscheidend erhöhen. Aber diese zeigen ihre Qualität nicht allein durch möglichst weitgehend begründete Feststellungen, sondern auch dadurch, daß sie ihre Leser irritieren und zum phantasievollen Nach- und Weiterdenken provozieren.

Da die Subjektivität ihres Produzenten die in diesem Buch vorgetragenen theoretischen Einsichten beeinflußt hat, scheint es nötig dar-

---

[9] Siehe hierzu: Vinnai, G.: Die Austreibung der Kritik aus der Wissenschaft. Psychologie im Universitätsbetrieb. Frankfurt am Main 1993

auf hinzuweisen, daß er keine religiöse Erziehung im engeren Sinn erfahren hat. Ich war nie Mitglied einer Kirche oder einer anderen Religionsgemeinschaft. Meine kirchlich gelenkte religiöse Unterweisung beschränkte sich auf evangelischen Religionsunterricht während der gesamten Schulzeit, der im wesentlichen aus Bibelkunde bestand. Man kann behaupten, daß eine solche Voraussetzung den Zugang zu religiösen Texten erschwert, sie scheint mir aber zumindest die kritische Distanz, die für ihre wissenschaftliche Analyse notwendig ist, sehr zu erleichtern. Da, wie dieses Buch aufzeigen soll, religiöse Erfahrungen mit bestimmten Kindheitserfahrungen eng verbunden sind, die auch der Autor durchgemacht hat, muß ihm das, was als religiöses Erleben erscheint, auch ohne kirchliche Prägungen keineswegs allzu fremd sein. Die Position des Außenstehenden kann es nicht nur erleichtern, klärenden Abstand zu gewinnen, sie kann sogar ein Interesse an der Religion wecken, das weit über das hinausreicht, was diejenigen Christen auszeichnet, die ihrer Kirche vor allem aus konventionellen Gründen angehören. Wer in dem kleinstädtischen protestantischen Milieu, in dem ich aufgewachsen bin, nicht kirchlich gebunden war, konnte als Kind oder Jugendlicher auch die Erfahrung eines von der Religion Ausgeschlossenseins machen, die zu einer intensiven Beschäftigung mit ihr drängen kann. Nach der Adoleszenz haben mich religiöse Fragen kaum noch interessiert, bis ich auf der Couch eines Analytikers damit konfrontiert wurde, daß sich auch bei mir gelöste und ungelöste seelische Probleme mit vielerlei religiösen Bildern verknüpften. Diese Erfahrung hat bei mir keinen Hang zur Frömmigkeit, wohl aber das Interesse daran geweckt, der Religion wissenschaftlich auf den Grund zu gehen. Dies nicht zuletzt auch, um die der christlichen Religion nachfolgenden Formen des berechtigten Hoffens und des illusionären Glaubens besser verstehen zu können.

Zum Schluß dieser Einleitung eine Bemerkung für diejenigen Christen, denen dieses Buch möglicherweise zum Ärgernis werden könnte. Wer es respektlos, widersinnig oder gar obszön findet, daß das Heilige in diesem Buch nicht nur zu zerstörerischer Gewalt, sondern sogar zu den abstoßenden Geheimnissen des Sexuellen in Beziehung gebracht wird, sollte bedenken, daß die Psychoanalyse mit dem Christentum den Anspruch teilt, der Überwindung des Zerstörerischen im Menschen durch die Ausbreitung der Liebe unter den Menschen dienen zu wollen. Sie geht allerdings davon aus, daß die Liebe immer mit dem

Eros verbunden ist und daß sie auch in den anstößigsten Formen des Sexuellen zur Geltung kommt. Wer die Liebe freisetzen will, muß sich mit allen ihren Erscheinungsformen auseinandersetzen.

Ich bedanke mich bei Cornelia Kornek, Elfriede Löchel, Ariane Schorn, Carmen Westedt, Johannes Beck, Wolfgang Bock, Jochen Ehlers, Michael Exner, Gerhard Liesegang, Helmut Reichelt und Mathias Waltz. Ihre Anmerkungen zu meinem Text haben es mir erlaubt, seine Qualität zu verbessern. Mein ganz besonderer Dank gilt Ilse Krugjohann, die mit unerschöpflicher Geduld die verschiedenen Fassungen des Textes angefertigt hat.

Die Liebesreligion als Religion der Gewalt

I

Das Christentum versteht sich als Liebesreligion. Im Zentrum seiner Glaubenslehre steht die Botschaft von der erlösenden Kraft der Liebe. »Nun aber bleibet Glaube, Hoffnung, Liebe, diese drei; aber die Liebe ist die größte unter ihnen.« (1. Korinther 13,13) Es ist die Liebe Gottes zu den Menschen, die ihn seinen Sohn für ihre Erlösung opfern läßt. Jesus läßt sich aus Liebe zu Gott und den Menschen ans Kreuz nageln, um die Welt zu erlösen. Die Gläubigen, die ihn lieben, können durch ihn ihr Heil finden. »Wer meine Gebote hat und hält sie, der ist's, der mich liebt. Wer mich aber liebt, der wird von meinem Vater geliebt werden, und ich werde ihn lieben und mich ihm offenbaren.« (Johannes 14,21) Im Zentrum der christlichen Ethik steht das Gebot der Nächstenliebe. Wer den göttlichen Geboten gehorchen will, ist zur Nächstenliebe verpflichtet. »Du sollst deinen Nächsten lieben wie dich selbst. Die Liebe tut dem Nächsten nichts Böses. So ist nun die Liebe des Gesetzes Erfüllung.« (Römer 13,9–10) Das christliche Liebesgebot reicht bis zum Gebot der Feindesliebe. Man soll nicht nur seinen Nächsten lieben und seine Feinde hassen, sondern es soll darüber hinaus gelten: »Ihr habt gehört, daß gesagt ist: ›Du sollst deinen Nächsten lieben und deinen Feind hassen.‹ Ich aber sage euch: Liebet eure Feinde; segnet, die euch fluchen; tut wohl denen, die euch hassen; bittet für die, so euch beleidigen und verfolgen, auf daß ihr Kinder seid eures Vaters im Himmel.« (Matthäus 5,43–45) Die Logik der Vergeltung, die Logik des »Auge um Auge, Zahn um Zahn«, die allzu leicht einem blinden Haß verfällt, soll durch diejenigen gebrochen werden, die Jesus im Geist der Bergpredigt nachfolgen. Jesus wendet sich im Neuen Testament vor allem an die Schwachen, die Hilflosen, die Kranken, die Ausgegrenzten. Sie sind es, die besonders seiner Fürsorge teilhaftig werden, an ihnen demonstriert er seine Macht zu erlösen. »Selig sind, die da Leid tragen; denn sie sollen getröstet werden.« »Selig sind, die da hungert und dürstet nach der Gerechtigkeit, denn sie sollen satt werden« (Matthäus 5,4+6), heißt es in den Seligpreisungen der Bergpredigt.

Die hochentwickelte christliche Liebesethik ist Teil einer europäischen Kultur, die sich in ihrer Geschichte allzu häufig weniger durch Liebe als durch Gewalt und Intoleranz ausgezeichnet hat. Es gibt kaum eine Kultur, die mehr Krieg und Zerstörung in die Welt gebracht hat als die europäische, die sich viele Jahrhunderte lang als christlich verstand und teilweise noch heute versteht. Menschen, die sich als Christen ansahen, haben dafür gesorgt, daß die Welt für ihre Mitmenschen immer wieder zur Folterstätte und zum Schlachthaus wurde. Alle Kritiker des Christentums haben auf diesen Widerspruch hingewiesen. Schopenhauer zum Beispiel, der durchaus bestrebt war, zentrale Elemente der christlichen Liebesethik mit Hilfe seiner Philosophie zu retten, formulierte im Blick auf die Geschichte des Christentums: »Ziehmt es Dem, Toleranz, ja, zarte Schonung zu predigen, der die Intoleranz und Schonungslosigkeit selbst ist? Ich rufe Ketzergerichte und Inquisitionen, Religionskriege und Kreuzzüge, Sokrates' Becher und Bruno's- und Vanini's-Scheiterhaufen zum Zeugen an!«[1] Schon der Kirchenvater Augustinus hielt es für legitim, zur Bekehrung von Nichtchristen Gewalt anzuwenden. Die christlichen Kreuzfahrer wateten auf dem Weg zum »Heiligen Land« durch ein Meer von Blut grausam ermordeter Moslems und Juden. Die katholische Inquisition hat zahllose Menschen hinrichten lassen, die den Trägern der vatikanischen Gnadenanstalt durch Abweichung mißfielen. Unzählige Frauen und Männer sind während der Hexenverfolgung, die von evangelischen und katholischen Geistlichen getragen wurde, zu Tode gemartert worden. Bei Katholiken wie Protestanten findet sich ein Antisemitismus mit mörderischen Konsequenzen. Vom Kirchenvater Johannes Chrysostomos stammt der vielzitierte Ausspruch über die Synagoge: »Nenne einer sie Hurenhaus, Lasterstätte, Teufelsasyl, Satansburg, Seelenverderb, jeden Unheils gähnenden Abgrund oder was immer, so wird er noch weniger sagen, als sie verdient hat.«[2] Luther schreibt über die Juden: »Ein solch verzweifelt, durchböset, durchgiftet, durchteufelt Ding ist's umb diese Jüden, so diese 1 400 Jahre unsere Plage, Pestilenz und alles Unglück gewest und noch sind. Summa wir haben rechte Teufel an ihnen.«[3] Konsequent fordert er: »Daß man ihre Synagogen oder Schulen mit Feuer anstecke und was nicht verbrennen will, mit Erde überhäufe und be-

---

[1] Schopenhauer, A.: Sämtliche Werke, Hgb.: Hübscher, A., Wiesbaden 1949, Band 6, S. 345
[2] Zitiert nach Kahl, J.: Das Elend des Christentums. Reinbek 1993, S. 45. Es gab freilich auch Päpste und katholische Kaiser, die den Antisemitismus bekämpft haben.
[3] Zitiert nach Deschner, K.: Abermals krähte der Hahn. Stuttgart 1971, S. 457

schütte, daß kein Mensch einen Stein oder Schlacke davon sehe ewiglich. Und solches soll man tun unserem Herrn und der Christenheit zu Ehren, damit Gott sehe, daß wir Christen seien und solch öffentlich Lügen, Fluchen und Lästern seines Sohnes und seiner Christen wissentlich nicht geduldet noch gewilligt haben. (...) Daß man auch ihre Häuser desgleichen zerbreche und zerstöre. Denn sie treiben dasselbige drinnen, was sie in ihren Schulen treiben.«[4] Die Konflikte zwischen Katholiken und Protestanten haben zu grausamen Religionskriegen geführt. In der Neuzeit haben Kirchen durch ihre Missionsarbeit die koloniale Ausbeutung und die Vernichtung anderer Kulturen unterstützt, sie haben sich häufig mit antidemokratischen reaktionären und faschistischen Kräften verbündet. Analysiert man die europäische Gewaltgeschichte, kann man unschwer feststellen, daß es kaum eine Form zerstörerischer Gewalt gibt, die nicht im Namen des Christentums ausgeübt wurde. Verschiedene Autoren, mit Voltaire beginnend, haben dies ausgiebig dokumentiert.[5] Freilich sollte durch derartige Feststellungen nicht geleugnet werden, daß Menschen, die sich in der Nachfolge Christi sahen, immer auch Gutes getan haben. Die zartesten Formen der europäischen Innerlichkeit sind christlich beeinflußt. Es gab unter Christen immer auch Menschen, die sich engagiert für mehr menschliche Solidarität einsetzten. Bis zur Aufklärung wurde die Kritik an sozialen Mißständen im Horizont der christlichen Religion geübt; alle Bewegungen, die das Schicksal der Entrechteten und Gedemütigten bessern wollten, beriefen sich in vormodernen Zeiten auf die biblische Lehre. Das Gute, ebenso wie das Böse, das in der europäischen Geschichte Gestalt annahm, hat eine Beziehung zum Christentum. Wenn man sich aber die vielen schrecklichen Taten vor Augen führt, die im Namen des Christentums begangen wurden, scheinen die guten Menschen unter den Christen immer nur eine Minderheit gewesen zu sein. Das von der christlichen Mehrheit getragene Regiment hat immer wieder dafür gesorgt, daß die Welt sich für seine Opfer in eine Hölle verwandelte.

Nun ist es sicherlich falsch, alles Böse, das im Namen des Christentums von Christen begangen wurde, allein oder auch nur primär der christlichen Religion zuzurechnen. Die Gewalt, die von Christen aus-

---

[4] ebd., S. 458
[5] Zur Gewaltgeschichte des Christentums siehe besonders die Werke von Deschner, K., z.B. »Abermals krähte der Hahn« oder mehrere Bände »Kriminalgeschichte des Christentums«.

geübt wurde und von ihnen religiös legitimiert wurde, hat immer mit gesellschaftlicher Machtausübung und materiellen Interessen zu tun. Das Christliche war wohl meist eher eine Fassade, hinter der sich ganz andere soziale Kräfte gewaltsam Geltung verschafften. Jede genaue Analyse der Gewaltsamkeit der europäischen Kultur ist auf umfassende historische, ökonomische, soziologische und sozialpsychologische Analysen angewiesen, in deren Rahmen sich erst das spezifische Gewicht der christlichen Religion ermessen läßt. Trotzdem bleibt die Frage, warum eine europäische Gewaltgeschichte von Menschen getragen wurde, die sich über Jahrhunderte in ihrer Mehrheit sicherlich als gute Christen verstanden haben. Hat das nur damit zu tun, daß sie die Botschaft Jesu, die etwa in der Bergpredigt formuliert ist, nicht wirklich zur Kenntnis genommen haben? Hat das nur damit zu tun, daß klerikale Institutionen die christliche Lehre für ihre Machtinteressen oder die Machtinteressen ihrer Auftraggeber funktionalisiert haben und damit ihr Wesen verfälscht haben? Muß die Frage nicht vielmehr lauten: Ist in der Lehre Jesu, die auf den ersten Blick jeder christlich legitimierten europäischen Gewaltpolitik eindeutig zu widersprechen scheint, vielleicht doch insgeheim etwas enthalten, was Gewalt begünstigt? Enthalten die christlichen Gottesvorstellungen, die in der Bibel erscheinen, vielleicht etwas unterschwellig Destruktives, das sich mit zerstörerischen gesellschaftlichen Kräften verknüpfen konnte? Diesen Fragen soll im folgenden nachgegangen werden. Es soll dabei die These vertreten werden, daß in der christlichen Lehre, wie sie in der Bibel erscheint, selbst ein Potential enthalten ist, das zur Gewalt drängt oder sie zumindest erleichtern kann. In einer Kultur, deren Geschichte voll von Gewalt ist, gibt es keine harmlose Religion! Ein vielschichtiger Text, wie der der Bibel, hat zu vielerlei Auslegungen geführt, die sehr verschiedene Beziehungen zu den Mitmenschen begünstigen können. Er kann humane Regungen abstützen helfen, aber auch ausgesprochen menschenfeindliche. Wie und warum er letztere fördern kann, soll hier untersucht werden.

Der Gott des Alten Testaments verbindet die liebevolle Zuwendung zum Volk Israel mit Strenge und Grausamkeit. Diejenigen, die ihm nicht gehorchen und sich ihm widersetzen, kann er rücksichtslos bestrafen. Die Geschichte von der Arche Noah zum Beispiel berichtet nicht nur von der wunderbaren Rettung Noahs und der Seinen, sie demonstriert auch, daß der grausame Gott eine Massenvernichtung veranstalten kann, wenn es ihm beliebt. »Da aber der Herr sah, daß der

Menschen Bosheit groß war auf Erden, und alles Dichten und Trachten ihres Herzens nur böse war immerdar, da reute es ihn, daß er die Menschen gemacht hatte auf Erden, und es bekümmerte ihn in seinem Herzen, und er sprach: Ich will die Menschen, die ich geschaffen habe, vertilgen von der Erde, vom Menschen bis auf das Vieh und bis auf das Gewürm und bis auf die Vögel unter dem Himmel; denn es reut mich, daß ich sie gemacht habe.« (1. Mose 6,5–7) Bis auf die Wesen, die gemeinsam mit Noah die Arche füllen, wird alles von Gott auf brutale Art ausgerottet. »Alles, was einen lebendigen Odem hatte auf dem Trockenen, das starb. Also ward vertilgt alles, was auf dem Erdboden war, vom Menschen an bis auf das Vieh und auf das Gewürm und auf die Vögel unter dem Himmel, das ward alles von der Erde vertilgt. Allein Noah blieb übrig, und was mit ihm in dem Kasten war.« (1. Mose 7,22–23) Nur durch die sehr einseitige Identifikation der Gläubigen mit Noah und den Seinen, die eine Identifikation mit den Opfern der Sintflut ausschließt, kann diese Grausamkeit Gottes übersehen werden. Nicht zu Unrecht haben die gnostischen Widersacher des frühen Christentums darauf hingewiesen, daß der Gott des Alten Testaments mit den Mächten der Finsternis verbunden ist, während die christliche Lehre seine grausamen Seiten, mit Blick auf die Heilsgeschichte Christi, herunterzuspielen sucht.

Der dreieinige Gott des Neuen Testaments scheint, ungleich mehr als der des Alten Testaments, Liebe, Friedfertigkeit und Versöhnung zu repräsentieren. Jesus, der den alten Gott als Zentrum der Religion ablöst, tritt mit dem Anspruch auf, die gewalttätige Vergeltungslogik des Alten Testaments außer Kraft zu setzen. Die Logik des »Auge um Auge, Zahn um Zahn«, die im Alten Testament eingeführt wird, damit durch Gewaltandrohung potentielle Gewalttäter abgeschreckt werden, verfestigt allzu leicht den Haß und mündet in endlose Gewaltspiralen. Mit Hilfe des in der Bergpredigt verkündeten Gebots der Feindesliebe soll diese Gefahr überwunden werden. An die Stelle einer permanenten gegenseitigen Aufrüstung, die darauf aus ist, Gewalt mit Gewalt zu beantworten, soll die Feindesliebe treten, die darauf verzichtet, Gleiches mit Gleichem zu vergelten und damit Perspektiven der Versöhnung eröffnet. Im Matthäus-Evangelium heißt es: »Ihr habt gehört, daß gesagt ist: ›Du sollst deinen Nächsten lieben und deinen Feind hassen.‹ Ich aber sage euch: Liebet eure Feinde; segnet, die euch fluchen; tut wohl denen, die euch hassen; bittet für die, so euch beleidigen und verfolgen, auf daß ihr Kinder seid eures Vaters im Himmel. Denn er läßt seine

Sonne aufgehen über die Bösen und über die Guten und läßt regnen über Gerechte und Ungerechte.« (Matthäus 5, 43–45) Ähnlich lautet es im Lukas-Evangelium: »Aber ich sage euch, die ihr zuhöret: Liebet eure Feinde; tut wohl denen, die euch hassen; segnet, die euch fluchen; bittet für die, so euch beleidigen. Und wer dich schlägt auf die eine Backe, dem biete die andere auch dar; und wer dir den Mantel nimmt, dem wehre auch den Rock nicht. Wer dich bittet, dem gib; und wer dir das Deine nimmt, von dem fordere es nicht wieder. Und wie ihr wollt, daß euch die Leute tun sollen, also tut ihnen auch. Und wenn ihr liebet, die euch lieben, was für Dank habt ihr davon? Denn auch die Sünder lieben ihre Freunde. Und wenn ihr euren Wohltätern wohltut, was für Dank habt ihr davon? Denn die Sünder tun dasselbe auch. Und wenn ihr denen leihet, von denen ihr hoffet zu nehmen, was für Dank habt ihr davon? Denn die Sünder leihen den Sündern auch, auf daß sie Gleiches wieder nehmen. Vielmehr liebet eure Feinde; tut wohl und leihet, wo ihr nichts dafür hoffet, so wird euer Lohn groß sein, und ihr werdet Kinder des Allerhöchsten sein; denn er ist gütig über die Undankbaren und Bösen.« (Lukas 6, 27–35)

Bietet diese Liebesethik die Möglichkeit, die Gewalt einzudämmen und zu überwinden, kann sie einen Umgang mit aggressiven Regungen sichern, der ihnen ihre zerstörerischen Wirkungen nimmt? Einem Gottessohn mögen ihre Ideale angemessen sein, für Menschen ist sie hingegen kaum geeignet, weil sie wesentliche psychische Realitäten außer acht läßt und damit insgeheim, entgegen ihren Intentionen, der Destruktion in die Hände arbeiten kann. Dies soll mit Hilfe der psychoanalytischen Interpretation gezeigt werden.

Jesus versucht in der Bergpredigt eine neue Ordnung zu propagieren, die zugleich die Gebote des Alten Testaments vollständig erfüllen soll. »Ihr sollt nicht wähnen, daß ich gekommen bin, das Gesetz oder die Propheten aufzulösen; ich bin nicht gekommen aufzulösen, sondern zu erfüllen. Denn ich sage euch wahrlich: Bis daß Himmel und Erde vergehen, wird nicht vergehen der kleinste Buchstabe noch ein Tüpfelchen vom Gesetz, bis daß es alles geschehe. Wer nur eines von diesen kleinsten Geboten auflöst und lehrt die Leute so, der wird der Kleinste heißen im Himmelreich; wer es aber tut und lehrt, der wird groß heißen im Himmelreich.« (Matthäus 5,17–19) Jesus will aber nicht nur, daß die bisherigen Gebote, deren Kern die zehn mosaischen Gebote sind, eingehalten werden, er ist zugleich bestrebt, sie entscheidend zu verschärfen. Der Verstärkung des Gebots der Nächstenliebe durch das Gebot der Feindesliebe geht die Ausdehnung der Tabus gegenüber aggressiven und auch sexuellen Regungen voraus. Es sollen nicht nur, entsprechend den mosaischen Geboten, wie bisher Taten tabuisiert werden, die den göttlichen Geboten widersprechen, das Tabu soll sich nun auch auf Gefühle und Phantasien beziehen. Wo Jesus sich über das Tötungsverbot äußert, stellt er fest: »Ihr habt gehört, daß zu den Alten gesagt ist: ›Du sollst nicht töten; wer aber tötet, der soll des Gerichts schuldig sein.‹ Ich aber sage euch: Wer mit seinem Bruder zürnt, der ist des Gerichts schuldig; wer aber seinem Bruder sagt: Du Nichtsnutz! Der ist des Hohen Rats schuldig; wer aber sagt: Du gottloser Narr! Der ist des höllischen Feuers schuldig. Darum: wenn du deine Gabe auf dem Altar opferst und wirst allda eingedenk, daß dein Bruder etwas wider dich habe, so laß allda vor dem Altar deine Gabe und gehe zuvor hin und versöhne dich mit deinem Bruder und alsdann komm und opfere deine Gabe.« (Matthäus 5,21, 25) Diese Festlegungen sollen nicht nur aggressives Tun, sondern auch aggressive Gefühle, aggressives Denken oder Reden durch Verbote bannen. Im Anschluß an diese Verschärfung von Aggressionstabus werden erweiterte Sexualtabus aufgerichtet, die nicht nur wie die mosaischen Gebote den Ehebruch als Tat verurteilen, sondern auch auf alle in der Phantasie auftauchenden Formen des Begehrens zielen, die nicht ehekonform sind. Jede sexuelle Phantasie, die nicht auf die ehelich organisierte Sexualität bezogen ist, wird von Jesus aggressiv bekämpft. Wer eine sexuelle Regung verspürt, die die Ehe in Frage stellt, soll seinen sexuellen Leib verfluchen. »Ihr habt gehört, daß gesagt ist: ›Du sollst nicht ehebrechen.‹ Ich aber sage euch: Wer eine Frau ansieht, ihrer zu begehren, der hat schon mit ihr die Ehe gebrochen in seinem Herzen. Wenn dir aber dein rechtes Auge Ärgernis schafft, so reiß es aus und wirfs von dir. Es ist dir besser, daß eines deiner Glieder verderbe und nicht der ganze Leib in die Hölle geworfen werde. Wenn dir deine rechte Hand Ärgernis schafft, so haue sie ab und wirf sie von dir. Es ist dir besser, daß eines deiner Glieder verderbe und nicht der ganze Leib in die Hölle fahre.« (Matthäus 5,27–30) Eine derartige, auch auf Phantasien gerichtete Verbotslogik ist weder durchsetzbar noch lebbar. Niemand hat die Macht, über seine Gefühle und seine Einfälle zu gebieten: sie kommen, wann sie wollen. Zum Bewußtsein der frühen Kindheit gehört, wie Freud aufgezeigt hat, der Glaube an die »Allmacht der Gedanken«, der Denken und Tun gleichsetzt. Beim Zwangsneurotiker zum Beispiel bleibt diese Einstellung mit fatalen Folgen bestehen: Er bestraft sich für Gedanken genauso wie für Taten. Ein Mordgedanke etwa wird von ihm unbewußt mit einem ausgeführten Mord gleichgesetzt, was »mörderische« Schuldgefühle nach sich zieht, die jede Lebensfreude aufzehren können. Erwachsenheit ebenso wie die Überwindung der Neurose geht mit der Trennung zwischen Denken und Handeln einher. Man kann Menschen für ihre Taten verantwortlich machen, nicht aber für die Wunschregungen, die im Bewußtsein erscheinen. Die Gleichsetzung von beiden kann fatale Folgen zeitigen: Moralische Gebote, die das Ich notwendig überfordern, produzieren, wie noch genauer gezeigt werden wird, übermäßige Schuldgefühle oder gar einen Drang zu unmoralischem Handeln.

Eine Verbotslogik kann Wunschphantasien nicht ausschalten, sondern allenfalls so massive Ängste schüren, daß diese Phantasien Verdrängungsprozessen anheimfallen. Diese können sie nicht zerstören, sondern nur ins Unbewußte abschieben helfen, wo sie, vom Bewußtsein unbearbeitet, eine prekäre Dynamik zu entfalten vermögen. Verdrängte Gefühle und Gedanken können nicht mehr vom Ich bearbeitet werden, sie sind damit der Veränderung nicht mehr zugänglich und tendieren dazu, auf fatale Art wiederzukehren. Das Verdrängte ist der verändernden Symbolisierung nicht zugänglich, es wirkt blind. Die Verdrängung unterbindet die Möglichkeit der Sublimierung, die es erlaubt, Triebbefriedigungen ohne das unmittelbare körperliche Ausagieren zu erlangen. Wo aggressive und sexuelle Regungen durch ausgrenzende Verbote tabuisiert werden, kann nicht gelernt werden, »gekonnter« (Mitscherlich) mit ihnen umzugehen und sie in reifere soziale Beziehungen einzubringen. Aggressionsverbote können notwendig sein, aber mehr Friedfertigkeit erreicht man kaum allein durch sie, sondern viel eher durch einen bewußteren Umgang mit Aggressivität. Dies ermöglicht es, Aggressivität so zu bearbeiten und zu entschärfen, daß sie in sinnvolle Aktivitäten, etwa in das Ringen um notwendige Veränderungen, eingebaut werden kann. Einiges spricht dafür, daß die christliche Lehre, die im Neuen Testament einen scheinbar liebenden, friedfertigen Gott vorführt, dem Kampf gegen zerstörerische Mächte eher geschadet als genützt hat. Wo die göttliche Macht, wie im Alten Testament, auch grausame Züge zeigt, braucht Aggressivität weniger tabuisiert zu werden und ist dadurch leichter der Bearbeitung zugänglich.

Wer eine bessere Welt will, muß nicht nur die Überwindung der bestehenden Formen zerstörerischer Aggressivität anstreben, sie oder er muß auch lernen, auf eine gekonntere Art »nein« zu sagen, um aggressiv dem Bösen widerstehen zu können. Wer nicht »nein« sagen kann, wozu immer aggressive Energien nötig sind, kann auch nicht »ja« sagen. Wer Menschen lieben will, muß das Schlimme hassen können, das ihnen angetan wird. Eine gestörte Liebesfähigkeit hat, wie die therapeutische Erfahrung zeigt, immer mit einem mißlingenden Umgang mit der eigenen Aggressivität zu tun. Mehr Liebesfähigkeit kann durchaus auch an deren Freisetzung gebunden sein, wenn sie es erleichtert, Grenzen zu ziehen, wo das notwendig ist. Ein Problem der europäischen Kultur besteht darin, daß die Menschen in ihr viel eher das »Jasagen« als das »Neinsagen« gelernt haben, und noch lernen. Das bringt in Belastungssituationen eine Neigung zu blinder Gewalt oder übergroßen autoaggressiven Schuldgefühlen mit sich, weil nicht gelernt wurde, auf fruchtbarere Art »nein« zu sagen. Auch Jesus ist im Kampf gegen das Böse fast nie frei von Aggressivität. Bei der Vertreibung der Händler aus dem Tempel demonstriert er ihre, für seinen Glauben befreiende Wirkung. »Und Jesus ging in den Tempel hinein und trieb heraus alle Verkäufer und Käufer im Tempel und stieß um der Wechsler Tische und die Stühle der Taubenkrämer und sprach zu ihnen: Es steht geschrieben: ›Mein Haus soll ein Bethaus heißen‹; ihr aber macht eine Räuberhöhle daraus.« (Matthäus 21,12–13)

Die Liebe erscheint in der Bibel als göttliches Gebot, die Nächstenliebe und die Feindesliebe sollen durch religiösen Gewissensdruck, psychoanalytisch gesehen als Über-Ich-Forderungen, durchgesetzt werden. Aber läßt sich Liebesfähigkeit gebieten, läßt sich das Bestreben, andere Menschen zu mögen, durch Verbote zur Entfaltung bringen?[6] Die Liebe, die das Menschlichste an den Menschen sein sollte, wird durch ihre christliche Vergöttlichung eher entwertet als erhöht. Wo sie als göttliches Gebot eingeführt werden soll, anstatt den Menschen selbstverständliches Bedürfnis zu sein, steht es schlecht um sie. Liebe kann von keiner Macht angeordnet werden. Wo das versucht wird, arbeitet man ihr entgegen. Das christliche Liebesgebot behandelt die Liebe wie ein allgemeines Prinzip, wie ein abstraktes Recht, auf das jeder Mensch aufgrund Gottes Anordnung einen Anspruch hat. Liebe wird so von der Erfahrung der Leiblichkeit, von erotischen Spannungen, von der Besonderheit der Menschen ebenso wie von der Erfahrung

[6] Daß nach Freuds Einsicht alle Liebesregungen von Erwachsenen etwas mit dem Inzestverbot zu tun haben und es damit auch eine Beziehung zwischen Liebesfähigkeit und der Einhaltung von Verboten gibt, kann auf dieser Argumentationsebene vernachlässigt werden.

des Glücks abgelöst. Liebe geht damit in Lieblosigkeit über. Adorno formuliert drastisch: »Sie [die christliche Liebesethik] fordert von der Liebe, daß sie allen Menschen gegenüber sich verhalte, als wären sie Tote.«[7] Liebe kann nicht als göttliches Gebot von der Kanzel verkündet werden, deshalb haben alle Liebespredigten einen falschen Tonfall. Moralische Gebote, wie sie von Jesus verhängt werden, gewinnen ihre Macht letztlich durch die Androhung von Liebesentzug. Die Androhung des Liebesentzugs durch eine Autorität, die in der Gewissensinstanz, im Über-Ich, verinnerlicht ist, sorgt letzlich dafür, daß die Gebote eingehalten werden. »Das Böse ist oft gar nicht das dem Ich Schädliche oder Gefährliche, im Gegenteil auch etwas, was ihm erwünscht ist, ihm Vergnügen bereitet. Darin zeigt sich also fremder Einfluß; dieser bestimmt, was Gut und Böse heißen soll. Da eigene Empfindungen den Menschen nicht auf denselben Weg geführt hätten, muß er ein Motiv haben, sich diesem fremden Einfluß zu unterwerfen. Es ist in seiner Hilflosigkeit und Abhängigkeit von anderen leicht zu entdecken, kann am besten als Angst vor dem Liebesverlust bezeichnet werden. Verliert er die Liebe des anderen, von dem er abhängig ist, so büßt er auch den Schutz vor mancherlei Gefahren ein, setzt sich vor allem der Gefahr aus, daß dieser Übermächtige ihm in der Form der Bestrafung seine Überlegenheit erweist. Das Böse ist also anfänglich dasjenige, wofür man mit Liebesverlust bedroht wird; aus Angst vor diesem Verlust muß man es vermeiden.«[8] In der christlichen Religion wird versucht, die Einhaltung von Geboten durch die Drohung zu erreichen, bei ihrer Mißachtung der Liebe Gottes verlustig zu gehen: Wer die Gebote des Herrn mißachtet, hat keinen Anspruch mehr auf seinen Schutz und seine Liebe. Aber läßt sich Liebesfähigkeit durch die Androhung von Liebesentzug hervorbringen? Verlangt die Entfaltung von Liebesfähigkeit nicht vor allem die Erfahrung von sich wiederholender spontaner, anstatt bloß moralisch verordneter Zuwendung? Mehr Liebesfähigkeit ist nicht zuletzt an den Abbau von Angst vor anderen Menschen gebunden, der durch Gebote und Aggressionstabus keineswegs erreicht werden kann. Alle Liebesbeziehungen verlangen zwar auch einschränkende und ausschließende Regeln, aber sie fußen vor allem auf der Fähigkeit, sich angstfrei auf andere einzulassen. Die psychoanalytische Therapie zeigt, daß Liebesfähigkeit vor allem durch ge-

---

7 Adorno, Th. W.: Kierkegaard. Frankfurt am Main 1974, S. 221
8 Freud, S.: Das Unbehagen in der Kultur. GW XIV, S. 483 f.

duldige, verständnisvolle Zuwendung entwickelt werden kann, die es erlaubt, das Ich so zu stärken, daß es anders als bisher mit Ängsten umzugehen vermag. Nur wenn Menschen in sicherheitsstiftenden sozialen Beziehungen die Bedrohung ihrer Identität nicht mehr aggressiv abzuwehren gezwungen sind, sind sie zu mehr Freundlichkeit anderen gegenüber in der Lage. Vor allem mehr Gerechtigkeit, die mehr soziale und seelische Sicherheit stiftet, schafft mehr Friedfertigkeit.

Wo Aggressivität, der letztlich niemand wirklich entkommen kann und die ein notwendiger Teil jeder Lebendigkeit ist, allzusehr verdammt wird, verschwindet sie nicht, sondern nimmt die Gestalt von Haß auf das eigene Selbst an. Wer sich überfordernden Geboten unterwerfen muß, die nur um den Preis der Abtötung der eigenen Lebendigkeit einzuhalten sind, muß sich in seinen eigenen Henker verwandeln. Das erlaubt kaum, die Selbstliebe zu entwickeln, die nötig ist, um andere Menschen zu lieben, die mit dem eigenen Selbst verwandt sind. Sigmund Freud hat in seiner Schrift »Das Unbehagen in der Kultur« darauf hingewiesen, daß die Eindämmung von Aggressionen durch Gebote notwendig die aggressive Aufladung des Über-Ichs mit sich bringt, die sich gegen das Ich wendet. »Die Aggression wird introjiziert, verinnerlicht, eigentlich aber dorthin zurückgeschickt, woher sie gekommen ist, also gegen das eigene Ich gewendet. Dort wird sie von einem Anteil des Ichs übernommen, das sich als Über-Ich dem übrigen entgegenstellt, und nun als ›Gewissen‹ gegen das Ich dieselbe strenge Aggressionsbereitschaft ausübt, die das Ich gerne an anderen, fremden Individuen befriedigt hätte.«[9] Strengere Gebote verschärfen stets innere Widersprüche zwischen Über-Ich-Anforderungen und ihnen widersprechenden Triebregungen und bringen als Konsequenz eine sich verschärfende innere Zerrissenheit hervor. Die Eindämmung eigener Aggressionen durch Tabus, die sie abwehren sollen, verlangt notwendigerweise mehr verinnerlichte Aggression gegen das eigene Selbst, die dann als Unlust erfahren wird. Fällt diese Unlust zu massiv aus, entsteht in der Psyche der Drang, sich durch amoralische aggressive Triebdurchbrüche Entlastung zu verschaffen. Verbote erzeugen immer auch das Verlangen, sie zu überschreiten. Je belastender Verbote ausfallen, desto mehr begünstigen sie insgeheim diesen Drang. Die übersteigerte Moral gebiert so die Unmoral. Sie begünstigt im gesellschaftlichen Rahmen eine moralische Arbeitsteilung zwischen einer moralisieren-

[9] Das Unbehagen in der Kultur, a.a.O., S. 482

28

den Minderheit, die sich für etwas Besonderes hält, und einer Masse, die sich kaum um die Moral schert.

Die Psychoanalyse hat aufgezeigt, daß die Entschärfung aggressiver Regungen vor allem durch ihre libidinöse Bindung erreicht werden kann. Wo sexuelle Regungen aber so sehr diskriminiert werden, wie dies überall im Neuen Testament geschieht[10], verlieren sie ihre Bindungskraft. Sie sind dann nicht mehr in der Lage, Aggressionen zu neutralisieren und dadurch in den Dienst des menschlichen Zusammenlebens zu stellen. Die Eindämmung zerstörerischer Aggressivität ist eher von einer Freisetzung erotischer Energien als von moralischen Geboten zu erwarten, die selbst insgeheim oft aggressiven Charakter tragen. Freud bemerkt: »Die Schicksalsfrage der Menschenart scheint mir zu sein, ob und in welchem Maße es ihrer Kulturentwicklung gelingen wird, der Störung des Zusammenlebens durch den menschlichen Aggressions- und Selbstvernichtungstrieb Herr zu werden. In diesem Bezug verdient vielleicht gerade die gegenwärtige Zeit ein besonderes Interesse. Die Menschen haben es jetzt in der Beherrschung der Naturkräfte so weit gebracht, daß sie es mit deren Hilfe leicht haben, einander bis auf den letzten Mann auszurotten. Sie wissen das, daher ein gutes Stück ihrer gegenwärtigen Unruhe, ihres Unglücks, ihrer Angststimmung. Und nun ist zu erwarten, daß die andere der beiden ›himmlischen Mächte‹, der ewige Eros, eine Anstrengung machen wird, um sich im Kampf mit seinem ebenso unsterblichen Gegner zu behaupten. Aber wer kann den Erfolg und Ausgang voraussehen?«[11] Das Verhältnis des Christentums zum Eros hat offenbar kaum dazu beigetragen, ihm im Kampf gegen seinen destruktiven Gegner beizustehen.

Die christliche Liebesethik gebietet »Du sollst deinen Nächsten lieben wie dich selbst« (3. Mose, 19,18; Römer 13,9) und sogar »liebet eure Feinde«. (Matthäus 5,44) Jeder Mensch, mit dem irgendein Kontakt zustande kommt, selbst der Feind, hat Anspruch auf diese Liebe. Alle Menschen sollen der Tendenz nach die Möglichkeit erhalten, in ihren Genuß zu kommen. Aber verliert eine Liebe, die so freigebig sein will, nicht von ihrem Wert, weil sie ihren Objekten gegenüber tendenziell gleichgültig ist? Schlägt eine Liebe, die so wenig Unterschiede machen will, nicht in Lieblosigkeit um? Freud konstatiert: »Eine ethische Betrachtung [...] will in dieser Bereitschaft zur allgemeinen Menschen-

---

[10] Siehe hierzu die nächsten beiden Kapitel dieses Buches
[11] Das Unbehagen in der Kultur, a. a. O., S. 506

und Weltliebe die höchste Einstellung sehen, zu der sich der Mensch erheben kann. Wir möchten schon hier unsere zwei hauptsächlichen Bedenken nicht zurückhalten. Eine Liebe, die nicht auswählt, scheint uns einen Teil ihres eigenen Werts einzubüßen, indem sie an dem Objekt ein Unrecht tut. Und weiter: Es sind nicht alle Menschen liebenswert.«[12] Lieben diejenigen, die glauben, alle Menschen lieben zu können, im Grunde vielleicht nur auf fragwürdige Art sich selbst? Wollen sie nicht vielleicht heimlich bloß, daß alle anderen *sie* lieben? Lieben die, die alle Menschen lieben wollen, nicht bloß auf narzißtische Art ihre eigene angebliche Tugendhaftigkeit? Lieben sie nicht die Ideale, mit denen sie sich identifizieren, mehr als andere Menschen? Nietzsche hat fromme Christen sehr bissig als »Spezies der moralisierenden Onanisten und Selbstbefriediger« bezeichnet.[13] Je ausgeprägter die narzißtischen Anteile der Liebe sind, desto gleichgültiger scheint die Qualität ihrer Objekte zu werden: Liebe schlägt so um in Kälte. Sigmund Freud empfiehlt gegenüber einer der »sogenannten Idealforderungen der Kulturgesellschaft«, die lautet »du sollst den Nächsten lieben wie dich selbst«, eine solch naive Einstellung zu finden, als hörten wir sie zum erstenmal, um dadurch ein Gefühl von Überraschung und Befremden nicht zu unterdrücken. »Warum sollen wir das? Was soll es uns helfen? Vor allem aber, wie bringen wir das zustande? Wie wird es uns möglich? Meine Liebe ist etwas mir Wertvolles, das ich nicht ohne Rechenschaft verwerfen darf. Sie legt mir Pflichten auf, die ich mit Opfern zu erfüllen bereit sein muß. Wenn ich einen anderen liebe, muß er es auf irgendeine Art verdienen. (Ich sehe von dem Nutzen, den er mir bringen kann, sowie von seiner möglichen Bedeutung als Sexualobjekt für mich ab; diese beiden Arten der Beziehung kommen für die Vorschrift der Nächstenliebe nicht in Betracht.) Er verdient es, wenn er mir in wichtigen Stücken so ähnlich ist, daß ich in ihm mich selbst lieben kann; er verdient es, wenn er so viel vollkommener ist, daß ich mein Ideal von meiner eigenen Person in ihm lieben kann; ich muß ihn lieben, wenn er der Sohn meines Freundes ist, denn der Schmerz des Freundes, wenn ihm ein Leid zustößt, wäre auch mein Schmerz, ich müßte ihn teilen. Aber wenn er mir fremd ist und mich durch keinen eigenen Wert, keine bereits erworbene Bedeutung für mein Gefühlsle-

[12] ebd., S. 461
[13] Nietzsche, F.: Zur Genealogie der Moral. Werke II, Hg. Schlechta, K., Darmstadt 1994, S. 864

ben anziehen kann, wird es mir schwer, ihn zu lieben. Ich tue sogar unrecht damit, denn meine Liebe wird von all den Meinen als Bevorzugung geschätzt; es ist ein Unrecht an ihnen, wenn ich den Fremden ihnen gleichstelle. Wenn ich ihn aber lieben soll, mit jener Weltliebe, bloß weil er auch ein Wesen dieser Erde ist, wie das Insekt, der Regenwurm, die Ringelnatter, dann wird, fürchte ich, ein geringer Betrag Liebe auf ihn entfallen, unmöglich soviel, als ich nach dem Urteil der Vernunft berechtigt bin für mich selbst zurückzubehalten. Wozu eine so feierlich auftretende Vorschrift, wenn ihre Erfüllung sich nicht als vernünftig empfehlen kann?«[14]

Aus psychologischer Perspektive noch absurder erscheint Freud das Gebot der Feindesliebe. Es ist der notwendigen Beachtung von Differenzen im Verhalten der Menschen noch feindlicher gesonnen, weil es die Unterscheidung zwischen Gut und Böse untergräbt, auf deren Beachtung jede Kultur angewiesen ist. »Immerhin gibt es Unterschiede im Verhalten der Menschen, die die Ethik mit Hinwegsetzung über deren Bedingtheit als ›gut‹ und ›böse‹ klassifiziert. Solange diese unleugbaren Unterschiede nicht aufgehoben sind, bedeutet die Befolgung der hohen ethischen Forderung eine Schädigung der Kulturabsichten, indem sie direkte Prämien für das Bösesein aufstellt.«[15] Freuds kluge Skepsis wird der Liebesethik der Bergpredigt wohl nicht ganz gerecht. Er vernachlässigt die provozierende Irritation, die davon ausgehen kann, daß die Logik des Tauschs von Äquivalenten, die in alle Gerechtigkeitsvorstellungen eingeht, radikal in Frage gestellt wird. Trotzdem macht sie deutlich, wie jede Liebe in Lieblosigkeit und jede Moral in Unmoral umschlagen kann, wenn Differenzen und Widersprüche in der inneren und äußeren Realität vernachlässigt werden.

Wer glaubt, die menschliche Aggressivität vor allem durch Liebe und Friedfertigkeit fordernde Gebote neutralisieren zu können, verkennt ihre Macht. Wo das Aggressionspotential der Gattung Mensch wirklich zur Kenntnis genommen wird, wird sichtbar, daß es das Verhältnis zum Nächsten in einem Ausmaß zu stören vermag, das durch Liebesgebote kaum zureichend bekämpft werden kann. »Das gern verleugnete Stück Wirklichkeit hinter alledem ist, daß der Mensch nicht ein sanftes, liebebedürftiges Wesen ist, das sich höchstens, wenn angegriffen, auch zu verteidigen vermag, sondern daß er zu seinen Triebbegabungen auch

[14] Freud: Unbehagen, a. a. O., S. 468 f.
[15] ebd., S. 470

einen mächtigen Anteil von Aggressionsneigung rechnen darf. Infolgedessen ist ihm der Nächste nicht nur möglicher Helfer und Sexualobjekt, sondern auch eine Versuchung, seine Aggression an ihm zu befriedigen, seine Arbeitskraft ohne Entschädigung auszunützen, ihn ohne seine Einwilligung sexuell zu gebrauchen, sich in den Besitz seiner Habe zu setzen, ihn zu demütigen, ihm Schmerzen zu bereiten, zu martern und zu töten. Homo homini lupus; wer hat nach allen Erfahrungen des Lebens und der Geschichte den Mut, diesen Satz zu bestreiten.«[16] Der Erfolg der ethischen Liebespropaganda kann angesichts der bisherigen Gewaltgeschichte der Menschheit nicht überzeugen. Alle Bemühungen, ihre Anforderungen praktisch werden zu lassen, sind bisher eher gescheitert. Ethische Gebote, die die Gewalt verurteilen, und soziale Zwänge, die sie »polizeilich« abstützen, sind wohl unverzichtbar, aber sie allein können die destruktiven Potentiale der menschlichen Triebhaftigkeit nicht bändigen. Die christliche Ethik hält sich durch das Versprechen aufrecht, daß die Tugendhaften mit Belohnungen in einem besseren Jenseits rechnen können. Nicht nur, daß dieser Glaube zunehmend zu zerfallen scheint, er war auch früher, in frommen Zeiten, schon relativ wirkungslos. »Solange sich die Tugend nicht schon auf Erden lohnt, wird die Ethik vergeblich predigen.«[17] Nur wenn Menschen aus der Befolgung ethischer Vorschriften weniger Nachteile denjenigen gegenüber erwachsen, die sie übertreten, werden sie sich leichter an sie halten. Nur wenn im Interesse der Allgemeinheit notwendige Triebeinschränkungen in bestimmten Lebensbereichen durch Lustgewinn in anderen Bereichen wirklich kompensiert werden können, werden sie leichter akzeptiert. Nur wenn notwendige Opfer, die den einzelnen im Interesse des Sozialen auferlegt werden müssen, durch erfülltere menschliche Beziehungen und mehr soziale Sicherheit belohnt werden, kann man sie williger auf sich nehmen. Veränderungen der Eigentumsverhältnisse, die mehr soziale Gerechtigkeit zulassen, versprechen Freud zufolge viel eher zunehmende Friedfertigkeit als alle moralischen Forderungen. »Es scheint auch mir unzweifelhaft, daß eine reale Veränderung in den Beziehungen der Menschen zum Besitz hier mehr Abhilfe bringen wird als jedes ethische Gebot.«[18] Gegen so-

[16] ebd., S. 470 f. Freuds pessimistische Anthropologie, die von den sozialen Ursachen gewalttätigen Verhaltens absieht, ist vielleicht nicht so einfach empirisch zu begründen, wie es ihm scheint. Sie ist aber als Annahme sehr sinnvoll, um das Schlimmste zu vermeiden.
[17] ebd., S. 504
[18] ebd., S. 504

ziale Strukturen, die aggressives Konkurrenzverhalten, die Unterdrükkung anderer oder Gleichgültigkeit gegenüber dem Schicksal von
Schwachen materiell honorieren, hat es jede mehr Mitmenschlichkeit
fordernde Tugendlehre sehr schwer.

Nicht weil die Menschen in einer besser und gerechter organisierten
Gesellschaft nur Gutes im Sinn hätten, sondern weil ihre artspezifische
Aggressivität notwendigerweise ein ausgeprägtes Potential des Bösen
in sich trägt, sind veränderte gesellschaftliche Organisationsformen
nötig, die es erlauben, mit den unvermeidbaren Konflikten zwischen
Menschen anders umzugehen als bisher. Ihre Vernünftigkeit mißt sich
nicht daran, wieviel Aggressivität sie zum Verschwinden bringen, sondern ob sie es erleichtern, gekonnter mit ihr umzugehen. Aggressionen
lassen sich nicht abschaffen, aber: »Gegnerschaft ist nicht notwendig
Feindschaft.«[19] Bewußt bearbeitete Aggressivität kann eher entschärft
und ungefährlich gemacht werden als bloß durch soziale Tabus und
Über-Ich-Forderungen abgewehrte. Soziale Normen, die die aggressive menschliche Triebausstattung nicht angemessen zur Kenntnis nehmen und deshalb allzuviel Friedfertigkeit verlangen, müssen folglich
übertreten werden. Diese permanente Übertretung produziert statt
mehr wechselseitigem Verständnis lediglich mehr Gleichgültigkeit und
Zynismus und damit auch mehr Gewalt. Eine Moral, die nicht eingehalten werden kann, wirkt zerstörerisch, weil sie die Diskreditierung
alles Moralischen begünstigt. Anstatt mehr ethischer Propaganda sind
vor allem soziale Verhältnisse nötig, unter denen der Andere, der
Fremde, der Gegner dennoch als jemand erfahren werden kann, mit
dem man als menschliches Wesen verwandt ist, und die es erlauben,
leichter zu erkennen, daß man mit ihm in einer gemeinsamen Welt, wie
vermittelt auch immer, gemeinsame Interessen hat.

Die abendländische Kultur brachte eine christliche Ethik hervor, die
Christen verinnerlichen sollen. Von diesen wie von den auf sie folgenden weltlicheren Ethiken werden besondere Leistungen erwartet. Sie
sollen durch psychologischen Druck das zustande bringen, was die mit
den vorhandenen Formen der Lebenspraxis verbundene Kulturarbeit
ansonsten nicht zustande gebracht hat. Freud fällt über diesen »therapeutischen Versuch«[20], seine Kritik zusammenfassend, ein vernichten-
des Urteil. »Das Gebot ›Liebe deinen Nächsten wie dich selbst‹ ist die

[19] ebd., S. 472
[20] ebd., S. 502

stärkste Abwehr der menschlichen Aggression und ein ausgezeichnetes Beispiel für das unpsychologische Vorgehen des Kultur-Über-Ichs. Das Gebot ist undurchführbar; eine so großartige Inflation der Liebe kann nur deren Wert herabsetzen, nicht die Not beseitigen. Die Kultur vernachlässigt all das; sie mahnt nur, je schwerer die Befolgung der Vorschrift ist, desto verdienstvoller ist sie.«[21] Wie problematisch die christliche Liebesethik ist, läßt sich schon dem Neuen Testament entnehmen. Jesus, der die Gebote der Nächsten- und Feindesliebe in der Bergpredigt verkündet, hält sich selbst kaum an diese. Der Stifter selbst scheint nicht wirklich an die Macht seiner Liebesgebote zu glauben und bestätigt damit selbst die Skepsis Freuds. Bei Jesus gilt zwar einerseits: »Denn wer das Schwert nimmt, der soll durchs Schwert umkommen« (Matthäus 26,52), aber zugleich auch: »Ich bin nicht gekommen, Frieden zu bringen, sondern das Schwert.« (Matthäus 10,34) Statt der annehmenden Feindesliebe gilt eher das Polarisierende: »Wer nicht mit mir ist, ist wider mich.« (Matthäus 12,30)

Die in der Bergpredigt durch strenge Gebote abgewehrte und tabuisierte Aggressivität kehrt in Jesu Äußerungen an anderer Stelle mit ganzer Grausamkeit wieder: Der Propagandist der Liebe landet seinen Gegnern gegenüber immer wieder bei haßerfüllten Rachegedanken. Bereits die Lektüre des Matthäus-Evangeliums läßt dies sichtbar werden. Hier heißt es über die Feindesliebe: »Ihr habt gehört, daß da gesagt ist (2. Mose 21,24): ›Auge um Auge, Zahn um Zahn.‹ Ich aber sage euch, daß ihr nicht widerstreben sollt dem Übel; sondern, wenn dir jemand einen Streich gibt auf die rechte Backe, dem biete die andere auch dar. Und wenn jemand mit dir rechten will und einen Rock nehmen, dem laß auch den Mantel. Und wenn dich jemand nötigt eine Meile, so gehe mit ihm zwei. Gib dem, der dich bittet, und wende dich nicht von dem, der dir abborgen will. Ihr habt gehört, daß gesagt ist: ›Du sollst deinen Nächsten lieben und deinen Feind hassen.‹ Ich aber sage euch: Liebet eure Feinde; segnet, die euch fluchen; tut wohl denen, die euch hassen; bittet für die, so euch beleidigen und verfolgen, auf daß ihr Kinder seid eures Vaters im Himmel. Denn er läßt seine Sonne aufgehen über die Bösen und über die Guten und läßt regnen über Gerechte und Ungerechte. Denn wenn ihr liebet, die euch lieben, was werdet ihr für Lohn haben? Tun nicht dasselbe auch die Zöllner? Und wenn ihr nur zu euren Brüdern freundlich seid, was tut ihr Sonderliches? Tun nicht

---

[21] ebd., S. 503 f.

dasselbe auch die Heiden?« (Matthäus 5,38–47) Nach dieser Predigt folgt im selben Evangelium eine Vielzahl von Äußerungen, die denen mitleidlose Verdammung androhen, die dieser Lehre nicht folgen wollen. Wer dem neuen Glauben, den Jesus und seine Jünger bringen, nicht wohlgesonnen ist, dem wird für den Tag des Jüngsten Gerichts Furchtbares angedroht. Dabei weist bereits die Tatsache, daß Gericht gehalten werden soll, darauf hin, daß mit Strafe gedroht wird, was kaum mit der propagierten Feindesliebe zu vereinbaren ist. »Und wenn euch jemand nicht aufnehmen wird noch eure Rede hören, so geht heraus von jenem Hause oder jener Stadt und schüttelt den Staub von euren Füßen. Wahrlich, ich sage euch: Dem Lande der Sodomer und Gomorrer wird es erträglicher gehen am Tage des Gerichts als solcher Stadt.« (Matthäus 10,14–15) Am Tage des Gerichts wird sich Jesus denen, die ihn ablehnen, keineswegs liebevoll zuwenden, vielmehr wird er sie verleugnen. »Wer nun mich bekennet vor den Menschen, den will ich auch bekennen vor meinem himmlischen Vater. Wer mich aber verleugnet vor den Menschen, den will ich auch verleugnen vor meinem himmlischen Vater.« (Matthäus 10,32–33) Wer das Kreuz des Glaubens nicht auf sich nehmen will, kann keineswegs damit rechnen, daß er von Jesus angenommen wird, für ihn gibt es demnach keine Nächstenliebe. »Und wer nicht sein Kreuz auf sich nimmt und folgt mir nach, der ist mein nicht wert.« (Matthäus 10,38) Nur die Gerechten sollen die Sonne des Vaters sehen, für die anderen gibt es kein Erbarmen: »Des Menschen Sohn wird seine Engel senden, und sie werden sammeln aus seinem Reich alle, die Ärgernis geben und die da Unrecht tun, und werden sie in den Feuerofen werfen; da wird Heulen und Zähneklappern sein.« (Matthäus 13,41–42) Für die Gerechten soll es am Tag des Jüngsten Gerichts Liebe geben, gegenüber den Bösen ist hingegen von Feindesliebe nicht die Rede. »Also wird es auch am Ende der Welt geben: die Engel werden ausgehen und die Bösen von den Gerechten scheiden und werden sie in den Feuerofen werfen; da wird Heulen und Zähneklappern sein.« (Matthäus 13,49–50) Die Liebe soll keineswegs allen gelten, sie trennt säuberlich Schafe und Böcke. Wer diejenigen mißhandelt, die sich Jesus wie Kinder hingeben wollen, dem wird entsprechend heimgezahlt: »Und wer ein solches Kind aufnimmt in meinem Namen, der nimmt mich auf. Wer aber Ärgernis gibt einem dieser Kleinen, die an mich glauben, dem wäre besser, daß ein Mühlstein an seinem Hals gehängt und er ersäuft würde im Meer, wo es am tiefsten ist.« (Matthäus 18,5–6) Das Reich Gottes öffnet seine Grenzen nicht seinen Feinden, sie werden erbarmungslos zermalmt: »Das Reich Gottes wird von euch genommen und einem Volk gegeben werden, das seine Früchte bringt. Und wer auf diesen Stein fällt, der wird zerschellen; auf wen aber er fällt, den wird er zermalmen.« (Matthäus 21,43–44) Besonders für die entschiedensten Gegner Christi, für die Pharisäer und Schriftgelehrten, gibt es kein Verständnis oder gar irgendein Anzeichen von Feindesliebe. »Wohlan, erfüllet auch ihr das Maß eurer Väter! Ihr Schlangen, ihr Otterngezüchte! Wie wollt ihr der höllischen Verdammnis entrinnen?« (Matthäus 23,32–33) Am Tage des Jüngsten Gerichts erfolgt für die mitleidlosen Reichen die Abrechnung nach dem Prinzip des »Auge um Auge«; sie sollen nicht durch vergebende Liebe den Weg zur Besserung finden dürfen. »Dann wird er auch sagen zu denen zur Linken: Gehet hin von mir, ihr Verfluchten, in das ewige Feuer, das bereitet ist dem Teufel und seinen Engeln! Ich bin hungrig gewesen, und ihr habt mich nicht gespeist. Ich bin durstig gewesen, und ihr habt mich nicht getränkt. Ich bin ein Fremdling gewesen, und ihr habt mich nicht beherbergt. Ich bin nackt gewesen, und ihr habt mich nicht bekleidet. Ich bin krank und gefangen gewesen, und ihr habt mich nicht besucht. Da werden sie ihm auch antworten und sagen: Herr, wann haben wir dich gesehen hungrig oder durstig oder als einen Fremdling oder nackt oder krank oder gefangen und haben dir nicht gedient? Dann wird er ihnen antworten und sagen: Wahrlich ich sage euch: Was ihr nicht getan habt einem unter diesen Geringsten, das habt ihr auch mir nicht getan: Und sie werden in die ewige Pein gehen, aber die Gerechten in das Ewige Leben.« (Matthäus 25,41–46) Die Anhänger der christlichen Ethik müssen schon zu merkwürdigen Verdrängungs- oder Spaltungsprozessen in der Lage sein, um an den in den Evangelien auftauchenden Widersprüchen in der Lehre Jesu keinen Anstoß zu nehmen. Jesus demonstriert hier eine äußerst aggressive Feindseligkeit gegenüber denen, die nicht an ihn und seine Gebote glauben wollen. Die aggressive Intoleranz, die die Geschichte des Christentums kennzeichnet, kann mit Hilfe von Äußerungen Jesu geschürt werden, die im biblischen Text seinen Liebesgeboten folgen. Nietzsche äußert als radikaler Kritiker des Christentums: »Christlich ist ein gewisser Sinn für Grausamkeit gegen sich und andere; der Haß gegen die Andersdenkenden; der Wille zu verfolgen.«[22] Selbst die christliche Idealfigur Jesus zeigt Züge, die darauf hinweisen, daß Nietzsches Urteil nicht ganz unbegründet ist.

---

[22] Nietzsche, F.: Der Antichrist. Werke II, a. a. O., S. 1181

Die bereits im Matthäus-Evangelium, dem ersten Text des Neuen Testaments, sichtbar werdende vereinfachende Aufteilung der Menschen in gute und böse, in Schafe und Böcke, wobei ersteren das Heil zukommen soll, während letzteren Verdammnis, Gewalt und Vernichtung drohen, wird am Ende der Bibel, in der Offenbarung des Johannes, besonders drastisch vorgeführt. Die durch die Liebesgebote und Aggressionstabus der Bergpredigt abgewehrten zerstörerischen Regungen kommen hier wieder völlig ungehemmt und auf erschreckende Art zum Vorschein. Den Gläubigen wird hier nicht nur ein Bild der Rettung angeboten, ihre Identifikation mit den »Guten« im Text erlaubt ihnen darüber hinaus, die vorher abgewehrten Aggressionen durch eine Identifikation mit einer erbarmungslos strafenden göttlichen Macht zu genießen. Die Liebesreligion endet mit einem »Schlachtfest« und widerlegt sich damit zugleich selbst.[23]

In der Offenbarung des Johannes erscheint Gott nicht mehr als der, der durch sein Liebesopfer den Haß überwindet, er erscheint vielmehr als rächender Sieger. »Und ich sah den Himmel aufgetan; und siehe, ein weißes Pferd, und der darauf saß, hieß: Treu und Wahrhaftig, und richtet und streitet mit Gerechtigkeit. Seine Augen sind eine Feuerflamme und auf seinem Haupt viele Kronen; und er trug einen Namen geschrieben, den niemand wußte als er selbst. Und er war angetan mit einem Kleide, das mit Blut besprengt war, und sein Name heißt: Das Wort Gottes. Und ihm folgte nach das Heer im Himmel auf weißen Pferden, angetan mit weißer, reiner Leinwand. Und aus seinem Munde ging ein scharfes Schwert, daß er damit die Völker schlüge; und er wird sie regieren mit eisernem Stabe; und er tritt die Kelter voll vom Wein des grimmigen Zornes Gottes, des Allmächtigen; und trägt einen Namen geschrieben auf seinem Kleid und auf seiner Hüfte: König aller Könige und Herr aller Herren.

Und ich sah einen Engel in der Sonne stehen, und er rief mit großer Stimme und sprach zu allen Vögeln, die unter dem Himmel fliegen: Kommt, versammelt euch zu dem großen Mahl Gottes, daß ihr esset das Fleisch der Könige und der Hauptleute und das Fleisch der Starken und der Pferde und derer, die darauf sitzen, und das Fleisch aller Freien und Knechte, der Kleinen und der Großen!« (Offenbarung 19,11–18) Am Ende der Zeiten regiert nicht die Liebe, sondern der Zorn des Lammes. »Und die Könige der Erde und die Großen und die Obersten und die

[23] Siehe hierzu Genaueres im folgenden Kapitel

Reichen und die Gewaltigen und alle Knechte und alle Freien verbargen sich in den Klüften und Felsen an den Bergen und sprachen zu den Bergen und Felsen: Fallet über uns und verberget uns vor dem Angesichte des, der auf dem Thron sitzt, und vor dem Zorn des Lammes! Denn es ist gekommen der große Tag seines Zorns, und wer kann bestehen?« (Offenbarung 6,15–17) Die Engel des Herrn bringen am Tag des Jüngsten Gerichts seinen Feinden keinerlei Liebe, sondern nur ihre Vernichtung. »Und es wurden die vier Engel los, die bereit waren auf die Stunde und auf den Tag und auf den Monat und auf das Jahr, daß sie töteten den dritten Teil der Menschen.« (Offenbarung 9,15) Für sie gibt es vom Lamm Gottes keine Schonung, sondern nur tödliche Gewalt. »Und da es das vierte Siegel auftat, hörte ich die Stimme der vierten Gestalt sagen: Komm! Und ich sah, und siehe, ein fahles Pferd. Und der darauf saß, des Name hieß Tod, und die Hölle folgte ihm nach. Und ihnen ward Macht gegeben über den vierten Teil der Erde, zu töten mit dem Schwert und Hunger und Tod und durch die wilden Tiere auf Erden.« (Offenbarung 6,7–8) Die Bösen sollen aber nicht nur vernichtet werden, sie sollen vor ihrem Tode von bösartigen Tieren noch ohne Gnade endlos gequält werden. «Und es ward ihnen gegeben, daß sie die Menschen nicht töteten, sondern sie quälten fünf Monate lang; und ihre Qual war wie eine Qual vom Skorpion, wenn er einen Menschen sticht. Und in jenen Tagen werden die Menschen den Tod suchen und nicht finden, werden begehren zu sterben und der Tod wird von ihnen fliehen.« (Offenbarung 9,5–6) In den Bildern der Offenbarung sind die Menschen radikal in gute und böse aufgeteilt, was dazwischen liegt, was beide verbinden könnte, ist nicht vorhanden oder wird als »lau« ausgespien. Der Theologe und Psychoanalytiker Raguse benennt das Fatale, das aufgrund dieser Spaltung beim Leser ausgelöst werden kann. »Die Spaltung erlaubt dem Leser die Identifikation mit einem nur guten und reinen Objekt, und zugleich die Möglichkeit, ein äußerstes Maß an Sadismus ohne jedes Schuldgefühl auszuleben, weil der Sadismus sich auf das böse Objekt richtet, für das es keine Sorgen geben darf. Als Vorbild kann sich der Leser dafür Gott selber nehmen, der mit den Ungläubigen – in der Phantasie des Lesers – real so verfährt, wie dieser es sich vorstellt. Damit wird die Eigenschaft Gottes als eines guten Objektes in keiner Weise berührt, weil es gut ist, das Böse zu beseitigen. Der Sadismus und die Rachegelüste der Glaubenden sind deshalb durch Gott immer schon gerechtfertigt.«[24] Keine Regung von Feindesliebe wird in dem die Bibel abschließenden Text sichtbar. Die keineswegs bloß moderne Einsicht, daß das Böse nicht nur individueller Sündhaftigkeit, sondern auch schlechten sozialen Ordnungen entspringen kann, und daß man böse Taten, wenn schon nicht billigen, so doch wenigstens aus bestimmten Motiven heraus verstehen kann, kommt in ihm in keiner Weise zur Geltung. Damit wird jede menschliche Beziehung zu denen abgebrochen, die als schlecht gelten, man darf ihre Vernichtung kalt genießen.

Bei der Diskussion der Liebesgebote der Bergpredigt wurde mit Freud darauf hingewiesen, daß die christlichen Liebesgebote der Liebe eigentümlich unpersönliche Züge verleihen. Ihre stark narzißtischen Anteile verleihen der Beziehung zu ihren Objekten Züge einer merkwürdigen Gleichgültigkeit, die zur Kälte tendiert. Die Vernichtungsmaschinerie der Apokalypse geht mit einer verwandten Beziehungsstruktur einher. Sie werden als besondere, einzelne Objekte der Aggression nicht zur Kenntnis genommen, die Haßobjekte erscheinen nur noch als große Zahl, als massenhaftes teuflisches Material, das es zu vernichten gilt. Weil der Glaube an die erlösende Kraft der Liebe in der christlichen Lehre offensichtlich nicht ausreicht, sucht sie das Heil letztlich wieder in der Androhung von brutaler Gewalt, die die Feinde strafen soll. Den insgeheim an der Macht des Guten Zweifelnden wird ein Umgang mit der Destruktivität zugebilligt, der noch hinter das »Auge um Auge, Zahn um Zahn« des Alten Testaments zurückfällt. Ihre Rachegelüste brauchen sie noch nicht einmal entsprechend der mosaischen Lehre an ein Äquivalent des ihnen Angetanen zu binden, sie dürfen völlig maßlos sein. Daß die meisten Christen die Erbarmungslosigkeit, die in biblischen Texten immer wieder sichtbar wird, offenbar gerne übersehen, zeigt, daß die Aggressionstabus, die die christliche Lehre verordnet, bei ihren Anhängern fatale Wirkungen zeitigen können. Solche Tabus begünstigen offensichtlich nicht zuletzt die Verleugnung des aggressiven Potentials der eigenen Anschauungen und sorgen so allzu leicht dafür, daß die verdrängte oder abgespaltene eigene Agressivität auf prekäre Art wirksam wird. Die Offenbarung des Johannes fällt sicherlich weit hinter die Lehren der Bergpredigt zurück, aber sie kann auch als die geheime Wahrheit der Bergpredigt gelesen werden. Nietzsche bemerkt: »Unterschätze man übrigens die tiefe Folgerichtigkeit des christlichen Instinktes nicht, als er gerade

[24] Raguse, H.: Psychoanalyse und biblische Interpretation. Stuttgart 1993, S. 156 f.

dieses Buch des Hasses mit dem Namen des Jüngers der Liebe über-
schrieb.«[25] Nicht nur die »Kriminalgeschichte des Christentums«
(Deschner), auch seine heiligen Texte zeigen, daß das Christentum in
vielem von dem lebt, was es zu überwinden vorgibt.

II

Der Glaube ist für Freud »ein Abkömmling der Liebe und hat zuerst
der Argumente nicht bedurft.«[26] Bei Luther heißt es: »Christum lieb
haben ist besser denn alles Wissen.«[27] Auch die Bibel weist darauf hin,
daß der Glaube vor allem von der Liebe abhängt, daß die Verbindung
von Liebe und Glauben für sie mehr zählt als jedes intellektuelle Begreifen. »Und wenn ich weissagen könnte und wüßte alle Geheimnisse
und alle Erkenntnisse und hätte allen Glauben, so daß ich Berge ver-
setzte, und hätte der Liebe nicht, so wäre ich nichts.« (1. Korinther 13,2)
Wo der christliche Glaube nach seiner Durchsetzung noch die Argumente und Beweise zu seiner Stützung benötigt, ist er bereits geschwächt. Wenn er mit Drohungen und Gewalt durchgesetzt werden
soll, weist das darauf hin, daß man an die propagierte Liebesreligion
nicht mehr wirklich glaubt. Je mehr Zwang zur Durchsetzung des
Glaubens nötig scheint, desto deutlicher wird demonstriert, daß er voll
geheimer Zweifel an der Macht jener Liebe ist, durch die Jesus das Heil
bringen will. Je mehr Gewalt gegen Ungläubige und Zweifler von der
Institution Kirche organisiert wird, desto mehr offenbaren die Träger
kirchlicher Macht, wie wenig sie insgeheim dem von ihnen repräsentierten Glauben vertrauen. Wo Christen solche Glaubenszweifel aus inneren und sozialen Gründen tabuisieren müssen, besteht die Neigung,
Abweichler und Ungläubige zu bekämpfen, die diese offen zum Ausdruck bringen. Sie werden nicht zuletzt deshalb verfolgt, weil sie die
Glaubenszweifel verkörpern, die diejenigen, die sie bei sich selbst nicht
wahrnehmen wollen, auf jene projizieren. Der erbitterte Kampf gegen
Ketzer und gegen die Anhänger anderer Religionen, der die Geschichte
des Christentums kennzeichnet, dient nicht zuletzt der verleugnenden

[25] Nietzsche, F.: Zur Genealogie der Moral. Werke in 3 Bänden. Hg. Schlechta, K., Darmstadt
1994, S. 795
[26] Freud, S.: Vorlesungen zur Einführung in die Psychoanalyse. GW XI, S. 463
[27] Martin-Luther-Hausbuch, Bindlach 1996, S. 527

Abwehr der Glaubenszweifel der Christen. Wo es keine Abweichler mehr gibt, stellt niemand mehr offen die eigenen geheimen Glaubensprobleme dar, was verspricht, ihre Überwindung und Verdrängung zu erleichtern.

Selbst Jesus ist nicht frei von Glaubenszweifeln, auch er vermag nicht allen Ratschlüssen seines väterlichen Herrn ganz ohne Einschränkungen zu folgen. »Mein Gott, mein Gott, warum hast du mich verlassen?« (Matthäus 27,46) ruft er laut vor seinem Tod am Kreuz. In seiner Verlassenheit bringt er zum Ausdruck, daß der Glaube an den guten Vater im Himmel selbst bei ihm ins Wanken geraten kann. Petrus, den Jesus als seinen Statthalter einsetzt, verleugnet seinen Herrn vor seiner Kreuzigung dreimal [28] und demonstriert mit diesem Tun, daß er nicht fähig ist, seinem Glauben an Jesus ohne Vorbehalt zu folgen. Jesus, der höchste Vertreter des reinen Glaubens und der gläubigen Hingabe an seinen Gott, zeigt einen eigentümlich ausgeprägten Haß gegenüber denen, die sich nicht von ihm zu seinem Glauben bekehren lassen wollen, also den Zweifel an ihm und seiner Lehre nicht überwinden können. Alle oben angeführten aggressiven Äußerungen Jesu haben mit Personen zu tun, die seiner Lehre keinen Glauben schenken. Sein Umgang mit dem Zweifel der anderen sollte aufhorchen lassen, er weist auf den Zweifel hin, den diese Figur selbst in sich trägt. Jesus predigt Liebe und Versöhnung, aber es findet sich bei ihm kein liebevolles Wort denjenigen gegenüber, die an seine Göttlichkeit nicht glauben wollen. Wer sich besonders entschieden dem neuen Glauben verweigert, wird genauso entschieden verdammt. Er wird zum »Intimfeind«, zu dem der Haß eine enge Beziehung herstellt, die auf eine geheime Nähe verweist. Den orthodoxen Juden, den Schriftgelehrten, denen man durchaus auch respektable Motive zubilligen kann, wenn sie sich sehr kritisch gegenüber einem Menschen verhalten, der mit dem Anspruch auftritt, der Messias zu sein, bringt Jesus fast nur Haß- und Rachegefühle entgegen. Zu Jesu Zeiten treten immer wieder Menschen mit dem Anspruch auf, der Messias zu sein, müssen die Rechtgläubigen da nicht besonders mißtrauisch prüfen, um der Blasphemie zu wehren? Das erste Gebot Mose gebietet, daß man nur Gott, dem Herrn, dienen darf und keine Abweichung von ihm gerechtfertigt ist. »Ich bin der Herr, dein Gott. Du sollst keine anderen Götter neben mir haben.« (2. Mose 20,2–3) Jesus, der neue Sohnesgott, verdrängt im Christentum in gewisser Weise

---

[28] Siehe hierzu Matthäus 26,69–75

41

den alten Vatergott aus dem Zentrum der Religion. Kann man den orthodoxen Juden, die sich als Wahrer der heiligen Tradition sehen, nicht sehr ehrenwerte Motive zubilligen, wenn sie sich dem widersetzen? Wenn sie von Jesus Zeichen seiner Göttlichkeit fordern, erteilt er ihnen nur eine barsche Abfuhr. »Dieses böse und abtrünnige Geschlecht sucht ein Zeichen; und soll ihm kein Zeichen gegeben werden denn das Zeichen des Jona. Und er ließ sie und ging davon.« (Matthäus 16,4) Die Pharisäer und Schriftgelehrten sind für Jesus die Inkarnation der Scheinheiligkeit und der Korruption durch Macht und Privilegien. »Wehe euch, Schriftgelehrte und Pharisäer, ihr Heuchler, die ihr die Becher und Schüsseln auswendig reinhaltet, inwendig aber sind sie voll Raub und Gier! Du blinder Pharisäer, reinige zum ersten, was inwendig im Becher ist, auf daß auch das Auswendige rein werde! Wehe euch, Schriftgelehrte und Pharisäer, ihr Heuchler, die ihr seid gleichwie die übertünchten Gräber, welche auswendig hübsch scheinen und inwendig sind voller Totengebeine und lauter Unrat! So auch ihr: von außen scheinet ihr vor den Menschen fromm, aber inwendig seid ihr voller Heuchelei und Übertretung. Wehe euch, Schriftgelehrte und Pharisäer, ihr Heuchler, die ihr den Propheten Grabmäler bauet und schmücket der Gerechten Gräber und sprecht: Wären wir zu unserer Väter Zeiten gewesen, so wären wir nicht mit ihnen schuldig geworden an der Propheten Blut! So gebt ihr über euch selbst Zeugnis, daß ihr Kinder seid derer, die die Propheten getötet haben. Wohlan, erfüllet auch ihr das Maß eurer Väter! Ihr Schlangen, ihr Ottergezüchte! Wie wollt ihr der höllischen Verdammnis entrinnen?« (Matthäus 23,25–33) Auch wenn Jesu soziale Anklagen ihr Gewicht haben, weil die Pharisäer und Schriftgelehrten die damals herrschende soziale Gruppe waren, so gilt seine rabiate Ablehnung doch vor allem Menschen, die den neuen Glauben nicht annehmen wollen. In der Geschichte der Christenheit sind sie vor allem als die verstockten gelehrten Zweifler ins Bewußtsein getreten. Wer zu viel zweifelt, hat keinen Anspruch auf die Nächsten- und Feindesliebe: Ihm werden Höllenqualen angedroht.

Der rechte Glaube führt für den Christen zur Seligkeit, der Unglaube gebiert die Verdammnis. »Wer an den Sohn glaubt, der hat das ewige Leben. Wer dem Sohn nicht glaubt, der wird das Leben nicht sehen, sondern der Zorn Gottes bleibt über ihm.« (Johannes 3,36) Es gilt: »Wer da glaubet und getauft wird, der wird selig werden; wer aber nicht glaubet, der wird verdammt werden.« (Markus 16,16) Der Glaube und der Unglaube legen zugleich die Aufteilung in Gute und Böse fest.

Ludwig Feuerbach stellt fest: »Der Glaube eignet sich nur das Gute zu, alles Böse aber schiebt er auf den Unglauben und nicht rechten Glauben oder auf den Menschen überhaupt.«[29] Das dem Unglauben zugerechnete Böse gebiert Schuldgefühle, die, wie Luther bemerkt hat, eine innere Hölle erzeugen können. »Ein böses Gewissen ist die Hölle selbst, ein gutes Gewissen ist Paradies und Himmelreich.«[30] Die Freiheit des Christen besteht Luther zufolge darin, seinen rechten Glauben zu finden, der von Schuld frei macht. Für die rechten Christen gilt: »Sie sind frei, nicht nach dem Fleisch, sondern nach dem Gewissen.«[31] Das reine Gewissen, das der wahre Glauben verschafft, ist Ausdruck der göttlichen Gnade: Wer den rechten Glauben gefunden hat, ist ihrer teilhaftig geworden. Glaubenszweifel und wahrer Glaube stehen einander entgegen. Wahrer Glaube schafft Seligkeit, Glaubenszweifel verdammen hingegen zu Schuld und Verhängnis. Für Luther gilt: »Zweifel ist Sünde und ewiger Tod.«[32] Das drängt dazu, den Zweifel nicht nur in sich selbst, sondern auch an all denen zu bekämpfen, die ihn durch Unglauben oder falschen Glauben mit wachhalten.

Der Zweifel muß nicht nur zur Vermeidung von Schuldgefühlen bekämpft werden, sondern auch zur Aufrechterhaltung von Illusionen, die nach Freud den Kern des religiösen Glaubens ausmachen. Der religiöse Glaube lebt Freud zufolge vom illusionären Wunsch nach Autoritäten, die in der Nachfolge der idealisierten Elternfiguren der Kindheit Schutz und Geborgenheit versprechen. Religiöse Vorstellungen, »die sich als Lehrsätze ausgeben, sind nicht Niederschläge der Erfahrung oder Endresultate des Denkens, sie sind Illusionen, Erfüllungen der ältesten, stärksten, dringendsten Wünsche der Menschheit; das Geheimnis ihrer Stärke ist die Stärke dieser Wünsche. Sie wissen schon, der schreckende Eindruck der kindlichen Hilflosigkeit hat das Bedürfnis nach Schutz – Schutz durch Liebe – erweckt, dem der Vater abgeholfen hat, die Erkenntnis von der Fortdauer dieser Hilflosigkeit durchs ganze Leben hat das Festhalten an der Existenz eines – aber nun mächtigeren Vaters verursacht. Durch das gütige Walten der göttlichen Vorsehung wird die Angst vor den Gefahren des Lebens beschwichtigt, die Einsetzung einer sittlichen Weltordnung versichert die Erfüllung der Gerechtigkeitsforderung, die innerhalb der menschlichen Kultur

[29] Feuerbach, L.: Das Wesen des Christentums. Stuttgart 1969, S. 383
[30] Lutherlexikon, a. a. O., S. 142
[31] ebd., S. 105
[32] Luther Deutsch, Bd. 9 – Tischreden, Hrsg. K. Aland, Stuttgart 1960, S. 115

so oft unerfüllt geblieben ist, die Verlängerung der irdischen Existenz durch ein zukünftiges Leben stellt den örtlichen und zeitlichen Rahmen bei, in dem sich diese Wunscherfüllungen vollziehen sollen.«[33] Der Glaube dient aber nicht nur der Abwehr von Angst und Hilflosigkeit durch göttliche Mächte, er lebt damit verbunden auch von der Aufrechterhaltung von narzißtischen Größenphantasien, denen er Gewinn verschafft.[34] Wer glaubt, den rechten Glauben in der Nähe Gottes gefunden zu haben, kann gewissermaßen mit Gott eins werden und an seiner Macht teilhaben. Wer an der Religion zweifelt, erzeugt somit auch Wut, die aus der Kränkung narzißtischer Größenphantasien resultiert. Die Verteidigung der Illusion zwingt dazu, den Zweifel in sich selbst niederzuringen, aber zugleich auch diejenigen zu bekämpfen, die sie als Ungläubige oder Andersgläubige in Frage stellen. »Da diese sich nicht daran beteiligen, die Illusion aufrechtzuerhalten, repräsentieren sie ein Versagen der Illusion selbst. Da sie die Realitätsprüfung angesichts der Beweihräucherung der Illusion nicht unterlassen, stellen sie die Illusion ipso facto in Frage. Es ist folglich lebenswichtig, die Gleichgültigen (und die Skeptischen) zu beseitigen und sie zu zwingen, die Realitätsprüfung an die ›Gläubigen‹ abzutreten.«[35]

Der Übergang vom Urchristentum zum kirchlich organisierten Christentum ist bei den frühen Christen mit Zweifeln verbunden. Das Urchristentum lebt in der Naherwartung der Wiederkehr des Messias, mit der alles besser werden soll, die das leidvolle Bestehende zum Verschwinden bringt. Das Ausbleiben der Erfüllung dieses Wunsches muß die Christen zwangsläufig in schmerzliche Glaubenszweifel stürzen. Warum soll man glauben, daß mit Jesu Opfergang die Welt bereits an der Erlösung teilhat, wo doch das Elend dieser Welt fortbesteht und Jesu erlösende Wiederkehr immer unsicherer geworden ist? Warum soll eine Welt, in der so viel Böses Macht hat, in der so viel Gewalt, Unrecht und Einsamkeit regieren, ausgerechnet von einem guten Gott geschaffen worden sein? Die gnostischen Widersacher des frühen Christentums haben diesen Zweifel in ihre Lehre vom bösen Schöpfergott aufgenommen und wurden deswegen von der gerade entstehenden Kirche entschieden bekämpft. Die sich etablierende Kirche repräsentiert ein Christentum, das unter dem römischen Kaiser Konstantin zur

---

[33] Freud, S.: Die Zukunft einer Illusion. GW XIV, S. 352
[34] Siehe hierzu S. 185 dieses Buches
[35] Chasseguet-Smirgel, J.: Das Ich-Ideal. Frankfurt am Main 1987, S. 90

Staatsreligion wird und damit von weltlichen Machthabern zur Legitimierung ihrer Macht eingesetzt werden kann. Zweifel am Christentum und an der Institution Kirche können nun als Infragestellung einer von Gott eingesetzten weltlichen Macht interpretiert werden, wie umgekehrt Zweifel an der Legitimität des Handelns der weltlichen Macht als Zweifel an Gott und seiner Kirche dargestellt werden können. Die Zweifel an den »Wahrheiten« der christlichen Lehre werden so mit aufrührerischen Impulsen gegen das weltliche Regiment vermengt. Die Erfahrungen, die die Christen mit der Welt machen, geben zu vielerlei offenen oder verdeckten Zweifeln an der Religion und deren Repräsentanten Anlaß. Umgekehrt ziehen diese Zweifel zugleich auch vielerlei Maßnahmen zu ihrer Abwehr nach sich, die eine Tendenz zur Gewalt in sich tragen. Verknüpft mit der Etablierung der Institution Kirche werden für die Gläubigen verbindliche Glaubensdogmen aufgestellt. Ihre Festlegung hat zur Folge, daß diejenigen, die Christen sein wollen oder zu Christen gemacht werden sollen, dazu gezwungen werden können, diese als zentrale Glaubensinhalte zu akzeptieren. Damit können Abweichler vom »rechten« Glauben dingfest gemacht werden. Von den kirchlichen Autoritäten, die sich als Stellvertreter Gottes auf Erden sehen, werden diese Dogmen als direkt von Gott gegeben dargestellt. Der Zweifel an ihnen kann deshalb nicht nur als Auflehnung gegen die Kirche oder gegen die mit ihr verbündeten weltlichen Mächte interpretiert werden, sondern auch als Auflehnung gegen Gott, eine Auflehnung, die als schwere Sünde gilt. Jesus verkündet noch keine dogmatische Glaubenslehre. Erst die Institution Kirche, die darauf aus ist, ihre Machtinteressen zu festigen und ihre Schäfchen notfalls mit Gewalt an sich zu binden, ist auf sie angewiesen.

Theodor Reik, ein Schüler und enger Mitstreiter Freuds, der die mit der Dogmatik des christlichen Glaubens verbundenen Zwänge psychoanalytisch ausgeleuchtet hat, formuliert in einer Psychologie des Glaubenszweifels: »Das Dogma ist eine zwanghafte Bemühung, den religiösen Zweifel zu überwinden.«[36] Diese Bemühung ist nicht nur auf den latenten Unglauben des Kirchenvolkes, sondern auch auf den der Theologen bezogen. Daß Theologen den Zweifel bekämpfen können, erfordert, daß er ihnen vertraut ist, er muß eng mit ihrem Glauben verwandt sein. Die theologischen Konstruktionen zur Sicherung der kirchlichen Dogmen nutzen die intellektuellen Waffen der Glaubens-

---

[36] Reik, Th.: Dogma und Zwangsidee. Stuttgart 1973, S. 45

gegner zur Sicherstellung von Glaubenssätzen; Theologen demonstrieren damit, daß sie mit ihren Gegnern manches gemeinsam haben. Das heißt, »daß die Dogmatik beim Zweifel und bei der Häresie sozusagen in die Schule gegangen ist. Die Verteidigung des Glaubens hat sich der Waffen und der Technik des Angreifers bemächtigt und verwendet sie zur Abwehr. Die Logik, das ganze Arsenal von Beweisführungen, das Ziehen von Konklusionen, die Herstellung von Zusammenhängen hat die Dogmatik von den Zweiflern, Häretikern und Gegnern übernommen und zu ihren Zwecken benutzt.«[37] Schon daß die Theologie sich seit der Etablierung der Institution Kirche darum bemüht, intellektuelle Gottesbeweise zu liefern, verweist auf die geheimen Glaubenszweifel derer, die sie hervorbringen. »Die Gottesbeweise sind die intellektualisierende Überkompensation gegen eine Aufklärung, die sich gerade gegen Gott richtet.«[38] Wo der Glaube wirklich Macht hat, ist er auf sie nicht angewiesen. Bei Luther heißt es: »Der heilige Geist ist kein Skeptiker.«[39]

Wo der Glaube zu wenig auf der Liebe fußt, muß er zur Gehorsamspflicht erklärt werden, die notfalls mit Zwang durchgesetzt wird. Schon Paulus, der erste Theologe des Christentums, der die Bedeutung der Liebe für die christliche Lehre betont hat, spricht zugleich davon, daß die Apostel in der Nachfolge Christi den »Gehorsam des Glaubens« (Römer 1,5) aufzurichten hätten. Für ihn gilt: »Wenn jemand den Herrn nicht lieb hat, so sei er verflucht.« (1. Korinther 16,22) Der Kirchenvater Augustinus vertritt als erster die Lehre, daß Ungläubige auch mit Gewalt zum rechten Glauben gebracht werden dürfen. Über viele Jahrhunderte hat sich die katholische Kirche dieser Einstellung angeschlossen. Das Ephesinische Konzil von 431 verbietet unter Androhung schwerster Strafen, eine andere Lehre als die rechte auch nur zu denken![40] Wo Glaubensdogmen von der sich etablierenden katholischen Kirche aufgerichtet werden, erlangen sie Tabucharakter, indem sie als von Gott selbst kommend interpretiert werden. Jedes Rütteln am Dogma stellt die Majestät Gottes in Frage, jeder Zweifel an ihm beleidigt ihn, jede Kritik an ihm gilt als blasphemisch. Das Dogma ist traditionell an den Bannfluch gebunden. Jeder, der eine vom Dogma abwei-

[37] ebd., S. 80
[38] ebd., S. 82
[39] Lutherlexikon, a..a.O., S. 410
[40] Siehe hierzu: Beyschlag, K.: Grundriß der Dogmengeschichte. Band 2. Darmstadt 1991, S. 113

chende Anschauung vertritt, soll aus der Gemeinde ausgeschlossen und damit sozial ausgegrenzt werden. Im Jahre 1252 erließ Papst Innozenz IV. die Bulle *Ad Extirpanda*, die Andersgläubige mit Dieben und Räubern auf eine Stufe stellt und die weltlichen Herrscher verpflichtet, alle »Häretiker« zum Geständnis und zum Verrat ihrer Genossen zu zwingen und an den für schuldig Befundenen binnen fünf Tagen die Todesstrafe zu vollstrecken.[41] Spätere Päpste haben den Inhalt dieser Bulle im wesentlichen wiederholt. Der bis heute einflußreichste katholische Kirchenlehrer, Thomas von Aquin, lehrte um diese Zeit: »Was die Ketzer anlangt, so haben sie sich einer Sünde schuldig gemacht, die es rechtfertigt, daß sie nicht nur von der Kirche vermittels des Kirchenbannes ausgeschieden, sondern auch durch die Todesstrafe aus dieser Welt entfernt werden. Ist es doch ein viel schwereres Verbrechen, den Glauben zu verfälschen, der das Leben der Seele ist, als Geld zu fälschen, das dem weltlichen Leben dient. Wenn also Falschmünzer oder andere Übeltäter rechtmäßigerweise von weltlichen Fürsten sogleich vom Leben zum Tod befördert werden, mit wieviel größerem Recht können Ketzer unmittelbar nach ihrer Überführung wegen Ketzerei nicht nur aus der Kirchengemeinschaft ausgestoßen, sondern auch billigerweise hingerichtet werden.«[42] Wo an den Dogmen der Kirche nicht gezweifelt werden darf, darf auch am Papst, dem höchsten Repräsentanten der Kirche, nicht gezweifelt werden. Papst Gregor VII. (1073–1085) verlangt in seinem bekannten *Dictatus Papae*: »Niemand auf Erden kann über den Papst urteilen. Die Römische Kirche hat nie geirrt und kann bis zum Ende der Zeiten nie irren. (…) Ein rechtmäßig gewählter Papst ist ohne Frage ein Heiliger durch die Verdienste Petri.«[43] Für die Kurie sind die Gewissensfreiheit und die Freiheit der Meinungsäußerung über lange Jahrhunderte ein »pestilentissimus error« oder »deliramentum«, also Wahnsinn, wie es Gregor XVI. noch im letzten Jahrhundert äußert.[44] Die katholische Kirche hat diese Position auch mit den Mitteln des Terrors verteidigt, dem unzählige Menschen zum Opfer gefallen sind.

Auch der Reformator Luther kann der Vernunft, die Glaubenszweifel weckt, keineswegs irgend etwas Positives abgewinnen. Er beschimpft die Vernunft, von der Zweifel am Glauben ausgehen, leiden-

---

[41] Siehe hierzu: Deschner: Abermals krähte der Hahn, a.a.O., S. 481
[42] Zitiert nach Deschner a.a.O., S. 481
[43] Zitiert nach Drewermann, E.: Kleriker. Psychogramm eines Ideals. München 1991, S. 440
[44] Siehe hierzu: Deschner, a.a.O., S. 483

schaftlich als »des Teufels Hure«, die »nichts kann als alles lästern und schänden, was Gott redet und tut«.[45] Luther hat die katholische Religion als »Köhlerglauben« bezeichnet und für die »Freiheit eines Christenmenschen« gegenüber kirchlichen Zwängen plädiert, aber das hat nicht verhindert, daß er und andere Reformatoren jeden ernsthaften Glaubenszweifel meist auch streng und grausam zu bestrafen suchten. »Mit Ketzern braucht man kein langes Federlesen zu machen, man kann sie ungehört verdammen. Und während sie auf dem Scheiterhaufen zugrunde gehen, sollte der Gläubige das Übel an der Wurzel ausrotten und seine Hände in dem Blut der Bischöfe und des Papstes baden, der der Teufel in Verkleidung ist.«[46] Luthers engster Mitarbeiter, Philipp Melanchthon, hat gefordert, daß die Obrigkeit die astronomische Lehre des Kopernikus als umstürzlerische Häresie unterdrücken solle, und der Arzt Michael Servede, der die kirchliche Trinitätslehre anzweifelte, wurde auf Anweisung des Calvinistischen Rates der Stadt Genf im Jahr 1553 verbrannt.[47] Katholiken wie Protestanten haben auf die gleiche Art Menschen, die angeblich der Teufel vom rechten Glauben abgebracht hat, auf grausame Art wegen Hexerei umbringen lassen.

Wo die religiöse Abweichung mit Gewalt beantwortet wird, gilt der Kampf insgeheim auch der eigenen Abweichung, die ein schlechtes Gewissen nach sich zieht. »Absolute Intoleranz ist das Geheimnis des Monotheismus«, heißt es bei Feuerbach.[48] Diese Intoleranz des Christentums läßt sich besonders zu seiner Blütezeit, vor seiner Zersetzung durch die moderne Aufklärung ausmachen. Diese Intoleranz rührt nicht nur daher, daß es keine anderen Götter neben dem einen Gott geben soll, daß er die absolute Wahrheit und der einzige Gesetzgeber sein soll. Diese Intoleranz, die keine Abweichung dulden will, entspringt auch geheimen Zweifeln an diesem Gott und damit dem Wunsch, ihn vom Thron zu stoßen, um seine absolute Macht zu brechen. Reik bemerkt: »Tausend Scheiterhaufen mußten brennen, um den Zweifel an der eigenen Gottheit auszulöschen, die grausamsten Martern der Inquisition wurden ersonnen, um den Aufruhr in der eigenen Brust zu unterdrücken. Die starren Fanatiker und Eiferer aller Religionen sind unbewußt Revolutionäre gegen ihren Gott; Torquemada suchte unun-

[45] Luther Deutsch Bd. 4, Hrsg. K. Aland, Stuttgart 1964, S. 161 f.
[46] Zitiert nach Deschner, a. a. O., S. 484
[47] Siehe hierzu: Reik, a. a. O., S. 103
[48] Feuerbach, L.: Das Wesen des Christentums. Stuttgart 1969, S. 196

terbrochen den Hauptketzer, der er selber war. Millionen Menschen wurden hingeschlachtet, um die verdrängte Feindseligkeit gegen den angebeteten Gott zu befriedigen und zugleich zu sühnen. Das ›Dieu le veut!‹, das die Kreuzfahrer riefen, wenn sie in türkischen Städten alles niedermachten, in den Ghettos am Rhein plünderten und mordeten, erhält so eine tiefe Resonanz. Unsere vorläufige Übersicht der seelischen Vorgänge, die zur religiösen Verfolgung und zu ihrem Erdulden führen, können wir folgendermaßen zu formulieren versuchen: Der Verfolgende wird die unbewußten aufrührerischen und feindseligen Gefühle gegen den eigenen Gott in der motorischen Abfuhr gegen den Fremden befriedigen und dies mit Berufung auf seine zärtlichen und anhänglichen bewußten Strömungen jenem gegenüber tun können.«[49]

Daß die Juden immer wieder zu besonderen Haßobjekten eines christlichen Antisemitismus wurden, weist auf das schlechte Gewissen der Christen hin: Die Juden haben deren verpönte aufrührerische Impulse zu repräsentieren. Sie glauben nicht an Jesus als Messias, sie glauben nicht, daß die Welt durch ihn schon erlöst ist. Sie ziehen deshalb den Haß der Christen auf sich, die aufgrund des furchtbaren Zustandes der Welt insgeheim auch nicht daran glauben können, aber dies nicht zum Ausdruck bringen dürfen, weil sie das in innere Verzweiflung stürzen und der äußeren Verfolgung durch weltliche und geistliche Mächte aussetzen würde. Den Juden wird vorgeworfen, daß sie Christus, den Gottessohn, getötet haben. Sie haben sich damit gegen die göttliche Autorität aufgelehnt, die dem Christentum zufolge die Welt regiert. Aber wollen nicht auch die Christen insgeheim einen Gott und seine irdischen Stellvertreter vom Thron stürzen, die die Welt so schlecht regieren, daß sie so schlimm ist wie die bestehende? Und wünschen sich Christen nicht auch insgeheim einen anderen Gott als den, der zwar die Liebe propagiert, aber sie in einer lieblosen Welt allzu häufig allein läßt? Die gegen Abweichler und Ketzer gerichteten Zwänge richten sich insgeheim auch gegen das eigene Selbst derer, die sie ausüben. Die rabiate Abwehr des Zweifels hat aber nicht nur mit dem eigenen intellektuell begründeten Unglauben zu tun: Der Zweifel, der mit Zwangsritualen gebannt werden soll, hat seine Wurzeln letztlich in einer gestörten Liebesfähigkeit. Freud hat dies am Beispiel der Analyse von Zwangsneurotikern aufgezeigt, die ihm zufolge mit den Anhängern der Religion als einer »universellen Zwangsneurose« verwandt

[49] Reik, Th.: Der eigene und der fremde Gott. Frankfurt am Main 1972, S. 218 f.

sind.[50] »Wer an seiner Liebe zweifelt, darf, muß doch auch an allem anderen, geringeren, zweifeln? Es ist derselbe Zweifel, der bei den Schutzmaßregeln zu Unsicherheit und zur fortgesetzten Wiederholung führt, um diese Unsicherheit zu bannen und der es endlich zustande bringt, daß diese Schutzhandlungen ebenso unvollziehbar werden, wie die ursprünglich gehemmte Liebesentschließung.«[51] Die Unfähigkeit von Christen, den Zweifel ohne rabiate Abwehr zu akzeptieren, basiert letztlich auf der Unfähigkeit zu der von ihnen propagierten Nächstenliebe. Eine gestörte Liebesfähigkeit belastet die Beziehungen zu anderen Menschen und führt zu ständigen Zweifeln an diesen wie am eigenen Selbst. Mit Hilfe des Zwangs, der von der eigenen Psyche Besitz ergreift, kann man die Zweifel abwehren und damit Ängste und Unsicherheiten bannen. »Der Zwang aber ist ein Versuch zur Kompensation des Zweifels und zur Korrektur für unerträgliche Hemmungszustände, von denen der Zweifel Zeugnis ablegt.«[52] Erst die Freisetzung von mehr Liebe erlaubt es, den Zweifel auf ein Maß zu reduzieren, das die Beziehungen zum Nächsten wie zum eigenen Selbst nicht übermäßig belastet.

Daß das Christentum in der europäischen Geschichte zur Religion der Gewalt wurde, hat keineswegs nur darin seine Ursache, daß es sowohl von geistlichen als auch weltlichen Mächten mißbraucht wurde. Die religiösen Lehren der Bibel offenbaren mancherlei offene und versteckte Formen der Lieblosigkeit, der Gewaltbereitschaft und des Unglaubens. Heutzutage können und wollen die Kirchen ihre Lehren niemandem mehr mit Gewalt aufzwingen; sie sind offener und toleranter geworden. Aber noch im letzten Jahrhundert äußerte Nietzsche die Vermutung: »Nicht ihre Menschenliebe, sondern die Ohnmacht ihrer Menschenliebe hindert den Christen von heute, uns – zu verbrennen.«[53] Theodor Reik vermutete in diesem Jahrhundert: »Die Religionen sind nur tolerant, solange sie noch schwach oder schon im Stadium der Auflösung sind; es ist nicht allzu schwer, unter solchen Umständen tolerant zu sein.«[54] Daß die christliche Lehre heute nur noch von einer Minderheit der Bevölkerung als wirklich verbindlich angesehen wird, erzwingt bei ihren Vertretern tolerantere Einstellungen als in früheren

50 Freud, S.: Zwangshandlungen und Religionsübungen. GW VII, S. 139
51 Freud, S.: Bemerkungen über einen Fall von Zwangsneurose. GW VII, S. 457
52 ebd., S. 459
53 Nietzsche, F.: Jenseits von Gut und Böse. Nr. 104, Werke 2, a.a.O., S. 630
54 Reik, Th.: Der eigene und der fremde Gott, a.a.O., S. 221

Zeiten. Die Erfahrung, selbst Minderheit zu sein, erleichtert es, andere, auch diskriminierte Minderheiten besser zu verstehen und mehr Verständnis für Abweichungen zu entwickeln. Wer selbst schwach ist, bringt eher Verständnis auf für andere, die sich ebenfalls in einer Position der Schwäche befinden. Wo die Kirche an Macht verliert, können Christen im Sinne der humanen Elemente ihrer Religion christlicher werden. Theologen wie Tillich haben in diesem Jahrhundert akzeptiert, daß es keinen ernsthaften Glauben gibt, der frei von jedem Zweifel ist. Aber der eigentümlich falsche Tonfall, mit dem beamtete Vertreter des Christentums ihre angeblichen Glaubensgewißheiten zu verbreiten suchen, der nahezu jede Predigt von der Kanzel, im Radio oder im Fernsehen auszeichnet, offenbart, daß sie nach wie vor – bewußt oder unbewußt – nur bedingt an das glauben, was sie öffentlich verkünden. Die in der christlichen Lehre enthaltenen Elemente der Wahrheit und der Liebe können nur als vom konsequenten Zweifel bearbeitete gerettet werden, den erst die Aufklärung legitimiert hat. »Daß sich Offenbarungsglaube und Skepsis gegenseitig ausschließen, hat die Kirche zu allen Zeiten deutlich empfunden; denn wer glaubt, zweifelt nicht«, formuliert ein namhafter Dogmengeschichtler.[55] Dem hält Max Horkheimer entgegen: »Den Zweifel in die Religion einzubringen, ist ein Moment ihrer Rettung.«[56] Die christlichen Wahrheiten sind derart von Lüge und Gewalt umstellt, daß sie allenfalls die radikale, uneingeschüchterte Kritik zu befreien vermag.

Theodor Reik kommt am Schluß seiner Analyse christlicher Dogmen zu folgendem Ergebnis: »An die Stelle der drei schicksalsbestimmenden Parzen der Griechen hat das Christentum drei andere Schwestern gesetzt: Glaube, Hoffnung, Liebe. In analytischer Auffassung erscheinen diese drei Prinzipien als Reaktionserscheinungen: Der Glaube als Reaktion auf Regungen des Zweifels und der Auflehnung, die Hoffnung als Reaktion auf die mit dem unbewußten Schuldgefühl verknüpften Unheilserwartungen, die Liebe als Reaktion auf die verdrängten feindseligen Regungen. Diese Reihenfolge ist nach katholischer Lehre nicht umkehrbar; die Liebe in ihr die höchste Stufe.« […] »Die Religion verlieh den drei großen Schwesterngestalten auch nicht den gleichen Ausdruck. Laut sprach der Glaube im Credo und im Dogma. Die Hoffnung flüsterte und stammelte im Gebete. Doch die

---

55 Beyschlag, K.: Grundriß der Dogmengeschichte I, a. a. O., S. 14
56 Horkheimer, M.: Über den Zweifel. Gesammelte Schriften 7, a. a. O., S. 223

Dritte, ach, die Dritte stand daneben und blieb stumm.«[57] Reiks Fazit ist wohl etwas zu einseitig. In der christlich geprägten Kultur hat sich, wie verzerrt und verkümmert auch immer, auch die Liebe in mancherlei Gestalt Geltung verschafft. Das Zerstörerische ist, wie die Psychoanalyse sichtbar gemacht hat, immer auch auf irgendeine Art mit Liebesregungen verknüpft.[58] Zumindest hat die vom Christentum geschaffene Symbolwelt dazu beigetragen, daß wenigstens die Sehnsucht nach Liebe Ausdrucksformen gefunden hat. Trotzdem gilt zu weiten Teilen, was Nietzsche im Blick auf das Christentum festgestellt hat: »Alle Religionen sind auf dem untersten Grunde Systeme von Grausamkeiten.«[59] Die Gewalt, die die Religion in sich trägt, entspringt primär freilich kaum ihr selbst, sie ist vor allem Ausdruck der gesellschaftlichen Verhältnisse, unter denen sie wirksam wird und die ihr Wesen bestimmen. Die von Marx ausgehende materialistische Religionskritik und die moderne Religionssoziologie haben das aufgezeigt. In der christlichen Religion spiegeln sich weltliche Gewaltverhältnisse, die durch sie ideologisch überhöht werden. Der christlichen Lehre zufolge kommt das Heil in die Welt, indem ein göttlicher Vater seinen Sohn opfert. Man kann darin nicht nur ein Erlösungsgeschehen, sondern auch eine Spiegelung und mythische Verkleidung grausamer irdischer Herrschaftsausübung sehen. Die bisherige Unheilsgeschichte zeichnet sich dadurch aus, daß mächtige »Väter«, als Herren dieser Welt, die ihnen als »Söhne« anvertrauten jungen Männer als Opfer auf verschiedenste Art an die Front schicken, angeblich mit dem Zweck, Großes zustande zu bringen. Immer wieder haben mächtige ältere Herren junge Männer unter dem Vorwand auf die Schlachtbank führen lassen, sie könnten dadurch die Welt endgültig von einem bösen Feind befreien. Und allzu

[57] Reik, Th.: Dogma und Zwangsidee, a. a. O., S. 105
[58] Siehe hierzu Moeller, M. L.: Der Krieg; die Lust, der Friede, die Macht. Reinbek 1992
[59] Nietsche, F.: Zur Genealogie der Moral, a. a. O., S. 802
Neuerdings wird darauf hingewiesen, daß dies allenfalls für das Christentum gilt, aber nicht für andere Religionen. Als Gegenbeispiel wird gerne auf den Buddhismus hingewiesen. Diese Position ist diskutierenswert, hat aber viel mit verleugnenden Idealisierungen zu tun. Die buddhistische Reinkarnationslehre ist eine ideale Ideologie zur Legitimation von Unterdrükkung: Wer unter schlimmen Verhältnissen leben muß, ist daran aufgrund eines früheren Lebens selbst schuld. Der vielgeschätzte Zenbuddhismus war früher die Religion einer Kriegerkaste. Der Buddhismus kennt ebenso wie das Christentum eine massive Frauendiskriminierung: Aus den heiligen Bezirken der buddhistischen Tempel werden Frauen üblicherweise ausgegrenzt. In Thailand hängt das Bild des Königs in den buddhistischen Tempeln, er ist der Schutzpatron der Mönche und hat Einfluß auf die Organisation der buddhistischen Lehre. Die angebliche Weltabgewandtheit des Buddhismus hat nicht verhindert, daß er mit vielerlei weltlichen Interessen verfilzt war und ist.

viele Kinder haben an den Opfertod geglaubt, zu dem sie von der älteren Generation verurteilt wurden. Wer macht sich die unfaßbare Grausamkeit einer Kreuzigung bewußt, die Jesus von seinem Vater auferlegt wird? Warum ist der Vatergott nicht selbst bereit, sich zu opfern, um der Welt einen letzten Gefallen zu tun? Mit der Unterwerfung unter die Gesetze, die die Herren dieser Welt den ihnen Untergebenen in der europäischen Geschichte auferlegten, waren für diese vielerlei Leiden verbunden. Eine Geschichte, die voll von Leiden ist, bedurfte einer Religion, die um die erlösende Kraft des Leidens zentriert ist. Wenn man in einer Gesellschaft nur überleben kann, indem man das Leiden annimmt, das die Macht auferlegt, gewährt eine Religion psychische Entlastung, die dem Leiden, das aus der Unterwerfung unter die Allmacht resultiert, einen höchsten Sinn verleiht. Nach Nietzsche gilt: »Was eigentlich gegen das Leiden empört, ist nicht das Leiden an sich, sondern das Sinnlose des Leidens.«[60] Diejenigen, die sich als gläubige Christen mit dem leidenden Jesus identifizieren, gewinnen dadurch ein sinnstiftendes Verhältnis zu ihrem eigenen Leiden. Das Wesen des Christentums zu verstehen, verlangt zu begreifen, welches Leiden an welcher Welt eine solche Bearbeitung nötig hat. Das Christentum ist weder die Wurzel des Bösen noch des Guten der europäischen Zivilisation, es ist eines ihrer Symptome.

---

[60] Nietzsche, F.: Zur Genealogie der Moral, a. a. O., S. 809

Vom Anfang und Ende
der (biblischen) Geschichte

I

Die Bibel spannt einen Bogen vom Anfang zum Ende der Menschheitsgeschichte. Zwischen der Erschaffung des Menschen im ersten Buch
Mose und dem Ende seiner Geschichte, von dem die Offenbarung des
Johannes handelt, stellt sie Beziehungen her, die durch Jesus Christus
gestiftet werden. Durch Adams Ungehorsam gegenüber Gott kommt
die Sünde in die Welt, die als Erbsünde auf allen Menschen lastet; durch
Jesus kann sie wieder aufgehoben werden. »Wie nun durch eines Sünde
die Verdammnis über alle Menschen gekommen ist, so ist auch durch
eines Gerechtigkeit die Rechtfertigung zum Leben für alle Menschen
gekommen. Denn gleichwie durch eines Menschen Ungehorsam viele
zu Sündern geworden sind, so werden auch durch eines Gehorsam
viele zu Gerechten. Das Gesetz aber ist nebeneingekommen, auf daß
die Sünde mächtiger würde. Wo aber die Sünde mächtig geworden ist,
da ist die Gnade viel mächtiger geworden, auf daß, gleichwie die Sünde
geherrscht hat zum Tode, so auch herrsche die Gnade durch die Gerechtigkeit zum ewigen Leben durch Jesus Christus, unseren Herrn.«
(Römer 5,18–21) Die Harmonie mit Gott, die Adam zerstört hat, kann
für die, die in der Nachfolge Christi leben oder gelebt haben, nach der
Auferstehung wiederhergestellt werden. Am Ende der Geschichte wird
vor dem Jüngsten Gericht entschieden, wer mit Jesus das verlorene Paradies wiederfinden darf und wer zur ewigen Verdammnis verurteilt ist.
Die Bibel bewertet die Erschaffung des Menschen und die Vertreibung
aus dem Paradies von der Figur Jesus her, durch Jesus wird sie in ein be-
stimmtes Licht gerückt. Wenn durch Jesus wieder gutgemacht werden
kann, was Adam angerichtet hat, bedeutet das, daß das Christentum
das Alte Testament vom Neuen her interpretiert. Das verleiht dem Alten Testament eine andere Bedeutung als etwa im Judentum. Die Erlösung durch den Messias, die im Judentum nur als Versprechen auftaucht, ist für das Neue Testament bereits erfolgt. Zumindest für die
Guten soll damit die Geschichte zur Heilsgeschichte werden – wird sie
damit vielleicht zugleich auch zur Unheilsgeschichte?

Jesus setzt in der christlichen Lehre Anfang und Ende der menschlichen Geschichte zueinander in Beziehung, durch seine Person sind sie verbunden. Der Versuch, die Lehre Jesu psychoanalytisch zu verstehen, kann deshalb seinen Ausgangspunkt in der Ergründung der Bedeutung dieses Anfangs und dieses Endes nehmen. Durch diesen Einstieg läßt sich der Raum umgrenzen, den er, psychologisch betrachtet, zu füllen hat. Ein erster Zugang zum Zentrum der geheimen Geschichte der europäischen Innerlichkeit kann so geöffnet werden. Vom Anfang und vom Ende der Bibel ausgehend, kann erschlossen werden, warum die christliche Heilsgeschichte mit einer europäischen Unheilsgeschichte verwandt ist.

Der Mythos vom Sündenfall und von der Vertreibung aus dem Paradies ist mit Bildern verknüpft, die Christen ebenso wie Nichtchristen vertraut sind. Es gibt kaum einen Erwachsenen unseres Kulturkreises, der von diesem Mythos nicht irgendwann einmal angerührt wurde. Damit das geschehen kann, muß der Mythos eine Beziehung zu zentralen psychischen Problemen haben, die alle Menschen des Abendlandes in sich tragen. Sigmund Freud hat deutlich gemacht, daß die psychoanalytische Religionskritik Auskunft über die unbewußten Anteile der Psyche des Menschen geben kann, die von der Religion betroffen sind. Das Unbewußte kehrt, Freud zufolge, auf die religiöse Sphäre projiziert wieder. »Ich glaube in der Tat, daß ein großes Stück der mythologischen Weltauffassung, die weit bis in die modernsten Religionen hinein reicht, nichts anderes ist als in die Außenwelt projizierte Psychologie. Die dunkle Erkenntnis (sozusagen endopsychische Wahrnehmung) psychischer Faktoren und Verhältnisse des Unbewußten spiegelt sich [...] in der Konstruktion einer übersinnlichen Realität, welche von der Wissenschaft in Psychologie des Unbewußten zurückverwandelt werden soll.«[1] Das Unbewußte als »inneres Ausland« mit seinen Problemen wird auf die jenseitige Welt der Religion projiziert; der Psychoanalyse geht es darum, die andere Welt der Religion auf die andere Welt des Unbewußten zurückzuführen. Der Anfang der Menschheitsgeschichte, der im biblischen Mythos vom Sündenfall und der Vertreibung aus dem Paradies thematisiert wird, kann uns anrühren, weil er eine Beziehung zu dem herstellt, was der Beginn unserer individuellen Geschichte in uns hinterlassen hat. Der biblische Mythos entfaltet seine Wirkung, weil er das Drama der Subjektwerdung, das jeder von

---

[1] Freud, S.: Zur Psychopathologie des Alltagslebens. GW IV, S. 287 f.

uns auf schmerzliche Art durchlaufen hat, in verhüllter Form zum Gegenstand hat.

Nach den Einsichten der Psychoanalyse existiert das Menschenkind zuerst in einer symbiotischen Einheit mit der Mutter, aus deren Leib es kommt. Während der Phase der frühen Mutter-Kind-Symbiose besteht noch keine psychische Trennung zwischen Mutter und Kind, zwischen Innen und Außen, zwischen Subjekt und Objekt. Das Kind lebt in einer Einheit mit der Mutter, die seine umfassende Versorgung sichert. Mit dem Aufbrechen dieser Einheit beginnt der Prozeß der menschlichen Individuation.[2] Seinen frühkindlichen Höhepunkt, der zugleich sein frühkindliches Ende bedeutet, erreicht der Prozeß der Subjektwerdung mit dem ödipalen Konflikt. Er verknüpft das frühkindliche sexuelle Begehren mit dem Generationskonflikt zwischen Eltern und Kind. Die Eltern geraten, indem sie die Gesetze des Sozialen gegenüber dem Kind zur Geltung bringen, in Konflikt mit dem inzestuös ausgerichteten, kindlichen sexuellen Begehren. In der Bibel, mit ihrem patriarchalischen Gottesbild, das einer patriarchalischen Kultur entspringt, wird dieser Konflikt vor allem aus der Perspektive des Sohnes bzw. des Mannes dargestellt. Der Sohn, dessen sexuelles Begehren sich auf die Mutter richtet, wird in einen tragischen Konflikt mit dem Vater und seinem verbietenden Gesetz verstrickt. Aus der Bewältigung dieses Konfliktes resultieren Freud zufolge wesentliche Grundstrukturen der Psyche. Das Erwachen seiner genitalen Sexualität zwingt den Sohn, endgültig seine Einheit mit der Mutter zu beenden. Der Konflikt des Kindes mit dem Anspruch des väterlichen Gesetzes vertreibt es aus der »anderen Welt« der Kindheit. Durch das väterliche Gesetz wird der Sohn gezwungen, die Regeln, die die Welt der Erwachsenen regieren, zu respektieren und zu verinnerlichen. Die Paradiesgeschichte, mit der heilen Welt des Gartens Eden, mit dem Sündenfall und der Vertreibung aus diesem Garten, thematisiert in verschlüsselter Form den konflikthaften Prozeß, aus dem die basalen Strukturen der Psyche entspringen. Die folgende Analyse soll dies aufdecken. Sie will zeigen, daß die wesentlichen, im biblischen Text auftauchenden Motive auf diesen Prozeß bezogen sind. Sie analysiert sie in der Reihenfolge, in der sie im Text auftauchen.

Im ersten Buch Mose heißt es über die Erschaffung des Menschen:

---

[2] Siehe hierzu Mahler, M., Pine, F., Bergman, A.: Die psychische Geburt des Menschen, Frankfurt am Main 1978

»Und Gott sprach, lasset uns Menschen machen, ein Bild, das uns gleich sei, die da herrschen über die Fische im Meer und über die Vögel unter dem Himmel und über das Vieh und über die ganze Erde und über alles Gewürm, das auf Erden kriecht. Und Gott schuf den Menschen ihm zum Bilde, zum Bilde Gottes schuf er ihn; und schuf sie einen Mann und ein Weib.« (1. Mose 1,26–27) Der Mensch soll seinem Vatergott gleich sein, »ein Bild, das uns gleich sei«. Aber der Mensch soll und darf nicht nur Ebenbild seines göttlichen Vaters sein, er muß auch akzeptieren, daß er sich von ihm unterscheidet, daß es Aktivitäten und Sphären gibt, die allein Gott vorbehalten sind. Der Mensch soll sein wie Gott, »aber von dem Baum der Erkenntnis des Guten und Bösen sollst du nicht essen«. (1. Mose 2,17) Freud hat in seiner Schrift »Das Ich und das Es« für die ödipale Konfliktkonstellation zwischen Vater und Sohn eine Struktur ausgemacht, die dieser gleicht. In der Beziehung zwischen Vater und Sohn, die sich in der Psyche als Beziehung zwischen Über-Ich und Ich niederschlägt, gilt für den Sohn nach Freud die Mahnung: »So (wie der Vater) sollst du sein.« Diese Mahnung umfaßt aber zugleich auch das Verbot: »So (wie der Vater) darfst du nicht sein, das heißt nicht alles tun, was er tut; manches bleibt ihm vorbehalten.«[3] Freuds Konstruktion zeigt ebenso wie die biblische einen widersprüchlichen Anspruch der Autorität gegenüber dem Sohn, die für diesen zu tragischen Verwicklungen führt. In der Bibel ist das, was Adam von seinem Vater Gott vorenthalten wird, die »Erkenntnis des Guten und Bösen«. Bei Freud ist der Sohn mit einem Verbot des Vaters konfrontiert, das sich auf die Sexualität bezieht: Sie soll dem Vater in der Beziehung zur Mutter vorbehalten bleiben. Durch die psychoanalytische Interpretation gilt es aufzuzeigen, daß beide Verbote miteinander verwandt sind.

Im biblischen Text heißt es über die Erschaffung des Menschen als zweigeschlechtliches Wesen durch Gott: »[…] und schuf sie einen Mann und ein Weib.« (1. Mose 1,27) Männliches und Weibliches kommen also gemeinsam, aber getrennt voneinander in die Welt. Einige Abschnitte später wird die Frau, die ursprünglich schon vorhanden war, noch einmal aus der Rippe des Mannes geschaffen. »Und Gott der Herr sprach: Es ist nicht gut, daß der Mensch allein sei; ich will ihm eine Gehilfin machen, die um ihn sei.« »Da ließ Gott der Herr einen tiefen Schlaf fallen auf den Menschen, und er schlief ein. Und er nahm seiner Rippen eine, und schloß die Stätte zu mit Fleisch. Und Gott der Herr

---

[3] Freud, S.: Das Ich und das Es. GW XIII, S. 262

baute ein Weib aus der Rippe, die er von dem Menschen nahm, und brachte sie zu ihm. Da sprach der Mensch: Das ist doch Bein von meinem Bein und Fleisch von meinem Fleisch; man wird sie Männin heißen, darum daß sie vom Manne genommen ist.« (1.Mose 2,18, 21–24) Ursprünglich sind im Text Männliches und Weibliches gleichermaßen vorhanden, später wird das Weibliche aus einer Rippe Adams, die als Symbol des männlichen Phallus interpretiert werden kann, geschaffen. Schon die widersprüchliche Konstellation verweist darauf, daß das Geschlechterverhältnis in der Bibel Probleme aufwirft, mit denen das Christentum Schwierigkeiten hat. Die biblischen Texte entstammen einer patriarchalischen Tradition, die auch später im Verlauf der europäischen Geschichte Vorrang hatte, und die von der Abwehr des Weiblichen lebt. Noch Freuds theoretische Befunde zur Geschlechterdifferenz zeigen eine ähnliche Logik. Er stellt fest, daß während der »phallischen Phase« das weibliche Geschlecht sich in gewisser Weise aus dem Männlichen bildet. Beide Geschlechter interpretieren sich Freud zufolge ursprünglich als phallisch-männlich, bevor die Geschlechterdifferenz zur Kenntnis genommen wird, die die Frau als eine Art defizitären Mann erscheinen läßt. Die neuere psychoanalytische Theorie hat darauf hingewiesen, daß diesem »phallischen Monismus« die Verdrängung eines ursprünglich schon vorhandenen und in der Psyche repräsentierten Weiblichen zugrunde liegt.[4] Die Art Verdrängungslogik, die die Bibel zeigt, wenn sie ein bereits geschaffenes Weibliches vernachlässigt, ist auf eigentümliche Weise mit dem verwandt, was die Freudschen Befunde auszeichnet. Durch die Bedrohung, die für sie vom Weiblichen ausgeht, wird die männliche Psyche zu Phantasien und Realitätskonstruktionen provoziert, die das Weibliche zu etwas Sekundärem machen, um seine verführerische und zugleich bedrohliche Macht zu brechen.

Die Vorstellung, die der biblischen Konstruktion zugrunde liegt, daß allein Phallus und Samen ein aktives Zeugungsprinzip repräsentieren, entspricht einem uralten patriarchalischen Mythos. Die Mutter ist diesem Mythos zufolge allenfalls eine Art Behältnis, in den der Samen eingebracht wird, sich zu entwickeln. Im Samen ist ihm zufolge bereits der ganze Mensch enthalten.[5] In der Orestie des Aischylos heißt es aus

[4] Zur Darstellung und Kritik der Freudschen Theorie der Weiblichkeit siehe z. B. Chasseguet-Smirgel, J., Hg.: Psychoanalyse der weiblichen Sexualität. Frankfurt am Main 1974

[5] Siehe hierzu und zum folgenden Ranke-Heinemann, U.: Eunuchen für das Himmelreich. Katholische Kirche und Sexualität. Hamburg 1989

dem Mund des Apoll: »Die Mutter ist dem Kinde, das sie Mutter nennt, nicht Quell des Lebens, sondern hegt den jungen Keim, der Vater zeugt ihn, sie bewahrt den Sproß.«[6] Er verweist auf Pallas Athene, die aus dem Kopf ihres Vaters geboren wurde. »Auch ohne Mutter kann man Vater sein: Es steht als Zeuge Zeus, des Allerhöchsten Tochter hier, die nicht erwuchs im dunklen Mutterschoß.«[7] Die Geringschätzung der weiblichen Fruchtbarkeit, die in solchen Äußerungen zum Ausdruck kommt, hat Aristoteles zu einer Theorie aufbereitet, die das theologische und wissenschaftliche Denken über Jahrtausende bestimmt hat. Erst ab 1827, als Karl Ernst von Baer das weibliche Ei entdeckte und damit die Bedeutung der weiblichen Potenz für die Hervorbringung des menschlichen Nachwuchses deutlich machte, hat sich eine männliche Wissenschaft anders orientiert. Mit der Überschätzung der männlichen und der Unterschätzung der weiblichen Potenz geht einer andere Konstruktion einher, die den Mann zu etwas biologisch Höherwertigem macht. Nach Aristoteles will die aktive Kraft im Samen etwas gleich Vollkommenes wie seinen Spender hervorbringen, nämlich wieder einen Mann. Doch durch ungünstige Umstände entstehen Frauen, die sich gewissermaßen als mißglückte Männer interpretieren lassen. Aristoteles nennt die Frau »Arren peperonmenon«, einen »verstümmelten Mann«. Thomas von Aquin, der bis heute einflußreichste katholische Theologe aus der Zeit der Scholastik, formuliert im Anschluß an Aristoteles: »Das Weib verhält sich zum Mann wie das Unvollkommene und Defekte (inperfectum deficienz) zum Vollkommenen (perfectum).«[8] Die Frau ist daher körperlich und geistig minderwertig. Sie ist eine Art »verstümmelter«, »verfehlter«, »mißglückter« Mann. Noch Äußerungen Freuds leiten die »kulturelle Minderwertigkeit« der Frau aus einer defizitär erscheinenden sexuellen Anatomie her, die für sie Schicksal ist. Einige Feststellungen Freuds erwecken den Eindruck, daß für ihn die »kastrierte Frau« nicht nur zu einer infantilen Sexualtheorie der Kindheit gehört oder den Mangel in einer symbolischen Ordnung bezeichnet, sondern ein unvermeidbares, von der Biologie festgelegtes weibliches Schicksal benennt.[9]

In der Bibel existieren die ersten Menschen nach ihrer Erschaffung in

[6] Zitiert nach ebd., S. 194
[7] ebd., S. 194
[8] Zitiert n. Deschner, K.: Das Kreuz mit der Kirche. Düsseldorf, Wien, New York, Moskau 1992, S. 210 f.
[9] Siehe hierzu Rohde-Dachser: Expedition in den dunklen Kontinent. Berlin 1992

Harmonie mit der sie umgebenden Natur des Paradieses. Sie existieren ohne Konflikt mit dem »Baum des Lebens«, einer mütterlichen Macht, die immerwährende Fruchtbarkeit und Versorgung garantiert, und ohne Konflikt mit dem »Baum der Erkenntnis«, der die als männlich geltende gesetzgebende Vernunft repräsentiert, die für das väterliche Prinzip steht. Durch das Paradies fließen nie versiegende Wasser des Lebens, sie erinnern an das Fruchtwasser, aus dem der Mensch kommt, an den Blutkreislauf der Mutter, an den das Kind im mütterlichen Leib angeschlossen ist, und an die Muttermilch, die das Kind endlos versorgen soll. Die Bilder des Paradieses, die den Menschen im Einklang mit einer ihn umgebenden fruchtbaren weiblichen Natur ohne Unglück, Arbeit und Geschichte zeigen, sind mit dem verwandt, was die Psychoanalyse als Mutter-Kind-Symbiose bezeichnet. Sie erinnern an die Harmonie mit der »guten Mutter« der frühesten Kindheit, ein Bild, von dem freilich die Erfahrungen mit der »bösen Mutter« abgespalten worden sind.

Der Sündenfall, der zur Vertreibung aus dem Paradies führt, besteht darin, daß die Menschen vom Baum der Erkenntnis des Guten und des Bösen essen und damit ein göttliches Verbot übertreten. Sie dringen also in einen Bereich ein, der Gott vorbehalten ist, sie maßen sich etwas an, das allein der väterlichen Macht zusteht. Was symbolisiert das Essen vom »Baum der Erkenntnis«, das den Kindern Gottes verboten ist? Die Festlegung von Gut und Böse, die mit dem Baum der Erkenntnis verknüpft ist, ist Freud zufolge eine Aufgabe des väterlichen Gesetzes, das während der Kindheit im Über-Ich, der Gewissensinstanz, verinnerlicht wird. Die verbietende Ordnung des Vaters der Kindheit bezieht sich Freud zufolge ursprünglich während des ödipalen Konflikts auf die inzestuös gerichtete Sexualität, sie wendet sich gegen das sexuelle Begehren, das auf die Mutter gerichtet ist. Die Festlegung der Differenz von Gut und Böse und das Wissen darum ist also Freuds Theorie zufolge ursprünglich mit der Sexualität und den sie betreffenden Verboten verknüpft. Mit der Aufrichtung des Über-Ichs, also der Verinnerlichung der väterlichen Verbotsstruktur, wird die inzestuöse Sexualität verdrängt, sie bleibt jedoch die geheime Kehrseite des Über-Ichs. Die Instanz des Über-Ichs basiert Freud zufolge ursprünglich auf zwei zentralen Tabus: Dem Inzesttabu, das die kindliche Sexualität einschränkt, und dem Tötungstabu, das verbietet, die einschränkende väterliche Macht zu beseitigen. Auch im biblischen Text haben das Erkennen und die Verbote, die mit ihm verknüpft sind, eine eindeutig sexuelle Bedeutungsdimension. Adam und Eva verlieren mit dem Sündenfall ihre Unschuld, eine Unschuld, die mit dem Wissen um die Sexualität zu tun hat. »Die Unschuld verlieren« bedeutet heutzutage das Kennenlernen der Sexualität, also das Erwerben eines auf sie bezogenen Wissens. Den Geschlechtsverkehr vollziehen heißt aus der Perspektive des Mannes im Alten Testament »erkennen«. Nachdem Adam und Eva aus dem Paradies vertrieben wurden, steht über sie in der Bibel: »Und Adam erkannte sein Weib Eva und sie ward schwanger und gebar den Kain und sprach: Ich habe einen Mann gewonnen mit dem Herrn.« (1. Mose 4,1) »Erkennen« ist hier eindeutig mit der männlichen-väterlichen Zeugungskraft verknüpft. Der Vatergott verfügt im Paradies über ein absolutes Wissen, das ihm Adam unter dem Einfluß Evas streitig machen will. Die Psychoanalytikerin Chasseguet-Smirgel verbindet diesen Wunsch nach Grenzüberschreitung mit dem Wunsch nach der Überschreitung der Inzestschranke: »In der Bibel wird Erkennen mit dem Koitus gleichgestellt. Eine Frau erkennen heißt in sie eindringen; und wäre das absolute Erkennen nicht das Erkennen der Mutter? Der Mensch soll nicht die Frucht vom Baum der Erkenntnis essen, er soll für immer getrennt, abgeschnitten sein von der höchsten Erkenntnis. Der Inzest ist ihm verboten.«[10] Im Paradies ist das legitime Erkennen, also die legitime Sexualität, der väterlichen Autorität vorbehalten. Die Kleinen, also Adam und Eva, sollen während der kindlichen Existenz im Paradies aus der sexuellen Sphäre ausgeschlossen sein. Nach der Vertreibung aus dem Paradies, nachdem also die Welt der Kindheit verlassen ist, darf Adam nun Sexualität haben wie sein Vater. Eva kann sagen: »Ich habe einen Mann gewonnen mit dem Herrn.« Gott macht Adam und Eva sexuelles Begehren nicht mehr streitig, er akzeptiert, daß sie vom »Baum der Erkenntnis« gegessen haben. Der Sündenfall im Paradies der Kindheit besteht also darin, daß Adam etwas tun will, was dem Vater vorbehalten ist. Adam und Eva wollen damit ein Verbot übertreten, das der kindlichen Sexualität entgegensteht. Der Baum, von dem sie essen wollen, wird in der gegenwärtigen Lutherbibel als lustiger Baum bezeichnet: In der ursprünglichen Fassung des Luthertextes ist es ein »lüstiger Baum«. Im paradiesischen Zustand gilt für das Verhältnis von Adam und Eva zu ihrem Körper: »Und sie waren beide nackt, der Mensch und sein Weib, und schämten sich nicht.« (1. Mose 2,25) Nach dem Sündenfall gilt hingegen: »Da wurden ihrer beider Augen aufge-

---

[10] Chasseguet-Smirgel, J.: Das Ich-Ideal. Frankfurt am Main 1987, S. 64

tan, und sie wurden gewahr, daß sie nackt waren, und flochten Feigen-
blätter zusammen, und machten sich Schürze.« (1. Mose 3,7) Es zeigt
sich auch hier, daß der Sündenfall mit dem Sexuellen verknüpft ist:
Scham ist auf Sexualität bezogen, das Geschlechtsteil muß erst dann bedeckt werden, wenn es eine sexuelle Bedeutung erlangt hat. Die Scham-
grenzen entsprechen Tabus, die immer dazu dienen, bestimmte Formen
des Begehrens einzugrenzen und zu verhüllen, welche sie freilich auch
insgeheim provozieren. Adam und Eva bedecken ihre Blöße mit den
Blättern des Feigenbaumes. Auch die Feige und ihre Früchte haben eine
sexuelle Bedeutung. Die Feige gilt in der Antike als heiliger Baum. »Bei
den Griechen gehörten Feigen zu den Fruchtbarkeitssymbolen und
zum Inhalt der ›mystischen Kiste‹, die man den Eingeweihten öffnet.«[11]
Die Kiste dient, wie Freud in der »Traumdeutung« aufgezeigt hat, als
gängiges Symbol des mütterlich-weiblichen Leibes. Das weibliche Genital wird in Zoten gerne als Feige bezeichnet; es kann durch Feigen-
blätter verdeckt werden.

Adam und Eva werden durch die Schlange zum Sündenfall verführt.
Die Schlange bringt sie dazu, in einen Bereich einzudringen, der der el-
terlichen Autorität vorbehalten ist. Was symbolisiert die Schlange? Die
Schlange kann vielerlei symbolische Bedeutung annehmen, aber schon
in der »Traumdeutung« hat Freud darauf hingewiesen, daß sie sehr
häufig mit dem Sexuellen zu tun hat. »Es hat seinen guten sexuellen
Sinn, wenn die dem Menschen natürliche Furcht vor der Schlange beim
Neurotiker eine ungeheuerliche Steigerung erfährt, und überall, wo die
Neurose sich solcher Verhüllung bedient, wandelt sie die Wege, die
einst in alten Kulturperioden die ganze Menschheit begangen hat, und
von deren Existenz unter leichter Verschüttung heute noch Sprachge-
brauch, Aberglaube, und Sitten Zeugnis ablegen.«[12] Schlangenphobien
sind der psychoanalytischen Interpretation zufolge mit einer unbewußten Angst vor dem phallischen Sexuellen verknüpft. Psychoanalytisch kann die Schlange als Phallussymbol interpretiert und so dem
Männlichen zugerechnet werden. Zugleich ist die Schlange aber auch
mit dem Weiblichen verwandt. In mittelalterlichen Darstellungen hat
die Schlange üblicherweise den Kopf eines Weibes. Die Schlange verbindet also Männliches und Weibliches, sie symbolisiert etwas, was beides verknüpft. In den östlichen Mythen ist die Schlange üblicherweise

[11] Forstner, D.: Die Welt der christlichen Symbole. Innsbruck 1977, S. 157
[12] Freud, S.: Die Traumdeutung GW II / III, S. 352

bisexuell. In alten Kulturen symbolisiert die Schlange, die sich in den Schwanz beißen kann, die Ewigkeit, das sich stets Erneuernde. Auch der Sexus kann in Verbindung mit Zeugen und Gebären das Leben immer wieder erneuernd verewigen. Der Religionswissenschaftler Klaus Heinrich hat deutlich gemacht, daß die »mächtige Schlange« im antiken Mythos als »Repräsentantin der Geschlechterspannung« erscheint.[13] Die Schlange ist ein Tier, das unheimlich ist. Freud hat in seinem Text »Das Unheimliche«[14] herausgearbeitet, daß das Unheimliche stets mit dem Heimlichen verwandt ist, das zum Bereich des Sexuellen gehört. Die Schlange ist ein besonders animalisches Tier, sie hat etwas Unbeherrschbares an sich, sie ist kaum dem menschlichen Willen zu unterwerfen, nicht zu domestizieren. Was sich mit der Schlange assoziieren läßt, macht sie dafür geeignet, das Sexuelle zu symbolisieren: Sie verbindet wie die Sexualität das Männliche mit dem Weiblichen; der kaum beherrschbaren Macht der Sexualität müssen die Menschen immer wieder verfallen. In der Paradiesgeschichte verfällt Adam mehr oder weniger hilflos einer Eva, die mit der Schlange im Bunde ist. Dem Bündnis beider vermag er kaum zu widerstehen. In der Bibel wird Eva zur »Mutter aller Lebendigen« (1. Mose 3,20). Das setzt sie zur machtvollen »großen Mutter« orientalischer und antiker Religionen und Mythen in Beziehung, der ein kindlicher oder jünglingshafter Geliebter zugeordnet wird. Hinter diesem Paar läßt sich mit Hilfe der Psychoanalyse der Traum von der Erfüllung des ödipalen Begehrens ausmachen. Die Schlange des Paradieses ist mit dem Drachen oder mit der Sphinx verwandt, die der Psychoanalyse zufolge die verführerische und zugleich bedrohliche archaische Macht des Mütterlich-Weiblichen verkörpert, das das Begehren des Sohnes auf prekäre Art zu fesseln vermag. Die Frau erscheint in der Perspektive des Mannes immer dann als besonders mächtig, wenn sie sein Begehren als Frau oder Mutter auf sich zu ziehen vermag: Ihre Macht repräsentiert dann auch die Macht des männlichen Begehrens, das zu ihr treibt.

Die Schlange verführt dazu, die Frucht vom Baum der Erkenntnis zu essen. Diese Frucht ist in der christlich inspirierten Kunst üblicherweise ein Apfel. Auch dieser hat eine Beziehung zum Sexuellen. »Im Altertum war der Apfel, besonders der Granatapfel, Fruchtbarkeitssymbol und fand deshalb Verwendung bei Hochzeitsbräuchen. Perse-

[13] Heinrich, K.: Dahlemer Vorlesungen. Arbeiten mit Ödipus. Frankfurt am Main 1993, S. 251
[14] Freud, S.: Das Unheimliche. GW XII, S. 227 ff.

phone, die Göttin der sprossenden Natur, galt als dem Hades vermählt, da sie gezwungen worden war, in seinem Bereich Kerne des Granatapfels zu genießen.«[15] Bei Hochzeitsbräuchen wird in manchen Regionen noch heute der Braut bei der Hochzeit ein »Hochzeitsapfel« vorgesetzt.[16] Der »Paradiesapfel« kann an die mütterliche Brust, an die Gebärmutter oder an die Frucht erinnern, die der mütterliche Leib tragen soll, sein Glanz kann aber auch auf den Glanz der Eichel des Phallus verweisen. Das sexuelle Symbol des Apfels verbindet wie das der Schlange Männliches und Weibliches, die zur sexuellen Vereinigung drängen.

Der biblische Text handelt von einem Verbot, das sich auf den Willen zur Erkenntnis bezieht. Adam und Eva sollen nicht vom Baum der Erkenntnis essen; die verführende Schlange bietet ein Wissen an, das das Ende der Unschuld bedeutet. Es wurde aufgezeigt, daß das einschränkende Gebot von Gott-Vater mit der inzestuös gerichteten kindlichen Sexualität verknüpft ist, die mit der Aufrichtung des Über-Ichs zum Untergang verurteilt ist. Das Verbot, das sich auf das Wissen bezieht, ist ein Verbot, das insgeheim vor allem die Sexualität zum Gegenstand hat. Damit im Text eine Verschiebung vom sexuellen Begehren auf das Begehren zu wissen erfolgen kann, müssen beide eng verwandt sein. Die intellektuelle Neugierde muß eine intime Beziehung zum sexuellen Drängen aufweisen. Freud hat diese Beziehung aufgedeckt: Alle intellektuelle Neugierde ist ihm zufolge ursprünglich sexuelle Neugierde, die mit dem kindlichen sexuellen Begehren verknüpft ist. Der »Wißtrieb« des Kindes erfährt seinen entscheidenden Entwicklungsschub, wenn er sich mit der frühkindlichen Sexualität verknüpft. In den »Drei Abhandlungen zur Sexualtheorie« heißt es: »Um dieselbe Zeit, da das Sexualleben des Kindes seine erste Blüte erreicht, vom dritten bis zum fünften Jahr, stellen sich bei ihm auch die Anfänge jener Tätigkeit ein, die man dem Wiß- oder Forschertrieb zuschreibt. Der Wißtrieb kann weder zu den elementaren Triebkomponenten gerechnet noch ausschließlich der Sexualität untergeordnet werden. Sein Tun entspricht einerseits einer sublimierten Weise der Bemächtigung, andererseits arbeitet er mit der Energie der Schaulust. Seine Beziehungen zum Sexualleben sind aber besonders bedeutsame, denn wir haben aus der Psychoanalyse erfahren, daß der Wißtrieb der Kinder unvermutet früh und

[15] Forstner, D.: Die Welt der christlichen Symbole, a. a. O., S. 155
[16] Siehe ebd.

in unerwartet intensiver Weise von den sexuellen Problemen angezogen, ja vielleicht erst durch sie geweckt wird.«[17] Die auf die Sexualität bezogenen Fragen, mit denen die kindliche Psyche konfrontiert wird, sind es, »die das Werk der Forschertätigkeit beim Kind in Gang setzen«.[18] Alles kindliche Fragen ist ursprünglich mit den auf die Sexualität gerichteten Fragen verbunden. Das Interesse daran, woher die Kinder kommen, was die Eltern beim Geschlechtsverkehr miteinander machen oder warum es zwei Geschlechter gibt, provoziert das Kind zu frühen intellektuellen Leistungen. Seine ersten »theoretischen« Interessen sind eng mit dem verknüpft, was Freud als »infantile Sexualtheorien« bezeichnet. Die Ergebnisse der »kindlichen Sexualforschung« fließen unterschwellig in jeden späteren Wissensdrang ein. »Die Sexualforschung dieser frühen Kinderjahre bedeutet einen ersten Schritt zur selbständigen Orientierung in der Welt.«[19] Es besteht die Gefahr, daß die Erkundungen des Kindes in einem von Angst bestimmten Verzicht enden, »[...] der nicht selten eine dauernde Schädigung des Wißtriebes zurückläßt«.[20] Die Diskriminierung kritischer Intellektualität geht, wie auch die Geschichte des Christentums zeigt, üblicherweise mit einer Diskriminierung des Sexuellen einher.

Die Struktur des dramatischen Konfliktes, der in der Paradiesgeschichte vorgeführt wird, entspricht in wesentlichen Teilen der des von Freud aufgedeckten ödipalen Konfliktes. Die Paradiesgeschichte thematisiert diesen Konflikt gemäß einer patriarchalisch orientierten Religion aus männlicher Perspektive. Sobald der Sohn ein sexuelles Begehren entwickelt, das auf seine Mutter zielt, und damit in die Rechte des Vaters eingreift, wird er in Konfliktkonstellationen mit diesem verstrickt. Wenn er begehren will wie der Vater, stößt er auf das väterliche Verbot, das seine Vertreibung aus dem Reich der frühen Kindheit erzwingt. Vor allem in der Rückschau kann diese Kindheit unter Absehung von ihren Schattenseiten als paradiesisch erfahren werden. Das Kind muß seine frühe Familienwelt verlassen, es muß seine Kindheit opfern, um den Gesetzen folgen zu können, die die Gesellschaft ihren erwachsenen Mitgliedern auferlegt. Das Gesetz, das der Vater repräsentiert, setzt sich gegen kindliche Symbiosewünsche und das frühkindliche sexuelle Begehren durch und verschafft damit einem Realitäts-

---

[17] Freud, S.: Drei Abhandlungen zur Sexualtheorie. GW V, S. 95
[18] ebd., S. 95
[19] ebd., S. 97
[20] ebd., S. 97

prinzip Geltung, das das Akzeptieren von Leiden, Opfern, Arbeit und Tod verlangt. Die versorgende und zugleich mit der Verführung lockende Mutter der Kindheit muß unter dem Zwang der väterlichen Autorität verlassen werden. Gegen die Macht des Mütterlichen, das mit der Symbiose lockt und das sexuelle Begehren auf sich zieht, muß ein Inzesttabu aufgerichtet werden, das den Kern des Über-Ichs darstellt, einer Gewissensinstanz, die dem Ich gegenüber verordnet, was gut und böse ist. Der strafende Gott des Alten Testaments entspricht dem allmächtigen Vater der Kindheit, der gegen das kindliche Begehren sein Gesetz verkündet und die Freude an der Sinnlichkeit nur noch in Verbindung mit Versagungen und Schuld zuläßt. Die Ersetzung des Lustprinzips durch das Realitätsprinzip erlaubt der Psyche lediglich noch eine Triebstruktur, die mit den Anforderungen geltender sozialer Zwänge zu vereinbaren ist.

Mit der Vertreibung aus dem Paradies sind die Menschen dem biblischen Text zufolge zur Arbeit verdammt. »Im Schweiße deines Angesichts sollst du dein Brot essen.« (1. Mose 3,19) Der erzwungene Verzicht auf umfassende Versorgung im Paradies erzeugt beim Menschen die Fähigkeit, Arbeitsleid aushalten zu können. Der Psychoanalyse zufolge sind Arbeitsleistungen nur durch den Verzicht auf die unmittelbare Befriedigung des körperlichen sexuellen Begehrens möglich, die das Kind anstrebt. Die Fähigkeit zu arbeiten ist an die Sublimierung von Triebregungen gebunden. Jede Gesellschaft, die nur dadurch ihre Existenz erhalten kann, daß ihre Mitglieder arbeiten, muß schon die Sinnlichkeit der Kinder zähmen, um den Körper in ein Instrument der Arbeit verwandeln zu können. »Die Gesellschaft muß es nämlich unter ihre wichtigsten Erziehungsaufgaben aufnehmen, den Sexualtrieb, wenn er als Fortpflanzungsdrang hervorbricht, zu bändigen, einzuschränken, einem individuellen Willen zu unterwerfen, der mit dem sozialen Geheiß identisch ist. Sie hat auch Interesse daran, seine volle Entwicklung aufzuschieben, bis das Kind eine gewisse Stufe der intellektuellen Entwicklung erreicht hat, denn mit dem vollen Durchbruch des Sexualtriebes findet auch die Erziehbarkeit praktisch ein Ende. Der Trieb würde sonst über alle Dämme brechen und das mühsam errichtete Werk der Kultur hinwegschwemmen. Die Aufgabe, ihn zu bändigen, ist auch nie eine leichte, sie gelingt bald zu wenig, bald allzu gut. Das Motiv der menschlichen Gesellschaft ist im letzten Grunde ein ökonomisches; da sie nicht genug Lebensmittel hat, um ihre Mitglieder ohne deren Arbeit zu erhalten, muß sie die Anzahl ihrer Mitglieder beschränken und ihre Energien von der Sexualbetätigung weg auf die Arbeit lenken. Also die ewige, urzeitliche, bis auf die Gegenwart fortgesetzte Lebensnot.«[21] Nur der Untergang der »paradiesischen« Kinderwelt und der an sie gebundenen Formen der Bedürfnisbefriedigung bringt eine Psyche hervor, die den belastenden Anforderungen der Realität gewachsen sein kann.

Mit der Vertreibung aus dem Paradies sind der Bibel zufolge die Menschen gezwungen, den Tod zu akzeptieren, der im Paradies ohne Bedeutung war. Er wird von Gott als Strafe für den Sündenfall verhängt. »Denn du bist Erde und sollst zu Erde werden.« (1. Mose 3,19) Der Psychoanalyse zufolge entstehen die Anfänge von Todesbildern während der Auseinandersetzung mit den Urkonflikten der Kindheit.[22] Die Urerfahrung der Trennung von der Mutter der frühen Kindheit hinterläßt in der Psyche Spuren, die in spätere Todesbilder eingehen: Todesbilder sind mit Bildern vom Abschiednehmen und Verlassenwerden verknüpft. Der Tod bleibt für die Psyche immer eine Art Leerstelle, ein schwarzes Loch; er bleibt unfaßbar, weil bisher niemand den Tod überlebt hat und darüber berichten konnte. Todesbilder entstehen deshalb durch Erfahrungen, die während des Lebens gemacht wurden. Die Einstellung zum Tod als Loslösung von der Welt der Lebenden verbindet sich unbewußt mit Verlusterfahrungen während der frühen Kindheit. Der Tod hat auch mit dem Erleiden der »Kastration« während des Untergangs der kindlichen Sexualität zu tun. Die Bilder des Todes sind bewußt oder unbewußt mit Bildern vom Ende des sinnlichen Begehrens verknüpft. Die sexuelle, körperliche Lust vermag das Lebendige am Leib zu symbolisieren, die Vernichtung der Genitalien kann somit als »tödliche« Bedrohung erfahren werden. Freud zeigt auf, »daß die Todesangst als Analogon zur Kastrationsangst aufzufassen ist«.[23] Die kindliche Erfahrung, daß vor allem dem Vater zugerechnete Kastrationsandrohungen Kastrationsängste ausgelöst haben, die den »Tod« des kindlichen sexuellen Leibes herbeigeführt haben, geht als unbewußte Dimension in Todesbilder ein. Da die Menschen die Trennung von der Welt der Kindheit und den von Kastrationsängsten erzwungenen Untergang der kindlichen Sexualität überlebt haben, wovon unterschwellig Todesvorstellungen geformt wurden, können sie

[21] Freud, S.: GW XI, S. 322
[22] Siehe hierzu Genaueres S. 177 dieses Textes
[23] Freud, S.: Hemmung, Symptom und Angst. GW XIV, S. 160, siehe hierzu auch »Das Ich und das Es, GW XIII, S. 288 f.

nun auch glauben, den Tod überleben zu können. Weil das Unbewußte keine Zeit kennt und in ihm gespeicherte Erfahrungen aus der Vergangenheit deshalb leicht auf die Zukunft projiziert werden können, kommt so eine unbewußte Wurzel des Glaubens an die Unsterblichkeit zustande. Wer aus der anderen Welt der Kindheit gekommen ist, wer ihren Tod überlebt hat, kann den Glauben hegen, nach seinem Tod wieder in die andere Welt des Paradieses zurückkehren zu können.

Die Vertreibung aus dem Reich der Kindheit, die im Mythos von der Vertreibung aus dem Paradies wiederkehrt, trägt traumatische Züge. Sie kommt durch die schmerzliche Einwirkung eines machtvollen Anderen zustande. Dies zwingt die Heranwachsenden, sich einer Realität zu stellen, die häufig mit Unglück verknüpft ist. Aber die leidvolle Austreibung bringt auch Gewinn: Erst sie ermöglicht eine Menschwerdung, die in Erwachsenheit münden kann, indem sie ein Potential von Freiheit hervorbringt. Im Paradies ist das Sexuelle mit einem schicksalsschweren Verbot Gottes belastet – nach der Vertreibung aus dem Paradies dürfen Adam und Eva sie mit Gott genießen und so Kinder bekommen. Im Paradies sind Adam und Eva von einer mütterlichen Natur abhängig – mit der Vertreibung aus dem Paradies haben sie eine Arbeitsfähigkeit erworben, die es ihnen erlaubt, Realität zu gestalten und die sie umgebende Natur ihren Interessen gemäß zu verändern. Im Paradies leben sie in »kindlicher Unschuld« – nach ihrer Vertreibung aus dem Paradies wissen sie, was gut und böse ist, sie sind fähig, Schuld auf sich zu nehmen und sie zu bearbeiten. Im Paradies existieren die ersten Menschen in »kindlicher Unwissenheit« – wenn sie vom Baum der Erkenntnis gegessen haben, sind sie in der Lage, immer neues Wissen zu erwerben und dadurch mit Hilfe von Lernprozessen Geschichte zu machen. Die Möglichkeiten, die die Menschen durch den Sündenfall gewonnen haben, verstricken sie in tödliche Gewalt und die mit ihr verknüpfte Schuld. Aber diese Möglichkeiten lassen auch eine Geschichte zu, die nicht nur Unheilsgeschichte, sondern auch ein Stück weit Heilsgeschichte werden kann. Menschliche Freiheit wird, im guten wie im bösen, nur durch die Vertreibung aus dem Reich der Kindheit möglich. »Der Mensch kann nicht ewig Kind bleiben, er muß endlich hinaus, ins ›feindliche Leben‹.«[24] So erhält er dort potentiell die Chance, sein Geschick selbst, ohne übermäßige Autoritätsbindungen zu gestalten.

Die Psychoanalyse hat aufgezeigt, daß die Basis der Individuation

---

[24] Freud, S.: Das Unbehagen in der Kultur. GW XIV, S. 373

während des Trennungsprozesses von der Mutter und der Unterwerfung unter das Gesetz des väterlichen Anderen gelegt wird. Das Kind beginnt menschliches Subjekt zu werden, indem es die Einheit mit der Mutter verliert und dabei lernt, seine Individualität als gesonderte zu erfahren. Es erlangt eine stabile psychische Struktur, die es erst zum Subjekt macht, indem es mit Hilfe des ödipalen Konflikts eine sexuelle Identität erwirbt und mit einer verinnerlichten Gewissensinstanz ausgestattet wird. Versuche der Rückkehr zur frühen Mutter-Kind-Symbiose oder in die Phase des inzestuösen Begehrens während des ödipalen Konflikts bedeuten die Bedrohung oder Zerstörung der Individuation. Ein zu starker regressiver Drang muß mit Wahnsinn oder Tod bezahlt werden. Da die Individuation an die Vertreibung aus der Einheit mit der Mutter gebunden ist, die auch in den Bildern des biblischen Mythos dargestellt, eine sehr schmerzliche Erfahrung bedeutet, geht die Sehnsucht nie ganz verloren, sie wieder zurückzunehmen. Der Psyche ist der Drang nie ganz auszutreiben, wieder zur Mutter zurückkehren zu wollen, um wieder eins mit ihr zu werden. Nur die Drohung der psychischen Vernichtung und der Zerstörung der Sexualität kann diesen Drang in Schach halten. Deshalb wachen vor dem Paradies Engel, die mit blankem Schwert Tod und Kastration androhen, um die Rückkehr zum verlorenen Paradies zu versperren: Ein machtvolles väterliches Prinzip, das die Menschen aus dem Paradies vertrieben hat, schützt auch ihre Existenz als Subjekt: »Da wies ihn Gott der Herr aus dem Garten Eden, daß er das Feld baute, davon er genommen ist; und trieb Adam aus und lagerte vor den Garten Eden die Cherubim mit dem bloßen, hauenden Schwert, zu bewahren den Weg zu dem Baum des Lebens.« (1. Mose 3,23–24) Diese Cherubim erzeugen keineswegs nur Leid, weil sie die Trennung von der Kindheit unaufhebbar machen, sie bewahren auch das Subjekt vor der Zerstörung, indem sie es zwingen, die Gesetze der Realität zur Kenntnis zu nehmen, die diese Welt regieren.

II

Gläubige Christen brauchen die Vertreibung aus dem Paradies nicht als endgültige zu akzeptieren. Für sie kann Jesus einen Weg weisen, der zurück ins Paradies führt. Er kann die Sünde und den Tod wieder aufheben, die mit Adam in die Welt gekommen sind. Der Bruch zwischen

Gott und dem Menschen Adam, der durch den Sündenfall zustande kommt, soll durch Jesus wieder geheilt werden. »Denn Gott versöhnte in Christus die Welt mit ihm selber und rechnete ihnen ihre Sünden nicht zu und hat unter uns aufgerichtet das Wort von der Versöhnung.« (2. Korinther 5,19) Durch Jesus kann der Tod überwunden werden, der wegen Adams Schwäche den Menschen auferlegt wurde. »Denn gleichwie sie in Adam alle sterben, so werden sie in Christus alle lebendig gemacht werden.« (1. Korinther 15,22) Jesus kann den Bruch zwischen Gott und den Menschen heilen, der mit der Vertreibung aus dem Paradies einhergeht, indem er Gottes Geboten gegenüber absolut gehorsam ist. Der Menschensohn Jesus ist als Teil des dreieinigen Gottes mit Gottvater eins, er widersetzt sich nie dessen Gebot, er nimmt willig die Opfer auf sich, die sein Vater ihm auferlegt. Adam und Eva wurden durch die Sexualität zum Konflikt mit Gott gedrängt, der zur Vertreibung aus dem Paradies führte. Mit der Sexualität ist die Sünde und damit das Leid in die Welt gekommen. Jesus überwindet die Sünde durch die Überwindung der Sexualität: Er ist ohne sexuelles Begehren. Er opfert am Kreuz seinen sinnlichen Leib und bricht damit die mit dem Leib verknüpfte Macht des Sexuellen. In alten Kreuzigungsdarstellungen triumphiert Jesus mit seinem Tod am Kreuz über die verführende Schlange, der Adam verfallen war. Jesus zeigt keinerlei offenes erotisches Interesse an Frauen: Seine Liebe zu ihnen ist entsexualisiert. In der Familie, der Jesus entstammt, hat die Sexualität keine Bedeutung, die »Heilige Familie« ist geschlechtslos. Maria empfängt Jesus auf jungfräuliche Art, ohne Sexualität. Dem katholischen Dogma entsprechend ist sie selbst »unbefleckt«, also ohne Sünde und somit wohl auch ohne Sexualität empfangen worden. Sie kann deshalb die Sünde aufheben, die Eva in die Welt gebracht hat. Josef ist kein richtiger Vater, Sexualität ist bei der Zeugung nicht beteiligt. In der geschlechtslosen heiligen Familie gibt es keine ödipalen Konflikte, die zur Vertreibung aus dem Paradies der Kindheit geführt haben. Die mit der Sexualität verknüpften Konflikte zwischen Vater und Sohn kennt Jesus nicht; durch seine »Reinheit« kann er mit dem väterlichen Gesetz eins sein, er ist immer so, wie sein himmlischer Vater es wünscht. Der sexuelle »Sündenfall« hat, wie die Psychoanalyse lehrt, die Vertreibung aus dem Reich der Kindheit herbeigeführt und die Menschen dazu gezwungen, ein leidvolles Realitätsprinzip zu akzeptieren. Weil die Sexualität als das Urübel erfahren werden kann, das die Menschen in eine leidvolle Erwachsenenwelt getrieben hat, kann in ihnen der Glaube wirksam sein, durch

Opferung der Sexualität wieder einen Weg zurück zum Paradies finden zu können. Man kann Jesus als Repräsentanten dieses Glaubens interpretieren. Im Neuen Testament findet sich im Gegensatz zum Alten Testament nirgendwo eine wohlwollende Äußerung gegenüber der Sexualität und dem Eros, nirgends wird die Sinnlichkeit gepriesen. Liebe soll ohne Sexualität existieren, Agaphe steht gegen Eros.

Die Paradieserzählung im ersten Buch Mose thematisiert den Anfang der menschlichen Geschichte, die Offenbarung des Johannes als letzter Text der Bibel will Auskunft über ihr Ende geben. Sie beschreibt, wie beim Jüngsten Gericht abgerechnet wird, sie teilt mit, wer als Guter den Weg ins Paradies finden darf und wer als Böser zur Hölle verdammt ist. Da am Anfang der Geschichte der Sexualität eine entscheidende, wenn auch verdeckte Bedeutung zukommt, muß sie auch an ihrem Ende eine zentrale Rolle spielen. Der Zugang zu einer anderen, besseren Welt, der zugleich als Rückkehr ins Paradies erscheint, ist der Offenbarung zufolge an die Abkehr vom Sexuellen gebunden. Die Guten, die Jesus nachfolgen und dadurch die verlorene andere Welt wiederfinden dürfen, sollen der Sexualität entronnen sein. Die Sexualität stiftet sicherlich vielerlei Rivalitätskonflikte und damit auch Unfrieden unter den Menschen, aber sie liefert auch, wie die Psychoanalyse aufgezeigt hat, die Basis jeder sie verbindenden Liebesregung – noch die scheinbar unsinnlichste Liebesregung muß demnach als sublimierte Variante des Sexuellen interpretiert werden. Ist der »Triumph« der Reinen über die Sexualität damit vielleicht nur ein Triumph leugnender Verdrängung und Abspaltung, und bringt dieser »Triumph« nicht vielleicht noch mehr Gewalt in die Welt als sie die gängige Rivalität um die Objekte des Begehrens mit sich bringt? Die moderne Forschung hat aufgezeigt, daß die Tendenz zur totalitären Gewalt mit der Abwehr des Sexuellen verbunden ist.[25]

Zunächst erfolgt also die Vertreibung aus dem Paradies durch den Einfluß der Sexualität. Am Ende wird eine Rückkehr ins Paradies durch die Abwendung vom Sexuellen versprochen: Die Offenbarung verheißt eine Öffnung der Pforte zum Paradies, die an die Brechung der Macht des Sexuellen gebunden ist. Die radikale Abkehr vom Sexuellen und die Todfeindschaft denen gegenüber, die es repräsentieren, verspricht, die Engel überwinden zu können, die den Zugang zum Paradies versperren. Den Geschlechtslosen, den Unbefleckten, den Keu-

---

[25] Siehe hierzu z. B. Adorno, Th. W.: Die autoritäre Persönlichkeit. New York 1950

schen soll es möglich sein, jene Kraft zu überwinden, die einst die Vertreibung aus dem Paradies verschuldet hat. Schon im Matthäus-Evangelium weist Jesus darauf hin, daß die Guten mit der Auferstehung im Jenseits dem Einfluß der Sexualität wieder entronnen sein werden. »In der Auferstehung werden sie weder freien noch sich freien lassen, sondern sie sind gleichwie die Engel im Himmel.« (Matthäus 22,30) Bei Markus heißt es dementsprechend: »Wenn sie von den Toten auferstehen werden, so werden sie nicht freien noch sich freien lassen, sondern sie sind wie die Engel im Himmel.« (Markus 12,26) Ähnlich verkündet Jesus bei Lukas: »Die Kinder dieser Welt freien und lassen sich freien; welche aber gewürdigt werden, jene Welt zu erlangen und die auferstehen von den Toten werden weder freien noch sich freien lassen.« (Lukas 20,35–36) Wie der Weg zu diesem »Heil« aussehen kann, wird in der Offenbarung des Johannes vorgeführt. Den Zugang zum Paradies können ihr zufolge die erlangen, die Jesus nachfolgen, der als Lamm erscheint. »Das Lamm, das erwürget ist, ist würdig zu nehmen Kraft und Reichtum und Weisheit und Stärke und Preis und Lob.« (Offenbarung 5,12) Ein Lamm ist, als junges Tier, noch nicht in die Probleme des Geschlechtlichen verstrickt. Die Guten, die Jesus, dem Lamm, nachfolgen, haben es geschafft, sich der Macht des Sexuellen zu entziehen. »Und ich sah, und siehe, das Lamm stand auf dem Berg Zion und mit ihm 124000, die hatten seinen Namen und den Namen seines Vaters geschrieben auf ihrer Stirn.« »Diese sind's, die sich mit Frauen nicht befleckt haben, denn sie sind jungfräulich, und folgen dem Lamme nach, wo es hingeht.« (Offenbarung 14,1, 4) Die Asketen und Unberührten haben einen privilegierten Zugang zur Rückkehr ins Paradies. In den mittelalterlichen Himmelsvorstellungen sitzen die frommen Jungfrauen nicht zufällig ganz in der Nähe Gottes. Die Diskriminierung des Sexuellen, nicht nur in der Geschichte des Katholizismus, ist keineswegs historisch zufällig, sie hat ihren tieferen religiösen Sinn.

Durch das Opfer der Reinen ist Gott nach dem Ende der Geschichte wieder mit den Menschen versöhnt. »Und ich hörte eine große Stimme von dem Thron, die sprach: Siehe da, die Hütte Gottes bei den Menschen! Und er wird bei ihnen wohnen, und sie werden sein Volk sein, und er selbst, Gott, wird bei ihnen sein; und Gott wird abwischen alle Tränen von ihren Augen, und der Tod wird nicht mehr sein, noch Leid noch Geschrei noch Schmerz wird mehr sein; denn das erste ist vergangen. Und der auf dem Thron saß, sprach: Siehe, ich mache alles neu!« (Offenbarung 21,3–5) Im neu gefundenen Paradies sind alle Widersprüche wieder aufgehoben, die den nachparadiesischen Zustand des Menschen auszeichnen. Die Einheit des Menschen mit Gott und der Natur ist wieder hergestellt. Das verlorene Kinderparadies, in dem eine symbiotische Einheit mit der Mutter bestand und der Vater noch nicht feindlicher Gesetzgeber und Rivale war, ist wiedergefunden worden. Das Realitätsprinzip ist wieder hinfällig geworden. Wie in der frühesten Kindheit ist wieder alles eins geworden, alle mit Leid verbundenen Grenzziehungen sind wieder aufgehoben. Alle Unterschiede, die Gott bei der Erschaffung der Welt eingeführt hat, gelten nicht mehr. Gott erschafft die Welt nach der Schöpfungsgeschichte in sechs Tagen und setzt dann einen Tag der Ruhe ein; er bringt damit eine zeitliche Ordnung hervor. Diese Ordnung, die Trennungen und Differenzen einführt, wird mit dem Ende der Zeiten wieder abgeschafft werden. Die Guten werden im Paradies »regieren von Ewigkeit zu Ewigkeit« (Offenbarung 22,5), die Bösen werden in der Hölle »gequält werden Tag und Nacht von Ewigkeit zu Ewigkeit«. (Offenbarung 20,10) Selbst die grundlegenden Grenzziehungen, die der Vatergott mit der Erschaffung der Welt eingeführt hat, werden hinfällig. Die erste Trennung, die Gott am ersten Tag der Schöpfung verordnet hat, nämlich die Trennung zwischen Licht und Finsternis, zwischen Tag und Nacht, eine Trennung, die für das Kind im Mutterleib noch nicht gilt, wird aufgehoben. »Und wird keine Nacht mehr sein, und sie werden nicht bedürfen einer Leuchte oder des Lichts der Sonne; denn Gott der Herr wird sie erleuchten.« (Offenbarung 22,5) Auch die Trennung zwischen dem Festland und den Wassern der Meere, die am zweiten Tag von Gott erlassen wurde – und mit dem Austritt des Fötus aus dem Fruchtwasser in Beziehung gesetzt werden kann –, ist hinfällig geworden. »Das Meer ist nicht mehr.« (Offenbarung 21,2) Das nährende Wasser des Lebens fließt wieder ohne Unterbrechung, der Baum des Lebens trägt seine Früchte alle Monate. Sie reifen so regelmäßig wie das Ei im Leib einer gebärfähigen Frau. Mit der fürsorglichen Mütterlichkeit existiert eine immerwährende Einheit. »Und er zeigte mir einen Strom des lebendigen Wassers, klar wie Kristall, der ausgeht von dem Thron Gottes und des Lammes. Auf beiden Seiten des Stromes mitten auf der Gasse ein Baum des Lebens, der trägt zwölfmal Früchte und bringt seine Früchte alle Monate, und die Blätter des Baumes dienen zur Heilung der Völker.« (Offenbarung 22,1–2) Der Fluch der Arbeit, der den Menschen zwingt, mühevoll für seinen Lebensunterhalt zu sorgen, ist durch diese immerwährende Versorgung wieder aufgehoben. Alle Verbote, die

Gott bei der Erschaffung des Menschen erlassen hat, sind aufgehoben. »Und es wird nichts mehr unter dem Bann sein.« (Offenbarung 22,3) Damit ist zugleich auch alles Schuldigwerden der Menschen hinfällig, weil es ohne Verbote keine sündhaften Verbotsüberschreitungen geben kann.

Im wiedergefundenen Paradies, in dem das Verlorene in neuer Gestalt wieder erscheint, sollen alle Trennungen und Brüche zurückgenommen sein, die nach psychoanalytischen Einsichten die Subjektwerdung des Menschen möglich gemacht haben. Die Paradiessehnsucht ist mit der Sehnsucht nach der Imago der verlorenen Mutter der frühesten Kindheit verwandt, sie will die symbiotische Einheit mit der Mutter wiederfinden. Die Bilder, die diese Sehnsucht hervorbringt, dürfen nicht mit der Wirklichkeit der frühen Kindheit in eins gesetzt werden, auch wenn sich Elemente davon in den Bildern wiederfinden. Sie sind nicht zuletzt das Produkt von nach rückwärts gewandten Wünschen, die von der Idealisierung des Vergangenen, von der Verleugnung seiner Schattenseiten leben. Das Unbewußte, das diese Bilder auflädt, kennt kein Realitätszeichen, es macht zwischen Wunsch und Wirklichkeit keinen Unterschied. Die frühe Kindheit hat, wie besonders Melanie Klein deutlich gemacht hat, nicht nur die Imago der warmen, versorgenden »guten Mutter« hervorgebracht, sondern auch die der versagenden und mit der Vernichtung drohenden »bösen Mutter«.[26] Sie kennt auch die Mutter mit der leeren Brust, sie kennt sie als Hexe oder Sphinx. Diese Mutter ist mit der Paradiessehnsucht zum Verschwinden gebracht worden, in der die Wünsche auf fragwürdige Art an Vergangenes geheftet sind, um einer belastenden Gegenwart zu entkommen. Aber nicht nur die bedrohlichen Seiten des Mütterlichen und die Leiden der frühen Kindheit werden in den Bildern vom Paradies zum Verschwinden gebracht, sie leugnen vor allem auch die belastenden Einschränkungen, die vom väterlichen Gesetz ausgehen. Der Wunsch nach einer konfliktfreien Beziehung zum Vater ist insgeheim auf dessen Entmachtung aus: Der reine Jesus verdrängt den älteren Vatergott aus dem Zentrum der Religion. Der Wunsch nach der differenzlosen Einheit will den um die Sexualität zentrierten Konflikt mit der Macht des Vaters umgehen. Die legitime Sexualität des Vaters, die auf die Mutter gerichtet ist, soll keine Rolle spielen, und damit soll auch die Unfähigkeit des männlichen Kindes, mit ihm um die Mutter zu konkurrieren, be-

---

[26] Siehe hierzu Klein, M.: Das Seelenleben des Kleinkindes. Stuttgart 1962

deutungslos werden. Die »narzißtische Himmelfahrt«[27] entwertet die väterliche Sexualität und setzt ihr die Identifikation mit einem allmächtigen göttlichen Phallus entgegen, demgegenüber sie als unwesentlich erscheinen muß. Die propagierte »Versöhnung« mit dem Vater will die Umgehung des Ödipuskomplexes und damit die Abschaffung des Gesetzes, das der Vater vertritt. Das Lamm und die Seinen wollen letztlich die Vatergestalt zum Verschwinden bringen, um die konfliktlose Einheit mit dem versorgenden Mütterlichen zu erlangen. Vater und Mutter sollen sich nicht mehr durch ihre Sexualität vereinigen und dabei den Sohn ausschließen, sie sollen sich nur noch vereinigen, um die maßlosen Bedürfnisse des Kindes zu stillen.

Wer zurück ins Paradies will, will die Erfüllung von inzestuösen Wünschen erreichen, die verlorene Mutter endlich für sich gewinnen. Dies scheint auf einem Entwicklungsniveau möglich zu sein, auf dem die Sexualität nicht – oder zumindest nicht bewußt – Einfluß hat, gegen die sich das Inzesttabu richtet, das die Trennung von der Mutter befiehlt. Diese angestrebte inzestuöse Vereinigung verlangt die Ausschließung des Sexuellen. Das heilige Objekt dieses Vereinigungswunsches ist in der Bibel das »Neue Jerusalem«, das mit der Imago einer mütterlichen Frau verknüpft ist. Diejengien, die ohne sexuelles Begehren sind, dürfen, identifiziert mit Jesus, mit dieser reinen Mutter inzestuöse Hochzeit feiern. »Und ich sah die heilige Stadt, das neue Jerusalem, von Gott aus dem Himmel herabfahren, bereitet wie eine geschmückte Braut ihrem Mann.« (Offenbarung 21,2) Das neue Jerusalem ist die reine Braut des reinen Lammes. »Komm, ich will dir das Weib zeigen, die Braut des Lammes.« (Offenbarung 21,9) Wer an der reinen inzestuösen Hochzeit des Lammes mit seiner keuschen mütterlichen Braut teilhat, hat die Glückseligkeit erreicht. »Lasset uns freuen und fröhlich sein und ihm die Ehre geben, denn die Hochzeit des Lammes ist gekommen, und seine Braut hat sich bereitet! […] Selig sind, die zum Abendmahl des Lammes berufen sind.« (Offenbarung 19,7 + 9) Das Lamm vermählt sich mit der heiligen Stadt Jerusalem, in der alles rein, klar, durchsichtig, hell ist. Es gibt in ihr keinen Ort, an dem dunkles Begehren sich verbergen könnte. »Und die Stadt bedarf keiner Sonne noch des Mondes, daß sie ihr scheinen; denn die Herrlichkeit Gottes erleuchtet sie, und ihre Leuchte ist das Lamm. Und die Völker werden wandeln in ihrem Licht; und die Könige auf Erden werden ihre Herr-

---

[27] Chasseguet-Smirgel, J.: Das Ich-Ideal, a.a.O., S. 86

lichkeit in sie bringen. Und ihre Tore werden nicht verschlossen des Tages; denn da wird keine Nacht sein. Und man wird die Pracht und die Herrlichkeit der Völker in sie bringen. Und wird nicht hineingehen irgendein Unreines und nicht, der da Greuel tut und Lüge, sondern allein, die geschrieben sind in dem Lebensbuch des Lammes.« (Offenbarung 21,23–27) Wo die »reinen« Anhänger des Lammes sich mit einer »reinen« Mutter vereinigen, gibt es nichts zu verbergen, die dunkle Macht des Sexuellen, das schamhaft verhüllt werden muß, ist gebrochen. Die Psychoanalytikerin Chasseguet-Smirgel hat aufgezeigt, daß die heilige Stadt Jerusalem als Repräsentanz des mütterlichen Leibes interpretiert werden kann.[28] In diesem Leib gibt es kein unreines Begehren, und es darf auch von außen kein unreines Begehren in diesen Leib eindringen. Es existiert kein sexuelles Drängen, das Vater und Mutter miteinander verknüpft. Vater und Mutter, Gott und die Heilige Stadt vereinigen sich nicht geschlechtlich unter Ausschluß des Kindes, sie vereinigen sich geschlechtslos, um nur dem Kind zu dienen und dessen narzißtische Himmelfahrt möglich zu machen.

Die paradiesische Hochzeit des Lammes mit der heiligen Stadt Jerusalem ist nichts Harmloses; sie hat ihre Kehrseite in einer gewalttätigen, zerstörerischen Bluthochzeit. Die Reinheit, die Klarheit, die Sündenlosigkeit des Lammes und seiner mütterlichen Stadt wird durch die Abspaltung des Sexuellen und Aggressiven erreicht. Die reine Welt des Guten kommt in der Offenbarung des Johannes dadurch zustande, daß aus ihr eine Welt des Bösen ausgegrenzt wird, in der Sexualität und Gewalt herrschen, die eine unheilvolle Beziehung miteinander eingegangen sind. »Draußen sind die Hunde und die Zauberer und die Unzüchtigen und die Totschläger und die Götzendiener und jeder, der Lüge lieb hat und tut.« (Offenbarung 22,15) Diese Welt des Bösen wird in einer ungeheuren Racheorgie vernichtet. Sadistische Greuel und reine Liebe existieren nebeneinander: Die Seligkeit des Paradieses und die Vernichtung der davon Ausgeschlossenen lassen sich scheinbar problemlos verknüpfen. Die geschlechtslosen Guten dürfen sich am Schicksal der lüsternen Bösen erfreuen, die von einer göttlichen Schlachtmaschinerie vernichtet werden. »Halleluja! Das Heil und die

---

[28] Siehe hierzu Chasseguet-Smirgel, J.: Zwei Bäume im Garten. München, Wien 1988, S. 119. Bereits Freud hat das Innere von Städten zum Inneren des mütterlichen Leibes in Beziehung gesetzt. Siehe hierzu Heinrich K.; Dahlemer Vorlesungen. Arbeiten mit Ödipus, a.a.O., S. 221, Fußnote 433

Herrlichkeit und die Kraft sind unsers Gottes! Denn wahrhaftig und gerecht sind seine Gerichte« (Offenbarung 19,1–2), singen die Scharen im Himmel, zu denen sich die Guten zukünftig rechnen dürfen. Gut sein schließt ein, einen Gott zu feiern, der die Mitmenschen erbarmungslos ausrotten läßt. Die durch Edelsteine und ewiges Licht repräsentierte Welt der Reinen, Guten zeigt eine eigentümliche Kälte; in ihr ist es erlaubt, kalt die Rache an den Bösen zu genießen. In der gespaltenen Welt der Offenbarung steht der göttlichen Dreieinigkeit Vater, Sohn und Heiliger Geist eine satanische Dreieinigkeit aus Teufel, Antichrist und falschem Propheten gegenüber.[29] Gott ist dem Teufel entgegengesetzt, der der »große Drache« und die »alte Schlange« ist; Christus steht dem Antichristen gegenüber, der Vollmacht vom Drachen Teufel hat, wie Christus von Gott. Dem am Kreuz geschlachteten Lamm entspricht ein furchterregendes Tier, das wie dieses wieder auferstanden und inthronisiert worden ist. Dem Propheten, der den Heiligen Geist gebracht hat, steht der falsche Prophet gegenüber, der dazu zwingen will, die falschen Bilder des Antichristen anzunehmen. Der Antichrist in Gestalt eines Tieres wird durch eine Zahl repräsentiert. »Wer Verstand hat, der überlege die Zahl des Tieres; denn es ist eines Menschen Zahl, und seine Zahl ist sechssechssechs.« (Offenbarung 13,18) Die Zahl 666 steht für das absolut Böse, sie ist die höchste negative Macht. Ist es Zufall, daß hier entsprechend der antigöttlichen Dreieinigkeit dreimal eine Zahl wiederholt wird, die für das Sexuelle stehen kann und schon für die Pythagoräer das Zeugungskräftige symbolisierte? Die heilige Stadt Jerusalem hat in der Offenbarung des Johannes ihr Gegenstück in der »großen Hure Babylon«, der »[…] Mutter der Hurerei und aller Greuel auf Erden« (Offenbarung 17,5). Der reinen, klaren mit fetischartigen Diamanten geschmückten mütterlichen Stadt steht eine sinnliche, gewalttätige Stadt gegenüber, »[…] die große Hure, die an vielen Wassern sitzt, mit welcher Unzucht getrieben haben die Könige auf Erden; und die da wohnen auf Erden, sind trunken geworden von dem Wein ihrer Unzucht« (Offenbarung 17,1–2). Die heilige Stadt Jerusalem strahlt eine kristallene Kälte aus, sie ist ohne sinnliche, warme Liebe. Ihr Gegenbild, die große Hure Babylon, kennt die sexuelle Sinnlichkeit, aber diese Sinnlichkeit ist gewalttätig, sie erlaubt keine freundliche Zuwendung. In der Sphäre des Guten wie der des Bösen gibt es keine Verknüpfung von körperlichem Begehren und

---

[29] Siehe hierzu Böcher, O.: Die Johannes-Apokalypse. Darmstadt 1988

Liebe. Der Welt des Guten steht eine absolut böse Welt abgespalten gegenüber, die vielerlei offene oder verdeckte Verbindungen zum Sexuellen hat. Diese wird mit »Hurerei«, »Unzucht« gleichgesetzt und mit Tieren wie der Schlange oder solchen mit vielerlei Hörnern und riesigen Schwänzen in Verbindung gebracht. Das Sexuelle taucht in der Welt des Guten überhaupt nicht auf, und in der Welt des Bösen stets nur in Verbindung mit zerstörerischer Gewalt. Die »große Hure Babylon«, die »Mutter der Hurerei« ist »[...] trunken von dem Blut der Heiligen und von dem Blut der Zeugen Jesu« (Offenbarung 17,6). Man kann dies Bild sicherlich historisch mit dem Römischen Reich in Beziehung setzen, das Juden und frühe Christen grausam unterdrückte, aber warum wird das Böse durch eine mütterlich-weibliche Macht symbolisiert, die Sexualität und Vernichtung vereint?

Das Ende der Geschichte verspricht den Guten ein neues Paradies, in dem alles Leid aufgehoben ist. In ihm wird es für die Auserwählten ewiges Heil durch die Vermittlung des reinen Lammes Jesus geben. Dieses Heil geht mit der brutalen Vernichtung alles Sinnlichen, Verführerischen einher, das dem Teuflischen zugerechnet wird. Für die bösen Mächte wird von den Guten eine endlose sadistische Quälerei organisiert. »Und der Teufel, der sie [die Völker] verführte, ward geworfen in den Pfuhl von Feuer und Schwefel, da auch das Tier und der falsche Prophet war, und werden gequält werden Tag und Nacht von Ewigkeit zu Ewigkeit.« (Offenbarung 20,10) Die bösen Mächte erfahren keinerlei göttliche Gnade, für sie gilt, daß sie in die »große Kelter des Zornes Gottes« geworfen werden. (Offenbarung 14,19) Wer sie anbetet, dessen grausame Bestrafung nimmt kein Ende. »Und ein dritter Engel folgte ihnen nach und sprach mit großer Stimme: So jemand das Tier anbetet und sein Bild und nimmt das Malzeichen an seine Stirn oder an seine Hand, der soll von dem Wein des Zornes Gottes trinken, der unvermischt eingeschenkt ist in seines Zornes Kelch, und wird gequält werden mit Feuer und Schwefel vor den heiligen Engeln und vor dem Lamm. Und der Rauch ihrer Qual wird aufsteigen von Ewigkeit zu Ewigkeit; und sie haben keine Ruhe Tag und Nacht, die das Tier anbeten und sein Bild, und wer das Malzeichen seines Namens annimmt.« (Offenbarung 14,9–11) Man kann das Jüngste Gericht als ein Gericht interpretieren, das das Urteil Gottes aufheben kann, das einstmals die Vertreibung der ersten Menschen aus dem Paradies erzwungen hat. Das Gute wird durch das abschließende Gericht reichlich belohnt, aber die Abrechnung mit der Sünde ist ungleich grausamer als beim ersten

Richterspruch Gottes. Die vor dem Paradies postierten Engel im ersten Buch Mose verhindern mit blankem Schwert, daß jemand ins Paradies zurückkehren kann; sie exekutieren eine schmerzliche Vertreibung. Bei der Endabrechnung mit den Bösen, die ihnen endgültig jede Rückkehr ins Paradies unmöglich macht, besorgt das »scharfe zweischneidige Schwert« (Offenbarung 2,12) eine massenhafte Vernichtung, die die Meere rot färbt. Zu Beginn des Gerichts tritt Jesus auf »[…] in seiner Hand eine scharfe Sichel« (Offenbarung 14,14). Ein Engel droht nicht mehr nur mit dem blanken Schwert, sondern vernichtet mit dem »scharfen Winzermesser« (Offenbarung 14,17). »Und ein andrer Engel kam aus dem Tempel im Himmel, der hatte auch ein scharfes Winzermesser. Und ein andrer Engel kam vom Altar, der hatte Macht über das Feuer und rief mit großer Stimme zu dem, der das scharfe Messer hatte, und sprach: Schlag an mit deinem scharfen Winzermesser und schneide die Trauben vom Weinstock der Erde, denn seine Beeren sind reif! Und der Engel schlug an mit seinem Winzermesser an die Erde und schnitt die Trauben der Erde und warf sie in die große Kelter des Zornes Gottes. Und die Kelter ward draußen vor der Stadt getreten, und das Blut der Kelter ging bis an die Zäume der Pferde, tausendsechshundert Feld Wegs weit.« (Offenbarung, 14,17–20) Die Feinde der Guten werden allesamt hingemetzelt, ihnen gilt kein Mitleid, keine Nächstenliebe; von Feindesliebe oder verzeihender Gnade ist nicht die Rede. Das, was als gut gilt, ist von einer erbarmungslosen Kälte infiziert, das heilige Buch der Liebesreligion endet mit einer Massenabschlachtung von Menschen. Eine Liebe, die, wie die christliche, darauf zielt, jedes sinnliche sexuelle Moment abzustreifen, zeigt die Tendenz, in teilnahmslose sadistische Kälte umzuschlagen. Das Bemühen, die Liebe völlig zu entsinnlichen, bringt einen Drang zur totalitären Ausrottung all dessen hervor, was an die eigene geopferte Sinnlichkeit erinnert. Die »reine« Liebe trägt den Haß auf die lebendige Sinnlichkeit anderer Menschen in sich, das Evangelium der Liebe endet mit einer Vernichtungsorgie.

Die Zeit der Regentschaft der Guten, die mit der Vernichtung der Bösen einhergeht, heißt im Text der Apokalypse das »Tausendjährige Reich«. Es weist eine makabre Verwandtschaft mit dem auf, was deutsche Faschisten, unter Benutzung der biblischen Bezeichnung, als ihr »tausendjähriges Reich« organisiert haben. Auch in deren Reich sollte es eine scharfe Trennung zwischen den Guten und den Bösen, den Schafen und den Böcken geben, wobei letztere der Vernichtung preisgegeben werden durften. Auch im »tausendjährigen Reich« der Nationalsozialisten sollte den Rechtgläubigen die Identifikation mit einer machtvollen, scheinbar guten Autorität erlaubt sein, die das, was als Böse galt, mit kalter brutaler Zerstörung überzog. Die Offenbarung des Johannes ist auf einen idealen Leser[30] bezogen, der sich narzißtisch mit einer allmächtigen, »guten« Gewalt identifizieren darf, die erbarmungslos über das triumphiert, was ihr als böse erscheint. Alles, was der Erfüllung der eigenen Illusionen und Größenphantasien im Wege zu stehen scheint, darf demnach eliminiert werden.

Neuere psychoanalytische Theoretiker wie Melanie Klein oder Otto Kernberg haben im Anschluß an Freud deutlich gemacht, daß sehr frühe Objektbeziehungen des Kleinkindes durch den Abwehrmechanismus der Spaltung geprägt sind.[31] Libidinöse Besetzungen von »guten« Objektvorstellungen können durch diesen Abwehrmechanismus von aggressiv besetzten »bösen« Objektvorstellungen getrennt werden; eine Welt des reinen Guten kann so von einer Welt des bloß zerstörerisch Bösen abgespalten werden. Die primären Beziehungen zur Mutter können in der Psyche des Kleinkindes als voneinander getrennte Beziehungen zu einer »guten Mutter« oder einer »bösen Mutter« Gestalt annehmen. Diese Trennung zwischen Gut und Böse, zwischen schützenden und bedrohlichen Imagines, verbindet sich mit der Trennung zwischen innen und außen. Die guten »Selbstobjektvorstellungen« (Kernberg) stoßen böse »Selbstobjektvorstellungen« ab, von denen nun eine als äußerlich erfahrene Bedrohung ausgeht. Durch den Mechanismus der »projektiven Identifikation« wird das im Innern Bedrohliche auf äußere Objekte projiziert: Sie haben das zu repräsentieren, was aus dem als gut erscheinenden eigenen Inneren ausgestoßen wurde. Mit der Reifung des Ichs können solche Spaltungen aufgehoben werden; damit wird es dem Ich möglich, zu ertragen, daß sowohl im Inneren wie im Äußeren Gutes wie Böses vorhanden ist, daß die innere und äußere Realität ambivalente Züge trägt. Wenn Menschen in der Kindheit bestimmte Reifungsprozesse nicht bewältigt haben oder durch seelische Überlastungen in einen regressiven Sog geraten, der sie wieder auf die archaischen Abwehrmechanismen der frühen Kindheit zurückwirft, kann ihre Beziehung zur Welt durch solche Spaltungsmechanismen verzerrt sein. Diese Mechanismen sorgen dafür, daß einer scheinbar guten Welt, der man sich selbst

---

[30] Zum Begriff des »idealen Lesers« siehe Raguse a.a.O.
[31] Siehe hierzu z.B. Klein, M.: Das Seelenleben des Kleinkindes. Stuttgart 1962 oder Kernberg, O.: Innere Welt und äußere Realität. München, Wien 1988

zurechnet, eine böse Welt, die einen scheinbar nur von außen bedroht, entgegensteht. Die gespaltene Welt der Apokalypse entspricht derart verzerrten Realitätsbeziehungen. Sie hilft, das zerstörerische Böse im Innern zu externalisieren, es in eine böse Welt, die einen von außen bedrängt, zu verlagern. Die Identifikation mit einem reinen Guten, das sich einem reinen Bösen entgegenstemmt, bringt narzißtischen Gewinn und hilft, Ängste zu bannen, die auftreten würden, wenn man sich den Widersprüchen der inneren und äußeren Realität stellen müßte. Eine »paranoide Position«, die alles Böse nur äußeren Verfolgern zurechnet, erlaubt es, eine »depressive Position« abzuwehren, die mit Selbsthaß und Schuldgefühlen verbunden wäre, welche aus der Wahrnehmung des Zerstörerischen im eigenen Innern resultieren.

Die reine, gute Mutter, die Heilige Stadt und ihr reiner, guter Sohn, das Lamm Jesus bilden im biblischen Text eine geschlechtslose Einheit. Draußen befinden sich Teufel, Schlange und die Hure Babylon. Die bedrohlichen Imagines der »bösen Mutter« und des »kastrierenden Vaters« können die heilige inzestuöse Verbindung zwischen Mutter und Sohn nicht mehr stören. Was aber im Text radikal voneinander abgetrennt erscheint, bildet, psychologisch gesehen, in seiner Trennung eine Einheit. Zur psychischen Realität, die dem Text entspricht, gehören »reine« Liebe und mörderischer Haß, entsinnlichter Moralismus und perverse sexuelle Regungen, Größenphantasien und Kleinheitswahn. Die rigiden Trennungen, die die Welt der Apokalypse auszeichnen, dienen der Verleugnung der Tatsache, daß Liebe und Aggression, Entsagung und Triebhaftigkeit, Schuld und Unschuld in einer von Widersprüchen gekennzeichneten Welt in der menschlichen Psyche miteinander verwoben sind. Eine gespaltene Wahnwelt, wie die der Apokalypse, kann den verzweifelten Opfern der Geschichte psychischen Gewinn aus der Identifikation mit der Allmacht eines scheinbar nur Guten verschaffen. Zugleich erspart das Eintauchen in die kollektive Wahnwelt der Apokalypse den einzelnen den individuellen Wahn, der die soziale Ausgrenzung nach sich zieht. Für diejenigen, die in dieser Wahnwelt die Rolle des reinen Bösen zu repräsentieren haben, kann sie freilich die Hölle auf Erden bedeuten.

Die Welt der Apokalypse zeigt Züge, die man mit Hilfe der Psychoanalyse dem Analsadistischen zurechnen kann. Das Gute erscheint in dieser Welt als rein, hell, als so transparent, daß jeder kontrollierende Blick es durchdringen kann. Es ist nicht mit Unrat, Kot und vor allem nicht von der unreinen Sexualität beschmutzt. Das Sexuelle gilt hier als

»Befleckung«, die es mit aller Macht abzuwehren gilt. Die Sexualität, die in der Offenbarung Gestalt annimmt, paßt zu dem, was die Psychoanalytikerin Chasseguet-Smirgel als das »perverse Universum« bezeichnet.[32] Wenn die Sexualität in diesem Universum auftaucht, ist sie stets mit zerstörerischer Gewalt verknüpft, sadistisch oder masochistisch ausgerichtet. Es gibt keine sexuelle Lust, die nicht mit Quälen oder Gequältwerden verbunden ist. Sie vermag niemals eine den anderen schonende, liebevolle körperliche Beziehung zwischen Menschen zustande zu bringen. Alle Grenzen, die in der Welt des Sexuellen ansonsten Geltung haben, sind hier aufgehoben. »Die Gemeinschaft, die Johannes und damit letztlich Christus verkündet, ist eine Gemeinschaft der Gleichen, die nicht nur untereinander gleich werden, sondern sich auch immer mehr dem Lamm und vielleicht sogar Gott selber angleichen. Dieser Gemeinschaft soll sich der Leser anschließen.«[33] Die Geschlechterdifferenz ist außer Kraft gesetzt. Die unschuldigen Lämmer sind gewissermaßen vorgeschlechtlich, für sie hat diese Differenz keine Bedeutung. Die monströsen Wesen, denen das Sexuelle zugerechnet wird, sind hingegen Mischwesen, die auf archaische Art Männliches und Weibliches miteinander verbinden. Die bedrohlichen drachenhaften Tiere, die die Apokalypse bevölkern, zeigen Züge des archaisch Mütterlichen ebenso wie des phallisch Männlichen. Diese Mischwesen heben zugleich die Unterschiede zwischen Mensch und Tier und die zwischen den Tiergattungen auf. Nach der Schöpfungsgeschichte sollen, dem Willen des Vatergottes entsprechend, alle lebendigen Wesen »ein jegliches nach seiner Art« (1. Mose 1,24) existieren; derartige Grenzziehungen gelten nun nicht mehr. Auch die Generationsgrenzen, die für die Strukturierung der Sexualität wesentlich sind, indem sie das Inzesttabu und die mit ihm verknüpften ödipalen Strukturzusammenhänge hervorbringen, scheinen in der Welt der Offenbarung ihre Bedeutung zu verlieren. Die Einheit zwischen dem Vatergott und dem Menschensohn Jesus bringt sie ebenso zum Verschwinden wie die Aufhebung der Machtdifferenz zwischen dem Göttlichen und dem Menschlichen. Die Menschen können zum Göttlichen emporgehoben werden, das göttliche Lamm teilt seine Regentschaft mit den Guten unter ihnen, »sie werden [...] mit ihm regieren tausend Jahre« (Offenbarung, 20, 6). Die Kleinen können zu Großen werden. Jesus wird ange-

---

[32] Siehe hierzu Chasseguet-Smirgel, J.: Anatomie der menschlichen Perversion. Stuttgart 1989
[33] Raguse, H.: Psychoanalyse und biblische Interpretation. Stuttgart 1993, S. 153

betet »[…] der uns liebt und erlöst hat von unsern Sünden mit seinem Blut und hat uns zu Königen und Priestern gemacht vor Gott, […]« (Offenbarung 1,5–6). »Der Perverse«, neigt nach Chasseguet-Smirgel in seinem psychischen Universum dazu, »den doppelten Unterschied zwischen den Geschlechtern und den Generationen zu verwischen. Tatsächlich versucht er, alle Unterschiede zu beseitigen, welche die Realität ausmachen.«[34]

III

Vergleicht man aus psychoanalytischer Perspektive Anfang und Ende der Bibel, so lassen sich wesentliche Differenzen im Umgang mit seelischen Konflikten ausmachen, den sie anregen. Die Konfliktverarbeitungsstrategien zeigen unterschiedliche Strukturen; es werden andere Abwehrmechanismen nahegelegt. Am Anfang der Bibel ist das Sexuelle vom Abwehrmechanismus der Verdrängung betroffen: Das kindliche Sexuelle, das aufscheint, wird unter dem Einfluß des väterlichen Verbots dem Bewußtsein entzogen. Am Ende der Bibel wirkt der Abwehrmechanismus der Spaltung: Das verpönte Sexuelle wird nicht unbewußt gemacht, es erscheint aber als strikt vom reinen Guten abgetrennt. Am Anfang der Bibel wird die Geschlechterdifferenz zwischen Adam und Eva – wenn auch auf fragwürdige patriarchalische Art – thematisiert; am Ende der Bibel spielt die Geschlechterdifferenz bei Jesus, dem Lamm, und denen, die ihm anhängen, keine Rolle mehr. Der Anfang der Bibel beschreibt die Generationendifferenz als Differenz zwischen dem Vatergott, dem idealisierten Vater der Kindheit, der das Gesetz vertritt, und seinem kindlichen Geschöpf Adam. Der Sohn Christus, der Nachfolger Adams, ist am Ende der Bibel zu einem allmächtigen Richter geworden, neben dem der Vatergott tendenziell bedeutungslos wird: Im dreieinigen Gott ist die Differenz zwischen Vater und Sohn zum Verschwinden gebracht. Am Anfang der Bibel werden Adam und Eva in Schuld und Scham verstrickt. Am Ende der Bibel sind die Anhänger des Lammes Jesus, auch wenn sie sich zu erbarmungslosen Richtern über die Bösen aufwerfen, völlig frei von Schuld und Scham: Das Unmoralische ist einzig auf der Seite der Bösen angesiedelt. Der Gott am Anfang der Bibel liebt die von ihm erschaffenen We-

34 Chasseguet-Smirgel, J.: Zwei Bäume im Garten. München, Wien 1988, S. 107

sen und bestraft sie, wenn sie sich ihm widersetzen: Adam und Eva erscheinen dort zugleich als liebenswert und schuldbeladen. Am Ende der Bibel erscheinen die Menschen als frei von Ambivalenzen und Widersprüchen: Sie sind entweder nur gut oder nur böse. Daß sich Gutes und Böses, Liebe und Haß bei Menschen üblicherweise vermischen, gerät nicht ins Bewußtsein. Den Anfang der Bibel kennzeichnet eine starke Verdrängung des Mütterlich-Weiblichen, das – aus der Perspektive des männlichen Kindes – durch seine fatale sexuelle Verführungskraft zum Konflikt mit der Vaterautorität führt. Das konflikthafte ödipale Dreieck zwischen Vater, Mutter und Kind, in das die Probleme der kindlichen Sexualität eingelagert sind, wird trotzdem tendenziell erkennbar. Die verführerische Schlange verstrickt als Teil der verführerischen mütterlichen Natur Adam und Eva in den Konflikt mit Gott, dem Vater, was mit der Vertreibung aus dem Reich der Kindheit endet. Nach der Vertreibung aus dem Paradies verschwindet die konfliktträchtige Sexualität nicht, sie muß auch nicht mehr abgewehrt werden, sie taucht vielmehr als legitim gewordene bei den erwachsen gewordenen Adam und Eva auf. Anders am Ende der Bibel: Hier triumphiert eine »narzißtische Triade« (Grunberger) von Vater, Sohn und Heiligem Geist, die keinerlei Konflikte kennt und die Sphäre des Sexuellen völlig entwertet hat.

Versucht man die Lösungen für seelische Probleme, die am Anfang und am Ende der Bibel angeregt werden, entwicklungspsychologisch einzuordnen, so kann man im Horizont der Psychoanalyse davon sprechen, daß das ödipale Niveau, das mit der Vertreibung aus dem Paradies erreicht wird, mit der Apokalypse auf fatale, regressive Art wieder verlassen wird.

Das erste Buch Mose bearbeitet die Konflikte, die mit dem infantilen Schicksal der Sexualität verknüpft sind, dergestalt, daß die Sexualität aufscheint, zugleich aber wegen ihres unreifen inzestuösen Charakters wieder der Verdrängung verfallen muß, weil sie dem väterlichen Verbot entgegensteht. Dem Kind, das seine engen inzestuösen Bindungen an die das Paradies versprechende Mutter der Kindheit aufgeben muß, gelingt dies, indem es sowohl seine sexuellen Regungen als auch den Ödipuskomplex, in den diese Regungen verstrickt sind, verdrängt. Diese Verdrängung gelingt dadurch, daß der Vater dem Kind durch sein Verbot und die auf ihn gerichtete Liebe des Kindes sozusagen die Kraft hierzu leiht. »Die Verdrängung des Ödipuskomplexes ist offenbar keine leichte Aufgabe gewesen. Da die Eltern, besonders der Vater, als das Hindernis gegen die Verwirklichung der Ödipuswünsche erkannt werden, stärkte sich das infantile Ich für diese Verdrängungsleistung, indem es dies selbe Hindernis aufrichtete. Es lieh sich gewissermaßen die Kraft dazu vom Vater aus.«[35] Das väterliche Verbot sichert den Fortgang der Individuation, was oft Schmerzen bereitet, aber auch ein Potential von Freiheit hervorbringt. Durch Identifikation mit dem Vater entsteht das Über-Ich, die Gewissensinstanz, die erlaubt, zwischen Gut und Böse unterscheiden zu können. Das Über-Ich installiert ein Realitätsprinzip in der Psyche, das es ermöglicht, das eigene Schicksal zu gestalten. Am Ende der Bibel, das dem Wunsch Gestalt verleiht, auf regressive Art wieder zur Mutter der frühen Kindheit zurückzukehren, werden die Verdrängungsprozesse, die mit dem Ödipuskomplex einhergehen, durch Spaltungsprozesse ersetzt. Sie versprechen, sich seiner Macht entziehen zu können. Die Sexualität tritt bei Spaltungsprozessen zwar offener in Erscheinung als bei Verdrängungsprozessen, ist aber auf fatale Art mit aggressiven Impulsen vermengt und von dem abgespalten, was als gut und moralisch gilt. Durch das Ausweichen vor dem ödipalen Konflikt sind entscheidende Möglichkeiten zur Entwicklung des Ichs wie des Über-Ichs verbaut. Die Fähigkeit zu lieben und die Realität zu gestalten, ebenso wie die Fähigkeit, mit Hilfe einer entwickelten Gewissensinstanz Schuld auf sich zu nehmen, ist beeinträchtigt. Die psychischen Problembewältigungsstrategien, zu denen die Leser der Bibel an ihrem Ende hingedrängt werden, weisen eine Verwandtschaft mit denen auf, die moderne Psychoanalytiker bei sogenannten narzißtischen oder Borderline-Störungen ausgemacht haben.[36] Bei solchen Störungen, die zwischen Neurose und Psychose eingeordnet werden, zeigen die Befunde schwere Beeinträchtigungen der emotionalen Möglichkeiten sowie der Wahrnehmung anderer Menschen und des eigenen Selbst.[37]

---

[35] Freud, S.: Das Ich und das Es. GW XIII, S. 263

[36] Zu solchen Störungen siehe Kernberg, O.: Borderline-Störungen und pathologischer Narzißmus. Frankfurt am Main 1978, und Rohde-Dachser, C.: Das Borderline-Symptom. Bern, Stuttgart, Wien 1983.
Chasseguet-Smirgel, J., ordnet entsprechende Störungen der analsadistischen Perversion zu. Ihrer Theorie nach dient diese auch Borderline-Patienten dazu, an der jeweiligen Form der Regression festzuhalten. Der folgende Abschnitt orientiert sich vor allem am Aufsatz von Rohde-Dachser: Die ödipale Konstellation bei narzißtischen und Borderline-Störungen. Psyche 9, Stuttgart 1987

[37] Es ist problematisch, biblische Texte zu psychoanalytischen diagnostischen Einteilungen in Beziehung zu setzen, die sich auf Menschen der Gegenwart beziehen. Jede psychische Konfliktkonstellation kann als Antwort auf bestimmte historisch-soziale Konstellation verstanden werden, zu der sie in Beziehung steht. Der Mensch ist ein geschichtliches Wesen;

Der Psychoanalytiker Otto F. Kernberg hat bei Borderline-Störungen eine verdichtende Überlagerung von präödipalen Konflikten, die um Konflikte des Kindes zwischen den Imagines der guten und der bösen Mutter zentriert sind, und späteren ödipalen Dreierkonflikten des Kindes mit väterlichen und mütterlichen Objekten ausgemacht. Der väterliche Dritte des Ödipuskomplexes tritt hier nicht, wie bei der normalen Entwicklung, in Erscheinung, um die frühe Mutter-Kind-Dyade zu sprengen, sondern um sie zu stabilisieren. »In der typischen Borderlineentwicklung wird der Dritte vielmehr eingeführt, um die Spaltung in eine ›ganz gute‹ und eine ›ganz böse‹ (Teil-)Objektrepräsentanz zu stabilisieren, die das ›gute‹ Objekt vor der Vernichtung durch das ›böse‹ schützen soll. Der Dritte, in unserem Kontext der ödipale Rivale, wird dann zum Projektionsziel nicht nur für den ödipalen, sondern auch für den ganzen präödipalen Enttäuschungshaß des Kindes. Dem Spaltungsmodus entsprechend wird diese Aggression nicht durch gleichzeitige libidinöse Regung gegenüber dem Dritten gebremst, dessen Imago damit leicht zu einer Inkarnation des Bösen wird.«[38] Diese Spaltung kann dazu führen, daß die Imago eines »absolut guten, asexuellen Elternpaares«, das dem Kind Schutz und Geborgenheit verspricht, von dem eines »absolut bösen, sexuellen Elternpaares« abgetrennt wird, die in scharfem Kontrast zueinander stehen. Es kann jedoch auch zu vertikalen Spaltungen kommen: durch diese verbindet sich die bedrohliche Imago der archaischen bösen Mutter mit der Repräsentanz des hinzukommenden kastrierenden väterlichen Dritten. Die Vereinigung der bedrohlichen Imagines des Bösen gebiert ein Ungeheuer, das nicht nur das Kind, sondern auch die Mutter gefährdet, sobald es sich beiden nähert.[39] Ein solches Ungeheuer, das zugleich Züge der »bösen«, der archaischen verschlingenden Mutter der frühesten Kindheit, und des »bösen Vaters« trägt und die »gute Mutter« mit ihrem Kind verfolgt, taucht auch in den Phantasmen des biblischen Johannes auf. »Und es erschien ein großes Zeichen am Himmel: Ein Weib, mit der Sonne bekleidet, und der Mond unter ihren Füßen und auf ihrem Haupt eine Krone von zwölf Sternen. Und sie war schwanger und schrie in Kindes-

psychiatrische Interpretationsmuster, die dies nicht berücksichtigen, können leicht den Blick auf psychische Realitäten verzerren. Trotzdem kann der Versuch, mit den Einsichten der modernen klinischen Psychologie gedanklich zu experimentieren, intellektuell erhellend sein.

[38] Rohde-Dachser, C.: Die ödipale Konstellation bei narzißtischen und Borderline-Störungen. Psyche 9, 1987, S. 787 f.

[39] Siehe hierzu ebd., S. 786

nöten und hatte große Qual bei der Geburt. Und es erschien ein anderes Zeichen am Himmel, und siehe, ein großer, roter Drache, der hatte sieben Häupter und zehn Hörner auf seinen Häuptern sieben Kronen, und sein Schwanz fegte den dritten Teil der Sterne des Himmels hinweg und warf sie auf die Erde. Und der Drache trat vor das Weib, die gebären sollte, auf daß, wenn sie geboren hätte, er ihr Kind fräße. Und sie gebar einen Sohn, ein Knäblein, der alle Völker sollte weiden mit eisernem Stabe.« (Offenbarung 12,1–5) »Und da der Drache sah, daß er geworfen war auf die Erde, verfolgte er das Weib, die das Knäblein geboren hatte. Und es wurden dem Weibe gegeben die zwei Flügel des großen Adlers, daß sie in die Wüste flöge an ihren Ort, wo sie ernährt würde eine Zeit und zwei Zeiten und eine halbe Zeit fern von dem Angesicht der Schlange. Und die Schlange schoß aus ihrem Rachen nach dem Weibe ein Wasser wie einen Strom, daß er sie ersäufe. Aber die Erde half dem Weibe und tat ihren Mund auf und verschlang den Strom, den der Drache aus seinem Rachen schoß. Und der Drache war zornig über das Weib und ging hin, zu streiten wider die übrigen von ihrem Geschlecht, die da Gottes Gebote halten und haben das Zeugnis Jesu.« (Offenbarung 12,13–17)

Bei Borderline- bzw. narzißtischen Störungen lockert die väterliche Drohmacht nicht mehr die Beziehung zwischen Mutter und Kind, wie bei einer gelingenden ödipalen Konfliktbewältigung, sondern sie verfestigt sie, indem sie beide zusammenschweißt. »Die gemeinsame Bedrohung durch den Dritten schweißt Mutter und Kind dabei so nachhaltig zusammen; dieser wird also zum Trennungsriegel und gleichzeitig zum Kitt der Mutter-Kind-Dyade.«[40] Mit der durch eine solche ödipale Überlagerung stabilisierten Mutter-Kind-Beziehung ist die »Verleugnung der Urszene« und das »Phantasma vom ödipalen Sieg«[41] verknüpft. Während des normalen ödipalen Konflikts stiftet die Sexualität eine Beziehung zwischen den Eltern, die das Kind als Drittes – zumindest zeitweilig – ausschließt. Wird in der Psyche des Kindes die Sexualität entwertet, so wird die elterliche Beziehung entwertet. Die Mutter-Kind-Dyade, die narzißtisch strukturiert ist, erspart dem Kind die Kränkung des Ausschlusses und die Notwendigkeit, zur Erhaltung einer liebevollen Beziehung zu beiden Elternteilen Kompromisse zu schließen, die Verzichtsleistungen einschließen. »Die Dreiecksstruktur

---

40 ebd., S. 787 f.
41 ebd., S. 790

erfordert definitionsgemäß Kompromißbildung und temporären Verzicht; in der narzißtischen Dyade geht es hingegen um ›Alles‹ oder ›Nichts‹, um Grenzenlosigkeit schlechthin. Der Eintritt in die ödipale Szene bedroht die narzißtische Illusion ebenso wie die Phantasie von Einzigartigkeit und Grandiosität, die manches Kind schon früh und in absoluter Form gegen die vernichtende Form von Ohnmacht und Ungeliebtsein aufrichten mußte. Dies führt heute häufig zu dem Versuch, die Dreieckskonstellation mit all ihren Konsequenzen überhaupt zu verleugnen und die Modalitäten der narzißtischen Dyade möglichst ungebrochen auf die Beziehung zu mehreren Objekten (hier den ödipalen Eltern) zu übertragen. So entsteht die Illusion einer ›narzißtischen Triade‹, nämlich einer von absoluter Harmonie durchdrungenen Dreiergruppe, wie sie in der christlichen Mythologie in der Vorstellung von der ›Heiligen Dreifaltigkeit‹ oder auch der ›Heiligen Familie‹ zum Ausdruck kommt.«[42] Mit der Verleugnung der elterlichen Sexualität und den Rivalitätskonflikten, die sie dem Kind einträgt, geht die Phantasie einher, der einzig wahre Geliebte der Mutter sein zu können. »Die mit der Entwertung der Urszene gleichermaßen depotenzierten Väter und Mütter sind keine ernstzunehmenden ödipalen Rivalen, die die (zu diesem Zeitpunkt phallische) Grandiosität des Kindes und seine exklusivdyadischen Beziehungswünsche in Frage stellen könnten. In dieser Situation hat es das Kind naturgemäß besonders leicht, sich als der bessere Geliebte der Mutter zu fühlen. Bestimmte Borderline-Patienten wollen den ödipalen Rivalen gar nicht mehr vertreiben, denn sie sind schon an seiner Stelle.«[43] Wo die mit der Geschlechterdifferenz verknüpfte Sexualität verleugnet wird, kann in der Phantasie der reine, allmächtige Sohn der wahre Bräutigam seiner reinen Mutter werden, wie Jesus in der Offenbarung der Bräutigam der heiligen Mutter Jerusalem wird. Wo der ödipale Konflikt geleugnet wird, können auch Scham- und Schuldgefühle zum Verschwinden gebracht werden. Das Böse, Zerstörerische, das in der Mutter-Kind-Dyade wirksam wird, wird nach außen projiziert, eine Projektion, die es erlaubt, sich als rein und gut zu fühlen. Dieses Böse wird projektiv auf einen bösen Widerpart übertragen, mit dem es identifiziert werden kann. Die Urszene, vor der das Bewußtsein flüchtet, erscheint als »sadistische Urszene«, eine Schlächterei wie in der Apokalypse, in das

[42] ebd., S. 790 f.
[43] ebd., S. 792

diese Gegenmacht verstrickt ist. Die Identifikation mit dem verbietenden Vater, die aus dem normalen ödipalen Konflikt resultiert und den Kern des Über-Ich bildet, ist gestört. Dadurch ist eine Moralentwicklung nicht möglich, die es erlaubt, Schuldgefühle auszuhalten und bewußt zu bearbeiten.

Das Gefühl der Allmacht und des Nicht-in-Schuld-verstrickt-Seins, das durch derartige seelische Strukturen und Prozesse erreicht wird, verdankt sich der Verzweiflung. Es ist eine psychische Abwehrform gegen die traumatische Erfahrung kindlicher Ohnmacht und eines Mangels an elterlicher Liebe, die die Entwicklung des Ichs untergraben haben.

IV

Die seelische Verfassung, auf die der Text der Apokalypse eine besondere Anziehungskraft ausüben kann, geht mit einem ausgeprägten seelischen Elend einher. Besonders die sozialen Bewegungen der entrechteten und verzweifelten Massen während des Mittelalters und zur Zeit der Reformation haben sich gerade von diesem biblischen Text angezogen gefühlt, und durch die Art der Identifikation mit dem mächtigen »Guten«, die er anbietet, nach psychischer Entlastung gesucht. Sie haben diesen Text genutzt, um ihrem Haß auf ihre Unterdrücker Ausdruck zu verleihen. Aber nicht nur die ohnmächtigen Massen, auch die Vertreter der machtvollen katholischen Kirche haben sich vom Text der Offenbarung angezogen gefühlt. Klerikale Existenzformen, die Überlegenheit durch eine besondere Auserwähltheit suggerieren, können, wie Eugen Drewermann in seinem Buch »Kleriker. Psychogramm eines Ideals«[44] aufgezeigt hat, insgeheim auf ein sehr ausgeprägtes psychisches Elend angewiesen sein. Die katholische Kirche hat sich seit der Zeit der Kirchenväter als Vorwegnahme des Reichs der Guten interpretiert, das in der Offenbarung des Johannes dargestellt wird. Ihre Regentschaft hat sie mit der der Reinen im »Tausendjährigen Reich« vor dem Weltgericht in Verbindung gebracht. Der Kirchenvater Augustinus schreibt in seinem, im Katholizismus ungeheuer einflußreichen Werk *De civitate dei* (*Vom Gottesstaat*): »Während der tausend Jahre nun, die der Teufel gefesselt ist, herrschen auch die Heiligen mit Chri-

---

[44] Drewermann, E.: Kleriker. Psychogramm eines Ideals. München 1991

stus tausend Jahre lang, und diese Jahre sind ohne Frage in demselben Sinn zu verstehen, beziehen sich also auf diese unsere Zeit seiner ersten Ankunft.« »Könnte nicht schon jetzt die Kirche sein Reich und das Himmelreich heißen? Das aber ist der Fall.«[45] Die nun geltende kirchliche Ordnung soll auf diejenige verweisen, die in Zukunft im neuen Jerusalem wirksam werden wird. Die »heilige Mutter Kirche« hat sich als »Braut Christi« interpretiert, durch beider Vereinigung gilt, daß »die ganze Kirche sein Leib ist«.[46] Christus und die katholischen Seinen existieren nach dem Ideal des Augustinus in einer keuschen Einheit mit der mütterlich bergenden Kirche, die das Böse ausschließen soll, um seine Vernichtung voranzutreiben.

Augustinus, der durch seine theologischen Schriften den Anspruch der katholischen Kirche auf Heiligkeit entscheidend gefestigt hat, schildert in seinen *Bekenntnissen* seinen Weg zum Christentum, beziehungsweise zur katholischen Kirche. Es ist auffällig, wie eng seine Bekehrung zur Mutter Kirche mit dem Wunsch nach der Einheit mit seiner Mutter verknüpft ist. Nachdem sich Augustinus seiner Schrift zufolge in jungen Jahren, von Begierden getrieben, der Welt zugewandt hat, gerät er zunehmend unter den Einfluß seiner christlichen Mutter, während sein nichtchristlicher Vater allenfalls als Hindernis auf dem Weg zur Einheit mit Gott und der Mutter erscheint. »Denn ihr Trachten war darauf gerichtet, daß du, Gott, mein Vater seiest, mehr als jener. Du aber standest Ihr darin bei, daß sie ihren Gatten überwand.«[47] In der Einheit mit seiner Mutter sucht Augustinus die Einheit mit einem göttlichen Vater, der die Macht seines leiblichen Vaters über ihn aufhebt. In der Einheit mit seiner Mutter sucht er eine Macht, die die Bindung an die Gesetze dieser Welt aufhebt. Die Anziehungskraft der katholischen Kirche ist bei Augustinus mit der Anziehungskraft seiner christlichen Mutter synchronisiert, deren Ziel es ist, mit ihm geistlich eins zu werden, und auf diesem Weg auch seine Einstellung zur Sexualität und seine Beziehungen zu Frauen ihrem Einfluß zu unterwerfen. »Ich geriet in ›des Meeres Tiefe‹, verlor den Mut und verzweifelte daran, die Wahrheit zu finden. Schon war meine Mutter zu mir gekommen, stark in ihrem frommen Glauben. Über Land und Meer war sie mir gefolgt, deines Schutzes gewiß in allen Gefahren. So konnte sie in

[45] Aurelius Augustinus: Vom Gottesstaat. München 1978, S. 608
[46] ebd., S. 593
[47] Aurelius Augustinus: Bekenntnisse. Zürich 1950

Seenot den Schiffen Trost zusprechen, die doch sonst die unerfahrenen Passagiere in ihrer Aufregung zu trösten pflegen. Denn sie verhieß ihnen glückliche Landung, da du es ihr in einem Gesicht verheißen hattest. Als sie mich traf, schwebte ich wohl noch in schwerer Gefahr, da ich an der Möglichkeit, dich aufzufinden, verzweifelte.«[48] Die gute Mutter, die mit dem guten Gott vereint ist, bewahrt Augustinus davor, von der archaischen mütterlichen Macht – ›des Meeres Tiefe‹ –, die mit dem väterlichen Gesetz der patriarchalischen Welt vereint ist, verschlungen zu werden. Der Weg des Augustinus zur katholischen Kirche ist zugleich ein Weg zur Einheit mit seiner Mutter. Durch diese Verknüpfung nimmt auch die Kirche mütterliche Züge an: »So nimmt sie alle auf ihren leutseligen Schoß und führt durch enge Pforten wenige zu dir, weit mehr jedoch, als wenn sie nicht in solch hervorragendem Ansehen dastände und nicht ganze Scharen mit dem mütterlichen Arm heiliger Demut umfinge.«[49] Nach seiner endgültigen Bekehrung zum Christentum führt Augustinus vor dem Tod seiner Mutter mit dieser ein »mystisches Gespräch«, das ihrer beiden Einheit durch die Überwindung alles sexuellen Begehrens zum Ausdruck bringen soll. »Nachdem wir uns darüber klargeworden, daß fleischliche Sinnenlust, so groß sie auch sein und so hell sie auch im Erdenlicht erstrahlen mag, mit den Wonnen jenes Lebens keinen Vergleich aushalten, ja nicht einmal die Erwähnung wert sein kann, erhoben wir uns mit heißem Verlangen zu ›ihm selbst‹, wir durchwanderten von Stufe zu Stufe die ganze Körperwelt und auch den Himmel, von dem Sonne, Mond und Sterne auf die Erde niederscheinen. Bald in stillen Sinnen, bald Worte wechselnd und seine Werke bewundernd, stiegen wir weiter empor und kamen in das Reich unserer Seelen. Auch dieses durchschritten wir und gelangten endlich zu dem Lande unerschöpflicher Fülle, wo du Israel auf grüner Aue der Wahrheit ewig weidest.«[50] Die Vereinigung mit der Mutter jenseits des sexuellen Begehrens soll zum Paradies führen, indem in der konfliktlosen Einheit des Kindes mit Mutter und Vater jeder Mangel aufgehoben ist.

Nachdem Augustinus den Weg zu Gott über die Einheit mit seiner Mutter gefunden hat, erfaßt ihn ein Ekel vor allem körperlich Sexuellen. Die »reine« Himmelfahrt mit der Mutter zwingt dazu, alles Sexu-

[48] ebd., S. 135
[49] ebd., S. 143
[50] ebd., S. 236 f.

elle, dem das Inzesttabu entgegensteht, auszugrenzen und zu verdammen. »Wehe den Freuden dieser Welt, einmal und zum zweiten Mal wehe!« In Rückschau auf sein früheres, der Welt zugewandtes Leben formuliert er: »Hätte ich doch aufmerksamer deiner Stimme gelauscht, die aus Wolkenhöhen spricht: ›Solche werden leibliche Trübsal haben. Ich verschone euch aber gern‹; ferner: ›Es ist dem Menschen gut, daß er kein Weib berühre‹; ferner: ›Wer ledig ist, der sorgt, was dem Herrn angehört, wie er dem Herrn gefalle. Wer aber freit, der sorgt, was der Welt gehört, wie er dem Weibe gefalle.‹ ›Hätte ich nur diesen Worten aufmerksamer Gehör geschenkt, wie viel glücklicher wäre ich gewesen.‹ ›Ein Verschnittener um des Himmelreichs willen‹, in Erwartung deiner seeligen Umarmung!«[51] Diese Liebesumarmung mit Gott beschreibt Augustinus in Bildern, die der frühen Beziehung zur Mutter zugerechnet werden können. Hinter der Macht des scheinbar patriarchalischen Gottes verbirgt sich die Macht des Mütterlichen. »Und was bin ich, wenn es wohl um mich steht? Ein Kindlein, das deine Milch saugt und als unvergängliche Speise genießt – dich selbst.«[52] Die Liebe zu Gott hebt die orale Sehnsucht nach der nährenden Mutterbrust ebenso wie die nach dem Einssein mit dem schoßhaft Weiblichen in sich auf. »Gott, du meines Herzens Licht, du Brot, von dem meiner Seele Mund sich nährt, du Kraft, die meinen Geist und meines Denkens Schoß fruchtbar macht.«[53] Die Paradiesvorstellungen des Augustinus zeichnen sich, wie seine Interpreten aufgezeigt haben, durch die Aufhebung aller Unterschiede aus. »Auf der Erde besteht keine vollkommene Harmonie unter den Menschen, weil sie verschiedene Meinungen, Bestrebungen, Neigungen und Sitten haben. Verschiedenheit bedroht Frieden und Eintracht und kann stets zu Auseinandersetzungen und Streit führen. Im Himmel wird alle Vielfalt ausgelöscht sein, denn alle Menschen werden ›vollständig und vollkommen‹ vereinigt sein. In der Gegenwart Gottes verschwinden alle Unterschiede.«[54] Im Himmel soll es so wenig Unterschiede geben wie während der Mutter-Kind-Symbiose. Die ewige Glückseligkeit des Paradieses besteht für Augustinus im »Genuß der Anschauung Gottes«: »Dann werden wir Muße haben und schauen, schauen und lie-

[51] ebd., S. 57
[52] ebd., S. 88
[53] ebd., S. 46
[54] Lang, B., McDannell, C.: Der Himmel: Eine Kulturgeschichte des ewigen Lebens. Frankfurt am Main 1990, S. 98 f.

ben, lieben und loben. Das ist es, was dereinst sein wird, an jenem Ende ohne Ende.«[55] Die »seligmachende Gottesschau« ist mit dem Blick verwandt, den der Säugling beim Stillen auf das Gesicht der Mutter richtet, um den Glanz in ihren Augen zu sehen. Das Glück, das die Gottesschau spenden soll, hat seine Vorläufer wie sein heimliches Ziel im frühkindlichen Narzißmus. In der Einheit mit der heiligen Mutter Kirche hofft Augustinus dem Ziel seiner Sehnsucht näherzukommen und die bösen Mächte auszuschalten, die dem entgegenstehen. In seinem Werk *Vom Gottesstaat* (*Decivitate dei*), das die gesamte christliche Theologie und das Geschichtsbild des Mittelalters entscheidend beeinflußt hat, sucht Augustinus seine Seligkeit und die »seiner« katholischen Kirche nicht zuletzt mit Hilfe des Textes der Offenbarung des Johannes. Er hat dabei auch die Grausamkeit dieses Textes ausgiebig theologisch gerechtfertigt. Die ewig dauernden Höllenstrafen finden die Zustimmung des Augustinus. Beim Kampf gegen die Teufel und die »große Hure Babylon« darf und soll der Christ der »guten« Gewalt zustimmen. Augustinus ist der erste, der zur Bekehrung der Ungläubigen auch die Gewalt legitimiert hat. »All' die bluttriefenden Henker, welche im Mittelalter aufs Grausamste gegen die Ketzer gewütet haben, konnten sich auf die angesehene Autorität Augustins berufen – und sie haben es auch getan.«[56]

Augustinus hat als Ordensheiliger des Augustinerordens großen Einfluß auf den jungen Augustinermönch Martin Luther. Luthers evangelischer Glaube ist noch stark von dem des Augustinus beeinflußt. Für Luther wurde die katholische Kirche die »große Hure Babylon«, die mit dem Teufel im Bund ist. Er äußert zu Beginn der Reformation: »Warum greifen wir diese Kardinäle, Päpste und das ganze römische Sodom nicht mit allen Waffen an und waschen unsere Hände in ihrem Blut?«[57]

Im Mittelalter propagiert die Papstkirche Kreuzzüge, die zur Befreiung Jerusalems aus den Händen der Heiden führen sollen. Die mütterliche Stadt, das »heilige Jerusalem«, das von den heidnischen Mächten der Finsternis gefangengehalten wird, soll durch die reinen Krieger Christi befreit werden. Eine Stadt im Morgenland wird auf fatale Art

---

[55] Zitiert nach ebd., S. 91

[56] Nigg, W.: Das Buch der Ketzer, zitiert nach Deschner, K.: Und abermals krähte der Hahn. Stuttgart 1971, S. 477. Zu Augustinus Beziehungen zur Gewalt siehe: Deschner, K.: Kriminalgeschichte des Christentums. Band 1. Reinbek 1986, S. 461 ff.

[57] Zitiert nach Deschner, ebd., S. 480

mit dem psychischen und theologischen Ort gleichgesetzt, an dem der reine Sohn seine reine Mutter freien darf. Diese inzestuöse Logik, die immer wieder Blutopfer fordert, belastet die Stadt bis heute wie ein Fluch. Alle dort aufeinandertreffenden patriarchalischen monotheistischen Religionen, die jüdische, die islamische und die christliche, bringen diese Logik bis heute immer wieder mehr oder weniger deutlich zum Ausdruck. Das Ziel der Kreuzritter ist das heilige Grab, in dem Jesus drei Tage verbracht hat, bevor sein Leib wieder auferstanden ist. Das Grab Jesu kann als Leib der Mutter interpretiert werden: Jesus kehrt nach seinem Tod in den Schoß der Mutter Erde zurück, aus dem er wiedergeboren wird.[58] In antiken Mythen gibt es häufig eine dreitägige Rückkehr in den Mutterleib, bevor es zur Wiedergeburt kommt. Auch Jonas war drei Tage im mütterlichen Leib des Wals, bevor er aus dem Wasser wieder ans Land durfte. Die Kreuzritter waten durch Ströme von Blut der von ihnen erschlagenen islamischen und jüdischen Bewohner Jerusalems, die sie dem »Widersacher« und der »großen Hure Babylon« zurechnen.[59] Ein Augenzeuge berichtet: »Als dann die Stunde kam, in der unser Herr Jesus Christus es zuließ, daß er für uns den Kreuzestod erlitt, schlugen sich hitzig unsere auf dem Turm aufgestellten Ritter [...]. Bald [...] flohen alle Verteidiger von den Mauern durch die Stadt, und die unsrigen folgten ihnen und trieben sie vor sich her, sie tötend und niedersäbelnd, bis zum Tempel Salomons, wo es ein solches Blutbad gab, daß die unsrigen bis zu den Knöcheln im Blut wateten [...]. Niemand hat jemals von einem ähnlichen Blutbad unter dem heidnischen Volk gehört oder es gesehen.«[60] Nach dem Massaker begeben sich die Kreuzfahrer an das Grab Christi, um dort, identifiziert mit dem Lamm, zu weinen wie Kinder, die endlich ihre Mutter wiedergefunden haben. »Dann, glücklich und vor Freude weinend, gingen die Unsrigen hin, um das Grab unseres Erlösers zu verehren.«[61] Die reine inzestuöse Himmelfahrt, die das Erreichen des Grabes Christi verspricht, ist mit einer Bluthochzeit verbunden, die alles zum Verschwinden bringen soll, was ihr im Wege steht. Eine fatale Sehnsucht nach der Besitzergreifung des »wahren Ortes« der heiligen Mutter durch die mit ihrem heiligen Sohn Identifizierten, gebiert die Bilder des bösen Ande-

---

[58] Zur genaueren Analyse des Verhältnisses von Mutter, Tod und Wiedergeburt siehe das nächste Kapitel, S. 177
[59] Siehe hierzu Zöllner, W.: Die Geschichte der Kreuzzüge. Wiesbaden o. J.
[60] Zitiert nach Deschner, a. a. O., S. 512
[61] ebd.

ren, das mit Gewalt zum Verschwinden gebracht werden soll. Die Mutter Kirche, die vorgibt, die Gewalt überwinden zu wollen, trägt sie in ihrem Schoß.

Jesus und Ödipus

Kreuzigung und Kastration

Für Freud ist der Ödipuskomplex der Kindheit der Kernkomplex, aus dessen Bewältigung die wesentlichen Strukturbildungen der Psyche resultieren. Mit dem Namen des antiken Helden, der Schuld auf sich lädt, weil er seinen Vater erschlägt und seine Mutter heiratet, bezeichnet Freud das, was für ihn das geheime psychische Zentrum der Kultur ausmacht.[1] Die tragische Verstrickung des sexuellen Begehrens des Kindes in den Konflikt der Generationen ist für das menschliche Wesen konstitutiv: Ein erwachsener Mensch kann nur werden, wer das ödipale Drama erfahren hat. Vereinfachend läßt es sich so beschreiben: Wenn während der phallischen Phase die genitale Sexualität eine erste entscheidende Bedeutung erlangt, wird der Vater für den Jungen zum Rivalen. Der Junge, der seinen Vater liebt und wie dieser sein möchte, muß erfahren, daß er durch den Wunsch, die Mutter als sexuelles Objekt zu besitzen, in einen tragischen Rivalitätskonflikt mit dem Vater verstrickt wird. Der geliebte Vater wird somit zum Feind, die Beziehung zu ihm wird ambivalent: der Junge haßt und liebt ihn zugleich. Unter dem Einfluß von Kastrationsängsten, die vom Kind mit der Drohmacht des Vaters verbunden werden, muß es die Mutter als sexuell begehrtes Liebesobjekt aufgeben. Die Liebe zum Vater verleiht ihm die Kraft, auf die Mutter als erotisch begehrtes Objekt zu verzichten und sich, bei normalem Ausgang des Konflikts, mit dem Vater zu identifizieren. Die Aufrichtung einer verinnerlichten väterlichen Autorität als Gewissensinstanz in der Psyche des Jungen, die Aufrichtung des Über-Ichs, verschafft dem Inzesttabu Geltung und läßt die kindliche Sexualität untergehen. Freud faßt den normalen Ablauf des Ödipuskomplexes beim Jungen so zusammen: »Der vereinfachte Fall gestaltet sich für das männliche Kind in folgender Weise: Ganz frühzeitig entwickelt es

---

[1] Freud geht von der Universalität des Ödipuskomplexes aus. Vertreter der Ethnopsychoanalyse haben diese Position kritisiert. Auf jeden Fall kann das, was bei Freud als Ödipuskomplex erscheint, in verschiedenen Kulturen doch sehr unterschiedliche Ausprägungen annehmen. Das Christentum bezieht sich auf europäische Ausprägungen des Ödipuskomplexes.

für die Mutter eine Objektbesetzung, die von der Mutterbrust ihren Ausgang nimmt und das vorbildliche Beispiel einer Objektwahl nach dem Anlehnungstypus zeigt; des Vaters bemächtigt sich der Knabe durch Identifizierung. Die beiden Beziehungen gehen eine Weile nebeneinander her, bis durch die Verstärkung der sexuellen Wünsche nach der Mutter und die Wahrnehmung, daß der Vater diesen Wünschen ein Hindernis ist, der Ödipuskomplex entsteht. Die Vateridentifizierung nimmt nun eine feindselige Tönung an. Sie wendet sich zum Wunsch, den Vater zu beseitigen, um ihn bei der Mutter zu ersetzen. Von da an ist das Verhältnis zum Vater ambivalent; es scheint, als ob die in der Identifizierung von Anfang an enthaltene Ambivalenz manifest geworden wäre. Die ambivalente Einstellung zum Vater und die nur zärtliche Objektstrebung nach der Mutter beschreiben für den Knaben den Inhalt des einfachen positiven Ödipuskomplexes. Bei der Zertrümmerung des Ödipuskomplexes muß die Objektbesetzung der Mutter aufgegeben werden. An ihre Stelle kann zweierlei treten: entweder eine Identifizierung mit der Mutter oder eine Verstärkung der Vateridentifizierung. Den letzteren Ausgang pflegen wir als den normaleren anzusehen, er gestattet es, die zärtliche Beziehung zur Mutter in gewissem Maß festzuhalten. Durch den Untergang des Ödipuskomplexes hätte so die Männlichkeit im Charakter des Knaben eine Festigung erfahren.«[2] Die versorgende Mutter, die von der frühesten Kindheit an zum primären Liebesobjekt des Jungen wird, muß mit dem Wegfall des Ödipuskomplexes als begehrtes Objekt aufgegeben werden. Der Sohn muß sich der Autorität des Vaters unterwerfen und ihm nacheifern, um seiner Drohmacht auszuweichen und eine wechselseitige Liebe aufrecht zu erhalten. Diese Unterwerfung geht mit dem Opfer der kindlichen Sexualität einher, zärtliche Regungen müssen von den sinnlichen abgespalten werden. Die letzteren müssen zerstört oder verdrängt werden, nur noch die ersten gelten als zulässig. Liebe soll nur noch als entsexualisierte, zielgehemmte in Erscheinung treten. Erst nach einer Latenzphase dürfen mit Beginn der Adoleszenz offen sexuelle Regungen wieder neu an Macht gewinnen. Aber sie müssen sich dann, bei normaler Entwicklung, ausschließlich Objekte außerhalb der Familie suchen.

Seine Konstruktion des männlichen Ödipuskomplexes hat für Freud paradigmatischen Charakter für eine patriarchalische Kultur, die er mit Kultur schlechthin gleichsetzt. Eine spezifische Vater-Sohn-Beziehung

[2] Freud, S.: Das Ich und das Es. GW XIII, S. 260

macht ihm zufolge Kultur erst möglich, sie steht psychologisch betrachtet in deren Zentrum. Auch das Christentum als patriarchalische Religion in einer patriarchalisch organisierten Kultur ist um eine Vater-Sohn-Beziehung zentriert. Aus Liebe und Gehorsam seinem Vater gegenüber opfert Jesus am Kreuz seinen Leib, um die Menschen von der Sünde zu erlösen und fähig zur Nächstenliebe zu machen. Der göttliche Vater opfert seinen Sohn, um die Menschen vom Bösen zu befreien und seinen Bund mit ihnen zu festigen. Wie sind das ödipale Drama und das Drama des christlichen Heilsgeschehens miteinander verwandt? Wie verbirgt sich hinter der biblischen Darstellung des Schicksals von Jesus Christus das kindliche Drama, das Freud mit dem Namen des antiken Helden Ödipus ausgestattet hat?

Der Ödipuskomplex, von dem die Psychoanalyse handelt, ist um das sexuelle Begehren zentriert. Im für das Christentum wesentlichen Neuen Testament scheint dieses Begehren auf den ersten Blick kaum eine Rolle zu spielen, es taucht vor allem als Abzuwehrendes oder zu Zähmendes auf. Das Alte Testament stellt hingegen leidenschaftliche sexuelle Wünsche noch ohne Verurteilung dar. Das Hohelied Salomos preist das Göttliche in einer erotischen Sprache, in der die körperliche Anziehungskraft der Frau und deren Genuß durch den Mann eingeht. (Insbesondere Hoheslied 4)

Im Gegensatz hierzu ist dem Neuen Testament jede Lobpreisung der Erotik fremd. Liebe soll nur als entsinnlichte, sublimierte, als allgemeine Menschenliebe Geltung erhalten: Agape steht gegen Eros. Es regiert die Geringschätzung der körperlichen Lust. Nirgendwo wird die sinnliche Schönheit einer Frau oder die erotische Anziehungskraft zwischen Mann und Frau positiv gewürdigt. Jesus verhält sich Frauen gegenüber wohlwollend, aber er zeigt keinerlei offen erotisches Interesse an ihnen. Seine Mutter ist eine reine Jungfrau, sie erscheint als frei von mütterlich-weiblicher Sexualität. Ihr gegenüber ist Jesus in der Bibel mitunter sogar frei von zärtlichen Liebesregungen. »[...] Weib, was geht's dich an, was ich tue?« (Johannes 2,4), äußert er ihr gegenüber während der Hochzeit zu Kana. Josef, der Vater Jesu, ist kein wirklich männlicher Vater, seine sexuelle Potenz war bei Jesu Zeugung nicht im Spiel. Wo die Eltern wie der Sohn ohne sexuelles Begehren zu sein scheinen, scheint es auch keine ödipalen Konflikte zu geben! Oder sind diese lediglich besonders drastisch verdrängt worden? Wo etwas extrem tabuisiert werden muß, ist es unterschwellig meist besonders wirksam. Drückte Jesu schroffe Abweisung seiner Mutter insgeheim eine starke

Abhängigkeit von ihr aus? Wo die Verdrängung allzu massiv ausfällt, muß sie mißlingen: Das Verdrängte kehrt wieder. Wo und wie geschieht das in der Bibel?

Die Lehren Jesu wollen auf entschiedene Weise Distanz zur Sexualität schaffen. Bevor Jesus in der Bergpredigt die Feindesliebe zum Gebot erhebt, verhängt er drastische Einschränkungen gegenüber dem sexuellen Begehren. Dort heißt es: »Ihr habt gehört, daß gesagt ist: ›Du sollst nicht ehebrechen.‹ Ich aber sage euch: Wer eine Frau ansieht, ihrer zu begehren, der hat schon mit ihr die Ehe gebrochen in seinem Herzen. Wenn dir aber dein rechtes Auge Ärgernis schafft, so reiß es aus und wirf's von dir. Es ist dir besser, daß eins deiner Glieder verderbe und nicht der ganze Leib in die Hölle geworfen werde. Wenn dir deine rechte Hand Ärgernis schafft, so haue sie ab und wirf sie von dir. Es ist dir besser, daß eins deiner Glieder verderbe und nicht der ganze Leib in die Hölle fahre.« (Matthäus 5,27–30) Jede sexuelle Regung, die nicht auf die Ehe bezogen ist, wird extrem strengen Tabus unterworfen. Das Gebot des Moses im Alten Testament bezog sich nur auf das Verbot des Handelns, das zum Ehebruch führt, Jesus will sogar Phantasien untersagen, die seine rigide Ehemoral überschreiten. Bloße Wunschregungen werden mit Taten gleichgesetzt, für die man Verantwortung übernehmen muß. Selbst körperliche Verstümmelungen werden zur Abwehr des Sexuellen propagiert.

Auch bei denen, die Jesus nachfolgen und seine Lehre verbreiten, finden sich verwandte, von der Abwehr des Sexuellen geprägte Einstellungen. Ständig werden in den Lehrbüchern des Neuen Testaments »Unzucht« und »Befleckung des Fleisches« angeprangert. Besonders deutlich wird die Diskriminierung des Sexus bei Paulus. Im ersten Korintherbrief heißt es bei ihm: »[…] Es ist dem Menschen gut, daß er kein Weib berühre. Doch um der Unkeuschheit willen habe ein jeglicher seine eigene Frau, und eine jegliche habe ihren eigenen Mann. Der Mann leiste der Frau die schuldige Pflicht, desgleichen die Frau dem Manne.« (1. Korinther 7,1–3) Nicht nur, daß es in diesem Text Mensch gleich Mann heißt, was die Frauen diskriminiert, vor allem ist wichtig, daß Sexualität hier als etwas an sich Schlechtes dargestellt wird. Weil sie ein Übel ist, dem man nicht entkommen kann, soll sie durch die Ehe gezähmt werden, wo sie aber keineswegs der Lust dienen soll, sondern zur Pflicht der Zeugung wird. Nicht nur die Heterosexualität außerhalb der Ehe, jede Form sexueller Abweichung verfällt einer strengen Verurteilung. »[…] Lasset euch nicht irreführen! Weder die Unzüchtigen noch die Götzendiener noch die Ehebrecher noch die Weichlinge noch die Knabenschänder noch die Diebe noch die Geizigen noch die Trunkenbolde noch die Lästerer noch die Räuber werden Reiche Gottes ererben.« (1. Korinther 6,9–10) Die als Knabenschänder bezeichneten Homosexuellen werden mit den schlimmsten Rechtsbrechern in eine Reihe gestellt: »Wir wissen aber, daß das Gesetz gut ist, wenn es jemand recht braucht und weiß, daß dem Gerechten kein Gesetz gegeben ist, sondern den Ungerechten und Ungehorsamen, den Gottlosen und Sündern, den Unheiligen und Ungeistlichen, den Vatermördern und Muttermördern, den Totschlägern, den Unzüchtigen, den Knabenschändern, den Menschenhändlern, den Lügnern, den Meineidigen und wenn noch etwas anders der gesunden Lehre zuwider ist.« (1. Timotheus 1,8–10) Wer die Kraft hat, unverheiratet der Sexualität ganz zu entsagen, genießt die besondere Sympathie von Paulus. »Über die Jungfrauen habe ich kein Gebot des Herrn; ich sage aber meine Meinung, als der ich die Barmherzigkeit erlangt habe von dem Herrn, sein Getreuer zu sein. So meine ich nun, solches sei gut um der kommenden Not willen – es sei dem Menschen gut, ledig zu sein. Bist du an eine Frau gebunden, so suche nicht, von ihr loszukommen; bist du los von der Frau, so suche keine Frau. Wenn du aber doch freist, so sündigst du nicht, und wenn eine Jungfrau freit, sündigt sie nicht; doch werden sie leibliche Trübsal haben. […] Wer ledig ist, der sorgt um des Herrn Sache, nämlich wie er dem Herrn gefalle; wer aber gefreit hat, der sorgt um die Dinge der Welt, nämlich wie er der Frau gefalle und so ist er geteilten Herzens.« (1. Korinther 7,25–28+32–33) Witwen, die sexuelle Lust suchen, verabscheut Paulus. Für sie gilt: »Welche aber ihren Lüsten lebt, die ist lebendig tot.« (1. Timotheus 5,6) Paulus steht mit seinen Äußerungen keineswegs im Gegensatz zur Position Jesu. Von seinen Jüngern fordert dieser, daß sie die Bindung an ihn nicht nur über die Bindung an ihre Familie, sondern auch über die an ihr »Weib« stellen, mit dem sie das Lager teilen. »So jemand zu mir kommt und hasset nicht seinen Vater, Mutter, Weib[!], Kinder, Brüder, Schwestern, auch dazu sein eigen Leben, der kann nicht mein Jünger sein.« (Lukas 14,26) Aus dieser Einstellung folgt konsequent, daß für Jesus die Sexualität im Jenseits überwunden sein wird, daß ihr dort keine Bedeutung mehr zukommt. »In der Auferstehung werden sie weder freien noch sich freien lassen, sondern sie sind gleich wie die Engel im Himmel.« (Matthäus 22,30) Schon beim Jüngsten Gericht werden, wie die Offenbarung des Johannes verlauten läßt, vor allem die in der Nähe Jesu sein, die sich

nicht durch Sexualität »befleckt« haben. »Diese sind's, die sich mit
Frauen nicht befleckt haben, denn sie sind jungfräulich, und folgen
dem Lamme nach, wo es hingeht. Diese sind erkauft aus den Menschen
zu Erstlingen Gott und dem Lamm, und in ihrem Munde ist kein
Falsch gefunden; sie sind unsträflich.« (Offenbarung 14,4–5)

Wo die Sexualität derart durch Verbote eingekreist oder verdrängt
werden soll, müssen nach den Einsichten der Psychoanalyse massive,
mit Ängsten verbundene, Kastrationskonflikte wirksam sein. Wo die
Sexualität so extrem abgewehrt wird, müssen insgeheim Mächte walten, von denen Kastrationsdrohungen ausgehen, oder die den Willen
repräsentieren, sich ihnen zu unterwerfen. Alle psychischen Hemmungen der männlichen Sexualität haben für Freud etwas mit Kastrationsängsten und ihrer Verarbeitung zu tun, die freilich üblicherweise bei
Erwachsenen durch Verdrängungsprozesse unbewußt geworden sind.
Gibt es in der Bibel Hinweise auf diesen Zusammenhang? Liest man
die Lehrbücher der Apostel, so fällt auf, daß in ihnen ausgiebig das Problem der Beschneidung behandelt wird. Es wird gefragt, ob sich Christen wie Juden weiterhin einer Beschneidung unterziehen lassen sollen,
oder ob dies nach der neuen Lehre unnötig sei. Die Psychoanalyse sagt,
daß die Beschneidung als symbolische Kastration interpretiert werden
kann. »Die Beschneidung wird von den Menschen unbewußterweise
der Kastration gleichgesetzt.«[3] Mit ihrer Hilfe kann väterliche Autorität nachkommende männliche Wesen zur Unterwerfung unter ihre Gesetze zwingen. Die jüdische Sitte der Beschneidung bedeutet symbolisch die Unterwerfung unter die Autorität des Vatergottes. »Die Beschneidung ist der symbolische Ersatz der Kastration, die der Urvater
einst aus der Fülle seiner Machtvollkommenheit über die Söhne verhängt hatte, und wer dies Symbol annahm, zeigte damit, daß er bereit
war, sich dem Willen des Vaters zu unterwerfen, auch wenn er ihm das
schmerzlichste Opfer auferlegte.«[4] Indem jüdische Gläubige mit der
Beschneidung gewissermaßen die Macht Gottes über Leben und Tod
anerkennen, kann Gott ein Bündnis mit ihnen eingehen, das ihren
Schutz garantiert. Zippora, die Frau von Moses, beschneidet im Alten
Testament ihren Sohn, um ihn vor dem Zorn Gottes zu bewahren und
seinem Schutz zu unterstellen. Als »Blutbräutigam« ist er gerettet.
»Und als er unterwegs in der Herberge war, kam ihm der Herr entge-

---

[3] Freud, S.: Eine Kindheitserinnerung des Leonardo da Vinci. GW VIII, S. 165, Fußnote
[4] Freud, S.: Der Mann Moses und die monotheistische Religion, GW XVI, S. 230

gen, und wollte ihn töten. Da nahm Zippora einen Stein und beschnitt ihrem Sohn die Vorhaut, und rührte ihm seine Füße und sprach: Du bist mir ein Blutbräutigam. Da ließ er von ihm ab. Sie sprach aber Blutbräutigam um der Beschneidung willen.« (2. Mose 4,24–26) Den Christen können die Juden wegen deren Beschneidung insgeheim als kastriert erscheinen. Theodor Reik sieht darin eine entscheidende Wurzel des Antisemitismus. »Der Kastrationskomplex ist die tiefste Ursache des Antisemitismus, aber auch der Unheimlichkeit, welche die Juden für eine lange Zeit des Mittelalters und für viele Leute noch heute in unserer Zeit umgibt. Am Juden ist jene dunkle, aus der Kinderzeit stammende Drohung vollzogen worden; er ist so nach einer kindlichen Sexualtheorie zum Weibe geworden.«[5] Wie die Apostel verkünden, sind die Christen nicht mehr auf die Beschneidung angewiesen; dies ist durch Jesus hinfällig geworden. Er repräsentiert durch sein Kreuzesopfer gewissermaßen symbolisch die Beschneidung, und macht sie somit als rituelle Handlung überflüssig. Paulus schreibt an die Kolosser: »In ihm seid ihr auch beschnitten mit einer Beschneidung, die nicht mit Händen gemacht ist, als ihr nämlich euren fleischlichen Leib ablegtet bei der Beschneidung durch Christus.« (Kolosser 2,11) Christus symbolisiert für Paulus die richtige Beschneidung gegenüber der falschen jüdischen Beschneidung. »Gebt acht auf die Hunde, gebt acht auf die bösen Arbeiter, gebt acht auf die falsche Beschneidung! Denn wir sind die rechte Beschneidung, die wir Gott in seinem Geiste dienen und rühmen uns Christi Jesu und verlassen uns nicht auf Fleisch, wiewohl ich meine Zuversicht auch auf Fleisch setzen könnte.« (Philipper 3,2–4) Man kann die christliche Kreuzigung ebenso wie die jüdische Beschneidung als symbolische Kastration interpretieren, die von einem göttlichen Vater auferlegt wird. Indem Jesus aus Gehorsam ebenso wie aus Liebe zu seinem Vater die Kreuzigung auf sich nimmt, überwindet er mit dem Tod seines sinnlichen Leibes das sexuelle Begehren. »Welche aber Christus Jesus angehören, die haben ihr Fleisch gekreuzigt samt den Lüsten und Begierden.« (Galater 5,24) Die Beschneidung ist für die Christen überflüssig geworden, denn vor den Gläubigen gilt: »[…] ich trage die Malzeichen Jesu an meinem Leibe.« (Galater 6,17) Die Male Jesu sind Wunden, die auf seine »Kastration« verweisen.

Die Bibelzitate weisen darauf hin, daß Jesus durch das Opfer seines Leibes sozusagen die Überwindung des Sexuellen als Vollstreckung der

[5] Reik, Th.: Der eigene und der fremde Gott. Frankfurt am Main 1972, S. 202 f.

göttlichen Ordnung symbolisiert. Die Kreuzigung kann als symbolische Kastration interpretiert werden, die den sinnlichen Leib und seine Begierden untergehen läßt und damit der Sexualität ihre Macht raubt. Jesus opfert seinen Leib, um seinem allmächtigen Vater zu gehorchen, dem seine Liebe gilt. Er opfert seinen menschlichen Leib, seine menschlichen Begierden, um mit seinem göttlichen Vater eins zu werden. Diese Konstellation zeigt eine deutliche Verwandtschaft mit dem, was den Ausgang der normalen ödipalen Konfliktkonstellation auszeichnet. Mit dem Ende des Ödipuskomplexes unterwirft sich der Sohn dem Vater, eine Unterwerfung, die dieser mit Hilfe der Kastrationsdrohung durchsetzt. Der Sohn opfert die kindliche Sexualität, um den Geboten des Vaters gerecht zu werden, der die patriarchalische Ordnung ihm gegenüber repräsentiert. Die Liebe zum Vater verleiht ihm die Kraft, auf sein sinnliches kindliches Begehren zu verzichten. Der normale ödipale Konflikt endet mit der Identifikation des Sohnes mit dem Vater, die zugleich den Zugang zu dessen Macht eröffnet. Durch diese Identifikation kann der Sohn, psychologisch betrachtet, eins werden mit dem Vater und so als Erwachsener später an seine Stelle treten. Jesus äußert: »Ich und der Vater sind eins.« (Johannes 10,30) Jeder Sohn, der sich mit seinem Vater identifiziert, kann dies auch von sich sagen. Der Sohn muß seine kindliche Sexualität opfern, damit diese Identifikation mit dem Vater zustande kommen kann. Nur dieses Opfer der kindlichen Begierden erlaubt den Zugang zur väterlichen Welt. Jesus sagt von sich: »[...] niemand kommt zum Vater, denn durch mich.« (Johannes 14,6) Erst die Kreuzigung seines Fleisches, die Zerstörung seiner Sinnlichkeit, erlaubt Jesus, mit seinem Vatergott eins zu werden. Erst die Annahme der »Kastration« erlaubt dem männlichen Kind die Identifikation mit seinem Vater.

Nach der psychoanalytischen Konstruktion Freuds resultiert die Aufrichtung des Über-Ichs aus der Unterwerfung des Sohnes unter die Macht des Vaters. Die Aufrichtung des Über-Ichs bedeutet eine Verinnerlichung der vorher äußeren Autorität als Gewissensinstanz. Die Unterdrückung sexueller Regungen durch das Über-Ich kann deren Sublimierung besorgen helfen. Die manifest sexuellen Regungen des Kindes, die auf Vater, Mutter und Geschwister gerichtet sind, können vom Ich, wenn sie nicht durch Verdrängung der Bearbeitung entzogen sind, unter dem Druck des Über-Ichs entsexualisiert werden. »Das Über-Ich ist ja durch eine Identifizierung mit dem Vatervorbild entstanden. Jede solche Identifizierung hat den Charakter einer Desexualisierung oder selbst Sublimierung.«[6] Ursprünglich offen sexuelle Regungen können durch das Ich, das sich dem Über-Ich fügt, in Regungen verwandelt werden, die nach allgemeiner Menschenliebe streben und sich an die großen gemeinsamen Ziele der Menschheit binden. Die Beziehung zwischen Vater und Sohn, die als Beziehung zwischen Über-Ich und Ich verinnerlicht wird, bringt eine psychische Ordnung mit sich, die festlegt, was als gut und was als böse gelten soll, und stiftet den Willen, dem Guten Geltung zu verschaffen. Die Einheit von Vater und Sohn in der Psyche bringt als drittes ein Bewußtsein mit sich, das weiß, was als richtig und gut gelten soll. Dieser Konstellation entspricht die theologische Konstruktion des dreieinigen Gottes. In diesem zentralen Dogma des christlichen Glaubens bilden Vater, Sohn und Heiliger Geist eine Einheit. Der Sohn, der sich dem Vater unterwirft und zu ihm aufsteigt und an seiner Macht teilhat, erscheint zugleich als Inkarnation der höchsten Sittlichkeit, er repräsentiert die Idee des Guten in reiner Form. Der Heilige Geist, als Einheit von Vater und Sohn im Liebesverbund, weiß das Richtige und Gute gegen das Falsche und Böse durchzusetzen. Freud zufolge führt die unklare Wahrnehmung der eigenen psychischen Strukturen und Prozesse zu »Denkillusionen«[7], die nach außen auf die jenseitige Welt der Religion projiziert werden. Im christlichen Bild des dreieinigen Gottes verschafft sich solche »Psychomythologie«[8] Geltung, in der undurchschaut das verdrängte Ödipale wiederkehrt.

Vaterliebe und Vaterhaß

I

Der ödipale Konflikt, den die Psychoanalyse aufgedeckt hat, ist mit höchst ambivalenten Einstellungen des Sohnes gegenüber der väterlichen Autorität verbunden. Der Sohn liebt den Vater und er identifiziert sich mit ihm. Der Vater wird jedoch als Rivale um die Liebe der Mutter für den Sohn auch zum Objekt der Aggression. Der Vater er-

---

[6] Freud, S.: Das Ich und das Es. GW XIII, S. 284
[7] Freud, S.: Brief an Wilhelm Fließ vom 12. 12. 1897 a. a. O.
[8] ebd.

scheint dem Sohn nicht nur als liebenswert, sondern auch als hassenswert. Er repräsentiert eine versagende Realität, die das Kind zunächst entschieden ablehnt. Der Vater erscheint auch deshalb als bedrohlich, weil das Kind auf ihn die eigene Destruktivität projiziert und deshalb damit rechnet, daß auch er die Mord- und Zerstörungswünsche hat, die es ihm gegenüber hegt. Wo in der Bibel sind entsprechende ambivalente Einstellungen des Sohnes Jesu gegenüber der Autorität des Vatergottes auszumachen? Wo gibt es Konflikte des Sohnes mit dieser Autorität, wo wird sie von ihm nicht nur geliebt, sondern auch gehaßt? Müßte Jesus seinen Vater, der ihm so Schlimmes auferlegt, nicht auch hassen? Warum ist Gott für die Gläubigen ein »lieber Vater«, wo doch die Welt, die er geschaffen hat, so schreckliche Züge trägt? Wo ist der Haß der Gläubigen auf Gott, eine Autorität, die eine solch grauenhafte Welt zuläßt?

In der Bibel unterliegen die aggressiven Anteile in bezug auf elterliche Autorität strengen Tabus. »Du sollst Vater und Mutter ehren« (2. Mose 20,12), heißt es in den Zehn Geboten Gottes, die Moses überbringt und die später von Jesus übernommen werden. Nach dem Alten Testament gilt: »Wer Vater und Mutter flucht, der soll des Todes sterben.« (2. Moses 21,17) Im Neuen Testament darf es zwischen dem göttlichen Vater und seinem Sohn nur Eintracht geben, und für die Gläubigen soll gelten, was Jesus gebietet: »Du sollst lieben Gott, deinen Herrn, von ganzem Herzen, von ganzer Seele und von ganzem Gemüte. Dies ist das vornehmste und größte Gebot.« (Matthäus 22,37–38) Die Aggressivität gegenüber der Autorität ist durch sie abwehrende Tabus und Liebesgebote aber nicht einfach zum Verschwinden zu bringen; sie kehrt als verdrängte wieder oder wird durch Spaltungsprozesse anderswohin verschoben.

II

In der christlichen Religion spielt Schuld eine zentrale Rolle. »Und vergib uns unsere Schuld, wie wir vergeben unsern Schuldigern« (Matthäus 6,12), heißt es im Vaterunser. Jesus opfert sich, um die Schuld von den Menschen zu nehmen. Die in der Nachfolge Christi ihr Kreuz auf sich nehmen, erhoffen sich davon die Erlösung von Schuld und Sünde. Jesus hat eine besondere Vorliebe für Sünder, die ihre Schuld auf sich nehmen. Schuld hat etwas mit der Auflehnung gegen die Gebote des väterlichen Gesetzes zu tun; wer sich als Christ nicht an die vom Vatergott auferlegten Gesetze hält, lädt Schuld auf sich, und ist auf die göttliche Gnade angewiesen, die sie wieder aufhebt. Da die göttlichen Gebote von den Menschen oft kaum einzuhalten sind, zumal sie von Jesus im Neuen Testament nochmals verschärft werden, ist ein ernsthafter christlicher Glaube im überkommenen biblischen Sinn notwendigerweise mit massiven Schuldgefühlen verknüpft. Die Psychoanalyse hat aufgedeckt, daß sich hinter Schuldgefühlen Haß gegen Autorität verbirgt: Die ausgeprägten Schuldgefühle von Christen haben etwas mit dem Haß gegen Gott zu tun. Je massiver Schuldgefühle ausfallen, desto stärkere Aggressivität wird insgeheim gegen die Autorität gerichtet, desto ausgeprägter ist der verdeckte Wunsch, sie zu beseitigen. Schuldgefühle sind, psychoanalytisch betrachtet, mit der Aggressivität des Über-Ichs, der Gewissensinstanz, gegen das Ich verknüpft. Sie treten auf, wenn sich das Ich den Geboten des Über-Ichs bewußt oder unbewußt widersetzen will oder widersetzt. Sie sind mit der Angst verknüpft, die Liebe des Über-Ichs, der verinnerlichten väterlichen Autorität, zu verlieren. Schuldgefühle und Gewissensängste haben mit der Strenge elterlicher Erziehung zu tun, aber sie wachsen keineswegs proportional zu ihr. Es gilt nämlich zugleich die Regel – und das ist für das Verständnis des Christentums besonders wichtig –, daß die Aggression des Gewissens mit der Aggression wächst, die gegen die Autorität gerichtet wird. Das Gewissen ist um so strenger, je mehr die verinnerlichte Vaterautorität gehaßt wird. Die Aggression des Über-Ichs, die als Schuldgefühl erfahren wird, ist eine Aggressivität, die ursprünglich äußeren Objekten galt und dann verinnerlicht wurde. »Die Aggression wird introjiziert, verinnerlicht, eigentlich dorthin zurückgeschickt, woher sie gekommen ist, also gegen das eigene Ich gewendet. Dort wird sie von einem Anteil des Ichs übernommen, das sich als Über-Ich dem übrigen entgegenstellt, und nun als ›Gewissen‹ gegen das Ich dieselbe strenge Aggressionsbereitschaft ausübt, die das Ich gerne an anderen, fremden Individuen befriedigt hätte.«[9] Die Verwandlung von nach außen gerichteter Aggression in nach innen gerichtete hat mit Autoritätskonflikten in der Kindheit zu tun. »Gegen die Autorität, welche das Kind an den ersten, aber auch bedeutsamsten Befriedigungen verhindert, muß sich bei diesem ein erhebliches Maß von Aggressionsneigung entwickelt haben, gleichgültig welcher Art die geforderten Triebentsagungen waren. Notgedrungen muß das Kind auf die Be-

[9] Freud, S.: Das Unbehagen in der Kultur. GW XIV, S. 482

friedigung dieser rachsüchtigen Aggression verzichten. Es hilft sich aus dieser schwierigen ökonomischen Situation auf dem Wege bekannter Mechanismen, indem es diese unangreifbare Autorität durch Identifizierung in sich aufnimmt, die nun das Über-Ich wird und in den Besitz all der Aggression gerät, die man gern als Kind gegen sie ausgeübt hätte. Das Ich des Kindes muß sich mit der traurigen Rolle der so erniedrigten Autorität – des Vaters – begnügen. Es ist eine Umkehrung der Situation, wie so häufig. ›Wenn ich der Vater wäre und du das Kind, ich würde dich schlecht behandeln.‹ Die Beziehung zwischen Über-Ich und Ich ist durch den Wunsch entstellte Wiederkehr realer Beziehungen zwischen dem noch ungeteilten Ich und einem äußeren Objekt. Auch das ist typisch. Der wesentliche Unterschied aber ist, daß die ursprüngliche Strenge des Über-Ichs nicht – oder nicht so sehr – die ist, die man von ihm erfahren hat oder die man ihm zumutet, sondern die eigene Aggression gegen ihn vertritt. Wenn das zutrifft, darf man wirklich behaupten, das Gewissen sei im Anfang entstanden durch die Unterdrückung einer Aggression und verstärke sich im weiteren Verlauf durch neue solche Unterdrückungen.«[10] Ein grausames Über-Ich, das permanente Schuldgefühle hervorbringt, ist vor allem ein Produkt des Hasses gegen äußere Autoritäten, der verdrängt wird und damit das Über-Ich auflädt. Die Autoritätskonflikte der Kindheit, die im Unbewußten fortwirken, bilden der Freudschen Religionskritik zufolge den Kern der religiösen Bewußtseinsformen. Die Beziehungen zum Vater der Kindheit reproduzieren sich in den Beziehungen des Gläubigen zu seinem Gott. Das bedeutet, daß die Schuldgefühle der Gläubigen, das Bewußtsein ihrer Sündhaftigkeit, das im Christentum eine zentrale Rolle spielt, unbewußt mit einem Haß auf Gott verbunden ist. »Die unbewußte Feindseligkeit gegen den eigenen Gott gehört zum eigentlichen Wesen der Religion und ist nicht von ihr ablösbar.«[11] Der allmächtige, allwissende christliche Gott sieht alles, keine zerstörerische Handlung, kein zerstörerischer Gedanke sind vor ihm zu verbergen, eine Konstellation, die der unabwendbaren Schuld ihre besondere Bedeutung verleiht. »Denn es ist nichts verborgen, was nicht offenbar werde, auch nichts Heimliches, was nicht kund werde und an den Tag komme.« (Lukas 8,17) Die Allwissenheit Gottes erscheint in der Psy-

---

[10] ebd., S. 488 f.
[11] Reik, Th.: Der eigene und der fremde Gott, a. a. O., S. 216

choanalyse als »Allwissenheit des Über-Ichs«.[12] Der Kontrollinstanz Über-Ich bleibt nichts verborgen; im Unbewußten kann der Unterschied zwischen aggressiven Wünschen und ausgeführten aggressiven Handlungen außer Kraft gesetzt sein. Wo aber eine bloß phantasierte Gewalttat dieselbe Verurteilung hervorruft wie eine auch ausgeführte, wächst dem Über-Ich eine besondere Grausamkeit zu.

Im Christentum wird die Transformation des Hasses auf Gott in Schuldgefühle, die Selbsthaß bedeuten, durch theologische Konstruktionen abgestützt. Sie können helfen, fatale psychische Prozesse zu rationalisieren. Gott wird als Aggressionsobjekt theologisch entlastet, indem das Böse, das in der Welt ist, den Sünden zugerechnet wird, die die Menschen begangen haben und begehen. Das Böse kommt danach in die Welt, weil die Menschen die Freiheit haben, Gutes und Böses zu tun, und sich für das Böse entscheiden. Nicht göttliche Allmacht, sondern falscher Umgang mit menschlicher Freiheit gebiert so das Schlimme. Seit Augustinus, dem theologischen Stammvater, nicht nur des Katholizismus, sondern auch Luthers, hat diese Konstruktion besondere Bedeutung erlangt. Sie verhindert, daß Gott als grausame Gestalt angesehen werden muß und allenfalls dadurch entschuldigt werden kann, daß es ihn nicht gibt. Diese Konstruktion hat auch geholfen, das Bewußtsein menschlicher Freiheit zu entwickeln. Wenn aber die Freiheit von Menschen durch innere und äußere Zwänge massiv eingeschränkt ist, bleibt kaum Spielraum für freie Entscheidungen. Damit wird eine Konstruktion, die menschliche Freiheit auch da postuliert, wo sie nicht vorhanden ist, zur Falle: Sie belastet die Gläubigen mit Schuld für das Böse, das sie aufgrund ihrer Ohnmacht gar nicht verantworten können. Sie zwingt so dazu, »aus Freiheit« Haß in Selbsthaß zu verwandeln. Das Christentum hat das Bewußtsein menschlicher Freiheit entscheidend gefördert, aber dies kann den Menschen nur dann zugute kommen, wenn sie soziale Räume vorfinden oder selbst schaffen können, die es ihnen erlauben, dieses Bewußtsein auch zu realisieren. Wo Freiheit postuliert wird, obwohl ihr die soziale Basis fehlt, bleibt nur die »Freiheit«, den Haß auf bedrückende Schicksalsmächte gegen sich selbst zu richten.

Freud vermutet, daß da, wo ein so großes Opfer wie das von Jesus am Kreuz erbracht werden muß, auch ein großes Verbrechen begangen worden ist, das solche Sühne verlangt. »Die Religionen wenigstens ha-

---

[12] Freud, S.: Das Unbehagen in der Kultur. GW XIV, S. 497

ben die Rolle des Schuldgefühls in der Kultur nie verkannt. Sie treten ja [...] auch mit dem Anspruch auf, die Menschheit von diesem Schuldgefühl, das sie Sünde heißen, zu erlösen. Aus der Art, wie im Christentum diese Erlösung gewonnen wird, durch den Opfertod eines Einzelnen, der damit eine allen gemeinsame Schuld auf sich nimmt, haben wir ja einen Schluß darauf gezogen, welches der erste Anlaß zur Erwerbung dieser Urschuld, mit der auch die Kultur begann, gewesen sein mag.«[13] Diese Urschuld kommt Freud zufolge dadurch zustande, daß das Blut eines »Urvaters« geflossen ist, der von einer Brüderhorde umgebracht wurde.[14] »Im christlichen Mythus ist die Erbsünde des Menschen unzweifelhaft eine Versündigung gegen Gottvater. Wenn nun Christus die Menschen von dem Drucke der Erbsünde erlöst, indem er sein eigenes Leben opfert, so zwingt er uns zu dem Schlusse, daß diese Sünde eine Mordtat war. Nach dem im menschlichen Fühlen tief verwurzelten Gesetz der Talion kann ein Mord nur durch die Opferung eines anderen Lebens gesühnt werden; die Selbstaufopferung weist auf eine Blutschuld zurück. Und wenn dies Opfer des eigenen Lebens die Versöhnung mit Gottvater herbeiführt, so kann das zu sühnende Verbrechen kein anderes als der Mord am Vater gewesen sein.«[15] Freud produziert zur Erklärung des Christentums eine merkwürdige psychoanalytische Mythologie, die die menschliche Kultur mit einem Vatermord beginnen läßt, den das Sohnesopfer Jesu sühnen soll. Es gibt keinen wissenschaftlichen Beweis dafür, daß ein solches Verbrechen am Anfang der Geschichte stattfand, auch wenn im Laufe der Geschichte immer wieder Väter von ihren Söhnen umgebracht wurden. Es gab einen derartigen Urmord in der Realität wohl kaum, aber in der Phantasie findet er sicherlich sehr häufig statt, auch wenn das unter dem Druck des Über-Ichs nicht bewußt wurde und wird. In das Über-Ich ist das Tötungstabu eingelagert, das verbietet, den Vater zu beseitigen. Der Mordversuch gegen den Vater ist sozusagen die unbewußte Kehrseite des Über-Ichs. Die Gläubigen müßten einen Gott, der ihnen so viel Grausames in dieser Welt auferlegt, doch eigentlich von seinem Thron stürzen wollen, sie müßten doch eigentlich das Bedürfnis haben, ihm den Gehorsam aufzukündigen und die Gewalttaten zurückzuzahlen, die sein Regiment ihnen zumutet. Die menschlichen Herren der

[13] ebd., S. 495
[14] Siehe hierzu Freud, S.: Totem und Tabu. GW IX
[15] ebd., S. 185

Welt, die in christlichen Zeiten als von Gott eingesetzt galten, ziehen bei denen, die sich ihnen unterwerfen müssen, sicherlich viel offenen und versteckten Haß auf sich, der insgeheim auch ihrem himmlischen Herrn gilt. Die Beziehung des Ich zum Über-Ich, die in der Religion als Beziehung des Menschen zu Gott erscheint, und die Beziehung der Menschen zu weltlichen Autoritäten sind immer miteinander verschränkt.[16]

Im Christentum wird der jüdische Vatergott des Alten Testaments von Jesus, dem Sohn, im Neuen Testament entmachtet. Christus, der Sohn, der seinem Vater scheinbar völlig ergeben ist, verdrängt ihn insgeheim aus dem Zentrum der Religion. In dieser Entmachtung ist ein verdeckter aggressiver Angriff auf die Vaterautorität enthalten. »Aber nun fordert auch das psychologische Verhängnis der Ambivalenz seine Rechte. Mit der gleichen Tat, welche dem Vater die größtmöglichste Sühne bietet, erreicht auch der Sohn das Ziel seiner Wünsche gegen den Vater. Er wird selbst zum Gott neben, eigentlich an Stelle des Vaters. Die Sohnesreligion löst die Vaterreligion ab.«[17] Der leidende Sohn, der sich scheinbar gehorsam dem vom Vater auferlegten Schicksal überläßt, rebelliert insgeheim gegen die Vaterautorität. Erich Fromm hat das rebellische Moment der Christusfigur vor allem beim frühen Christentum ausgemacht. »Die unbewußte Feindseligkeit gegen den göttlichen Vater setzte sich in der Christusphantasie durch, indem sie [die Menschen] einen Menschen an Gottes Seite setzten und zum Mitregenten

---

[16] Bei Erich Fromm heißt es: »Das Verhältnis Über-Ich: Autorität ist dialektisch. Das Über-Ich ist eine Verinnerlichung der Autorität, die Autorität wird durch Projizierung der Über-Ich-Eigenschaften auf sie verklärt und in dieser verklärten Gestalt wiederum verinnerlicht. Autorität und Über-Ich sind voneinander überhaupt nicht zu trennen. Das Über-Ich ist die verinnerlichte äußere Gewalt, die äußere Gewalt wird so wirksam, weil sie Über-Ich-Qualitäten erhält. Das Über-Ich ist also keineswegs eine Instanz, die in der Kindheit einmal gebildet wurde und von da an im Menschen wirksam ist, wie auch immer die Gesellschaft aussieht, in welcher er lebt; das Über-Ich würde vielmehr in den meisten Fällen mehr oder weniger verschwinden oder seinen Charakter und seine Inhalte völlig ändern, wenn nicht die in der Gesellschaft maßgebenden Autoritäten immer wieder den in der Kindheit begonnenen Prozeß der Über-Ich-Bildung fortsetzten oder – richtiger gesagt – erneuerten. Daß diese Autoritäten mit den moralischen Qualitäten des Über-Ichs begleitet werden, heißt auch nicht, daß das Vorhandensein des einmal gebildeten Über-Ichs und seine Projektion auf die Autoritäten ausreichend wäre, diese Autoritäten auch dann wirkungsvoll zu machen, wenn sie nicht die Träger der physischen Gewalt wären. Ebenso wie das Kind die vom Vater ausgehende Gewalt durch die Über-Ich-Bildung verinnerlicht, so beruht die Aufrechterhaltung und Erneuerung des Über-Ichs beim Erwachsenen immer wieder auf der Verinnerlichung faktischer äußerer Gewalt; denn wenn auch das Über-Ich die Angst vor äußerer Gefahr zu einer inneren Angst macht, so ist der dynamisch entscheidende Faktor zu seiner Bildung und Aufrechterhaltung eben doch die äußere Gewalt und die Angst vor ihr.«
Fromm, Erich: Autorität und Familie. Sozialpsychologischer Teil, Paris 1936, S. 85

[17] Freud, S.: Totem und Tabu. GW IX, S. 186

Gott-Vaters machen. Dieser Mensch, der zu Gott wird und mit dem sie als Menschen sich identifizieren können, repräsentiert ihre eigenen Ödipuswünsche, ist Ausdruck ihrer unbewußten Feindseligkeit gegen Gott-Vater, denn wenn er einen Menschen zu Gott werden lassen kann, so ist Gott-Vater seiner väterlichen Vorzugsstellung des Einzigen und Unerreichbaren beraubt. Der Glaube an die Erhebung eines Menschen zu Gott ist also Ausdruck der unbewußt in der Phantasie vollzogenen Beseitigung des göttlichen Vaters.«[18] Jesus repräsentiert für Fromm aber nicht nur den Wunsch, den göttlichen Vater zu beseitigen, er steht auch für die Schuld und die Notwendigkeit der Buße, die eine solche Einstellung hervorbringt. »Endlich aber hat die Phantasie vom gekreuzigten Sohn noch eine dritte Funktion: Indem sich die gläubigen Enthusiasten, beseelt von Haß und Todeswünschen, bewußt gegen die herrschenden jüdischen und römischen Autoritäten, unbewußt gegen Gott-Vater, mit dem Gekreuzigten identifizieren, erleiden sie selbst den Kreuzestod und büßen so für ihre Todeswünsche gegen den Vater. Jesus sühnt durch seinen Kreuzestod die Schuld aller, und die ersten Christen bedurften einer solchen Sühne in besonders hohem Maße, weil ein Urmotiv der menschlichen Seele, die Aggression und die Todeswünsche gegen den Vater, aufgrund ihres Lebensschicksals in ihnen besonders lebendig war.«[19]

Der latente Haß gegen Gott kehrt nicht zuletzt in Gestalt von Haß auf Andersgläubige wieder. Der Haß auf Ungläubige und Ketzer hat keineswegs in erster Linie mit einer besonderen Liebe zum eigenen Gott zu tun, die seine Einmaligkeit schützen will, er dient vielmehr vor allem der projektiven Abwehr der eigenen feindseligen Impulse gegen ihn. Die Fremden haben das Rebellische im eigenen Unbewußten zu repräsentieren, und zugleich kann auf sie der Haß verschoben werden, der ursprünglich der eigenen Autorität galt. »Die psychische Entlastungswirkung durch die Projektion ist leicht erkennbar. Es ist so, als wollten die Gläubigen sagen: Nicht wir hassen unseren Gott, wir lieben und verehren ihn ja, die bösen anderen – Ketzer, Ungläubige und Andersgläubige – hassen ihn, und wir verteidigen und rächen ihn an ihnen. Voltaire hat recht – und in noch tieferem Sinn als er meint –, wenn er die Verfolgung Andersgläubiger als eine Verletzung der eigenen

[18] Fromm, E.: Das Christusdogma. Stuttgart 1984, S. 45
[19] ebd., S. 46

Gottheit bezeichnet.«[20] Ungläubige, die den eigenen Gott verwerfen, ziehen ganz besonderen Haß auf sich, weil sie das offen zum Ausdruck bringen, was man sich selbst ständig verbieten muß. Die anderen, die den eigenen Gott verneinen, dürfen den eigenen geheimen Wunsch zum Ausdruck bringen, ihn beseitigen zu wollen. Zugleich wird an ihnen das bekämpft, was man sich selbst nicht gestatten darf. Wo der Haß, der ursprünglich der eigenen Autorität gilt, auf die verschoben wird, die sie nicht akzeptieren, hat man zugleich eine kirchlich legitimierte Entlastung für die eigenen aggressiven Impulse gefunden. Besonders deutlich wird die projektive Verschiebung des christlichen Gotteshasses beim christlichen Antisemitismus. Im Zentrum des christlichen Antisemitismus steht der Vorwurf, die Juden hätten Jesus getötet. Sie haben also etwas getan, was eigenen geheimen Impulsen entspricht. Daß der Haß, der dem Vatergott gilt, als Haß auf den Sohn erscheint, stellt eine Verschiebung dar, die seine Verschleierung erleichtert. Aber Jesus sagt: »Ich und der Vater sind eins.« (Johannes 10,30) Im dreieinigen christlichen Gott werden Vater und Sohn in eins gesetzt. Die Psychoanalyse hat sichtbar gemacht, daß Aggressivität mit Hilfe des psychischen Mechanismus der Idealisierung verdeckt werden kann. Die forcierte positive Überhöhung einer Figur kann die Funktion haben, die gegen sie gerichteten aggressiven Impulse zu verschleiern. Der Vatergott des Alten Testaments, der grausam und fürsorglich zugleich ist, wird im Christentum in einen Gott der reinen Liebe verwandelt, der in Jesus Gestalt annimmt. Daß er das Ideal der Liebe und Friedfertigkeit auf besonders reine Art verkörpern soll, ist eine Wunschvorstellung, die nicht zuletzt die Funktion hat, zu verschleiern, wieviel aggressive Regungen und Ambivalenzen die christliche Religion und ihre Anhänger in sich tragen. In der christlichen Lehre wird demonstrativ sehr viel Liebe bekundet, das Christentum hat jedoch keineswegs eine Welt der Liebe hervorgebracht. Die ritualisierte Beschwörung der Liebe Gottes, ebenso wie der Liebe zum Nächsten, dient nicht zuletzt der Verhüllung einer Aggressivität, die allen Beziehungen der Christen zu ihrem Gott wie zu ihren Mitchristen ambivalenten Charakter verleiht.

[20] Reik, Th.: Der eigene und der fremde Gott, a. a. O., S. 218

III

Die Bibel verschleiert den Haß auf die väterliche göttliche Schicksalsmacht nicht nur durch Prozesse der Verdrängung, die zu Schuldgefühlen führen, sondern auch durch solche der Spaltung. Die Spaltung sorgt
dafür, daß die Autorität in eine gute und eine böse, in Gott und den
Teufel, aufgetrennt wird. Gott repräsentiert das schützende Gute der
Autorität, der Teufel das bedrohliche Böse. Gott soll oder kann man
lieben, den Teufel soll oder kann man hassen. Die göttliche Autorität,
die man liebt und zugleich haßt, weil sie fürsorgliche und zugleich bedrohliche Züge trägt, wird in zwei Teile aufgespalten, die als von einander isoliert erscheinen. Die verunsichernde Ambivalenz der Beziehung
zur väterlichen Schicksalsmacht wird dadurch entschärft, daß Liebe
und Haß getrennte Objekte finden sollen. Der Haß auf den Bösen wird
zur Voraussetzung der Liebe zum Guten. Die Psychoanalyse hat aufgezeigt, daß nicht nur Gott in der Psyche in der Nachfolge des Vaterbildes der Kindheit steht, sondern auch der Teufel. Nicht nur Gott,
auch der Teufel bedeutet für Freud einen Vaterersatz. Er repräsentiert
die bedrohlichen und abstoßenden Seiten des Vaterbildes ebenso wie
verpönte, verdrängte Seiten des eigenen Trieblebens. »Der böse Dämon
des christlichen Glaubens, der Teufel des Mittelalters, war nach der
christlichen Mythologie selbst ein gefallener Engel und gottgleicher
Natur. Es braucht nicht viel analytischen Scharfsinns, um zu erraten,
daß Gott und Teufel ursprünglich identisch waren, eine einzige Gestalt,
die später in zwei mit entgegengesetzten Eigenschaften zerlegt wurde.
[…] Es ist der uns wohlbekannte Vorgang der Zerlegung einer Vorstellung mit gegensinnigem – ambivalentem – Inhalt in zwei scharf kontra-
stierende Gegensätze. Die Widersprüche in der ursprünglichen Natur
Gottes sind aber eine Spiegelung der Ambivalenz, welche das Verhältnis des Einzelnen zu seinem persönlichen Vater beherrscht. Wenn der
gütige und gerechte Gott ein Vaterersatz ist, so darf man sich nicht darüber wundern, daß auch die feindliche Einstellung, die ihn haßt und
fürchtet und sich über ihn beklagt, in der Schöpfung des Satans zum
Ausdruck gekommen ist. Der Vater wäre also das individuelle Urbild
sowohl Gottes wie des Teufels.«[21] Der böse Dämon, der als Widerpart
Gottes erscheint, steht ihm insgeheim sehr nahe. Der Teufel, der im
Neuen Testament zum Widersacher Jesu wird, steht im Alten Testa-

---

[21] Freud, S.: Eine Teufelsneurose im 17. Jahrhundert. GW XIII, S. 331 f.

ment vor allem in den Diensten Gottes. »Er ist also wesentlich Strafengel, Vollstrecker des göttlichen Zorns, der aber bei eingetretener Gnade weichen und dieser gegenüber ganz ohnmächtig erscheinen muß. Er ist ein durchaus von Jahve abhängiges, ihm untergebenes Wesen und seine Wirksamkeit durch die göttliche Zulassung bedingt.«[22] Die Idealisierung des Vaters und seines göttlichen Nachfolgers im Neuen Testament kann die aggressiven Regungen der Autorität gegenüber verschleiern helfen, sie kehren als abgespaltene Attribute des Teufels oder als Regungen der Gläubigen diesem gegenüber wieder. Der Gott des Alten Testaments verbindet noch liebevolle und grausame Züge, er ist eine fürsorgliche und zugleich sehr hart strafende Vaterfigur. Der dreieinige Gott des Neuen Testaments soll hingegen, besonders in der Gestalt Jesu, nur noch das Gute repräsentieren. Als Konsequenz dieser Wandlung gewinnt der Teufel als personifiziertes Böses im Christentum eine ganz andere Bedeutung als im Judentum. Er muß grausame Züge zeigen, die im Alten Testament noch Gott kennzeichneten. Der Kampf im Innern des Menschen zwischen Liebe und Haß, zwischen dem moralisch Guten und dem moralisch Bösen wird erst im Neuen Testament mit dem Gegensatz zwischen Gott und dem Teufel verbunden. »Von einem solchen Kampf des moralisch Guten mit dem moralisch Bösen im Innern des Menschen ist im Alten Testament keine Spur und kann keine sein, weil Satan als Träger des Bösen auf dem Boden des Jahvismus keine Realität erlangen kann, weil ein direkter Gegensatz zu Jahve nicht möglich ist, da in diesem allein die berechtigte, geistige Macht beruht.«[23] Erst im Neuen Testament hat die Satansidee das religiöse Bewußtsein wirklich durchdrungen, die inneren Ambivalenzen können jetzt zum antagonistischen Widerspruch zwischen der Macht Gottes und der des Satans in Beziehung gesetzt werden. Luther, für den Gott zur »reinen Liebe« wird und der den Glauben als um Schuld zentriertes Gewissensproblem interpretiert, zeigt einen hochentwickelten Teufelsglauben.[24]

Die teuflische, böse Vaterimago hat eine Beziehung zu mütterlichen Imagines. Für das Mittelalter gilt: »Das parallele Fortschreiten des Mariendienstes mit dem Teufelsglauben ist nicht zu verkennen.«[25] Der schlimme Vater hat eine geheime Beziehung zur reinen, tugendhaften

---

[22] Roskoff, G.: Geschichte des Teufels. Nördlingen 1987, S. 190
[23] ebd., S. 198
[24] Siehe hierzu Roskoff, a. a. O., S. 365 ff.
[25] Roskoff, a. a. O., zweiter Abschnitt, S. 198

Mutter, hinter der sich die sexuell verführerische, böse Frau verbirgt. Luther hat im evangelischen Bereich die Abschaffung des Marienglaubens durchgesetzt, aber er war vom Glauben an die schlimme Verführungsmacht von Hexen besessen, die mit dem Teufel im Bund sind.

IV

Jesus erscheint als seinem Vater im Himmel in Liebe treu ergeben, jede Auflehnung gegen die Autorität Gottes scheint ihm fremd zu sein. Aber er hat in Gestalt von Judas eine Art Doppelgänger, der seinen Herrn verrät, der keinen Gehorsam gegenüber der Autorität leistet. Die erste bildliche Darstellung der Kreuzigung aus dem 5. Jahrhundert zeigt den gekreuzigten Jesus neben einem Judas, der sich an einem Baum erhängt hat.[26] Sind beide miteinander verwandt oder gar aufgespaltene Teile *einer* Figur? Stehen sich die vatertreue Christusfigur, die das absolut Gute repräsentiert, und Judas, der seinen väterlichen Herrn verrät und der für das absolut Böse steht, nicht vielleicht insgeheim sehr nahe? Theodor Reik kommt nach einer eingehenden psychoanalytischen Interpretation der Figur des Judas zu dem Ergebnis: »Nur wenn wir Judas und Christus als zwei uneinige Anteile einer einzigen psychischen Individualität auffassen, verstehen wir, daß Judas nur die Verantwortung für die Neigungen und Tendenzen trägt, die man bei Christus nicht sehen wollte.«[27] Die Spaltung der Vaterfigur in Gott und den Teufel hat ihr Gegenstück in der Spaltung der Sohnesfigur in Jesus und Judas. Judas verkörpert im Christentum das Prinzip des verräterischen Bösen. Ihm gegenüber zeigen die biblischen Texte eine mitleidlose Kälte, ihm wird keinerlei Verständnis entgegengebracht. Judas ist an seinem Ende das einsamste, verlassenste Wesen, welches das ganze Neue Testament kennt. Judas' Verrat an Jesus repräsentiert gewissermaßen den Verrat Jesu am jüdischen Vatergott. Das Christentum läßt sich als Sohnesreligion interpretieren, in deren Rahmen der Sohnesgott den Vatergott weitgehend entmachtet. Judas, der Verräter, repräsentiert die geheimen rebellischen Impulse des Jesus-Ödipus, die darauf abzielen, den Vater zu beseitigen.

Liest man die biblischen Texte, die sich mit Judas beschäftigen, so stößt man auf allerlei Merkwürdigkeiten, die eine psychoanalytische

---

[26] Siehe hierzu Höhler, G.: Die Bäume des Lebens. Stuttgart 1985, S. 115
[27] Reik, Th.: Der eigene und der fremde Gott, a.a.O., S. 101

Interpretation provozieren.[28] Judas stirbt den biblischen Berichten zufolge zwei ganz verschiedene Tode: Er erhängt sich laut Matthäus-Evangelium und stürzt laut Apostelgeschichte zu Tode. Das Geld, das er für seinen Verrat erhält, gibt er Matthäus zufolge den Hohepriestern zurück, nach der Apostelgeschichte kauft er sich einen Acker (vgl. Matthäus 27,3–5 und Apostelgeschichte 1,18). Auffälligerweise erwähnt der Apostel Paulus, der erste Theologe des Christentums, Judas niemals. Im Matthäus-Evangelium verrät Judas den Hohepriestern, wer Jesus ist, obwohl das überflüssig ist, weil Jesus sich niemals versteckt, sondern stets öffentlich predigt. Was genau seinen Verrat ausmacht, bleibt merkwürdig unklar. Während des Abendmahls entlarvt Jesus Judas als Verräter, es wird aber keineswegs mitgeteilt, daß dieser daraufhin aus der Runde der Jünger ausgeschlossen wird und nicht weiter am Abendmahl teilnimmt. Er bleibt also einer der Jünger, er wird als Böser nicht von den Guten getrennt! Bevor Judas im Markus-Evangelium auftritt, verkündet Jesus, Moses zitierend: »Das vornehmste Gebot ist das: Höre, Israel, der Herr, unser Gott, ist allein der Herr, und du sollst deinen Gott, Herrn, lieben von ganzem Herzen, von ganzer Seele, von ganzem Gemüte und von allen deinen Kräften.« (Markus 12,29–30) Es wird also die Notwendigkeit des uneingeschränkten Glaubens an Gottes Autorität proklamiert. Danach verrät Judas den Vertretern des jüdischen Establishments durch einen falschen Liebeskuß, wer Jesus ist, obwohl Jesu öffentliches Auftreten dies ziemlich überflüssig erscheinen läßt. Vor diesem Verrat entlarvt Jesus Judas während des Abendmahls als zu verfluchenden Verräter: »[...] weh aber dem Menschen, durch welchen des Menschen Sohn verraten wird! Es wäre demselben Menschen besser, daß er nie geboren wäre.« (Markus 14,21) Wiederum bleibt unklar, worin die Ungeheuerlichkeit dieses Verrats besteht, die eine solche Verfluchung nach sich zieht, und Judas scheint weiterhin am Mahl teilzunehmen. Im Lukas-Evangelium begeht Judas seinen Verrat, weil er dem Satan verfallen ist. Er ist also, psychoanalytisch interpretiert, mit dem abgespaltenen, bösen Teil des Vaterbildes verbunden, während Jesus mit dem guten eins ist. »Es war aber der Satan gefahren in den Judas, genannt Ischarioth, der da war aus der Zahl der Zwölfe.« (Lukas 22,3) Jesus selbst weist bei Lukas seine Verfolger darauf hin, daß es aufgrund seiner öffentlichen Auftritte im

---

[28] Siehe hierzu Reik, a. a. O., S. 98 ff. oder Deschner, K.: Abermals krähte der Hahn. Stuttgart 1971, S. 120 ff.

Tempel absurd ist, ihn wie einen Verbrecher zu suchen und zu fangen. »Jesus aber sprach zu den Hohenpriestern und Hauptleuten des Tempels und den Ältesten, die zu ihm gekommen waren: Ihr seid wie zu einem Mörder mit Schwertern und mit Stangen ausgegangen. Ich bin täglich bei euch im Tempel gewesen, und ihr habt keine Hand an mich gelegt.« (Lukas 22,52–53) Daß Judas Jesu verrät, ist demnach eine völlig überflüssige Handlung. Im Johannes-Evangelium wird der Verräter Judas eingeführt, nachdem Jesus vorher öffentlich den Unglauben des Volkes an Gott gegeißelt hat. Auch hier ist Judas mit dem Teufel im Bunde: »Und bei dem Abendessen, da schon der Teufel hatte dem Judas, Simons Sohn, dem Ischarioth, ins Herz gegeben, daß er ihn verriete, und Jesus wußte, daß ihm der Vater hatte alles in seine Hände gegeben und daß er von Gott gekommen war und zu Gott ging.« (Johannes 13,2–3) Die Verbindung des Judas mit dem Teuflischen verstärkt sich noch dadurch, daß Jesus selbst ihn als das Teuflische benennt. Auf die Frage der Jünger, wer der Verräter sei, antwortete er. »Der ist's, dem ich den Bissen eintauche und gebe. Und er tauchte den Bissen ein, nahm ihn und gab ihn dem Judas, des Simon Ischarioth Sohn. Und nach dem Bissen fuhr der Satan in ihn. Da sprach Jesus zu ihm: Was du tust, das tue bald!« (Johannes 13,26–27) Judas wird durch Jesus mit dem Bösen infiziert, durch Jesus nochmals zum Verräter, als Verräter gehorcht er Jesus. Judas ist von vornherein von Gott und Jesus zum Verrat ausersehen, er wird von Jesus geradezu zum Verrat gezwungen. Er hat keine andere Wahl, als seinen Herrn zu verraten. Dadurch, daß es sein Schicksal ist, dies tun zu müssen, verliert er jegliche Liebe und erfährt keinerlei Verzeihung. Dem Matthäus-Evangelium zufolge bleibt ihm am Ende keine Wahl, als sich in seiner Verzweiflung über seine Tat das Leben zu nehmen. In der Bibel zeigt Jesus seine Zuneigung reuigen Sündern gegenüber, aber niemand nimmt Judas' Reue an. »Da das sah Judas, der ihn verraten hatte, daß er verdammt war zum Tode, gereute es ihn und brachte wieder die 30 Silberlinge den Hohenpriestern und den Ältesten und sprach: Ich habe übel getan, daß ich unschuldig Blut verraten habe. Sie sprachen: Was geht uns das an? Da siehe du zu! Und er warf die Silberlinge in den Tempel, und hob sich davon, ging hin und erhängte sich selbst.« (Matthäus 27,3–5) Der Böse, der nach Gottes Willen dem Teufel gehorchen muß, erleidet ein ähnlich schreckliches einsames Sterben wie der Gute, der den Kreuzestod erleiden muß, um seinem Gott zu gehorchen. In der Apostelgeschichte nimmt sein Tod besonders gräßliche Züge an. »Dieser hat erworben einen Acker um den Lohn für seine Ungerechtigkeit, und stürzte vornüber und ist mitten entzweigeborsten und all sein Eingeweide ausgeschüttet.« (Apostelgeschichte 1,18)

Das absolut Böse, das Judas zur Last gelegt wird, besteht eigentlich nur darin, daß er Jesus die Treue aufkündigt: Der Jünger verweigert dem Herrn die Gefolgschaft. Daß jemand Jesus sein Vertrauen aufkündigt und sich seinen Gegnern anschließt, ist aber kaum ein besonders teuflisches Verhalten. Jesus tritt mit dem Anspruch auf, das Erbe Davids anzutreten. Das bedeutet nach dem Verständnis vieler Juden, er wolle ein starkes weltliches jüdisches Reich wieder aufrichten. Anstatt dieses Ziel zu erreichen, muß Jesus schlimme Verfolgungen erleiden, die ihn anstatt als König als Opfer enden lassen. Gibt es da nicht Gründe, an ihm zu zweifeln? Hat Judas nicht – wie alle ihm nachfolgenden Christen – das Recht, an Jesu messianischem Anspruch Zweifel zu hegen? Judas wird zum eigentümlich unheimlichen, verräterischen Bösewicht erst dadurch, daß etwas von Jesus auf ihn übergeht, daß er etwas von dem repräsentiert, was an Jesus tabuisiert ist. Judas' Name Iskariotes bedeutet: Mann der Lüge.[29] Es ist wohl auch die Lüge des Reinen, Guten, Treuen, die er verkörpert. Judas erreicht seine dämonische Wirkung als *alter ego* des Erlösers, das einer Spaltung entstammt, die vom Schuldbewußtsein, das mit latentem Haß und Zweifel verknüpft ist, geboren wird. Die Figuren Judas und Jesus scheinen absolut Gegensätzliches zu repräsentieren, und bilden doch insgeheim eine Einheit. Jesus wird zwischen zwei Mördern gekreuzigt und verbündet sich mit einem von ihnen. »Wahrlich, ich sage dir: Heute wirst du mit mir im Paradiese sein.« (Lukas 23,43) Er bekennt seine Verwandtschaft mit denen, die die Gesetze ihrer Herren verletzen. Die Kreuzigung war im Römischen Reich vor allem für »Hochverräter« vorgesehen, für jene, die die höchste Autorität dieser Welt, die kaiserliche, stürzen wollten. Die psychologische Ambivalenz der Gläubigen gegenüber ihrem Gott wird durch die Spaltung zwischen Judas und Jesus neutralisiert. Judas repräsentiert den Frevler, den Gottesverräter, den Gottesmörder, soweit sich das Ich der Gläubigen nicht zu diesen Tendenzen bekennt, um sich vor Schuldgefühlen und der Gefahr der kirchlichen und weltlichen Ausgrenzung und Vernichtung zu schützen. Auf die Figur des Judas wurde projiziert »wofür die Verantwortung so schwer zu tragen war«.[30]

[29] Siehe hierzu Deschner, a. a. O., S. 121
[30] Reik, a. a. O., S. 115

Judas und Jesus sind aber nicht wirkliche Personen einer realen Geschichte, sondern Personifikationen von inneren Konflikten, Triebregungen und Wünschen von Menschen im christlichen Europa.

Kreuzigung und Urszene

I

»Welche aber Christus angehören, die haben ihr Fleisch gekreuzigt samt den Lüsten und Begierden.« (Galater 5,24) Für sie gilt: »[...] ich trage die Malzeichen Jesu an meinem Leibe.« (Galater 6,17) Das Schicksal Jesu ist um die Kreuzigung zentriert. Er opfert seinen Leib, um die Menschen von ihrer Schuld zu erlösen, die aus ihren leiblichen Begierden resultiert, welche den Geboten Gottes zuwiderlaufen. »So gibt es nun keine Verdammnis für die, die in Christus Jesus sind. Denn das Gesetz des Geistes, der da lebendig macht in Christus Jesus, hat mich frei gemacht von dem Gesetz der Sünde und des Todes. Denn was dem Gesetz unmöglich war, weil es durch das Fleisch geschwächt war, das tat Gott: Er sandte seinen Sohn in der Gestalt des sündlichen Fleisches und um der Sünde willen und verdammte die Sünde im Fleisch, auf daß die Gerechtigkeit, vom Gesetz gefordert, in uns erfüllt würde, die wir nun nicht nach dem Fleische wandeln, sondern nach dem Geist. Denn die da fleischlich sind, die sind fleischlich gesinnt; die aber geistlich gesinnt sind, die sind geistlich gesinnt. Aber fleischlich gesinnt sein ist der Tod, und geistlich gesinnt sein ist Leben und Friede. Denn fleischlich gesinnt sein ist Feindschaft wider Gott, weil das Fleisch dem Gesetz Gottes nicht untertan ist.« (Römer 8,1–7) Wenn Jesus mit Ödipus verwandt ist, muß die Kreuzigung wesentliche Elemente dessen zum Ausdruck bringen, was der verdrängte Ödipuskomplex zum Inhalt hat.

Jesus opfert seinen sinnlichen Leib am Kreuz aus Gehorsam und Liebe gegenüber seinem himmlischen Vater. Durch sein Opfer kann er an Gottes Macht teilhaben: Er opfert seinen menschlichen Teil, um zu Gott, seinem Herrn aufzusteigen, der das Gesetz verkörpert. Diesem Opfer kann später die Wiederauferstehung des Fleisches folgen. Das christliche Heilsgeschehen ist an den Tod und die Wiederauferstehung des Leibes gebunden, die der Mensch in der Nachfolge Jesu suchen kann. Das ödipale Drama zeigt eine verwandte Logik. Der ödipale Konflikt endet mit der schmerzlichen Unterwerfung des Sohnes unter das Gesetz, das der Vater repräsentiert. Er unterwirft sich dem Zwang, den ihm der Vater auferlegt. Es ist ein Vater, welchen er zugleich fürchtet und liebt, und mit dem er sich durch Identifikationsprozesse, die zur Aufrichtung des Über-Ichs führen, in eins setzen kann, wenn er sich seinem Willen fügt. Das schmerzliche ödipale Schicksal verlangt die Opferung der kindlichen Sexualität, die den lebendigen kindlichen Leib repräsentiert. Die Sexualität und die mit ihr verbundene Erfahrung der Leiblichkeit müssen untergehen, bis sie nach der Latenzzeit, mit der Pubertät, in anderer Gestalt wieder auferstehen kann. Der »Tod« des kindlichen »Fleisches« wird wieder aufgehoben, wenn der Sohn mit den körperlichen Veränderungen der Pubertät, die seine Sexualität wieder auferstehen lassen, den Übergang zur Erwachsenheit erreicht, der damit enden kann, daß er dem Vater durch Identifikation mit ihm als sexuelles Wesen gleichgestellt wird. Liebe, Gehorsam, Opfer, Tod und Auferstehung des Leibes sind im biblischen Geschehen ebenso miteinander verbunden wie im konflikthaften Drama der Kindheit und Jugend, das »Tod« und »Auferstehung« des leiblichen Begehrens zum Inhalt hat. Die um die Bearbeitung des Opfers zentrierte christliche Religion bringt zum Ausdruck, daß die Subjektwerdung des Menschen an schmerzliche Opfer gebunden ist.

Da uns bisher niemand die Erfahrung des Sterbens mitteilen konnte, bleiben Tod und Sterben für die Psyche notwendig schwer faßbar. Der Tod bleibt eine Art Leerstelle, ein schwarzes Loch, auf das vielerlei Ängste und Wünsche aus anderen Erfahrungszusammenhängen, vielerlei Bewußtes und Unbewußtes, projiziert werden kann. Eine unbewußte Wurzel der Todesangst ist nach Freud die Kastrationsangst. Im Unbewußten tritt an die Stelle des Todes die Kastration. »Im Unbewußten ist aber nichts vorhanden, was unserem Begriff der Lebensvernichtung Inhalt geben kann. Die Kastration wird sozusagen vorstellbar durch die tägliche Erfahrung der Trennung vom Darminhalt und durch den bei der Entwöhnung erlebten Verlust der mütterlichen Brust; etwas dem Tod Ähnliches ist aber nie erlebt worden und hat wie die Ohnmacht keine nachweisbare Spur hinterlassen. Ich halte darum an der Vermutung fest, daß die Todesangst als Analagon der Kastrationsangst aufzufassen ist.«[31] Für Freud kann »die Todesangst wie die Ge-

[31] Freud, S.: Hemmung, Symptom und Angst. GW XIV, S. 160

wissensangst als Verarbeitung der Kastrationsangst aufgefaßt werden«.[32] Das Bild des Todes ist demnach unbewußt mit der Bedrohung des sexuellen Leibes verknüpft, seine Zerstörung durch die Kastration kann unbewußt mit ihm gleichgesetzt werden. Der Wunsch nach Überwindung der Todesangst ist, diesem Gedanken zufolge, mit dem Wunsch nach Überwindung der Kastrationsangst verbunden. Ernest Jones hat darauf hingewiesen, daß der christliche Wunsch nach Unsterblichkeit dazu dienen kann, im Unbewußten wirksame Kastrationsängste abzubauen. »Die psychoanalytische Untersuchung der Sehnsucht nach Unsterblichkeit, oder, entgegengesetzt ausgedrückt, die Angst vor dem Verlöschen, hat aber auch gezeigt, daß sie zum großen Teil auch abhängt von der Angst vor dem Verlust oder dem Ungestilltbleiben des Geschlechtsvermögens, wofür ich den Namen Aphanisis vorschlug. Diese Angst äußert sich am häufigsten als unbewußte Angst vor der Kastration. Die Psychoanalyse hat weiter aufgedeckt, daß mit dieser Kastrationsangst im Unbewußten nicht nur Todes-, sondern auch Geburtsvorstellungen verbunden sind, so daß die Wiedergeburt die vollkommenste mögliche Sicherung gegen das gefürchtete Übel symbolisiert. Wir brauchen kaum den Leser daran zu erinnern, daß die Ideen der Wiedergeburt und der Erlösung auch in den höheren Religionen, besonders im Christentum eine besondere Bedeutung haben.«[33] Die Überwindung von Kastrationsängsten kann durch Stärkung des Ichs erreicht werden, die dem sexuellen Begehren angstfreier Geltung verschaffen kann und damit die Auferstehung des Fleisches erleichtert. Die Kastrationsangst kann aber auch, wie während der Kindheit und wie beispielsweise beim Neurotiker, der an sie fixiert bleibt, durch das »Opfer« sexueller Strebungen reduziert werden. Mit der Verdrängung dieser Strebungen, die ihren »Untergang« für das Bewußtsein bewirkt, kann auch die Angst vor den Gefahren, die mit ihnen verknüpft sind, reduziert werden. Da die Sexualität ihren »Tod« in der Kindheit überlebt hat, da also die Kastrationsangst, die mit der Todesangst verwandt ist, nicht endgültig gesiegt hat, kann das Phantasma entstehen, den Tod überleben zu können. Eine verdrängte vergangene Erfahrung wird hier auf die Zukunft projiziert, was dadurch erleichtert wird, daß das Unbewußte keine Zeit kennt. Wo der Untergang des

[32] Freud, S.: Das Ich und das Es. GW XIII, S. 289
[33] Jones, E.: Psychoanalyse der Religion. In: Psychoanalyse und Kultur. Hg. Meng, H., Bern 1965, S. 147

kindlichen sexuellen Leibes überlebt wurde, kann der Glaube entstehen, den Tod überleben zu können. Der Glaube an eine zukünftige Auferstehung des Leibes in einer anderen Welt gedeiht besonders dort, wo die leibliche Auferstehung in dieser Welt aufgrund traumatischer infantiler Fixierungen, die unter dem Druck bedrückender gesellschaftlicher Verhältnisse verfestigt werden können, mißlingen muß. Wo vergesellschaftete soziale Pathologien das Erleben des lebendigen erotischen Leibes nicht zulassen, wird man kollektiv dazu gedrängt, auf die leibliche Auferstehung in einer besseren Welt zu hoffen. Die allzu massive Verdrängung des Sexuellen raubt die Freiheit, zu erkennen, wie sehr diese Wünsche miteinander verwandt sind.

II

Das Drama der kindlichen Sexualität erlangt eine besondere Bedeutung durch die kindliche Phantasie. Das kleine Kind organisiert seine schwierigen und belastenden Erfahrungen mit der Geschlechtlichkeit Freud zufolge mit Hilfe von »Urphantasien«.[34] Diese sind »phylogenetisch mitgebrachte Schemata, die wie philosophische ›Kategorien‹ die Unterbringung der Lebenseindrücke besorgen«.[35] Das Kind verarbeitet frühe Erlebnisse mit Hilfe dieser vorgegebenen Muster. Wo sich diese Erlebnisse ihnen nicht fügen, kommt es zu einer sie diesen Mustern angleichenden Umarbeitung in der Phantasie. »Gerade diese Fälle sind geeignet, uns die selbständige Existenz des Schemas zu erweisen.«[36] Die Urphantasien können nach Freud als Niederschläge der Kulturgeschichte im einzelnen verstanden werden, sie sind ganz allgemein beim Menschen anzutreffen. Was von den Urphantasien real erfahren wurde und was nur den vorgegeben Bildern entspringt, ist schwer zu ermitteln. Freuds Einschätzung ist hier schwankend. Wichtig ist, daß die Urphantasien in jedem Fall eine »psychische Realität« besitzen, die sie in der kindlichen Seele der Wirklichkeit gleichstellt. Die Urphantasien, die als Organisatoren der Psyche wirken, haben Szenen zum Inhalt, die sich auf traumatische Art in die Psyche einschreiben. Die entscheidenden Urphantasien sind »die der Beobachtung des elterlichen Geschlechtsverkehrs, die der Verführung, der Ka-

---

[34] Freud, S.: Aus der Geschichte einer infantilen Neurose. GW XII, S. 242
[35] ebd., S. 155
[36] ebd.

stration [...]«.[37] Die Urphantasien helfen dem Kind, die zentralen Rätsel zu bearbeiten, die die Sexualität ihm stellt. »Betrachtet man nun die Themen der Urphantasien (Urszene, Kastration, Verführung), so ist man von einem gemeinsamen Zug beeindruckt: Alle beziehen sich auf die Ursprünge. Wie die kollektiven Mythen, so nehmen auch sie für sich in Anspruch, eine Beschreibung und eine ›Lösung‹ für das, was für das Kind das Haupträtsel darstellt, bereitzuhaben. Was dem Subjekt als eine Realität erscheint, die nach einer Erklärung verlangt, nach einer ›Theorie‹, dramatisieren sie zum Erscheinungsmoment, zum Ursprung einer Geschichte. In der ›Urszene‹ ist es der Ursprung des Subjekts, der dargestellt wird; in der Verführungsphantasie der Ursprung, das Auftauchen der Sexualität; in den Kastrationsphantasien der Geschlechtsunterschied.«[38]

Eine besondere Bedeutung unter den Urphantasien kommt der »Urszene« zu, die die traumatische kindliche Erfahrung der Konfrontation mit dem elterlichen Geschlechtsverkehr zum Inhalt hat. In seinem Text »Aus der Geschichte einer infantilen Neurose«[39] hat Freud die Urszene bei einem Neurotiker genauer beschrieben. Sie ist vor allem durch folgende Elemente gekennzeichnet. In der Phantasie des Kindes vermischen sich Sexualität und Gewalt, der Geschlechtsverkehr erscheint als gewalttätiger Akt. Der Koitus erscheint dem Kind als aggressive Haltung in einer sadomasochistischen Beziehung.[40] Die offenbar enge Verbindung von Sexualität und Gewalt weckt beim Kind eine sexuelle Erregung, die mit Anhaltspunkten für seine Kastrationsangst verbunden ist und zu dem Wunsch führt, wie die Mutter, die dem Kind als kastriert erscheint, vom Vater kastriert zu werden, um an ihre Stelle treten zu können. Die relative Uniformität und Universalität der Urphantasien resultieren aus ihrer Verbindung mit dem Ödipuskomplex, dessen apriorisch strukturierenden Charakter Freud immer wieder betont hat. »Der Inhalt des kindlichen Sexuallebens besteht in der autoerotischen Betätigung der vorherrschenden Sexualkomponenten, in Spuren von Objektliebe und in der Bildung jenes Komplexes, den man den Kernkomplex der Neurosen nennen könnte [...]. Aus der Uniformität die-

---

[37] Freud, S.: Mitteilungen eines der psychoanalytischen Theorie widersprechenden Falles von Paranoia. GW X, S. 242
[38] Laplanche, J. und Pontalis, J. B.: Das Vokabular der Psychoanalyse. Frankfurt a. M. 1973, S. 575
[39] Freud, S.: GW Band XII
[40] Freud stellt die Urszene eines Zwangsneurotikers dar. Er stellt sich die Frage, ob sie bei einer anderen psychischen Verfaßtheit nicht eine andere Gestalt annimmt.

ses Inhalts und aus der Konstanz der späteren modifizierenden Einwirkungen erklärt es sich leicht, daß im allgemeinen stets die nämlichen Phantasien über die Kindheit gebildet werden, gleichgültig wie viel oder wie wenig Beiträge das wirkliche Erleben dazu gestellt hat. Es entspricht durchaus dem infantilen Kernkomplex, daß der Vater zur Rolle des sexuellen Gegners und des Störers der autoerotischen Sexualbetätigung gelangt, und die Wirklichkeit hat daran zumeist einen guten Anteil.«[41] Das Interesse und das Verständnis, das das Kind dem elterlichen Koitus entgegenbringt, hat freilich nicht nur mit ödipalen, sondern auch mit präödipalen Erfahrungen des Kindes mit Mutter und Vater und den mit ihnen verbundenen Wünschen zu tun. In die sexuellen Urphantasien gehen auch präödipale Eindrücke ein, zugleich können die Urphantasien umgekehrt auch präödipalen Eindrücken nachträglich eine Bedeutung verleihen.

Die Macht der Urphantasien macht sich auch in den biblischen Texten geltend, wo freilich ihr sexueller Gehalt, der der Verdrängung verfallen ist, verhüllt bleibt. Die Urphantasie der Verführung, die das Auftauchen der Sexualität und dessen traumatische Konsequenzen zum Inhalt hat, wird in der Geschichte vom Sündenfall thematisiert. Die Urszene der Psychoanalyse kehrt in der »Urszene« des Christentums, der Kreuzigung Jesu, wieder. Nach Freud bildet die Urszene eine Art Fels, auf dem die Persönlichkeit ruht. Sie kann auch den Kern einer neurotischen Fehlentwicklung ausmachen. An die Urszene wird die kindliche Psyche zu ihrer Formierung »genagelt«, an sie wird sie auf traumatische Weise fixiert. Die Kreuzigung Jesu und die ihr folgende Auferstehung haben in ihr ihre geheime Basis. Das Drama des ödipalen Konflikts und die Möglichkeiten der Sexualität werden der Psychoanalyse zufolge mit Hilfe der Urszene in der Psyche verankert. Christsein heißt, sich am Drama der Kreuzigung Jesu abzuarbeiten, die mit dem Glauben an Jesus in der Seele wirkt. Beide Dramen sind miteinander verwandt. Im Zentrum der christlichen Religion steht das Kreuz, an dem Jesus seinen Leib opfern muß, um die Menschen von ihren Sünden zu erlösen. Der Ort, an dem Jesus gemartert wird, ist zugleich der Ort, an dem die göttliche Liebe ihre Macht zeigt. Das Kreuz ist Todesholz und zugleich Pfand des ewigen Lebens. Das Kreuz läßt vielerlei symbolische Verknüpfungen zu, auch solche, die auf seine Beziehung zur sexuellen Vereinigung in der Urszene der Psychoanalyse hinweisen.

---

[41] Freud, S.: Bemerkungen über einen Fall von Zwangsneurose. GW VII, S. 428, Fußnote

Das Kreuz ist in seinen verschiedenen Ausprägungen keineswegs bloß ein christliches Symbol, es spielt in vielen Religionen und mythischen Gebilden eine zentrale Rolle. »In Wahrheit ist das Symbol des Kreuzes viel älter als das Christentum, und zwar waren es vorzugsweise Gottheiten des Naturlebens mit seinem Wechsel von Geburt, Blüte und Untergang, Vertreter der natürlichen Fruchtbarkeit und Schöpferkraft, dem Tod unterworfene und siegreich über ihn triumphierende Licht- und Sonnengötter, mit deren Kultus das Kreuzzeichen sich verbunden findet.[42] Die ewiges Leben und ewige Liebe spendende Kraft des Kreuzes im Christentum läßt sich mit den zwei Geschlechtern und ihrer sexuellen Vereinigung in Beziehung setzen. Das Kreuz Christi hat in der sakralen Sprache des Christentums als Pfahl, Mast, Baum der Erkenntnis oder Stammbaum Beziehungen zum Phallisch-Männlichen und zugleich als Baum des Lebens und Holz, das Früchte trägt, Beziehungen zum Mütterlich-Weiblichen. Freud kommt in einer Kinderanalyse zu dem Schluß, »[…] daß auch für meinen kleinen Patienten der Baum ein Weib bedeutete«.[43] »An das Kreuz geheftet hing Christus einem Apfel gleich am Baum und strömte den Duft der Welterlösung aus«[44], heißt es beim heiligen Ambrosius. In mittelalterlichen Kreuzigungsdarstellungen stehen Sonne und Mond über dem Kreuz. Die Sonne erscheint in vielen Kulturen als Offenbarung eines Göttlichen, das mit dem Männlichen verbunden ist. In Babylonien war Schamasch der Sonnengott, in Griechenland und Rom war es Helios, den noch Hölderlin in seinen Gedichten als Vater bezeichnet. Die Sonne als männliches Prinzip spendet Licht, Klarheit und Leben, aber sie bringt auch zerstörerische Hitze und Trockenheit mit sich.[45] Der Mond hingegen bringt eher Weibliches zum Ausdruck. Die griechische Mondgöttin Silene ist die Gattin des Helios. Der weibliche Fruchtbarkeitszyklus kann mit Veränderungen der Erscheinung des Mondes in Beziehung gesetzt werden. Die Jungfrau Maria, als die Gottesgebärerin, wird in der mittelalterlichen Liturgie mit dem Mond in Verbindung gebracht.

Das universelle Symbol des Kreuzes taucht in vielen Kulturen als Sinnbild für die Einheit von Extremen und der Vermittlung auf.[46] In

---

[42] Drews, A.: Die Christusmythe. Jena 1910, S. 109
[43] Freud, S.: Aus der Geschichte einer infantilen Neurose. GW XII, S. 118
[44] Zitiert nach: Forstner, D.: Die Welt der christlichen Symbole. Innsbruck 1977, S. 156
[45] Im deutschen Sprachraum wird die Sonne abweichend von den sonst üblichen Bewertungen etwa als »liebe Sonne« eher mit dem Weiblichen verknüpft.
[46] Siehe hierzu: Heinz-Mohr, G.: Lexikon der Symbole. Düsseldorf 1971, S. 164

ihm vereinigen, »kreuzen« sich Männliches und Weibliches. Der christliche Kreuzeskult ist mit dem Baumkult verknüpft, der in den Mythen vieler Völker vorkommt. Überall auf der Welt finden sich heilige Bäume. Der Baum dient als Symbol des Lebens und repräsentiert zugleich phallische Potenz und weibliche Fruchtbarkeit; oft wird er als zweigeschlechtlich dargestellt und als Herkunftsort der Kinder ausgegeben. Im Christentum symbolisiert der Baum ganz besonders die Auferstehung. Schon im Buch Hiob heißt es: »Ein Baum hat Hoffnung, wenn er schon abgehauen ist, daß er sich wieder erneuere, und seine Schößlinge hören nicht auf. Ob seine Wurzel in der Erde veraltet und sein Stamm in dem Staub erstirbt, so grünt er doch wieder vom Geruch des Wassers und wächst daher, als wäre er erst gepflanzt.« (Hiob 14, 7–9) Der Baum symbolisiert die immer wiederkehrende Auferstehung und ewige Fruchtbarkeit der Liebe. Er steht, psychoanalytisch gesprochen, für die immer wiederkehrende erektive Potenz des Mannes ebenso wie für die an die Gebärmutter gebundene weibliche Potenz der Frau, die regelmäßig ihre Fruchtbarkeit zeigt.

Die Schriften der katholischen Kirchenväter sind voll von symbolischen Deutungen, die die Bäume des Paradieses, und dabei vor allem den Baum des Lebens, zum Sinnbild des Kreuzes in Beziehung setzen. Beim heiligen Ambrosius heißt es etwa: »Das Kreuz Christi hat uns das Paradies zurückgegeben. Das ist der Baum, den der Herr dem Adam als Lebensbaum inmitten des Paradieses bezeichnete. Darum hat der Herr in Christus das Fleisch mit dem Holze verbunden, auf daß der Hunger der Urzeit aufhöre, die Gnade des Lebens wieder geschenkt werde. O seliger Baum des Herrn, der alle Sünden gekreuzigt, o seliges Fleisch des Herrn, das allen Lebens Nahrung dargeboten hat.«[47] Im Paradiesgarten stehen zwei Bäume: der Baum der Erkenntnis und der Baum des Lebens, beide kreuzen sich in dem heiligen Holz, an dem Jesus gemartert wird und an dem neues Leben durch die göttliche Liebe gezeugt werden soll. Das christliche ägyptische Henkelkreuz stammt von einer altägyptischen Hieroglyphe ab, die auf die Befruchtung der Erde durch den aufgehenden Sonnenball hinweist. »Das ägyptische Henkelkreuz (crux ansata), dem Buchstaben T gleichend, mit einem ovalen Henkel oben, eine graphische Kombination der männlichen und weiblichen Genitalien, galt als Sinnbild des Lebens. Es wurde von Osiris, einem Unsterblichkeit verbürgenden Vege-

[47] Zitiert nach Forstner, D.: Die Welt der christlichen Symbole, a. a. O., S. 152

tationsgott, und anderen Göttern getragen und später (im alles verkennenden Christentum) von den Kopten übernommen, als Zeichen der lebensspendenden Kraft des Kreuzes Christi. Ja noch heute findet sich dies phallische Symbol – seit dem 4. Jahrhundert ein päpstliches, seit dem 6. Jahrhundert ein erzbischöfliches Würdenzeichen – bei den katholischen Prälaten als Pallium über dem Meßgewand, wobei der Halsausschnitt dem Henkel der crux ansata entspricht.«[48] Es besteht also eine Beziehung zwischen dem Kreuz und einer sexuellen Vereinigung zwischen Männlichem und Weiblichem, die neues Leben möglich macht. Wilhelm Reich hat aufgezeigt, daß das Hakenkreuz, das lange vor dem Dritten Reich bei den alten Germanen oder auch in Indien in Erscheinung tritt, einen Geschlechtsverkehr symbolisiert.[49] Auf der Mitra des heiligen Thomas Becket findet sich ein Hakenkreuz aus der indogermanischen Urzeit mit folgender Inschrift: »Heil dir Erde, der Menschen Mutter, sei du wachsend in Gottes Umarmung, Frucht gefüllet den Menschen zum Nutzen.«[50] Hier ist also die Fruchtbarkeit geschlechtlich dargestellt als Geschlechtsakt der Mutter Erde mit dem Vatergott.

In vorchristlichen Religionen, etwa in Ägypten, Griechenland und Rom oder in fernöstlichen Religionen, etwa in Indien, finden sich Phalluskulte oder auch Kulte, die um eine heilige Hochzeit zentriert sind, zur Beförderung von Fruchtbarkeit. Die heilige Hochzeit (Hiros Gamos) war der vielleicht bedeutendste religiöse Kult des Altertums. Dabei suchte man durch die sakrale Paarung zweier Menschen, die das göttliche Weibliche und Männliche verkörpern sollten, Potenz und Fruchtbarkeit in vielerlei Gestalt zu sichern und zu mehren.[51] Es spricht manches dafür, daß die heilige Hochzeit im christlichen Kult des Kreuzes aufgehoben ist. Das christliche Kreuz, an das Jesus gebunden ist, verbindet auf verdeckte Art männliche und weibliche Potenz und zugleich Liebe und Gewalt. An diesem Kreuz muß Jesus zum Ausdruck bringen, daß die göttliche Ordnung für die Menschen Geltung haben soll. Die Psychoanalyse hat sichtbar gemacht, daß der Psyche beim Auftreten des Ödipuskomplexes mit Hilfe der Urszenenphantasie eine symbolische Ordnung aufgezwungen wird, die zugleich Herrschaftsordnung und Ordnung der Geschlechter ist.

---

[48] Deschner, K.: Das Kreuz mit der Kirche, Düsseldorf 1992, S. 31
[49] Siehe hierzu: Reich, W.: Massenpsychologie des Faschismus, o. J., S. 147 ff.
[50] ebd., S. 152
[51] Siehe hierzu Deschner, K.: Das Kreuz mit der Kirche, a. a. O., S. 37

Die psychoanalytische Konstruktion der Urszene macht deutlich, daß in der Phantasie des Kindes sinnliche Liebe und zerstörerische Gewalt miteinander verbunden sind. Während des ersten Gewahrwerdens des Kindes des elterlichen Geschlechtsverkehrs kommt es in der Psyche des Kindes zu einer traumatischen Erschütterung, weil sich hier Sexualität mit Gewalt und Mord zu verknüpfen scheinen. Das Sexuelle bricht als eine Art Katastrophe in die kindliche Psyche ein. Die Kreuzigung im Zentrum der christlichen Religion zeigt eine verwandte Struktur: Durch sie bricht die göttliche Liebe in Gestalt eines Gewaltaktes in die Welt ein. Die Liebe Gottes kommt in Form einer brutalen Hinrichtung unter die Menschen. Es wird auf grausame Art »aufs Kreuz gelegt«, »genagelt«, »mit dem Speer in den Leib gestochen«. Wo sich die Liebe Gottes Geltung verschafft, fließt Blut. Die Gewalt, der die Frau in der Urszenenphantasie ausgesetzt erscheint, setzt sie zum Phantasma der Kastration in Beziehung. Durch dieses Phantasma wird die Geschlechterdifferenz in der Psyche des Kindes eingeführt: Dem Kind erscheint die Frau im Gegensatz zum Mann als kastriertes Wesen. Sie läßt den Jungen seine Kastration als möglich erscheinen und schürt damit die Kastrationsangst. Liebe und Kastration, sexuelle Lust und fließendes Blut, das der Kastration zugerechnet wird, sind in der Phantasie des Kindes miteinander verbunden. Fließendes Blut erlangt auch in den sakralen Texten und Bildern des Christentums besondere Bedeutung. Das Blut Christi erlöst die Menschheit von ihren Sünden. Auch dort, wo die kindliche Sexualität, die die lebendige Leiblichkeit der frühen Jahre repräsentiert, den Geboten des Vaters geopfert wird, kann der Aufruhr gegen ihn beendet werden. Der Sohn, der sich dem Vater unterwirft und dabei auf seine kindliche Sexualität verzichtet, wird so in gewisser Weise kastriert. Die Annahme der »Kastration« besiegelt die Ordnung des Vaters, seine Gebote können nun verinnerlicht werden. Jesus vereinigt sich im Tod mit seinem Vater. Durch die Identifikation mit der »kastrierten Frau« vermag sich der Sohn in einer Art sublimierten homosexuellen Vereinigung seinem Vater hinzugeben, um dadurch mit ihm eins zu werden. Blut muß nicht wirklich, aber zumindest auf symbolische Art fließen, damit das inzestuöse Begehren zum Verschwinden gebracht werden kann. Der Leib Christi am Kreuz zeigt eine offene Wunde, aus der Blut fließt. Die Phantasie der Kastration ist, der Psychoanalyse zufolge, beim Kind mit dem Bild der »kastrierten Frau« verbunden, aus deren Geschlecht Blut fließt. In der Symbolik des Blutes können auf vielfältige Weise Sexualität und Gewalt, Liebe und Tod verschwistert sein. Jesu Blut, das bei seiner Marterung fließt, ist ein Liebesopfer, das die Welt erlösen soll. Blut fließt sowohl auf dem Schlachtfeld als auch bei körperlichen Verletzungen, ist also mit der Vernichtung oder Beschädigung des Körpers verbunden. Aber Blut tropft auch aus der Wunde, wenn Amors Pfeil getroffen hat, und Blut verweist auf die Fähigkeit der Frau, Leben hervorbringen zu können. In der christlichen Mystik erlangt die offene Seitenwunde Jesu eine besondere Bedeutung. Sie wird zur Pforte, durch die der Weg zur Seligkeit führt. Sie nimmt die weibliche Vagina in sich auf, die höchste erotische Lust zu spenden vermag und neues Leben gibt. In den Phantasien der Blutmystik der heiligen Caterina von Siena wird das Blut des Opfers einer Hinrichtung, das Blut Jesu und das »hochzeitliche Blut« zu einer Einheit verdichtet. »Da fühlte ich ein Frohlocken und einen Geruch seines Blutes, und es war nicht ohne den Geruch des meinen, das ich vergießen möchte für den liebsten Bräutigam Jesus. Während das Verlangen in mir wuchs und ich die Furcht fühlte, die ihn bewegte, sagte ich: ›Mut mein lieber Bruder! Bald wird Hochzeit sein. Du wirst hinkommen, getaucht in das Blut des göttlichen Sohnes, mit dem süßen Namen Jesus.‹«[52] Durch ihr Stigmata, die Jesu Wunden gleichen, glaubt sich Caterina mit Jesus in einer wonnevollen Leidensgemeinschaft vermählt.

Der opferbereite Jesus, der seinen Leib am Kreuz hingibt, zeigt Züge, die in unserer Kultur eher dem Weiblichen als dem Männlichen zugerechnet werden. Er weist Einstellungen und Verhaltensweisen auf, die in einer patriarchalischen Kultur tendenziell als weiblich gelten. Er demonstriert häufig Friedfertigkeit statt robuster Aggressivität, Opferbereitschaft statt Kampfeslust, passive Hingabe an ein ihm auferlegtes Schicksal statt tatkräftige Empörung, fürsorgliche Hinwendung zu den Schwachen statt des Dranges, sie zu unterwerfen und auszubeuten. In der erbaulichen Literatur des Christentums erscheint Jesus, »das Lamm«, als sanft, zärtlich und süß. Christliche Altarbilder und Kruzifixe zeigen Jesus nur mit einem Tuch bekleidet am Kreuz hängend. Das Tuch, das seinen Unterleib bedeckt, ist weiß, es hat ebenso wie die Altartücher unter dem Kreuz die Farbe der Keuschheit und der Unschuld. Was würde man sehen, wenn dieses Tuch weggezogen würde, wie würde dieser Unterleib aussehen? Die Irritation, die ein solches Phantasieexperiment hervorrufen kann, vermag auf die geheime Wahr-

---

[52] Katharina von Siena: Gottesvorsehung. München, Zürich 1989, S. 117

heit dieser Gestalt zu verweisen. Der Mann Jesus symbolisiert aber nicht nur eine Männlichkeit, die zum Opfer ihrer Geschlechtlichkeit verurteilt ist, die sie in der männlichen Phantasie dem Weiblichen annähert, er symbolisiert insgeheim auch die Frau, der in einer patriarchalischen Gesellschaft durch männliche Macht allzuleicht die Rolle des Opfers auferlegt wird.

III

Die bedrohliche und zugleich faszinierende Urszenenphantasie drängt das ihr tendenziell hilflos ausgelieferte Kind zur Identifikation mit der Mutter, der in einer masochistischen Position von einem sadistischen Vater Gewalt angetan wird. Unter dem Druck der väterlichen Kastrationsdrohung, die den Verzicht auf die kindliche Sexualität erzwingt, muß sich der Sohn gewissermaßen wie die »kastrierte Frau« unterwerfen. Die Beziehung des Kindes zum Vater ist ambivalent: Einerseits ruft der Vater Zerstörungsängste beim Kind hervor, andererseits richtet sich zugleich eine homosexuell getönte Liebe des Kindes auf ihn. Das sorgt dafür, daß die Unterwerfung unter den Vater sexualisiert werden kann, sie nimmt so masochistische Züge an. Wo es dem Sohn gelingt, sich mit dem Vater der Urszene zu identifizieren, wird die Lust an aktiver Gewaltausübung sexualisiert: Es kommt zu Sadismus, der Erotik mit Gewalt gegen andere verknüpft. Wo die homosexuelle Liebe zum Vater nicht durch Sublimierungsprozesse entsexualisiert werden kann, weil sie »pervers« fixiert ist oder aufgrund ihrer Verdrängung nicht bearbeitet werden kann, geht sie in die Beziehung zwischen Ich und Über-Ich ein, in der sich die Beziehung zwischen Vater und Sohn niederschlägt.

Nach Freud sind bereits bei einer normalen Strenge des Über-Ichs aus der erotischen Bindung an den Vater resultierende sadistische und masochistische Triebregungen wirksam. »Das Schuldgefühl, die Härte des Über-Ichs, ist also dasselbe wie die Strenge des Gewissens, ist die dem Ich zugeteilte Wahrnehmung, daß es in solcher Weise überwacht wird, die Abschätzung der Spannung zwischen seinen Strebungen und den Forderunten des Über-ichs, und die der ganzen Beziehung zugrunde liegende Angst vor dieser kritischen Instanz, das Strafbedürfnis, ist eine Triebäußerung des Ichs, das unter dem Einfluß des sadistischen Über-Ichs masochistisch geworden ist, d. h. ein Stück des in ihm vorhandenen Triebes zur inneren Destruktion zu einer erotischen Bindung an das Über-Ich verwendet.«[53] Je mehr die Sexualität aufgrund asketischer, sexualverneinender Einstellungen, die besonders für das strenge Christentum typisch sind, verdrängt werden muß, desto eher kehrt sie wieder, indem sie die Spannung zwischen Ich und Über-Ich sexualisiert. Ein moralischer Masochismus, der die schmerzliche Unterwerfung unter äußerst strenge moralische Gebote und die mit ihr verbundenen Schuldgefühle sexualisiert, ist die Folge. Seine Leidensbereitschaft, die aus Schuldgefühlen, aus der Selbstmißhandlung und der Selbsterniedrigung geheimen sexuellen Gewinn zu ziehen vermag, hat sich mit der christlichen Moral verknüpft.

Freuds Theorie macht hinter dem Masochismus, der durch homosexuelle Bindung des Sohnes an den Vater aufgeladen wird, einen konstitutionell begründeten dunklen »erogenen Masochismus« aus.[54] Die nachfreudsche psychoanalytische Theorie hat hinter der Beziehung zum Vater die zur Mutter entdeckt.[55] Der Masochismus hat für sie nicht nur etwas mit der Unterwerfung unter den Vater zu tun, sondern auch, wie Theodor Reik aufgezeigt hat, mit Rebellion gegen ihn. »Die unbeschränkte Unterwerfung drückt Rebellion aus, das Nachgeben Starrsinn, die Unterwürfigkeit Trotz und die Selbsterniedrigung Hochmut.«[56] Der Masochist unterwirft sich schmerzlichen Beschränkungen und Strafen mit dem Willen, ihre Wirkungslosigkeit zu demonstrieren und trotzdem das Ziel seiner Wünsche zu erreichen. »Der Masochist braucht einen Zeugen seiner Unlust, seines Schmerzes, seiner Erniedrigung – er zeigt seine Strafe, seine Schuld. Er braucht aber denselben Zeugen, um zu beweisen, wie vergeblich, wie sinnlos, ja wie lustbefördernd die Strafe war, ja wie sie zum Genuß wurde. Er führt die Strafe vor Augen, aber auch ihr Fehlschlagen. Er zeigt seine Unterwürfigkeit, gewiß, er zeigt aber auch seine nicht bezwingbare Unbotmäßigkeit.«[57] Die Bußhandlungen und leidvollen Rituale, die ihm auferlegt werden, führt er dermaßen demonstrativ vor, daß sie sich einer Karikatur annähern und zur Manifestation eines Hochmuts werden, der einen gekränkten Narzißmus kompensieren soll. Das Ziel des Masochisten bleibt trotz aller Leiden die Einheit mit der Mutter unter Ausschaltung des Vaters. Er will die Mutter oder die Frau, die ihr nachfolgt, trotz al-

53 Freud, S.: Das Unbehagen in der Kultur. GW XIV, S. 496
54 Siehe hierzu Freud, S.: Das ökonomische Problem des Masochismus. GW XIII, S. 373
55 Siehe hierzu Reik, Th.: Aus Leiden Freuden. Frankfurt am Main 1983
56 ebd., S. 248
57 ebd., S. 185

ler schmerzlichen Umwege erreichen. »Er hat seine Position nicht aufgegeben, sondern nur gewechselt. Erst in der Endphase wird er trotzig noch den Schmerz, die Bestrafung und Erniedrigung zur Lust erheben, noch im Schmerz seinen Genuß finden. Der Masochismus ist ein Umweg zum ursprünglichen Ziel, ein Umweg, der durch äußere und innere Faktoren notwendig wurde. Der Umweg bedeutet nur eine zeitweilige Ablenkung vom Marsch auf das Ziel zu, nicht einen Marsch nach einem anderen. Das Ziel bleibt das gleiche und es ist nicht wesentlich, daß es nicht immer erreicht werden kann. Es bleibt dabei: Der Charakter des Masochismus bezeugt, daß der Sadismus mächtig ist; er zeigt zugleich, daß er nicht allmächtig ist.«[58] Das Leiden wird akzeptiert, weil man es als Vorstufe für spätere Glückseligkeit auf sich nimmt. Beim manifest sexuellen Masochismus sind das Aushalten von Angst und Schmerzen Voraussetzung für sexuellen Genuß mit der Frau; beim religiösen Masochismus, der sich im Christentum Geltung verschafft, sind sie die Voraussetzung für das Glück in einer jenseitigen Welt, die keine Beschränkungen mehr kennt.

Das Christentum hat masochistische Einstellungen in vielerlei Weise begünstigt.[59] Eine Religion, in deren Zentrum ein am Kreuz Gemarterter steht, mit dem sich die Menschen als Gläubige identifizieren sollen, fördert die Bejahung und Glorifizierung des Leidens. Die Auseinandersetzung mit eigenem Leiden und die Solidarität mit leidenden Menschen ist für individuelle und gesellschaftliche Emanzipationsprozesse unabdingbar, aber, wie bereits Nietzsche aufgedeckt hat, ist das Bedürfnis zu leiden und mitzuleiden, allzu leicht bereit, eine Liebe zum Leiden zu begünstigen, die das Leiden auf lebensfeindliche Art zu fixieren hilft.[60] Man muß das Leiden annehmen können, aber man muß es auch hassen können, wenn man es überwinden will. Das Christentum hat viel dazu beigetragen, selbstquälerisches, sexualisiertes Festhalten am Leiden zu verfestigen. Das Leiden wird bei ihm zum Gnadenmittel. »Selig sind, die da Leid tragen.« (Matthäus 5,4) Wirkliche Glückseligkeit ist für Christen nur in der Nachfolge des am Kreuz leidenden Schmerzensmannes zu erlangen. »Selig seid ihr, so euch die Menschen hassen und euch ausstoßen und schelten euch und verwerfen eure Namen als einen bösen, um des Menschensohnes willen.« (Lukas

[58] ebd., S. 239
[59] Siehe hierzu z. B. Deschner: Das Kreuz mit der Kirche, a. a. O.
[60] Siehe hierzu Nietzsche, F.: Zur Genealogie der Moral. Werke II, a. a. O., S. 863 ff.

6,22) Wer Jesus nachfolgen will, muß wie dieser sein Kreuz auf sich nehmen. Nach Paulus gilt für den Christen: »[...] Wir werden unterdrückt, aber wir kommen nicht um und tragen allezeit das Sterben Jesu an unserm Leibe, auf daß auch das Leben Jesu an unserm Leibe offenbar werde. Denn mitten im Leben werden wir immerdar in den Tod gegeben um Jesu willen, auf daß auch das Leben Jesu offenbar werde an unserm sterblichen Fleische. So ist nun der Tod mächtig in uns, aber das Leben in euch.« (2. Korinther 4,9–12) Die Freude am Leiden vereint mit Christus: »Nun freue ich mich in den Leiden, die ich für euch leide, und erstatte an meinem Fleisch, was noch mangelt an den Trübsalen Christi, seinem Leibe zugut, welcher ist die Gemeinde.« (Kolosser 1,24)

Die christliche Bejahung des Leidens verlangt nicht nur die Identifikation mit dem leidenden Jesus am Kreuz, sondern auch die mit einem Gott, der diese Leiden auferlegt. Dies ist die Bejahung einer Autorität, die grausame Züge trägt. Nur wer bereit ist, sich quälen zu lassen, hat Anspruch auf Gottes Anerkennung. »Wer nicht sein Kreuz auf sich nimmt [...], der ist mein nicht wert.« (Matthäus 10,38) Der Gott der Liebe ist ein Gott, der auch Züchtigungen auferlegt. »Welche ich lieb habe, die strafe und züchtige ich.« (Offenbarung 3, 19)

Der Masochismus, der offene oder geheime Lust aus dem Gequältwerden durch andere Menschen oder durch das eigene grausame Über-Ich zu ziehen erlaubt, ist eng mit dem Sadismus verwandt, der Lustgewinn aus der Zufügung von Schmerzen zuläßt. Im Christentum schlägt der Masochismus immer wieder in Sadismus um. Jesus wird zum Erlöser, indem er unermeßliche Leiden auf sich nimmt, aber er wird am Ende der Zeiten, der Offenbarung des Johannes zufolge, auch zum erbarmungslosen Rächer, der anderen unendliches Leid zufügt. Die Christen, die unter dem Römischen Reich sehr schmerzliche Verfolgungen zu erleiden hatten, wurden später zu raffinierten und grausamen Heidenverfolgern. Jesus, der am Kreuz Geopferte, ist zugleich ein allmächtiger Gott. Er spricht nach seiner Auferstehung: »Mir ist gegeben alle Gewalt im Himmel und auf Erden.« (Matthäus 28,18) Die Jesus nachfolgen, haben Paulus zufolge die Möglichkeit, an dieser Verwandlung teilzuhaben. »Dulden wir, so werden wir mit herrschen.« (2. Timotheus 2,12) Die Selbsterniedrigung und der Selbsthaß sind der Weg zur Selbsterhöhung: »Denn wer sich selbst erhöht, der soll erniedrigt werden; und wer sich selbst erniedrigt, der soll erhöht werden.« (Lukas 14,11) Die Identifikation mit Jesus verspricht masochistischen und sadistischen Gewinn. Denen, die in der Nachfolge Jesu leiden, ist ein privilegierter Zugang zum Heil versprochen, zugleich dürfen sie am Jüngsten Gericht Rache an ihren Peinigern nehmen. »In der Hoffnung oder vielmehr seelischen Gewißheit, die das Opfer fühlt, daß Gott die Leiden, die es trägt, in gleichem, ja in höherem Maß an seinen Peinigern vergelten werde, zeigt sich noch die Wirkung der latenten Haßgefühle, die zuweilen zu wüsten Rachephantasien führen. Ja der Duldende schätzt seine Pein unbewußt um so höher, je größer sie ist, sie wird ihm zum Zeichen der Liebe Gottes und baldiger Erlösung. Wir stoßen hier wieder auf die masochistische Form des Auserwähltheitsglaubens, die gerade durch das Leiden bestätigt wird.«[61]

In der Psyche können Masochismus und Sadismus auf vielfältige Art miteinander verschränkt sein. Das Leiden und das Peinigen anderer sind in der Geschichte des Christentums, die mit Gewalt verknüpft ist, häufig eng verbunden. Ein Christ kann das Leiden des Opfers masochistisch genießen, und er kann als Opfer zugleich die sadistische Lust des Schmerzzufügens durch die Identifikation mit seinen Peinigern genießen. Ein Christ kann sadistische Lust am Quälen von Ungläubigen und Ketzern empfinden, und er kann dabei zugleich masochistische Lust am Schmerz durch die Identifikation mit seinen Opfern erleben. Er kann sich zugleich mit dem Opfer, dem leidenden Christus, und dem grausamen Gott identifizieren, der diesem seine Leiden auferlegt. In der christlichen Erlösungslehre sind beide durch die göttliche Macht der Liebe aufeinander bezogen.

Die katholischen Asketen des Mittelalters versuchten, in der Nachfolge des gekreuzigten Christus, ihre Begierden zu opfern. Sie glaubten, so die höchste Glückseligkeit erlangen zu können. Sie geißelten sich, um wie Christus offene Wunden zu tragen, sie gaben sich demütig, um wie dieser vor seiner Auferstehung Erniedrigungen zu erdulden. Ihre Opferbereitschaft ist kaum, wie sie glauben, Ausdruck von Demut, sondern von geheimem Hochmut: Sie wollen den Platz an seiner Seite einnehmen; sie wollen sein wie er, wie Gott! Der leidvolle asketische Kampf gegen die eigene Geschlechtlichkeit soll ihnen die Einheit mit Gott sichern, der als die »reine« Liebe erscheint. Abaelard, einer der bedeutendsten mittelalterlichen Theologen, hat selbst die grausame Kastration, die ihm auf Betreiben seiner klerikalen Widersacher auf verbrecherische Art zugefügt wurde, als berechtigte Bestrafung durch einen guten Gott akzeptiert. Er schreibt an Heloisa, seine

[61] Reik, Th.: Der eigene und der fremde Gott, a. a. O., S. 228 f.

früher leidenschaftlich begehrte Frau: »Ein Glied allein hatte an uns ge-
sündigt; war es nicht gerecht, daß dieses Glied das Strafgericht traf, daß
es in seinem Leiden gutmachte, was es in seinen Freuden begangen
hatte? Das Messer, das meinen Leib traf, es befreite auch die Seele von
dem Schmutz, in den ich gerade schon versunken war. Keine Fleisches-
lust konnte mich ins Künftige noch befallen, und so war ich für den heiligen Dienst am Altar erst recht befähigt. Gott ließ mich – und darin be-
währte sich seine Milde – nur an dem Teil leiden, dessen Verlust meinem
Seelenheil förderlich war und meine äußere Erscheinung nicht entstellte. Diese Einbuße hinderte die Verwaltung keines Amtes, ja sie
machte mich sogar tauglicher zu jedem ehrbaren Tun, bei dem das Wei-
terbestehen dieser Sinnlichkeit nur als Erschwerung empfunden werden konnte. Gottes Gnade hat mich beraubt, nein, mich erlöst von diesen verächtlichen Organen – sie heißen einfach Schamglieder, weil man
sie mit ihrem eigentlichen Namen nicht nennen kann –; daß Gott mich
von ihnen erlöst hat, das bedeutet doch nur, er hat den Lasterschmutz
beseitigt, um die Sittenreinheit zu retten.«[62] Der Protestantismus hat
nach Max Webers Einsicht die katholische Askese in eine »innerwelt-
liche« verwandelt, die der disziplinierten Arbeit zum Lobe Gottes
dient, die Zeichen der Auserwähltheit hervorbringen soll. Sie hat es erleichtert, daß unzählige Menschen ihre Leiblichkeit dem Moloch des
sich durchsetzenden industriellen Frühkapitalismus geopfert haben.
Im Lateinischen, früher katholische Kirchensprache, setzt sich das
Wort Sacrificium (Opfer) aus sacrum (Heiliges) und facere (machen)
zusammen. Der Dichter Novalis, der in einem pietistischen protestantischen Milieu aufwuchs, bemerkt: »Es ist sonderbar, daß nicht längst
die Assoziation von Wollust, Religion und Grausamkeit die Menschen
aufmerksam auf ihre innige Verwandtschaft und ihre gemeinschaftliche
Tendenz gemacht hat.«[63] Das Christentum, das Liebe predigt, verhindert zugleich deren Freisetzung. Wahrhaftige Freisetzung der Liebe
verlangt, sich masochistischen und sadistischen Bindungen, obwohl
solche nie ganz aufgehoben werden können, so weit als möglich zu entziehen. Sie ist nicht, wie das Christentum glauben machen will, an Verachtung und Überwindung sexuellen Begehrens gebunden, sondern an
seine Herauslösung aus infantilen Bindungen, die es bewußt oder unbewußt sadistisch oder masochistisch fesseln.

[62] Abaelard: Die Leidensgeschichte und der Briefwechsel mit Heloisa. Heidelberg 1979, S. 133
[63] Zitiert nach Grunberger, B., a. a. O., S. 223

IV

Freud hat in seinem Text »Aus der Geschichte einer infantilen Neurose«[64], der wohl wichtigsten der von ihm vorgestellten Analysen, die Urszene des »Wolfsmannes« vorgeführt, die bei diesem mit einer Zwangsneurose mit religiösem Inhalt verknüpft ist. Die Analyse dieser individuellen Zwangsneurose erlaubt Schlüsse auf eine Religion, die Freud als »universelle Zwangsneurose«[65] versteht. Sie gibt aus der analytischen Praxis heraus Hinweise auf die Verwandtschaft von Urszene und Kreuzigung. Für diesen Patienten gilt nach Freud: »Die Urszene ist zur Heilsbedingung umgebildet worden.«[66] Der Patient bearbeitet die mit der Urszene beziehungsweise dem Ödipuskomplex verbundenen sexuellen Probleme mit Hilfe der Identifikation mit Christus. Religiöse Phantasien, die sich mit der christlichen Religion verbinden, werden bei ihm zu »Ersatzbildungen« für unterlassene sexuelle Aktionen, die als verpönt abgewehrt werden mußten.

Beim »Wolfsmann« kommt es unter dem Einfluß der Urszene zu einer Identifikation mit der Mutter, die zu einer homosexuell-masochistisch getönten Beziehung zum Vater drängt. Die Bearbeitung der Urszene durch die Identifikation mit der Mutter konfrontiert ihn mit der Phantasie der Kastration; denn für ihn gilt: »[…] das Weib sei kastriert, habe anstatt des männlichen Gliedes eine Wunde, die dem Geschlechtsverkehr diene, die Kastration sei die Bedingung der Weiblichkeit.«[67] Die damit aufscheinende Möglichkeit des Verlusts des eigenen Gliedes läßt Ängste wirksam werden, die dazu zwingen, die feminine Einstellung zum Mann zu verdrängen, die in der Phantasie mit der Kastration verbunden wird. Der Motor der Verdrängung ist die Angst um das narzißtisch besetzte Genital, die das Ich in einen Konflikt mit der Passivität des homosexuell besetzten Sexualziels geraten läßt. »Die Verdrängung ist also ein Erfolg der Männlichkeit.«[68] Die masochistische homosexuelle Einstellung erfährt durch die Identifikation des Patienten mit Christus eine Gegenbesetzung, die ihre Abwehr erleichtert. »Die Kenntnis der heiligen Geschichte gab ihm nun die Möglichkeit, die vorherrschende masochistische Einstellung zum Vater zu sublimieren.

---

[64] Freud, S.: GW XII, S. 27 ff.
[65] Freud, S.: Zwangshandlungen und Religionsübungen. GW VII, S. 139
[66] Freud, S.: Aus der Geschichte einer infantilen Neurose. GW XII, S. 135
[67] ebd., S. 110
[68] ebd., S. 145

Er wurde Christus, was ihm durch den gleichen Geburtstag besonders erleichtert war. Damit war er etwas Großes geworden und auch – worauf vorläufig noch nicht genug Akzent fiel – ein Mann.«[69] Die religiöse Beziehung zu Christus dient dazu, seine homosexuellen Regungen zu bändigen und ihnen zugleich geheime Ersatzbefriedigungen zu verschaffen. »Der Hauptmotor des religiösen Einflusses war die Identifizierung mit der Christusgestalt, die ihm durch die Zufälligkeit seines Geburtsdatums besonders nahegelegt war. Hier fand die übergroße Liebe zum Vater, welche die Verdrängung notwendig gemacht hatte, endlich einen Ausweg in eine ideale Sublimierung. Als Christus durfte man den Vater, der nun Gott hieß, mit einer Inbrunst lieben, die beim irdischen Vater vergeblich nach Entladung gesucht hatte. Die Wege, auf denen man diese Liebe bezeugen konnte, waren von der Religion aufgezeigt, an ihnen haftete auch nicht das Schuldbewußtsein, das sich von den individuellen Liebesregungen nicht ablösen ließ. Wenn so die tiefste, bereits als unbewußte Homosexualität niedergeschlagene Sexualströmung noch dräniert werden konnte, so fand die oberflächlichere masochistische Strebung eine unvergleichliche Sublimierung ohne viel Verzicht in der Leidensgeschichte Christi, der sich im Auftrage und zu Ehren des göttlichen Vaters hatte mißhandeln und opfern lassen. So tat die Religion ihr Werk bei dem kleinen Entgleisten durch Mischung von Befriedigung, Sublimierung, Ablenkung vom Sinnlichen auf rein geistige Prozesse, und die Eröffnung sozialer Beziehungen, die sie dem Gläubigen bietet.«[70] Der radikale Religionskritiker Freud billigt überraschenderweise in diesem Fall der Religion eine eher positive Rolle bei der Herstellung sozialer Beziehungen zu. »Wenn wir von diesen pathologischen Phänomenen absehen, können wir sagen, die Religion hat in diesem Fall alles das geleistet, wofür sie in der Erziehung des Individuums eingesetzt wird. Sie hat seine Sexualstrebungen gebändigt, indem sie ihnen eine Sublimierung und feste Verankerung bot, seine familiären Beziehungen entwertet und damit einer drohenden Isolierung vorgebeugt, dadurch, daß sie ihm den Anschluß an die große Gemeinschaft der Menschen eröffnete. Das wilde, verängstigte Kind wurde sozial, gesittet und erziehbar.«[71]

Die zum Manne drängende homosexuelle Strömung, welche durch

---

[69] ebd., S. 95
[70] ebd., S. 150
[71] ebd.

die Religion sublimiert werden sollte, ist aber beim »Wolfsmann« nicht frei und bewußtseinsfähig, sondern teilweise durch Verdrängung abgeschoben und damit der Sublimierung entzogen. Sie bleibt so zu weiten Teilen an ihr ursprüngliches sexuelles Ziel gebunden. Der verdrängte Anteil strebt danach, »[…] sich den Weg zum sublimierten Anteil zu bahnen oder ihn zu sich herabzuziehen«.[72] Eine widersprüchliche Konstellation, die schwer zu ertragen ist. Eine Frömmigkeit, die um eine reine Liebe zu Gott zentriert ist und sich mit der peniblen Einhaltung religiöser Rituale verbindet, dient der Abwehr der aus dieser Konstellation resultierenden Konflikte. Erst das Bewußtwerden infantiler homosexueller Bindungen durch die Therapie eröffnete den Weg zu neuen intellektuellen Möglichkeiten und sozialen Interessen. »Erst als in der analytischen Kur die Lösung dieser Fesselung der Homosexualität gelang, konnte sich der Sachverhalt zum Besseren wenden, und es war sehr merkwürdig mitzuerleben, wie – ohne direkte Mahnung des Arztes – jedes befreite Stück der homosexuellen Libido eine Anwendung im Leben und eine Anheftung an die großen gemeinsamen Geschäfte der Menschheit suchte.«[73] Freud zeigt am Beispiel des »Wolfsmannes«, wie eine mißlungene Verarbeitung der Urszene zu einer bestimmten Form von Religiosität führen kann. Es spricht einiges dafür, daß derartige Problematiken in der christlichen Religion auf kollektivierte Art Eingang gefunden haben.

In der zwangsneurotischen Verarbeitung der Urszene, die Freud in seinem Text über den »Wolfsmann« analysiert, tauchen Themen und Bilder auf, die eine Verwandtschaft mit denen aufweisen, die in der Bibel mit der Kreuzigung verbunden sind. In der Bibel soll die Kreuzigung zur Wiederauferstehung führen, zu einem Neugeborenwerden nach dem Tode. Durch die Kreuzigung soll die göttliche Liebe Vater und Sohn eins werden lassen und dadurch das Neue, Andere ermöglichen. Der Patient, den Freud analysiert, möchte in den Mutterleib zurückkehren und dann von neuem geboren werden. »Seine Klage ist eigentlich eine erfüllte Wunschphantasie, sie zeigt ihn wieder in den Mutterleib zurückgekehrt, allerdings die Wunschphantasie der Weltflucht. Sie ist zu übesetzen: Ich bin so unglücklich im Leben, ich muß wieder in den Mutterschoß zurück.«[74] Zugleich enthält der Wunsch

[72] ebd., S. 152
[73] ebd., S. 102
[74] ebd., S. 134

nach der Rückkehr in den Mutterleib den nach inzestuöser Vereinigung mit der Mutter. Der Wunsch nach Rückkehr in den Mutterleib zielt aber auch auf die sexuelle Befriedigung durch den Mann. Identifiziert mit der Mutter will er sich im Mutterleib mit dem väterlichen Phallus vereinigen. »Die Wiedergeburtsphantasie ist also eng mit der Bedingung der sexuellen Befriedigung durch den Mann verknüpft. Die Übersetzung lautet jetzt also: Nur wenn er sich dem Mann substituieren, die Mutter ersetzen darf, um sich vom Vater befriedigen zu lassen und ihm ein Kind zu gebären, dann ist seine Krankheit von ihm gewichen. Die Wiedergeburtsphantasie war also hier nur eine verstümmelte, zensurierte Wiedergabe der homosexuellen Wunschphantasie.«[75] Und: »Das, was durch die Klage, und was durch die Ausnahme dargestellt ist, kann man leicht zu einer Einheit zusammenziehen, die dann ihren ganzen Sinn offenbart. Er wünscht sich in den Mutterleib zurück, nicht um dann einfach wiedergeboren zu werden, sondern um dort beim Koitus vom Vater getroffen zu werden, von ihm die Befriedigung zu bekommen, ihm ein Kind zu gebären.«[76] In der Wiedergeburtsphantasie sind Wünsche enthalten, die sowohl mit der Position des Vaters als auch mit der der Mutter in der Urszene verknüpft sind. »Man wünscht sich in den Leib der Mutter, um sich ihr beim Koitus zu substituieren, ihre Stelle beim Vater einzunehmen. Die Wiedergeburtsphantasie ist wahrscheinlich regelmäßig eine Milderung, sozusagen ein Euphemismus, für die Phantasie des inzestuösen Verkehrs mit der Mutter. [...] Man wünscht sich in die Situation zurück, in der man sich in den Genitalien der Mutter befand, wobei sich der Mann mit seinem Penis identifiziert, durch ihn vertreten läßt. Dann enthüllen sich die beiden Phantasien als Gegenstücke, die je nach der männlichen oder weiblichen Einstellung des Betreffenden dem Wunsch nach dem Sexualverkehr mit dem Vater oder der Mutter Ausdruck geben. Es ist die Möglichkeit nicht abzuweisen, daß in der Klage und Heilbedingung unseres Patienten beide Phantasien, also auch beide Inzestwünsche, vereinigt sind.«[77] Der »Wolfsmann« wünscht, neu geboren zu werden, indem er an einer sexuellen Vereinigung seiner Eltern beteiligt ist, die neues Leben hervorbringt. Im Anschluß an Freud kann man feststellen, daß in jedem Geschlechtsverkehr ein solcher Wunsch aufgehoben ist; der Sexualakt ist

[75] ebd., S. 134 f.
[76] ebd., S. 135
[77] ebd., S. 136

ihm zufolge beim Mann ein Ersatz für die Wiedervereinigung mit der Mutter.[78] Der Mann, der sich mit der Männlichkeit seines Vaters identifiziert, kann durch seinen Phallus gewissermaßen in den Leib der Mutter zurückkehren, der durch den Leib einer Sexualpartnerin ersetzt ist. Er kann dadurch neues Leben zeugen, dies entweder in Gestalt eines Kindes oder in Gestalt des eigenen Selbst, das durch die befreienden Regressionen, die der Liebesakt erlaubt, verjüngt wird; nach einer befriedigenden sexuellen Vereinigung kann man sich wie neugeboren fühlen. Die psychischen Spannungen und Erstarrungen, die das Selbst als tot und entleert erscheinen lassen, können durch den Geschlechtsakt überwunden werden. Durch den Orgasmus, der im Französischen als »kleiner Tod« bezeichnet wird, kann neue Lebendigkeit entstehen. Goethe hat dem Wunsch, durch den »Tod« in einer erotischen Vereinigung neu geboren zu werden, in seinem Gedicht »Selige Sehnsucht« einen künstlerischen Ausdruck verliehen.

Selige Sehnsucht

Sag es niemand, nur den Weisen, / Weil die Menge gleich verhöhnet.
Das Lebendge will ich preisen, / Das nach Flammentod sich sehnet.

In der Liebesnächte Kühlung, / Die dich zeugte, wo du zeugtest,
Überfällt dich fremde Fühlung, / Wenn die stille Kerze leuchtet.

Nicht mehr bleibest du umfangen / In der Finsternis Beschattung,
Und dich reißet neu Verlangen / Auf zu höherer Begattung.

Keine Ferne macht dich schwierig, / Kommst geflogen und gebannt,
Und zuletzt, des Lichts begierig, / Bist du Schmetterling verbrannt.

Und so lang du das nicht hast, / Dieses: Stirb und Werde!
Bist du nur ein trüber Gast / Auf der dunklen Erde.

Der Tod Jesu am Kreuz ist in der Bibel mit einer Art Naturkatastrophe verknüpft. »Und die Erde erbebte, und die Felsen zerrissen, und die Gräber taten sich auf.« (Matthäus 27,52) Die göttliche Liebe kommt, verbunden mit einer Katastrophe, in die Welt. Das Kind muß die Urszene, die sein Liebesbegehren weckt, zugleich als Katastrophe erfah-

---

[78] Siehe hierzu Freud, S.: Neue Folge der Vorlesungen zur Einführung in die Psychoanalyse. Angst und Triebleben, GW XV, S. 94

ren, durch die seine Welt aus den Fugen zu geraten scheint. Die Sexualität, die gewalttätig erscheint, kann in der Phantasie des Kindes zur Vernichtung eines Elternteils oder beider Eltern führen, die die Schicksalsmächte der Kinderwelt repräsentieren. Mit Jesu Tod am Kreuz zerreißt der Vorhang im Tempel, im allerheiligsten Haus Gottes. »Und siehe da, der Vorhang im Tempel zerriß in zwei Stücke von obenan bis untenaus.« (Matthäus 27,51) Bei der Analyse des »Wolfsmanns« spielt das Zerreißen eines Schleiers eine wichtige Rolle. Beide Zerreißungen lassen sich zueinander in Beziehung setzen. Freuds Analyse setzt beim Wolfsmann das Zerreißen eines Schleiers zum Zerreißen des »Geburtsschleiers« in Beziehung. »Wenn der Geburtsschleier zerreißt, so erblickt er die Welt und wird wiedergeboren.«[79] Der Schleier, durch den die Welt verhüllt erscheint, zerreißt beim Wolfsmann, wenn infolge eines Klistiers Stuhlgang erfolgt. »Was soll es aber bedeuten, daß dieser symbolische, einmal real gewesene, Schleier in dem Moment der Stuhlentleerung nach dem Klysma zerreißt, daß seine Krankheit unter dieser Bedingung von ihm weicht? Der Zusammenhang gestattet uns zu antworten: Wenn der Geburtsschleier zerreißt, so erblickt er die Welt und wird wiedergeboren. Der Stuhlgang ist das Kind, als welches er zum zweiten Mal zu einem glücklicheren Leben geboren wird.«[80] Das Zerreißen eines Tuches gehört beim biblischen Jesus wie beim Wolfsmann zu einer Szene, die mit Wiedergeburt, mit Wiederauferstehung des Fleisches verbunden ist. Hinter diesem Wiedergeburtswunsch des »Wolfsmanns« hat Freud eine homosexuelle Wunschphantasie ausgemacht, die auf sexuelle Vereinigung mit dem Vater zielt. Jesus vereinigt sich durch seinen Tod am Kreuz, zu dem das Zerreißen des Schleiers gehört, mit seinem himmlischen Vater. Freud vermutet auch, daß gelten kann: »[...] daß der Schleier das Hymen darstellt, welches beim Verkehr mit dem Manne zerreißt.«[81] Der Schleier bekleidet in der christlichen Symbolwelt die Jungfrauen, er wird im besonderen von der reine Tugendhaftigkeit repräsentierenden Jungfrau Maria getragen. Wo er zerreißt, hat die sexuelle Unschuld ihr Ende gefunden. Man kann im Anschluß daran das Zerreißen des das Allerheiligste verhüllenden Tuches, das mit dem Beben der Natur einhergeht, auch mit dem genitalen Orgasmus in Beziehung setzen. Kreuzigung, Tod und Auferstehung

[79] Aus der Geschichte einer infantilen Neurose, a. a. O., S. 134
[80] ebd., S. 134
[81] ebd., S. 135, Fußnote

sind insgeheim mit Szenen verwandt, zu denen die Menschen von der Macht des Sexus gedrängt werden. Am Ende der Kreuzigung Jesu tritt Finsternis ein. »Und von der sechsten Stunde an ward eine Finsternis über das ganze Land bis zur neunten Stunde.« (Matthäus 27,45) Die Urszene wird nicht nur üblicherweise während der Nacht erfahren, sie ist vor allem mit der Verdrängung verbunden, die sie dem Bewußtsein entzieht und sie in die Dunkelheit des Unbewußten sinken läßt. Der Ödipus des Sophokles muß sich wegen seiner sexuellen Verstrickungen blenden.[82]

V

Die Fixierung von christlichem Erleben an die Urszene, die sexuelles Begehren mit zerstörerischer Gewalt verknüpft, kommt besonders in den Äußerungen christlicher Mystikerinnen und Mystiker des Mittelalters zur Geltung. Durch die Weltabgeschiedenheit jener Nonnen und Mönche wird deren psychische Bindung an die Realität gelockert. Ihr Eingesperrtsein in den sozialen Uterus der Klosterzelle drängt sie zur Regression in Erlebniswelten, die mit infantilen sexuellen Phantasmen aufgeladen sind, die Liebeswünsche und die Lust an Opferung verbinden.[83] Die besondere Intensität mystischer Imaginationen lebt von einer durch Askese auferlegten Rückkehr zu kindlichen Phantasiestrukturen, in denen die Macht der mit den Eltern verknüpften inzestuösen Triebregungen besonders zur Geltung kommen kann. Die sexualisierten Bilder der Mystiker verweisen keineswegs bloß auf eine Beziehung zu etwas Transzendentem jenseits des Sexuellen. Sie sind keineswegs nur die Konsequenz einer Bindung an rituell festgelegte kirchliche Symbole mit pseudosexuellem Charakter. Sie sind vielmehr Ausdruck von Existenzformen, die keine »normale« sexuelle Praxis zulassen, aber das Sexuelle in einer Sphäre dulden, die jenseits der Menschenwelt angesiedelt zu sein scheint, der es sonst angehört. Man toleriert sexuelle Phantasien, wenn sie sich auf etwas jenseits einer möglichen Lebenspraxis beziehen.[84] Das sexuelle Begehren, das die asketische Lebensform abwehrt und zugleich insgeheim in einer pervertier-

---

[82] Man könnte die sechste bis neunte Stunde, während der Dunkelheit herrscht, vielleicht auch auf das sechste bis neunte Lebensjahr beziehen. Während dieser Zeitspanne, der Latenzphase, erfährt die Sexualität durch ihre Verdrängung gewissermaßen eine Verdunkelung.

[83] Diese Phantasmen enthalten freilich nicht nur Vergangenes, sondern auch aktuell abgewehrte hetero- oder homosexuelle Regungen.

[84] Siehe hierzu O. Paz: Sor Juana oder die Fallstricke des Glaubens. Frankfurt am Main 1994

ten Form fördert, darf »unschuldig« in der Sphäre des Glaubens wiederkehren. Die himmlischen Wonnen erscheinen als so weit von den irdischen entfernt, daß ihnen nichts Sündhaftes mehr anhaften kann. Die heilige Teresa von Avila äußert: »Es ekelt mich schon an, diese Freuden hier auch nur als Vergleich zu gebrauchen.«[85] Die sexualisierte Liebessehnsucht erscheint als unschuldig, wenn sie sich auf die Vereinigung mit dem Göttlichen bezieht. Die erotischen Bilder der Mystiker erlangen ihre »Reinheit« dadurch, daß die Mystiker Sexualität auf der menschlichen Ebene verweigern, sie nur in Verbindung mit dem Göttlichen zulassen. Sie tabuisieren den Genuß von Sexualität, um ihn insgeheim im Jenseits einer inzestuös ausgerichteten und an die Urszene gefesselten Kinderwelt zu suchen, die als göttliche Sphäre erscheint.

Die heilige Katharina von Siena sehnt sich leidenschaftlich nach einer »Bluthochzeit« und den »ruhigen Wonnen des Kreuzholzes«.[86] Die heilige Teresa von Avila setzt den Nagel in Jesu Wunde zu einer Vermählung mit ihrem himmlischen Bräutigam in Beziehung. »Er reichte mir seine rechte Hand und sprach: ›Siehe in meiner Hand den Nagel. Er ist das Zeichen, daß ich mich heute mit dir vermähle. Bis jetzt hattest du es noch nicht verdient. Von nun an bin ich nicht nur dein Schöpfer, dein Gott und dein König, zu dessen Ehren du lebst, sondern du bist nun meine wahre, mir angetraute Gemahlin. Meine Ehre ist deine Ehre und deine Ehre ist meine Ehre.‹ Diese Gnade tat eine solche Wirkung in mir, daß ich völlig außer mir und wie von Sinnen war und ihn bat, er möge entweder meine Niedrigkeit erheben oder mir nicht eine solche Gnade erweisen. Denn ich hatte das sichere Gefühl, daß meine natürlichen Kräfte dem nicht gewachsen waren.«[87] Der Nagel in der Wunde und die Hochzeit, zu der die Hochzeitsnacht gehört, lassen sich unschwer zum Geschlechtlichen in Beziehung setzen. Die Gewalt gegen die eigene Sinnlichkeit, die mit Hilfe asketischer Praktiken organisiert wird, und die Wiederkehr dieser abgewehrten Sinnlichkeit laden Phantasmen auf, die wie die Urszenenphantasie Sexualität und Gewalt verknüpfen und darauf zielen, die Schranken des Inzesttabus zu überschreiten, das sich mit den zölibatären Verboten verknüpft. In der Beziehung zu Gott fühlt sich Teresa wie von einem himmlischen Speer durchbohrt. »Ich sah neben mir gegen meine linke Seite zu, einen Engel

---

[85] Zitiert nach Deschner: Das Kreuz mit der Kirche, a. a. O., S. 91
[86] a. a. O., S. 33
[87] Teresa von Avila: Ich bin ein Weib – und obendrein kein gutes. Freiburg i. Br. 1990, S. 76

in leiblicher Gestalt. Er war nicht groß, sondern klein und sehr schön. Sein Angesicht war so entflammt, daß er mir als einer der erhabensten Engel vorkam, die ganz in Flammen zu stehen scheinen. [...] In den Händen sah ich einen langen goldenen Wurfpfeil, und an der Spitze des Eisens schien mir ein wenig Feuer zu sein. Es kam mir vor, als durchbohre er mit dem Pfeil einige Male mein Herz bis aufs Innerste, und wenn er ihn wieder herauszog, war es mir, als zöge er diesen innersten Herzteil mit heraus. Als er mich verließ war ich ganz entzündet von feuriger Liebe zu Gott. Der Schmerz dieser Verwundung war so groß, daß er mir die erwähnten Klageseufzer auspreßte; aber auch die Wonne, die dieser ungemeine Schmerz verursachte, war so überschwenglich, daß ich unmöglich von ihm freizuwerden verlange noch mit etwas geringerem mich begnügen könnte als mit Gott.«[88] Einen solchen höchsten Genuß, gegen den alle irdischen Wonnen als nichtig erscheinen, kann die Erfüllung eines inzestuösen Wunsches versprechen. Freud bemerkt: »Kindliche Gefühlsregungen sind in ganz anderem Ausmaß als die Erwachsener intensiv und unausschöpfbar tief, nur die religiöse Ekstase kann sie wiederbringen. So ist der Rausch der Gottesergebenheit die nächste Reaktion auf die Wiederkehr des großens Vaters.«[89] Die verbotene Sexualität kehrt, durch religiöse Bilder kaum verhüllt, inzestuös gefesselt wieder.

Viele Mystikerinnen und Mystiker fügen sich durch Geißelungen Wunden zu, die die Identifikation mit dem gemarterten Jesus am Kreuz, der Wunden trägt, fördern sollen. Das Ziel solcher Identifikation ist die Vereinigung mit Gott. Nach Meister Eckhart soll die Seele sich Gott hingeben, wie eine liebende Frau einem geliebten Mann. »Wenn nun der Mensch immerfort Jungfrau wäre, so würde keine Frucht von ihm kommen. Soll er fruchtbar werden, so muß es von Not geschehen, daß er ein Weib sei. Weib ist das edelste Wort, das man der Seele zulegen kann, und es ist viel edler als Jungfrau. Daß der Mensch Gott in sich empfängt, das ist gut, und in diesem Empfangen ist er Magd. Daß aber Gott in ihm fruchtbar werde, das ist besser; denn daß das Gegebene fruchtbar werde, das alleine bedeutet Dank für das Gegebene, und in der wiedergebärenden Dankbarkeit ist der Geist ein Weib, wenn er nämlich Jesum Gott zurückgebiert in das väterliche

88 Zitiert nach Deschner: Das Kreuz mit der Kirche, a. a. O., S. 115
89 Freud, S.: Der Mann Moses und die monotheistische Religion, a. a. O., S. 242. Dieser Rausch verknüpft sich freilich auch mit der geheimen Befriedigung verbotener aktueller homo- und heterosexueller Regungen.

Herz.«[90] Für die heilige Teresa von Avila gilt: »Für schwache Weiblein, die wie ich nur geringe Stärke besitzen, scheint es mir allerdings angemessen zu sein, wenn sie der Herr mit Wonnegüssen unterstützt.« [...] »Es ist wie auf Erden zwischen zwei Personen, die einander sehr liebhaben.«[91]

Vatergott und Mutterreligion

I

Nach der biblischen Lehre ist die christliche Religion um eine Vater-Sohn-Beziehung, also eine Zweierbeziehung zentriert, die in die Seele der Gläubigen hineinwirkt. Die psychoanalytische Konstruktion des Ödipuskomplexes geht hingegen von einer konflikthaften Dreierkonstellation zwischen Mutter, Vater und Kind aus, die die Subjektivität entscheidend prägt. Der Sohn rivalisiert beim positiven Ödipuskomplex mit dem Vater um die Liebe der Mutter, oder beim negativen Ödipuskomplex mit der Mutter um die Liebe des Vaters. Um diese Konfliktkonstellation verarbeiten zu können, muß das Kind seine Sexualität opfern und eine Gewissensinstanz in seiner Psyche aufrichten. Wo ist in der christlichen Lehre die Mutter, wo ist das Weibliche, das durch seine Verführungskraft den Konflikt des Sohnes mit dem Vater auflädt? Die patriarchalische Gestalt der christlichen Religion läßt das Weibliche insgesamt in den Hintergrund treten. Aber es verschwindet nie ganz; seine fürsorglichen ebenso wie seine für den Mann verführerischen und bedrohlichen Aspekte werden thematisiert. Aber nicht zuletzt als Verdrängtes, das in verhüllter Gestalt wiederkehrt, zeigt es seine große Macht. Die konflikthafte Triangulierung mit ihren sexuellen Komponenten geht insgeheim auch in das religiöse Begehren ein, das ihm entronnen zu sein scheint.

Die katholische Religion, besonders die des Mittelalters aber auch noch heute in Südeuropa, in Polen oder in Lateinamerika, ist wesentlich Marienreligion. Die Mutter Jesu steht dort mindestens ebenso sehr wie dieser im Zentrum religiösen Empfindens. Die Betonung ihrer

---

[90] Kunsich, H., (Hg.): Ein Textbuch aus der altdeutschen Mystik. Reinbek 1958, S. 47
[91] Zitiert nach Deschner: Das Kreuz mit der Kirche, a. a. O., S. 105

Jungfräulichkeit und Reinheit verweist auf die enorme Bedeutung ihrer verdrängten sexuellen Verführungskraft: Freud hat darauf hingewiesen, daß das, was entschieden verneint wird, im Unbewußten besonders präsent ist.[92] In seiner Studie »Die Empfängnis der Jungfrau Maria durch das Ohr«[93] hat Ernest Jones versucht deutlich zu machen, daß die Sexualität Marias im biblischen Text auf versteckte Art durchaus präsent ist. Marias Ohr, das nicht verschlossen werden kann, ist nach Jones' Interpretation mit einem besonderen weiblichen Organ verwandt. Auf die Verwandtschaft des Marienkults mit dem Kult der »großen Mutter«, der, aus dem Orient kommend, in den Mysterien des Altertums bis zur Spätantike eine große Rolle spielt, ist von vielen Religionswissenschaftlern hingewiesen worden. »Jedem, der sich mit Religionswissenschaft beschäftigt, ist es bekannt, daß Maria eine jüngere Schwester der großen Liebesgöttinnen darstellt und daß ihre Beziehung zu Christus ihr Vorbild in dem inzestuösen Verhältnis der westasiatischen Muttergöttinnen und ihres Gottessohnes besitzt (Ischtar und Tammuz, Astarte und Adonis, Isis und Osiris, Kybele und Attis etc.). Noch in der Apokalypse des Johannes heißt die Himmelskönigin die Mutter des Siegers (12,1) und dessen Braut (21,9).«[94] Die Liebe zwischen Jesus und seiner Mutter, die im Christentum als höchst sublimiert erscheint, hat bei ihren Vorläufern einen offen sexuellen Charakter. Christus ist mit Adonis, Attis und Osiris auch dahingehend verwandt, daß auch sie zum Liebestod verurteilt sind. »Bei all diesen haben wir einen Sohn, der die Mutter liebt, der stirbt, gewöhnlich auch noch kastriert wird, der von Zeit zu Zeit betrauert wird, meist von Frauen, und dessen Auferstehung das Wohl oder die Rettung der Menschheit bedeutet.«[95] Im Christentum wird der Vater gegenüber der Mutter erhöht, die opferbereite Liebe zur Mutter in den antiken Kulten verwandelt sich in die opferbereite Liebe zum Vater. Auch diese Wandlung läßt sich, wie Jones aufgezeigt hat, zum Inzestverbot in Beziehung setzen. »Ihre Bedeutung, […] ist, dem Inzestwunsch durch eine engere Bindung an den Vater zu begegnen.«[96]

Die mit Konflikten verknüpfte Geschlechterspannung, die sich auch

[92] Siehe hierzu Freud, S.: Die Verneinung, GW XIV
[93] Jones, E.: Zur Psychoanalyse der christlichen Religion. Frankfurt am Main 1971, S. 141 ff.
[94] Reik, Th.: Der eigene und der fremde Gott, a.a.O., S. 20 / Zur Beziehung zwischen Maria und der »großen Mutter« siehe z.B. Neumann, E.: Die große Mutter. Olten 1974
[95] Jones, E.: Zur Psychoanalyse der christlichen Religion. Frankfurt am Main 1971, S. 37 ff.
[96] ebd., S. 142

in der Religion Geltung verschafft, wirkt nicht nur zwischen männlichen und weiblichen Wesen, sie wirkt auch in jedem der beiden Geschlechter. Aufgrund der während der Erziehung zustande kommenden vielfältigen Identifikationen eines Kindes mit beiden Elternteilen sind in jeder Psyche mütterliche und väterliche, weibliche und männliche Elemente wirksam. Jeder Mann trägt aufgrund seiner Identifikation mit der Mutter – oder anderen Frauen – auch Züge, die vom Weiblichen herstammen, die allerdings aufgrund von Verdrängungsprozessen zu weiten Teilen unbewußt bleiben müssen. Auch in den christlichen Gottesvorstellungen verbinden sich väterlich-männliche und sohnhafte Elemente mit mütterlich-weiblichen und töchterlichen. Selbst Gott der Vater, Gott der Herr, der bei Luther eine männlich feste Burg ist, wird in der Bibel auch mit mütterlichen Attributen versehen. Er erscheint bei Jesaja als mit dem Bild der gebärenden Frau (42,14) oder der stillenden Mutter (49,15) verbunden. Im Matthäus-Evangelium verknüpft sich das Bild Gottes mit dem Bild der Henne, die ihre Küken schützt. »Jerusalem, Jerusalem, die du tötest die Propheten und steinigst, die zu dir gesandt sind! Wie oft habe ich deine Kinder versammeln wollen, wie eine Henne versammelt ihre Küchlein unter ihre Flügel; und ihr habt nicht gewollt!« (Matthäus 23,37) Der Psychoanalytiker Grunberger hat auf die mütterliche Dimension des hebräischen Gottesbegriffs hingewiesen. »Das hebräische Wort *rakh'mime*, das – zu abstrakt – mit ›Erbarmen‹ übersetzt wird, bezeichnet eine der Eigenschaften der Gottheit und entspricht an sich dem Plural von *rekh'em*, was ›Gebärmutter‹ heißt. Für die Juden trägt Gott, der sowohl Vater wie Mutter ist, unter vielen anderen Bestimmungen das Bestimmungswort *el male rekh'mime*, was bedeutet: ›voller Erbarmen‹, aber wörtlich: ›voller Gebärmutter‹. Hier liegt eine direkte Annäherung vor zwischen Gottheit (m. E. abgeleitet von der narzißtischen Koenästhesie, der Allmacht) und Gebärmutter, d. h. dem Organ, das zu dieser Koenästhesie beiträgt und gleichzeitig ihren Träger umhüllt.«[97] Deutlicher als bei Gottvater lassen sich an seinem Sohn weibliche Züge ausmachen. Seine Friedfertigkeit, seine geduldige Leidensbereitschaft, seine Fürsorglichkeit Kindern und Schwachen gegenüber zeigen Züge, die in einer patriarchalischen Kultur eher dem Weiblichen zugerechnet werden. Der Protestantismus hat den muttergebundenen Marienkult abge-

---

[97] Grunberger, B.: Narziß und Anubis. Band 2, München, Wien 1988, S. 127 / Zum »Schoßhaften« des Gottesbegriffs siehe auch Sloterdijk, P.: Weltfremdheit. Frankfurt am Main 1993

schafft, aber die protestantische Kirchenmusik, die die Gefühlsdimensionen des Protestantismus besonders deutlich zum Ausdruck bringt, besingt ein Jesusbild, das mitunter ausgesprochen mütterliche Züge zeigt. »Breit aus die Flügel beide, oh Jesu meine Freude und nimm dein Küchlein ein« heißt es in einem evangelischen Kirchenlied. In der Matthäus-Passion Johann Sebastian Bachs, in der protestantische Frömmigkeit vielleicht am reinsten zum Ausdruck kommt, besingt der Chor Jesus mit den Worten »Dein Mund hat mich gelabet mit Milch und süßer Kost«. Das Jesushafte verschmilzt in solchen Äußerungen der Frömmigkeit geradezu mit dem marienhaft Mütterlichen. Die feministische Theologie hat auf die offenen und verdeckten mütterlichen und weiblichen Elemente in den christlichen Gottesvorstellungen nachdrücklich hingewiesen.[98] Aber der patriarchalische Charakter der christlichen Religion kann, auch wenn er in ihren verschiedenen Strömungen in unterschiedlichem Maße ausgeprägt ist, durch solche Einsichten kaum außer acht gelassen werden, ohne das Wesen des Christentums zu verfälschen. Besonders im Luther-Text, der hier interpretiert werden soll, ist das patriarchalische Element sehr ausgeprägt. Wo aber das Weibliche derart massiv abgewertet oder in den Hintergrund gedrängt werden muß wie im traditionellen Christentum, muß man ihm, wenn auch widerwillig, große Macht zubilligen. Diejenigen, die seine Macht besonders entschieden einschränken wollen, sind ihr insgeheim ganz besonders verfallen. Die Abwehr des Weiblichen dient der Macht des Männlichen. Aber das Weibliche, als Verdrängtes, übt eine verborgene Macht aus, die zur Unterwerfung des scheinbar triumphierenden Männlichen führen kann. Der Psychoanalytiker Erikson schreibt in seiner Luther-Biographie: »Vaterreligionen haben Mutterkirchen.«[99] Wer sich, wie das Christentum, nach einer anderen Welt sehnt und deshalb die bestehende patriarchalische, von mächtigen Männern beherrschte Welt verneinen muß, wird notgedrungen, bewußt oder unbewußt, bei einer Welt des Mütterlichen Zuflucht suchen.

In der christlichen Religion tritt an die Stelle der Dreierkonstellation Vater, Mutter, Kind die Konstellation Vater, Sohn, Heiliger Geist. Es muß befremden, daß es die in anderen Religionen und Mythen übliche göttliche Dreierkonstellation Vater, Mutter, Kind im Christentum

[98] Siehe hierzu z. B. Schottroff, L., Schröer, S., Wacker, M.-Th.: Feministische Exegese. Darmstadt 1995
[99] Erikson, E. H.: Der junge Mann Luther. München 1958, S. 291

nicht gibt, und an die Stelle der Mutter der Heilige Geist tritt. Die psychoanalytische Interpretation hat zu ermitteln, auf welche Weise Mutter und Heiliger Geist miteinander verwandt sind. Sie hat, anders formuliert, zu fragen, in welcher Beziehung die dreieinige heilige Familie – Maria, Josef und Jesus – zur göttlichen Dreieinigkeit steht. In der National Gallery in London hängt ein Bild des spanischen Malers Murillo, das auf eine solche Nähe hinweist: dort sind beide Trinitäten miteinander verschränkt. Im Rahmen der zeitgenössischen feministischen Theologie werden Befunde vorgetragen, die eine Umdeutung der dritten Person der göttlichen Dreifaltigkeit erlauben. Sie rücken den Heiligen Geist ganz in die Nähe des Mütterlich-Weiblichen.[100] Der Freud-Mitarbeiter Ernest Jones hat in seinem Text »Eine psychoanalytische Studie über den Heiligen Geist« schon 1922 auf verwandte Art argumentiert und die These vertreten, daß in der Bibel die Mutter durch den Heiligen Geist ersetzt wird, die eng verwandt sind. »Die Mutter muß nicht nur logischerweise das dritte Glied jeder Dreieinigkeit ausmachen, deren beide anderen Glieder Vater und Sohn sind, dies ist nicht nur in all den anderen zahlreichen und uns bekannten Dreieinigkeiten so, sondern es besteht auch eine beträchtliche Anzahl von direkten Beweisen, daß dies ursprünglich im christlichen Mythos der Fall war. Frazer hat einige Beweise zu diesem Zwecke gesammelt und läßt diese Folgerung auf historischer Basis allein höchst wahrscheinlich erscheinen. Die ursprüngliche Mutter, die z. B. von der orphitischen Sekte als das dritte Glied der Dreieinigkeit anerkannt wurde, war scheinbar von babylonischem und ägyptischem Ursprung, obzwar es an Hinweisen darauf nicht fehlt, daß eine nebelhafte Muttergestalt auch im Hintergrund der hebräischen Theologie schwebt. So sollte die Stelle in der Genesis: ›[...] und der Geist Gottes schwebte auf dem Wasser‹ (1. Mose 1,2) eigentlich heißen: ›Die Mutter der Götter brütete (oder flatterte) über dem Abgrund und brachte neues Leben hervor‹, eine vogelartige Auffassung der Mutter, die uns nicht nur an die heilige Taube erinnern muß (d. h. der Heilige Geist, der die Mutter ersetzt), sondern auch an die Sage, daß Isis Horus empfing, während sie in der Gestalt des Habichts über dem toten Körper des Osiris flatterte.«[101]

[100] Siehe hierzu Silvia Schröer: Der Geist der Weisheit und die Taube. Feministisch-kritische Exegese eines neutestamentlichen Symbols auf dem Hintergrund seiner altorientalischen und hellenistisch-frühjüdischen Traditionsgeschichte. In: Freiburger Zeitschrift für Philosophie und Theologie. 33. Band, Freiburg in der Schweiz, 1986
[101] Jones, a. a. O., S. 130 f.

Für Jones ist der Heilige Geist ein Wesen, das sowohl männlich als auch weiblich ist. Seine eigentümlich zwiespältige Rolle tritt auch in der Darstellung von Marias Empfängnis zutage. Maria, die Gottesmutter, empfängt vom Heiligen Geist. »Die Geburt Jesu Christi geschah aber also. Als Maria, seine Mutter, dem Joseph vertrauet war, erfand sich's, ehe er sie heimholte, daß sie schwanger war von dem Heiligen Geist. Joseph aber, ihr Mann, war fromm und wollte sie nicht in Schande bringen, gedachte aber, sie heimlich zu verlassen. Indem er aber also gedachte, siehe, da erschien ihm ein Engel des Herrn im Traum und sprach: Joseph, du Sohn Davids, fürchte dich nicht, Maria, dein Gemahl, zu dir zu nehmen; denn das in ihr geboren ist, das ist von dem heiligen Geist. Und sie wird einen Sohn gebären, des Namen sollst du Jesus heißen, denn er wird sein Volk retten von ihren Sünden.« (Matthäus 1,18-21) Nach dieser Schilderung kann die männliche Potenz zwar zur göttlichen Zeugungskraft erhöht werden, die selbst Jungfrauen schwängern kann, zugleich wird sie jedoch bei Joseph abgewertet. Dessen sexuelle Potenz ist für die Zeugung belanglos. Der Text bringt den Wunsch zum Ausdruck, die väterliche Potenz zu leugnen, den Vater gewissermaßen zu kastrieren. Die sexuelle Zeugungskraft des Vaters wird durch die Macht des Heiligen Geistes gebrochen, der Vater wird dadurch einer »kastrierten Frau« ähnlich.

Noch deutlicher wird eine solche »Verweiblichung« bei seinem Sohn, der am Kreuz eine symbolische Kastration erleidet. Der göttliche Sohn erreicht seine Macht durch eine Art Feminisierung. Diese Macht beruht auf dem Versöhntsein mit dem Vater, einem Versöhntsein, das an die symbolische Kastration am Kreuz, an den Verzicht auf das männliche sexuelle Begehren, geknüpft ist, welches den ödipalen Konflikt mit dem Vater hervorbringt. Diese Macht basiert aber auch auf dem endlichen Besitz der Mutter, der paradoxerweise ebenfalls durch den Verzicht auf genitale Sexualität erreicht werden kann. Sie erlaubt es, die auf die Mutter gerichtete sexuelle Objektliebe durch Regression auf die Einheit mit ihr zu überwinden. Diejenigen, die im Katholizismus Jesus nachfolgen, um an der Macht Gottes, des Vaters, und der Mutter Kirche teilzuhaben, sind zu symbolischer Selbstkastration gezwungen, die zu asketischen Lebensformen drängt.[102] Die sexualfeindliche Askese wird trotz

---

[102] Dieser Weg hat tatsächlich zu Selbstkastrationen geführt. Mit 18 Jahren kastrierte sich Origenes, der vor Augustinus bedeutendste Kirchenvater der frühen Christenheit. Mehrere altkirchliche Autoritäten rühmten »das Eunuchentum um des Gottesreiches willen«. Das Umsichgreifen solcher Einstellungen nötigte die Kirche dazu, dagegen anzugehen.

ihrer Belastungen angestrebt, wenn sie psychischen Gewinn bringen kann. »Der dadurch erzielte Gewinn ist ein doppelter: Objektliebe für die Mutter ist ersetzt durch eine Regression zu der ursprünglichen Identifizierung mit ihr, so daß Inzest vermieden und der Vater besänftigt ist; weiterhin ist die Gelegenheit gegeben, die Liebe des Vaters durch das Annehmen einer femininen Einstellung ihm gegenüber zu gewinnen. Der Seelenfriede wird erlangt durch eine Wandlung der Zuneigung in der Richtung einer Wandlung des Geschlechts.«[103] Die Unterwerfung unter den Willen des Vaters der Kindheit ist mit einer Art femininen Einstellung diesem gegenüber verbunden, die wiederum mit einer Identifikation mit der Mutter einhergeht. In Äußerungen des heiligen Augustinus kommt diese Beziehungsstruktur deutlich zum Ausdruck. Er stellt in seinen *Bekenntnissen* seine Sehnsucht nach Gott mit Bildern von weiblicher sexueller Hingabe ebenso wie mit Bildern aus der frühen oralen Mutter-Kind-Beziehung dar. »Gott, du meines Herzens Licht, du Brot, von dem meiner Seele Mund sich nährt, du Kraft, die meinen Geist und meines Denkens Schoß fruchtbar macht.«[104] Die Jungfräulichkeit ist für die frühe Kirche die zentrale christliche Tugend.[105] Der heilige Hieronymus, der die noch immer geltenden katholischen Vorstellungen entscheidend geprägt hat, hat diese Tugend für beide Geschlechter aus der Jungfräulichkeit Marias abgeleitet. Die moralische Überlegenheit der Jungfräulichkeit wird demnach an ihrer Person deutlich.[106] Das sittlich Höchste soll also auch bei männlichen Klerikern aus der Identifikation mit der heiligen Mutter resultieren, die kein sexuelles Begehren kennt. Die Identifikation mit der »reinen« Mutter erlaubt dem Sohn eine »reine« Beziehung zum Vater, in der er »unschuldig« die Stelle der Mutter einnehmen kann.

Unter dem Einfluß dieser Konstellation kann die christliche Religion das werden, was Nietzsche ihr, die Frauen diskriminierend, vorhält: »Weibsreligion«.[107] Die katholischen Mönche und Kleriker sind Teil einer Mutterkirche. Kutten und Ornate ähneln Frauenkleidern, Tonsur und Zölibat bringen eine Art symbolische Kastration zum Ausdruck. Mönche sollen, durch das Opfer ihrer Sexualität, dem Verständnis des

---

[103] Jones, a. a. O., S. 136
[104] Bekenntnisse, a. a. O., S. 46
[105] Siehe hierzu Ranke-Heinemann, U.: Eunuchen für das Himmelreich. Hamburg 1989, S. 61 ff.
[106] Siehe hierzu ebd., S. 65
[107] Nietzsche, F.: Aus dem Nachlaß der Achtzigerjahre. Werke in drei Bänden, Hgb. Schlechta, K., Darmstadt 1994, S. 712

Mittelalters zufolge, reinen Jungfrauen, die in der Nähe des Thrones Gottes sitzen, ähnlich werden. Ihr »jungfräuliches Leben« läßt die Asketen in der alten Kirche als »Bräute Christi« zur »Blüte der Mutterkirche« werden.[108] Eugen Drewermann schreibt in seinem Buch *Kleriker*: »Wer irgend der katholischen Kirche vorwirft, sie sei patriarchalisch und frauenfeindlich, der muß sich als allererstes gerade im Umkreis klerikaler Sexualunterdrückung über den ausgesprochenen Männlichkeitshaß, ja, über das latente Schamgefühl, ein Mann zu sein, unter den männlichen Klerikern Rechenschaft ablegen.«[109] Und: »Die Sehnsucht nach der verlorenen Mutter, der Wunsch nach einer milderen, gütigeren, weiblichen Welt, das Verlangen nach Harmonie und Friede jenseits der Aggressionen und Konflikte der von Männern diktierten Realität – all diese Verkündigungsinhalte der christlichen Vorstellungen von dem kommenden Reich Gottes formen sich in der klerikalen Psyche zu einem durch und durch weiblichen, homosexuell geprägten Gestaltbild.«[110] In zölibatär lebenden Brüder- und Schwerngemeinschaften der katholischen Kirche zeigen sich latent homosexuelle Einstellungen. Weil Heterosexualität tabuisiert ist, verstärken sich homosexuelle Neigungen. Die Liebe zu Christus, einem Wesen, das sowohl männliche wie auch weibliche Züge trägt, kann für die Liebe zur Frau wie für die Liebe zum Mann stehen. Novalis machte Christus zur weiblichen Geliebten, und die Liebe zu einer geliebten Frau verschmilzt bei ihm mit der Liebe zu Christus.[111] In der frommen Liebe von Klerikern und Mönchen zu Jesus kommt die Liebe zum Mann zum Ausdruck, aber auch die Liebe zu Wesenszügen bei einem Mann, die sonst für das Weibliche stehen: Der sanfte, liebevolle Jesus kann – unbewußt – auch die Frau repräsentieren. Die Nonnenfrömmigkeit, mit ihrer mitunter sogar schwärmerischen Verliebtheit in Jesus enthält eine sublimierte Heterosexualität, sie kann aber auch eine verbotene Liebe zu den Schwestern zum Ausdruck bringen, die auf Jesus verschoben wird. Daß Homosexuelle von katholischen Klerikern massiv diskriminiert werden, läßt auf latente Homosexualität schließen, die man auf offen Homosexuelle projiziert und dort bekämpft. Die Diskriminierung der Sexualität durch das Zölibat dient sowohl der Verhüllung ihrer heterosexuellen als auch ihrer homosexuellen Wirkungen.

[108] Denzler, G.: Die verbotene Lust. München 1991, S. 52
[109] Drewermann, E.: Kleriker. Psychogramm eines Ideals. München 1991, S. 553
[110] ebd., S. 588
[111] Siehe hierzu Macho, Th. H.: Todesmetaphern. Frankfurt 1987, S. 271

Die homosexuell getönte Liebe zum Vater hat aber nicht nur mit der Beziehung zu ihm, sondern auch mit der Beziehung zur Mutter zu tun. Die Vatersehnsucht, die nach Freud den Kern des religiösen Wünschens ausmacht, hat viel mit der Sehnsucht zu tun, den Bedrohungen zu entrinnen, die für ein Kind von der Mutter ausgehen. Die Liebe zum Vater gilt immer auch dem, der als Retter vor der Allmacht der Mutter erscheint. Die Psychoanalyse interpretiert den Heiligen Geist als eigentümliches Mischwesen. Er ist, wie oben angedeutet, mit einer ursprünglichen Muttergottheit verwandt und zeigt zugleich Züge des Männlichen, wie zum Beispiel außergewöhnliche Zeugungskraft. Ernest Jones äußert aufgrund dieses Doppelcharakters die Vermutung, »daß die Gestalt des Heiligen Geistes mit dem schrecklichen Bild der phantastischen ›Frau mit Penis‹ korrespondiert, der Urmutter«.[112] Das Bild des starken, gütigen Vatergottes liefert ein Ängste bannendes Gegengewicht zum Bild der archaischen, mit Vernichtung drohenden »phallischen Mutter«. Den Männern, die es auf regressive Art zum Mütterlichen hinzieht, bleibt nur eine »Pseudomännlichkeit«, die zur Homosexualität drängt. Dieser Drang ist nicht zuletzt Ausdruck der Sehnsucht nach einer starken väterlichen Macht, die die mütterliche Übermacht bricht. Während der oralen Entwicklungsphase soll der Vater vor dem Verschlungenwerden durch die Mutter bewahren, auf der analen Stufe soll er den mit der Sauberkeitserziehung verbundenen kontrollierenden Zugriff der Mutter auf den kindlichen Körper hemmen, auf dem ödipalen Niveau richtet er eine rettende Schranke auf, die die vernichtende Sackgasse des Inzests verschließt. In der Homosexualität ist die Sehnsucht nach einer machtvollen Männlichkeit enthalten, die die eigene geschwächte Männlichkeit auflädt und das bedrohliche Mütterlich-Weibliche der frühen Kindheit, das in der Psyche des Mannes fortwirkt, in die Schranken zu verweisen vermag. Thomas von Aquin, der wohl einflußreichste Theologe des Katholizismus, zeigt eine geradezu fanatische Abwehr des heterosexuellen Geschlechtsakts, die er damit begründet, daß dieser den Geist »verdunkelt«, ja »auflöst«.[113] Nur die Liebe zu Gott, die vor der Geschlechtlichkeit bewahrt, vermag diese »Beschädigung der Vernunft« abzuwehren. Wer sich auf die Frau einläßt, ist also für Thomas von Aquin geradezu vom Wahnsinn bedroht. Wieviel Angst vor der zerstöreri-

---

[112] Jones, a.a.O., S. 137
[113] Zitiert nach Ranke-Heinemann, a.a.O., S. 199

schen Kraft des Mütterlich-Weiblichen, die nur durch die Liebe zum Vatergott gebannt werden kann, mag eine solche Position zum Ausdruck bringen?

Im Protestantismus ist durch die Aufhebung des Zölibats beziehungsweise Zulassung der Priesterehe das homosexuelle Element, das im Christentum enthalten ist, abgeschwächt. Aber durch die protestantische Aufhebung der katholischen Marienverehrung muß die ganze religiöse Liebe nun auf Gott und seinen Sohn, also auf zwei männliche Gestalten, konzentriert werden. Das christliche Gebot der Nächstenliebe, das die Liebe ausdrücklich vom manifesten heterosexuellen Begehren ablösen will, verweist auf die zentrale Bedeutung einer sublimierten Homosexualität im Christentum. Das außergewöhnlich umfassende Liebesgebot, das nicht nur die Nächsten-, sondern auch die Feindesliebe einschließt, verlangt soziale Bindungen, die, wie Freud in »Massenpsychologie und Ich-Analyse« aufgezeigt hat, starke homosexuelle Elemente in sich aufnehmen müssen.[114]

II

Freud hat in seinem Text »Über die allgemeinste Erniedrigung des Liebeslebens« sichtbar gemacht, daß gestörte Liebesfähigkeit von Männern auf ungelöste inzestuöse Bindungen an die Mutter zurückzuführen ist. Asketische, die sexuelle Lust und damit auch die Frauen abwehrende Einstellungen haben Freud zufolge mit der unbewußten Fixierung auf Luststrebungen zu tun, die unter das Inzesttabu fallen, also verboten sind. »Es handelt sich wirklich um die hemmende Einwirkung gewisser psychischer Komplexe, die sich der Kenntnis des Individuums entziehen. Als allgemeinster Inhalt dieses pathogenen Materials hebt sich die nicht überwundene inzestuöse Fixierung an Mutter und Schwester hervor.«[115] Zur normalen »psychischen Impotenz« der Männer in westlichen Kulturen gehört nach Freud die Spaltung ihres Liebeslebens. »Das Liebesleben solcher Menschen bleibt in die zwei Richtungen gespalten, die von der Kunst als himmlische und irdische (oder tierische) Liebe personifiziert werden. Wo sie lieben, begehren sie nicht, und wo sie begehren, können sie nicht lieben. Sie suchen nach Objekten, die sie nicht zu lieben brauchen, um ihre Sinnlichkeit von

---

114 Siehe hierzu nächster Abschnitt, S. 195 f.
115 Freud, S.: Über die allgemeinste Erniedrigung des Liebeslebens. GW VII, S. 79

ihren geliebten Objekten fernzuhalten.«[116] Frauen werden aufgrund dieser Spaltung in Heilige und Huren, in reine mütterliche Wesen und verführerische Hexen aufgeteilt; zärtliche Bindungen an sie werden von den sexuellen Regungen ihnen gegenüber abgetrennt. Es gibt die idealisierte mütterliche Frau, deren reinste Verkörperung die Jungfrau Maria ist, die kein Begehren auf sich zieht, und die verachtete, haltlose Frau, die das Begehren einfängt. Nicht die verehrungswürdige Frau, allein die Frau, die unter ihm zu stehen scheint und sich durch anstößige Triebhaftigkeit auszeichnet, weckt die sexuelle Leidenschaft des Mannes. Die Beziehung zu beiden Typen von Frauen ist mit der unbewältigten Beziehung zur Mutter verknüpft. Die »gute« Frau, die an die idealisierte Mutter erinnert, darf nicht begehrt werden, weil das Inzesttabu dies verbietet. Nur die Frau ohne moralische Hemmungen, die ganz anders als die Mutter zu sein scheint, aber doch insgeheim mit der verführerischen und zugleich gefährlichen Mutter der Kindheit verwandt ist, kann begehrt werden. Ihrer Sinnlichkeit, die verachtet wird und zugleich fasziniert, droht der Mann immer wieder auf fatale Art zu verfallen.

Auch die Bibel zeigt diese zwiespältige Einstellung zur Frau. Es gibt Frauen wie Maria, die reine Gottesmutter, und auf der anderen Seite die haltlose Eva, die Adam verführt, die Sünderin Maria Magdalena oder die Sünderin, die Jesus ihre Liebe bezeugt, indem sie seine Füße küßt, mit ihrem Haar trocknet und sie schließlich salbt (siehe Lukas 7,36–50), alles Tätigkeiten, die leicht eine psychoanalytische Interpretation provozieren, die sie zum Geschlechtlichen in Beziehung zu setzen erlaubt. Bei der Kreuzigung, der symbolischen Kastration, die der Vatergott fordert, sind Maria und Maria Magdalena anwesend. Es erscheinen zwei voneinander getrennte Marien, die psychologisch gesehen jedoch eine Einheit bilden, welche während Jesu Tod und Auferstehung auf ihn bezogen werden. Jesus nimmt die Kreuzigung aus Liebe und Gehorsam zu seinem Vater auf sich, zugleich bekennt er sich während der Kreuzigung auch als liebender Sohn, der von seiner Mutter Abschied nimmt. »Es stand aber bei dem Kreuze Jesu seine Mutter und seiner Mutter Schwester, Maria, des Kleopas Frau, und Maria Magdalena. Da nun Jesus seine Mutter sah und den Jünger dabeistehen, den er lieb hatte, spricht er zu seiner Mutter: Weib, siehe, das ist dein Sohn! Danach spricht er zu dem Jünger: Siehe, das ist deine Mutter!

---

[116] ebd., S. 82

Und von der Stunde an nahm sie der Jünger zu sich.« (Johannes 19,25–27) Nach seinem Tod tritt Maria Magdalena stärker in Erscheinung, sie ist Zeugin seiner Auferstehung und verkündet diese den Jüngern. »Maria aber stand vor dem Grab und weinte draußen. Als sie nun weinte, schaute sie in das Grab und sieht zwei Engel in weißen Kleidern sitzen, einen zu den Häupten und den anderen zu den Füßen, da sie den Leichnam Jesu hingelegt hatten. Und dieselben sprachen zu ihr: Weib, was weinst du? Sie spricht zu ihnen: Sie haben meinen Herrn weggenommen, und ich weiß nicht, wo sie ihn hingelegt haben. Und als sie das sagte, wandte sie sich zurück und sah Jesus stehen und weiß nicht, daß es Jesus ist. Spricht Jesus zu ihr: Weib, was weinst du? Wen suchst du? Sie meint, es sei der Gärtner und spricht zu ihm: Herr, hast du ihn weggetragen, so sage mir, wo du ihn hingelegt hast, so will ich ihn holen. Spricht Jesus zu ihr: Maria! Da wandte sie sich um und spricht zu ihm auf hebräisch: Rabbuni! Und das heißt: Meister! Spricht Jesus zu ihr: Rühre mich nicht an! Denn ich bin noch nicht aufgefahren zum Vater. Gehe aber hin zu meinen Brüdern und sage ihnen: Ich fahre auf zu meinem Vater und zu eurem Vater, zu meinem Gott und zu eurem Gott. Maria Magdalena kommt und verkündigt den Jüngern: Ich habe den Herrn gesehen, und solches hat er zu mir gesagt.« (Johannes 20,11–18) Der Jesus, der sich aus der Welt des Begehrens verabschiedet, verabschiedet sich von seiner doppelten Mutter Maria-Maria Magdalena, von der reinen Mutter und der »Sünderin«. Die christliche Ablehnung des Sexuellen drängt nicht nur zur reinen Gottesmutter, sondern auch zur reuigen Sünderin, die auf Sexualität und Verführungskraft verzichtet. Maria hebt durch ihren Sohn Jesus, das Opferlamm, die Sünde auf, die die mit der Schlange verbündete, verführerische Eva in die Welt gebracht hat. Die Sünderin Maria Magdalena wird als Zeugin der Kreuzigung und Auferstehung Christi zu einer Art Schwester der Mutter Maria. Wenn Jesus seinen begehrenden Leib opfert, wird auch sie rein. Die reuigen Sünderinnen sind im Christentum aber nicht nur beliebt, weil sie die Überwindung der verführerischen Mutter repräsentieren, sie sind es auch, weil sie eine geheime Beziehung zur Homosexualität hinter sich gelassen haben. Die Sünderin, die viele Männer hat, gewährt dem, der gerade mit ihr verkehrt, auch eine verdeckte Beziehung zu den anderen Männern, denen sie sich hingibt. Die Idealisierung der Frau, die das auf sie gerichtete männliche Begehren abwehren hilft, ist nicht nur, wie Freud aufgezeigt hat, mit inzestuösen heterosexuellen Bindungen an die Mutter verbunden, sondern auch mit tabuisierten homosexuellen Regungen. Die Diskriminierung der verführerischen Frau durch zölibatär lebende klerikale Männerkollektive scheint auch im Zusammenhang mit deren Homosexualität zu stehen, die verdrängt werden muß, die aber in dieser Diskriminierung wiederkehrt, weil sie die Männer – in der gemeinsamen Abwehr der Frauen – einander näherbringt.

Daß hinter der Idealisierung mütterlicher Reinheit verdrängtes sexuelles Begehren steckt, kann da sichtbar werden, wo dieses verdeckte Begehren in verhüllter Gestalt wiederkehrt. Auf katholischen Heiligenbildern ist Marias verwundetes Herz in einer offenen Wunde zu sehen. Das rote Loch in ihrer Brust kann von Rosen umkränzt und von einem Schwert durchbohrt sein. Emile Zola hat in seinem Text »Die Sünden des Abbé Mouret« lange vor den Entdeckungen Freuds literarisch dargestellt, wie dieses offene Herz auf sexuelles Begehren bezogen werden kann. »Auf diesem Bild wies die Mutter Gottes mit einem erhabenen Lächeln auf ein rotes Loch in ihrer Brust, darin ihr Herz brannte, das von einem Schwert durchbohrt, von weißen Rosen umkränzt war. Dieses Schwert brachte ihn zur Verzweiflung, es rief in ihm jenes unerträgliche Grauen vor dem Leiden einer Frau hervor, bei dessen bloßer Vorstellung er aus aller frommen Unterwerfung gerissen wurde. Er löschte es aus, er ließ nur das bekränzte, flammende Herz bestehen, das bald aus diesem auserlesenen Fleisch herausgerissen war, um sich ihm darzubieten. Dann fühlte er sich geliebt. Maria schenkte ihm ihr Herz, ihr lebendiges Herz, so wie es in ihrer Brust schlug, mit ihrem rosig tropfenden Blut. Das war nicht mehr ein Abbild frommer Leidenschaft, sondern etwas Körperliches, ein Liebeswunder, das ihn bei seinen Gebeten vor dem Bild die Hände ausbreiten ließ.« [...] »Wo hätte er jemals eine so begehrenswerte Geliebte gefunden: Welche irdische Liebkosung war diesem Hauch Mariens zu vergleichen, darin er wandelte?«[117]

Eine verschlüsselte Beziehung zur inzestuösen Mutterbindung zeigen auch die katholischen Kleriker, die den entschiedenen Kampf gegen die Onanie propagieren.[118] Drewermann benennt die zentrale Bedeutung dieses Kampfes für die katholische Kirche: »Welch eine Beachtung dem Onanieproblem von alters her innerhalb des klerikalen Ideals selber zukommt, mag man daran erkennen, daß noch bis vor

---

[117] Zitiert nach Drewermann, a. a. O., S. 509 f.
[118] Die Onanie hat freilich nicht nur mit abgewehrten heterosexuellen, sondern auch homosexuellen Regungen zu tun, die zuerst auf den Vater oder die Brüder bezogen waren.

kurzem die Zulassung zum Priestertum oder Ordensstand überhaupt an die Bedingung geknüpft wurde, inwieweit es gelungen sei, das geheime ›Laster‹ der Onanie zu meiden. ›Probata castitas‹ – erprobte Keuschheit, so hat der Diakon noch in den letzten Tagen vor der Priesterweihe sich zu fragen: – War sie ihm durch Gottes Gnade geschenkt worden, oder hatte er die einzigartige Auszeichnung einer Berufung zu ewigem Priestertum durch eigene Schuld für immer verwirkt?«[119] Im 11. Jahrhundert schreibt Papst Leo IX. an den sittenstrengen Mönch Petrus Damiani: »Wer sich der Masturbation schuldig gemacht hat, darf nicht in den Klerus aufgenommen werden oder muß, wenn er bereits Kleriker ist, in den Stand des Laien zurückversetzt werden.«[120] Schon Jesus äußert sich in der Bergpredigt, jegliche außereheliche Sexualität diskriminierend: »Wer eine Frau ansieht, ihrer zu begehren, der hat schon mit ihr die Ehe gebrochen in seinem Herzen. Wenn dir aber dein rechtes Auge Ärgernis schafft, so reiß es aus und wirf's von dir. Es ist dir besser, daß eins deiner Glieder verderbe und nicht der ganze Leib in die Hölle geworfen werde. Wenn dir deine rechte Hand Ärgernis schafft, so haue sie ab und wirf sie von dir. Es ist dir besser, daß eins deiner Glieder verderbe und nicht der ganze Leib in die Hölle fahre.« (Matth. 5,28–30) Der letzte Satz kann folgende Phantasie aufdrängen: Wer onaniert und dabei Verbotenes denkt, dem soll die Hand abgeschlagen werden; am besten tue man das gleich selbst. Thomas von Aquin bezeichnet die Onanie als ein Laster, das schlimmer sei als Geschlechtsverkehr mit der eigenen Mutter.[121] Eine Feststellung, die – wider Willen – die verdeckte Verbindung zwischen der Onanie und dem Wunsch nach dem Koitus mit der Mutter offenbart. Dieser inzestuöse Wunsch kann als Ursünde bezeichnet werden, die zur Vertreibung aus dem Reich der Kindheit führt. Freud hat Pubertätsphantasien, die zur Onanie drängen, zu jenen Phantasien in Beziehung gesetzt, die mit der pubertären Reaktivierung inzestuöser ödipaler Bindungen zu tun haben. »Die Phantasie lautet, die Mutter möge selbst den Jüngling ins sexuelle Leben einführen, um ihn vor den gefürchteten Schädlichkeiten der Onanie zu retten. Die so häufigen Erlösungsdichtungen haben denselben Ursprung.«[122] Die reinen Kleriker, die alles Sexuelle zu überwinden trachten, streben diese Erlösung in der Nähe der reinen

[119] Drewermann, a. a. O., S. 564
[120] Zitiert nach Denzler: Verbotene Lust, a. a. O., S. 182
[121] Siehe hierzu Ranke-Heinemann, a. a. O., S. 324
[122] Freud, S.: Dostojewski und die Vatertötung. GW XIV, S. 417

Gottesmutter an. Die Entstehung des Über-Ichs geht der Psychoanalyse zufolge mit der Verdrängung inzestuöser, auf die Mutter gerichteten Regungen einher, die unter dem Einfluß väterlicher Drohmacht zustande kommt. Der Heilige Geist, der mit den im Gewissen verankerten göttlichen Geboten verknüpft ist, ist also der psychoanalytischen Interpretation zufolge mit der Abwehr inzestuöser Regungen verwandt.[123] Ernest Jones hat eine Beziehung zwischen der »Sünde wider den heiligen Geist« und der Masturbation bei Neurotikern hergestellt. »Wir haben gesehen, daß er [der Heilige Geist] sich zusammensetzt aus der ursprünglichen Muttergottheit und der schöpferischen Wesenheit (Genitalorgane) des Vaters. Von diesem Standpunkt aus nähert man sich einem Verständnis der besonderen Furchtbarkeit einer Blasphemie gegen den Heiligen Geist, die sogenannte ›unverzeihliche Sünde‹, denn so eine Beleidigung wäre symbolisch gleichbedeutend mit einer Befleckung der heiligen Mutter und einem Kastrationsversuch an dem Vater. Es wäre eine Wiederholung der Ursünde, der Anfang aller Sünden, die Befriedigung des Ödipusimpulses. Dies steht in vollkommener Harmonie mit unserer klinischen Erfahrung, daß Neurotiker beinahe immer diese Sünde mit der Masturbation identifizieren; ihre psychologische Bedeutung rührt von der unbewußten Verbindung mit Inzestwünschen her.«[124] Der Kampf gegen die schuldbeladene »Selbstbefleckung« dient, wie diese Hinweise andeuten können, der Abwehr der inzestuös gefesselten Sexualität. Die Überwindung dieses Kampfes kann am ehesten durch die Überwindung der inzestuösen Fixierung der Sexualität gelingen. Ein Kampf gegen die Sexualität, der diese Fesselung nicht aufhebt, sondern nur in die Latenz treibt, vermag den Drang zur »Selbstbefleckung« kaum zu überwinden, er lädt ihn vielmehr insgeheim immer wieder auf.

III

Die Flucht vor dem Ödipuskomplex zurück in die Einheit mit der Mutter bedeutet eine Rückkehr in eine oral geprägte Welt. Beim heiligen Bernhard heißt es: »Wenn dein Vater sich über die Schwelle geworfen hätte, wenn deine Mutter mit entblößtem Busen dir die Brüste zeigte, an denen sie dich nährte – tritt mit Füßen über deinen Vater!

[123] Siehe hierzu S. 103 f. dieses Textes
[124] Jones, a. a. O., S. 137

159

Tritt mit Füßen über deine Mutter! Und trockenen Auges eile zum Panier des Kreuzes!«[125] Diese Äußerung zeigt, daß seine Religion sowohl die Konflikte mit dem ödipalen Vater als auch die mit der oralen Mutter aufheben soll. Der heilige Bernhard sucht nicht nur die Einheit mit Gott, sein höchstes Glück besteht auch darin, aus Marias heiliger Brust zu trinken.[126] Der erste Kontakt des Säuglings zur Welt kommt nach Freud über den Mund zustande. Während der Nahrungsaufnahme entwickeln sich psychische Strukturen, die den Zugang zur Welt organisieren. »Das erste Organ, daß als erogene Zone auftritt und einen libidinösen Anspruch an die Seele stellt, ist von der Geburt an der Mund. Jede psychische Tätigkeit ist zunächst darauf eingestellt, dem Bedürfnis dieser Zone Befriedigung zu schaffen. Diese dient natürlich in erster Linie der Selbsterhaltung durch Ernährung, aber man darf Physiologie nicht mit Psychologie verwechseln. Frühzeitig zeigt sich im hartnäckig festgehaltenen Lutschen des Kindes eine Befriedigung des Kindes, das – obwohl von der Nahrungsaufnahme ausgehend und von ihr angeregt – doch unabhängig von Ernährung nach Lustgewinn strebt und darum sexuell genannt werden darf und soll.«[127] In »Anlehnung« an die Nahrungsaufnahme werden die psychischen Objekte internalisiert. »Das Objekt der einen Tätigkeit ist auch das der anderen, das Sexualziel besteht in der Einverleibung des Objektes, dem Vorbild dessen, was späterhin als Identifizierung eine so bedeutsame psychische Rolle spielen wird.«[128] Das Kind nimmt die psychischen Repräsentanzen der ihm dargebotenen Objekte, die seinen oralen Strebungen Befriedigung verschaffen, in sein Ich auf, diese werden introjiziert.[129] Die mütterliche Brust bildet ein sehr frühes Teilobjekt, das später mit dem mütterlichen Objekt als Ganzem verbunden wird. Die Milch der Mutterbrust stellt ein erstes Objekt des Begehrens dar, das gewissermaßen zum Urbild aller Nahrung wird. Das Vaterunser richtet die Bitte an den Vatergott: »Unser täglich Brot gib uns heute« (Matth. 6,11), aber es ist primär die »Mutter« Natur, die durch ihre Fruchtbarkeit die Menschen ernährt.

Viele christliche Texte zeigen eine »orale« Beziehung zum Göttlichen, die mit Bildern aus der frühen Mutter-Kind-Beziehung verbun-

---

[125] Zitiert nach Deschner: Das Kreuz mit der Kirche, a. a. O., S. 75
[126] Siehe hierzu Deschner, ebd., S. 104
[127] Freud, S.: Abriß der Psychoanalyse. GW XVII, S. 76
[128] Freud, S.: Drei Abhandlungen zur Sexualtheorie. GW V, S. 98
[129] Ich weise darauf hin, daß die Begriffe »Identifikation« und »Introjektion« bei verschiedenen Autoren unterschiedliche Bedeutungen haben können.

den ist. In der Bibel verwandelt sich die Muttermilch in die göttliche Speise der Religion, in eine Lebensnahrung aus einer anderen Welt, die die Gläubigen zur Seligkeit führen soll. Im Alten Testament verspricht Gott seinem Volk Israel, es aus der Gewalt der Ägypter zu retten, um es in ein Land zu führen, »[…] darin Milch und Honig fließt« (2. Mose 3,8). Paulus bezeichnet die von ihm vermittelten Anfänge der christlichen Lehre als Milch. Er schreibt an die Korinther: »Und ich, liebe Brüder, konnte auch mit euch nicht reden als mit geistlichen Menschen, sondern als mit fleischlichen, wie mit jungen Kindern in Christus. Milch habe ich euch zu trinken gegeben, und nicht feste Speise; denn ihr konntet sie noch nicht vertragen.« (1. Korinther 3,1–2) Im ersten Brief des Petrus heißt es: »So leget nun ab alle Bosheit und allen Betrug und Heuchelei und Neid und alle üble Nachrede und seid begierig nach der vernünftigen lauteren Milch wie die neugeborenen Kindlein, auf daß ihr durch dieselbe zunehmet zu eurem Heil, wenn anders ihr geschmeckt habt, daß der Herr freundlich ist.« (1. Petrus 2,1–3) Die katholische Kirche des Mittelalters sieht sich als Mutter, die ihre »Milch« als Glaubenswahrheit anbietet und vor der »gefälschten Milch« der Irrlehren warnt. Der heilige Augustinus will von Gottes Milch wie ein Kind genährt werden. »Und was bin ich, wenn es wohl um mich steht? Ein Kindlein, das deine Milch saugt und als unvergängliche Speise genießt – dich selbst.« [130] Auch bei Luther wird die Hingabe an das Göttliche mit Bildern aus der Beziehung zum frühen Mütterlichen beschrieben. Er will sich vom »Muttergrund der Heiligen Schrift« [131] nähren. Er identifiziert sich als Prediger mit der nährenden Mutter. »Man muß predigen«, sagt Luther, »wie eine Mutter ihr Kind säugt.« [132] Ähnliches kann man schon beim heiligen Bernhard vernehmen. Maria, die er anbetet, entblößt ihre Brust und gibt ihm von ihrer Milch zu trinken, was seine »honigsüße Beredsamkeit« zur Folge hat.[133] Es ist auffällig, daß das Bild der nahrungsspendenden Mutter auch mit der Vatergestalt Gottes verknüpft wird; ebenso häufig taucht es in Verbindung mit Jesus auf. In einem Hymnus des heiligen Klemens von Alexandrien heißt es: »Christus Jesus! Himmlische Milch, die aus den süßen Brüsten der Braut, den Liebesgaben deiner Weisheit entquillt, nehmen wir Unmün-

130 Augustinus: Bekenntnisse, a. a. O., S. 88
131 Zitiert nach Erikson: Der junge Mann Luther, a. a. O., S. 219
132 Zitiert nach ebd., S. 218
133 Siehe hierzu Deschner: Das Kreuz mit der Kirche, a. a. O., S. 104

dige, mit kindlichem Mund als Nahrung zu uns.« [134] In der Matthäus-Passion von Johann Sebastian Bach singt der Chor: »Erkenne mich, mein Hüter, mein Hirte, nimm mich an! Von dir, Quell aller Güter, ist mir viel Guts getan. Dein Mund hat mich gelabet mit Milch und süßer Kost, dein Geist hat mich begabet mit mancher Himmelslust.« [135] Vor allem in den Texten des frühen Christentums wird Jesus häufig mit einem wohlgerundeten Apfel gleichgesetzt, ein Bild, das an eine mit Milch gefüllte Brust erinnert. Der heilige Ambrosius formuliert: »An das Kreuz geheftet hing Christus einem Apfel gleich am Baum und strömte den Duft der Welterlösung aus.« [136] Beim heiligen Efrem steht: »Preis sei auch jener Frucht, die sich zu unserem Hunger herabließ.« [137] In einem evangelischen Kirchengesangbuch wird Jesus als Lebensbrot bezeichnet, an dem sich die Gläubigen laben. »Du Lebensbrot, Herr Jesus Christ, kann dich ein Sünder haben, der nach dem Himmel hungrig ist und sich mit dir will laben.« [138]

Hinter den Gottesgestalten des Christentums verbirgt sich nicht nur der Vater der Kindheit, sondern auch die lebensspendende frühe Mutter. Vatergott und Sohn verdanken ihre Macht nicht zuletzt einer Verbindung mit dem Mütterlichen. Zu Beginn der symbiotischen oralen Phase gibt es noch keine Trennung zwischen Mutter und Kind, zwischen innen und außen, zwischen männlich und weiblich; die frommen Texte, die von der Sehnsucht nach der frühen Mutter leben, verweisen auf diese Ungeschiedenheit. Wo der Wunsch wirksam wird, in die frühe Mutter-Kind-Symbiose zurückzukehren, verschmelzen der allmächtige Gott und der kindhafte Jesus mit der Macht des Mütterlichen. Eine besonders deutliche, eigentümliche Ausprägung erhalten die auf die Mutter gerichteten Hunger- und Durstphantasien der Gläubigen in der Mystik des Mittelalters. In ihnen verbinden sich die Imagines von Muttermilch und mütterlicher Brust mit Phantasien von Jesu Blut oder mit Phantasien, die sie unbewußt mit dem vaginal Weiblichen oder dem phallisch Männlichen in Beziehung setzen. Huizinga stellt in seinem Buch *Herbst des Mittelalters* die orale Dimension dieser Mystik heraus, verkennt aber völlig deren sexuellen Gehalt. »Die Bilder der Trunkenheit und des Hungers sind an sich schon eine Widerlegung der Mei-

---

[134] Zitiert nach Forstner, a. a. O., S. 437
[135] Teil I, Nr. 15
[136] Zitiert nach ebd.
[137] Zitiert nach ebd., S. 156
[138] Evang. Kirchengesangbuch. Hannover 1983, Lied 415

nung, daß jedes religiöse Seligkeitsgefühl erotisch interpretiert werden müßte. Das Einströmen des Göttlichen wird ebensogut als ein Trinken oder ein Gesättigtwerden empfunden. Eine Devote aus Diepenveen fühlt sich ganz vom Blute Christi überströmt und wird ohnmächtig. Die Blutphantasie, die durch den Glauben an die Transsubstantiation ständig lebendig gehalten und ausgereizt wird, äußert sich in den berauschendsten Extremen roter Glut. Jesu Wunden, sagt Bonaventura, sind die blutroten Blumen unseres süßen und blühenden Paradieses, über die die Seele wie ein Falter hinschweben muß, bald an dieser, bald an jener trinkend. Durch die Seitenwunde muß sie bis zum Herzen selbst vordringen. Auch in den Bächen des Paradieses strömt das Blut. Das ganze rote und warme Blut aller Wunden ist durch Seuses Mund in sein Herz und seine Seele geflossen. Katharina von Siena ist eine der Heiligen, die aus der Seitenwunde Christi getrunken haben, so wie es anderen zuteil wurde, Milch aus Marias Brüsten zu kosten: dem heiligen Bernhard, Heinrich Seuse, Alain de la Roche.« [139] Die Dominanz des Oralen, die die Abwehr des ödipalen Sexuellen organisieren hilft, zieht es gleichzeitig in den von Huizinga angeführten Beispielen undurchschaut in seinen Bann. Die Sexualität, vor der die Mystiker in die Oralität flüchten, kehrt insgeheim wieder. Die Milch ihrer Brust, mit der die Frau ihr Kind nährt, kann zur »blutenden Wunde« zwischen ihren Beinen in Beziehung gesetzt werden. Die nahrungsspendende Brust kann durch Verschiebung mit dem samenspendenden Phallus verbunden werden; schon Freud hat auf eine Brust-Penis-Gleichsetzung im Unbewußten hingewiesen. Blut, Milch und Sperma können durch den Mechanismus der Verdichtung in eins gesetzt werden. Durch eine Vertauschung von oben und unten, durch Vermischung des Männlichen mit dem Weiblichen oder das Austauschen von Körperöffnungen und Körperflüssigkeiten werden derartige mystische Phantasmen möglich.

Freud hat die orale Phase auch als kannibalistische Phase bezeichnet. Das Kind, das an der mütterlichen Brust saugt, verschlingt gewissermaßen das mütterliche Objekt. »Organisationen des Sexuallebens, in denen die Genitalzonen noch nicht in ihre vorherrschende Rolle eingetreten sind, wollen wir prägenitale heißen. [...] Eine erste solche prägenitale Sexualorganisation ist die orale, oder wenn sie wollen, kannibalische. Die Sexualtätigkeit ist hier von der Nahrungsaufnahme noch

---

[139] Huizinga, J.: Herbst des Mittelalters. Stuttgart 1975, S. 282

nicht gesondert, Gegensätze innerhalb derselben nicht differenziert. Das Objekt der einen Tätigkeit ist auch das der anderen, das Sexualziel besteht in der Einverleibung des Objektes, dem Vorbild dessen, was späterhin als Identifizierung eine so bedeutsame psychische Rolle spielen wird.«[140] Die Identifizierung zeigt, ebenso wie die orale Einverleibung, widersprüchliche Züge; sie hat mit der Liebe zum Objekt zu tun, ebenso wie mit dem Wunsch, es zum Verschwinden zu bringen. »Die Identifizierung ist eben von Anfang an ambivalent, sie kann sich ebenso zum Ausdruck der Zärtlichkeit wie zum Wunsch der Beseitigung wenden. Sie benimmt sich wie ein Abkömmling der ersten oralen Phase der Libidoorganisation, in welcher man sich das begehrte und geschätzte Objekt durch Essen einverleibte und es dabei als solches vernichtete. Der Kannibale bleibt bekanntlich auf diesem Standpunkt stehen; er hat seine Feinde zum Fressen lieb, und er frißt die nicht, die er nicht irgendwie lieb haben kann.«[141] Im Christentum spielt die Einverleibung göttlicher Objekte eine zentrale Rolle. Der heilige Augustinus will sich Gott – wie ein Kind die Mutter – einverleiben. »Und was bin ich, wenn es wohl um mich steht? Ein Kindlein, das deine Milch saugt und als unvergängliche Speise genießt – dich selbst.«[142] Er will Gott in sich aufnehmen, indem er ihn verzehrt. Eine zentrale Rolle spielt die kannibalistische Einverleibung beim Abendmahl, das im Zentrum der religiösen Praxis des Christentums steht. Hier geht es darum, sich den Leib Christi einzuverleiben. »Da sie aber aßen, nahm Jesus das Brot, dankte und brach's und gab's den Jüngern und sprach: Nehmet, esset; das ist mein Leib. Und er nahm den Kelch und dankte, gab ihnen den und sprach: Trinket alle daraus; das ist mein Blut des Neuen Testaments, welches vergossen wird für viele zur Vergebung der Sünden.« (Matthäus 26,26–28) Indem die Gläubigen den Leib Jesu essen, nehmen sie an der Erlösung teil und sichern sich so das ewige Leben. »Wer an mich glaubt, der hat das ewige Leben. Ich bin das Brot des Lebens. Eure Väter haben das Manna gegessen in der Wüste und sind gestorben. Dies ist das Brot, das vom Himmel kommt, auf daß, wer davon isset, nicht sterbe. Ich bin das lebendige Brot, vom Himmel gekommen. Wer von diesem Brot essen wird, der wird leben in Ewigkeit. Und das Brot, das ich geben werde, das ist mein Fleisch, welches ich geben

---

[140] Freud, S.: Drei Abhandlungen zur Sexualtheorie. GW V, S. 98
[141] Freud, S.: Massenpsychologie und Ich-Analyse. GW XIII, S. 116
[142] Bekenntnisse, a. a. O., S. 88

werde für das Leben der Welt. Da stritten die Juden untereinander und sprachen: Wie kann dieser uns sein Fleisch zu essen geben? Jesus sprach zu ihnen: Wahrlich, wahrlich ich sage euch: werdet ihr nicht essen das Fleisch des Menschensohnes und trinken sein Blut, so habt ihr kein Leben in euch. Wer mein Fleisch isset und trinket mein Blut, der hat das ewige Leben und ich werde ihn am Jüngsten Tage auferwecken. Denn mein Fleisch ist die rechte Speise, und mein Blut ist der rechte Trank. Wer mein Fleisch isset und trinket mein Blut, der bleibt in mir und ich in ihm.« (Johannes 6,47–57) Die Einverleibung Jesu im Abendmahl dient ursprünglich der Festigung der Glaubensgemeinschaft der Jünger, später der aller Christen. Diese Einverleibung sichert die Vergebung aller Sünden und Teilhabe am göttlichen Heil. Indem die Gläubigen Jesu Leib essen, identifizieren sie sich mit ihm in einem Akt oraler Einverleibung. Das Abendmahl stiftet die kollektive Identifikation mit der christlichen Kirche oder Gemeinde. Der katholischen Theologie zufolge werden die Gläubigen durch ein als »Einverleibung« bezeichnetes Ritual während der Eucharistiefeier in den »Leib Christi«, die Kirche also, eingegliedert, sie werden ein Teil der Mutter Kirche. Das Laterankonzil von 1059 legte fest, daß während der Eucharistie der Leib Christi naturhaft, physisch anwesend sei. »Substantiell«, also dinghaft und keineswegs bloß als Zeichen, soll der Leib Christi in der Gemeinde wirken. Er wird von der Hand des Priesters zerbrochen, wenn dieser die Hostie zerteilt, und dann »von den Zähnen der Gläubigen zermahlen«.[143] Mit der Durchsetzung der Lehre von der Realpräsenz des Leibes Christi beim Abendmahl hat die katholische Kirche ihre Macht gegenüber den Gläubigen entscheidend gefestigt. Die heilige Kirche hat nun ein Monopol auf die Verteilung dieses Leibes Jesu, die Gläubigen werden damit von den Erlösungsgaben der Mutter Kirche abhängig, wie ein Kind von der es nährenden Mutter.

Freud hat das christliche Abendmahl zu einer ursprünglichen kannibalistischen Einverleibung in Beziehung gesetzt, aus der für ihn die Gesellschaftsfähigkeit des Menschen hervorgeht. Die Menschen sollen, wie Freud im Anschluß an Darwin und Atkinson annimmt, ursprünglich in einer »Urhorde« gelebt haben, die von einem starken Männchen beherrscht wurde. »Das starke Männchen war Herr und Vater der ganzen Horde, unbeschränkt in seiner Macht, die er gewalttätig ge-

---

[143] Zitiert nach Flasch, K.: Einführung in die Philosophie des Mittelalters. Darmstadt 1987, S. 44

brauchte. Alle weiblichen Wesen waren sein Eigentum, die Frauen und Töchter der eigenen Horde, wie vielleicht auch die aus anderen Horden geraubten. Das Schicksal der Söhne war ein hartes; wenn sie die Eifersucht des Vaters erregten, wurden sie erschlagen oder kastriert oder ausgetrieben.«[144] Der Übergang zur Kultur erfolgte, als sich die Söhne zusammenrotteten, um den Vater zu erschlagen und ihn anschließend zu verzehren. »Eines Tages taten sich die ausgetriebenen Brüder zusammen, erschlugen und verzehrten den Vater und machten so der Vaterhorde ein Ende. Vereint wagten sie und brachten zustande, was dem einzelnen unmöglich geblieben wäre. Daß sie den Getöteten auch verzehrten, ist für den kannibalen Wilden selbstverständlich. Der gewalttätige Urvater ist gewiß das beneidete und gefürchtete Vorbild eines jeden aus der Brüderschar gewesen. Nun setzen sie im Akte des Verzehrens die Identifizierung mit ihm durch, eigneten sich ein jeder ein Stück seiner Stärke an.«[145] Durch diese Erhebung setzten sich die Brüder gemeinsam an die Stelle des Vaters; es kommt zu einer aus Liebe und Schuldgefühlen resultierenden Identifikation mit ihm, die neuartige soziale Zusammenhänge stiftet. »Es ist anzunehmen, daß nach der Vatertötung eine längere Zeit folgte, in der die Brüder miteinander um das Vatererbe stritten, das ein jeder für sich allein gewinnen sollte. Die Einsicht in die Gefahren und die Erfolglosigkeit dieser Kämpfe, die Erinnerung an die gemeinsam vollbrachte Befreiungstat und die Gefühlsbindungen aneinander, die während der Zeiten der Vertreibung entstanden waren, führten endlich zu einer Einigung unter ihnen, zu einer Art von Gesellschaftsvertrag. Es entstand die erste Form einer sozialen Organisation mit Triebverzicht, Anerkennung von gegenseitigen Verpflichtungen, Einsetzung bestimmter, für unverbrüchlich (heilig) erklärter Institutionen, die Anfänge also von Moral und Recht. Jeder einzelne verzichtete auf das Ideal, die Vaterstellung für sich zu erwerben, auf den Besitz von Mutter und Schwestern. Damit war das Inzesttabu und das Gebot der Exogamie gegeben.«[146] Durch die Identifikation mit dem toten Vater werden die Menschen zu sozialen Wesen, die in der Lage sind, den die Triebe einschränkenden sozialen Anforderungen gerecht zu werden, die gesellschaftliche Organisationen auferlegen. Der mit dem Urmord verbundene Kanniba-

---

[144] Freud, S.: Der Mann Moses und die monotheistische Religion. GW XVI, S. 186 f.
[145] Freud, S.: Totem und Tabu. GW IX, S. 171 f.
[146] Freud, S.: Der Mann Moses und die monotheistische Religion, a. a. O., S. 187 f.

lismus wirkt Freud zufolge in der Religion unbewußt fort. Im Tote-
mismus wird der Vater durch das Totemtier ersetzt, später durch Götter mit menschlichen Zügen. Umgekehrt gibt es auch eine Bewegung,
die dazu führt, daß Menschenopfer durch Tieropfer ersetzt werden.
Im Christentum erfährt die Bearbeitung des mit einem Vatermord verbundenen Kannibalismus eine besondere Ausprägung. »So ist es
mehrmals einem Autor aufgefallen, wie getreu der Ritus der christlichen Kommunion, in der der Gläubige in symbolischer Form Blut
und Fleisch seines Gottes sich einverleibt, Sinn und Inhalt der alten
Totemmahlzeit wiederholt.«[147] Durch die Rolle, die der Sohn Jesus anstatt des Urvaters als zu verzehrendes Objekt beim Abendmahl spielt,
werden aber im Christentum neue Akzente gesetzt. Jesus opfert sich,
um die Erbsünde, die auf den Menschen lastet, aufzuheben. Für Freud
bedeutet dieses Opfer die Aufhebung des Urverbrechens, nämlich des
Vatermordes am Beginn der Geschichte. »Im christlichen Mythus ist
die Erbsünde des Menschen unzweifelhaft eine Versündigung gegen
Gottvater. Wenn nun Christus die Menschen von dem Drucke der
Erbsünde erlöst, indem er sein eigenes Leben opfert, so zwingt er uns
zu dem Schlusse, daß diese Sünde eine Mordtat war. Nach dem im
menschlichen Fühlen tiefverwurzelten Gesetz der Talion kann ein
Mord nur durch die Opferung eines anderen Lebens gesühnt werden;
die Selbstaufopferung weist auf eine Blutschuld zurück. Und wenn
dies Opfer des eigenen Lebens die Versöhnung mit dem Gottvater herbeiführt, so kann das zu sühnende Verbrechen kein anderes als der
Mord am Vater gewesen sein. So bekennt sich denn in der christlichen
Lehre die Menschheit am unverhülltesten zu der schuldvollen Tat der
Urzeit, weil sie nun im Opfertod des einen Sohnes die ausgiebigste
Sühne für sie gefunden hat. Die Versöhnung mit dem Vater ist um so
gründlicher, weil gleichzeitig mit diesem Opfer der volle Verzicht auf
das Weib erfolgt, um dessenwillen man sich gegen den Vater empört
hatte. Aber nun fordert auch das psychologische Verhängnis der Ambivalenz seine Rechte. Mit der gleichen Tat, welche dem Vater die
größtmögliche Sühne bietet, erreicht auch der Sohn das Ziel seiner
Wünsche gegen den Vater. Er wird selbst zum Gott neben, eigentlich
anstelle des Vaters. Die Sohnesreligion löst die Vaterreligion ab.«[148]
Das Abendmahl, mit der Einverleibung des Sohnes Jesus anstelle des

[147] ebd., S. 190
[148] Totem und Tabu, a. a. O., S. 185 f.

alten Urvaters, bedeutet eine Ersetzung des alttestamentarischen Vatergottes durch den christlichen Sohnesgott und enthält damit neben der Sühne für den Urmord insgeheim noch die mit dem Urmord angestrebte Beseitigung des Vaters. Das Christentum, das die Sünde wider den Vater durch den Opfertod Jesu aufheben will, begeht sie insgeheim stets von neuem. »Die christliche Kommunion ist aber im Grunde eine neuerliche Beseitigung des Vaters, eine Wiederholung der zu sühnenden Tat.«[149] Was am Anfang der Menschheitsgeschichte geschehen ist, wiederholt sich Freud zufolge zu Beginn jeder individuellen Geschichte, die den Sohn in die Kultur einführt. Während des Ödipuskomplexes kommt es zur feindseligen Auflehnung gegen den Vater, mit dem Wunsch, ihn zu beseitigen, und schließlich zu einer versöhnenden Identifikation mit ihm, die es erlaubt, später, wenn die Erwachsenheit erreicht ist, an seine Stelle zu treten. Mordwünsche gegen den Vater und an die kannibalistische Einverleibung angelehnte Identifikation mit ihm bestimmen das Schicksal des Kindes während des ödipalen Konflikts. In der Religion findet nicht nur das Drama des Beginns der Menschheitsgeschichte, sondern auch das des Beginns der individuellen Geschichte auf verdeckte Art seinen Ausdruck.

Freuds Interpretation des Abendmahls ist nicht nur fragwürdig, weil sie von einem historischen Urverbrechen ausgeht, das sich kaum wissenschaftlich nachweisen läßt[150], sie ist auch fragwürdig, weil sie den im Christentum wirksamen Kannibalismus einseitig auf die Beziehung der Söhne zum Vater bezieht. Freud vernachlässigt hier, wie so oft in seiner Religionskritik, die Beziehung der Religion zum Mütterlichen. Die einseitige Hervorhebung der Vater-Sohn-Konstellation dient der Abwehr der Einsicht in die basale Bedeutung der Mutter-Kind-Konstellation, ganz abgesehen davon, daß sie auch die Töchter sträflich vernachlässigt. Freuds religionspsychologische Kernaussage, daß die Religion vor allem als »Vatersehnsucht« zu verstehen sei, behält allenfalls ihr Recht, wenn sie einschließt, daß in Gestalt Gottes der idealisierbare Vater gesucht wird, mit dessen Hilfe die ursprüngliche Macht des Mütterlichen gebrochen werden soll. Für Freud besteht der Kern der christlichen Religion in der Bearbeitung eines »Urvatermordes«. Aber bereits Freuds religionskritische Texte lassen ahnen – indem sie die frühe Mutter zum Verschwinden bringen –, daß es auch so etwas wie

---

[149] ebd., S. 186
[150] Siehe hierzu das nächste Kapitel, S. 222

einen »Urmuttermord« geben muß, dessen Verarbeitung ebenfalls in die Religion eingeht.

Der Urtypus der Einverleibung, der sich im religiösen Abendmahl wieder Geltung verschafft, ist ontogenetisch betrachtet nicht, wie Freud glaubt, derjenige der identifizierenden Einverleibung des Vaters am Ende des Ödipuskomplexes, sondern der der Mutter während der oralen Phase. Das Kind verleibt sich mit der Muttermilch einen Teil des mütterlichen Körpers ein. Mit dieser physischen Einverleibung ist eine psychische Einverleibung des mütterlichen Objekts verbunden. Das Teilobjekt der mütterlichen Brust und dann die Mutter, wie sie dem Säugling und Kleinkind erscheint, werden in Prozessen introjiziert, bei denen Freud zufolge Objektbeziehungen und Identifikationen noch nicht genau zu trennen sind.[151] Die oben zitierten, auf die Oralität bezogenen christlichen Texte haben offensichtlich mehr mit der frühen Mutter-Kind-Beziehung zu tun als mit der frühen Vater-Sohn-Beziehung. Das Göttliche wird in ihnen, auch dort, wo es männlich etikettiert ist, mit Zügen ausgestattet, die es in die Nähe einer Mütterlichkeit bringen, die auf das Kind bezogen ist. Jesus wird mit Wesenszügen versehen, die Mütterliches und Kindliches vereinen; er scheint eine Figur zu sein, die nicht zuletzt der oralen Mutter-Kind-Symbiose entsprungen ist. Jesus, dessen Leib während der Eucharistie verzehrt wird, hat nicht nur, wie Freud aufzeigt, mit der Beziehung zum »Urvater« der Kindheit zu tun, sondern auch mit der zu deren »Urmutter«.

Das Heilige ist mit Tabus verknüpft. Diese Tabus, die in der gesellschaftlichen Praxis jeder Begründung zu entbehren scheinen, richten sich gegen mächtige, zu verbotenen Handlungen drängende Begierden. »Grundlage des Tabu ist ein verbotenes Tun, zu dem eine starke Neigung im Unbewußten besteht.«[152] Das Tabu richtet sich gegen etwas, was unbewußt gemacht werden muß, weil es gedanklich und praktisch nicht berührt werden darf. Was vom Tabu betroffen ist, hat einen zwiespältigen Charakter. »Uns geht die Bedeutung des Tabu nach zwei entgegengesetzten Richtungen auseinander. Es heißt uns einerseits: heilig, geweiht, andererseits: unheimlich, gefährlich, verboten, unrein.«[153] Nach Freud gibt es drei zentrale Tabus, deren Verinnerlichung nicht nur den Menschen in der modernen Kultur auszeichnet. Die mensch-

---

[151] Siehe hierzu: Das Ich und das Es, a. a. O., S. 257
[152] Totem und Tabu, a. a. O., S. 42
[153] ebd., S. 26

liche Subjektwerdung ist von der Aufrichtung und Einhaltung dieser Tabus abhängig, aus denen andere Tabus abgeleitet werden können. Diese drei Tabus sind das Tötungstabu, das Inzesttabu und das Kannibalismustabu. Mit diesen Tabus, die für alle Mitglieder einer Gesellschaft gelten, »[...] hat die Kultur die Ablösung vom animalischen Urzustand begonnen, vor unbekannt wie vielen Tausenden von Jahren. Zu unserer Überraschung fanden wir, daß sie noch immer wirksam sind, noch immer den Kern der Kulturfeindseligkeit bilden. Die Triebwünsche, die unter ihnen leiden, werden mit jedem Kind von neuem geboren; es gibt eine Klasse von Menschen, die Neurotiker, die bereits auf diese Versagungen mit Asozialität reagieren. Solche Triebwünsche sind die des Inzests, des Kannibalismus und der Mordlust.«[154] Bei seiner Analyse des Abendmahls berücksichtigt Freud vor allem zwei Tabus: das Tötungstabu und das Inzesttabu. Der Konflikt mit dem Vater, der zur Tötung führt, beruht auf dem sexuellen Begehren, das dem Vater vorbehalten ist. Als Versöhnungsopfer für die Tötung des Vaters verzichten die Söhne auf Mord und inzestuöses Begehren, sie richten das Tötungs- bzw. das Inzesttabu auf, das ihrem Zusammenleben eine stabile Basis verleiht. Es wird von Freud nicht berücksichtigt, daß das Verzehren des Vaters besondere Probleme aufwirft und dagegen ein Tabu vorhanden ist oder aber aufgerichtet werden muß. Das Kannibalismustabu und seine Verknüpfung mit der Mutter-Kind-Beziehung, in der das Kannibalismustabu zum ersten Mal wirksam wird, geraten bei Freuds Analyse der Religion nicht ins Blickfeld.

Der Kannibalismus hat, ontogenetisch betrachtet, seine Wurzeln in der oralen Phase, während der es um die Einverleibung mütterlicher (Teil-)Objekte geht. Das Kannibalismustabu bezieht sich wahrscheinlich ursprünglich auf das Verbot, auch weiterhin nach der Stillphase Elemente des mütterlichen Körpers zu verschlingen. Von nun an muß das quasi Verschlingen des mütterlichen Fleisches – die Mutterbrust – aufgegeben werden: Die nährende Milch muß durch andere Nahrung ersetzt werden. Das Abstillen, das üblicherweise mit dem Beginn des Zahnens erfolgt, oder auch schon frühere orale Versagungen provozieren beim Kind massive orale Aggressivität gegen die Mutter, die, als Kehrseite, Ängste vor der phantasierten oralen Aggressivität ebendieser Mutter hervorrufen kann. Das Kind, das die Mutter verschlingen will, um sie zu beseitigen oder in sich aufzunehmen, muß auch befürchten,

[154] Die Zukunft einer Illusion. GW XIV, S. 331

von der Mutter verschlungen zu werden. Aus der Aggressivität gegen die Mutter und den aus ihr resultierenden Ängsten vor den aggressiven Reaktionen der Mutter entstehen früheste Schuldgefühle. Sie gehen aus der Introjektion einer bedrohlichen Mutterimago hervor, die vom Kind mit Hilfe der Projektion seiner Destruktivität erzeugt wurde. Die Introjektion der versagenden Mutter bedeutet die Aufrichtung des Kannibalismustabus, das den Wunsch abzuwehren hilft, mütterliche Objekte zu verschlingen. Mit der Abwehr dieses Wunsches wird zugleich die Angst abgewehrt, von der Mutter verschlungen zu werden. Durch die Grenze, die das Kannibalismustabu setzt, wird zugleich eine Grenze zwischen Mutter und Kind aufgerichtet, die die bisherige Symbiose zwischen Mutter und Kind sprengt. Das Verbot der Einverleibung der mütterlichen Brust sorgt dafür, daß die Grenze zwischen dem Körper der Mutter und dem Körper des Kindes klarer gezogen wird. Die damit verbundene Aufrichtung der Trennung zwischen dem Selbstobjekt und dem mütterlichen Objekt erzeugt die Basis der Individuation. Die Subjektwerdung ist demnach an das Kannibalismustabu geknüpft.

Freuds Interpretation des Abendmahls hat, formelhaft zusammengefaßt, was bereits dargestellt wurde, folgende Struktur: Die Söhne ermorden den die Sexualität monopolisierenden Vater und verzehren ihn anschließend. Um diese Urschuld gegenüber dem nicht nur gehaßten, sondern auch geliebten Vater aufzuheben, muß sich der Sohn Jesus opfern. Dieses Opfer bedeutet aber zugleich auch insgeheim eine Wiederholung des Vatermordes: Der sich opfernde Sohn tritt an die Stelle des Vaters, die christliche Sohnesreligion löst die alttestamentarische, jüdische Vaterreligion ab. Individualpsychologisch formuliert und mehr auf Wünsche und Phantasien bezogen, bedeutet das: Der Sohn entwikkelt den Wunsch, den Vater, der sein inzestuöses sexuelles Begehren einschränkt, während des Ödipuskomplexes zu beseitigen, um an seine Stelle treten zu können. Um die damit verbundenen Schuldgefühle zu reduzieren und sich wieder mit ihm zu versöhnen, opfert der Sohn sein kindliches sexuelles Begehren. Durch dieses Opfer, durch die Unterwerfung unter das Gesetz des Vaters, nimmt der Sohn den Vater identifizierend in sich auf und kann so später, als sein Erbe in der Generationsfolge, an seine Stelle treten.

Eine verwandte Struktur läßt sich an der frühen Mutter-Kind-Beziehung ausmachen. In der frühen Kindheit entwickelt das Kind eine erste über Mund und Brust vermittelte erotische Beziehung zur Mutter. Hierin gibt es nicht nur das geliebte versorgende mütterliche Objekt, sondern auch das aggressiv besetzte versagende mütterliche Objekt. Dieses kann mit Hilfe der oralen Aggression verschlungen und so gewissermaßen getötet werden. Diese orale Aggression weckt beim Kind mit Angst verbundene Schuldgefühle, die dadurch abgebaut werden können, daß das auf die Mutter gerichtete orale Begehren aufgegeben wird: Das Kind in Gestalt des Säuglings wird gewissermaßen geopfert. Dieses Opfer bedeutet zugleich eine Wiederholung des »Urmuttermordes«, ein Brechen der Macht der Mutter, indem die an die Säuglingszeit gebundenen Mutterimagines zum Verschwinden gebracht werden. Das Kind, das nicht mehr oral an die Mutterbrust gefesselt ist, macht einen ersten Schritt zur Autonomie. Die Introjektion von mütterlichen Objekten in die Psyche des Kindes, durch die sich das Kind gewissermaßen diesen Objekten angleicht, erlaubt es, die äußere Beziehung zur Mutter zu lockern. Wo das Objekt in die Psyche hineingenommen ist, ist man auf seine äußere Präsenz weniger angewiesen. Eine »Urmutter«, von der das Kind bei einer noch fehlenden Trennung von innen und außen, zwischen sich und der Mutter, noch völlig abhängig ist, wird durch ihre identifizierende Einverleibung überflüssig, sie kann »ermordet« werden.

Wenn diese Konstruktion, die noch der weiteren Entwicklung bedarf, richtig ist, dann hat die Eucharistiefeier nicht nur mit einem »Vatermord«, sondern auch mit einem »Muttermord« in der frühen Kindheit zu tun. Der Wein, den die Gläubigen trinken, symbolisiert nicht nur das Blut des Opfers Jesus-Ödipus, er symbolisiert insgeheim auch die nährende Muttermilch, auf die der Säugling mit dem Übergang zum Kleinkind verzichten muß. Der traumatische Sündenfall, von dem die Paradiesgeschichte berichtet, hat nicht nur das Überschreiten eines sexuellen Verbots, sondern auch eines anderen Verbots zum Inhalt. »[…] von dem Baum der Erkenntnis des Guten und des Bösen sollst du nicht essen; denn welches Tages du davon issest, wirst du des Todes sterben.« (1. Mose 2,17) Die Frucht vom Baum der Erkenntnis, die nicht gegessen werden darf, ist ein Apfel, der an die mütterliche Brust erinnert, die schmackhafte Nahrung gewährt hat. Das Versöhnungsopfer Jesus, das die Gläubigen in sich aufnehmen, wird einem toten Vater und einer toten Mutter erbracht. Das »tote Holz«, an das der lebendige Leib Jesu genagelt wird, repräsentiert zugleich den toten Vater und die tote Mutter. Durch die Einverleibung des »Opferleibes« Jesu in Gestalt der Oblate, die eine Identifikation mit diesem provoziert, wird den Gläubigen die Vergebung aller Sünden, also die Versöhnung mit dem Göttlichen versprochen. Diese identifizierende Einverleibung bedeutet aber keineswegs nur die demütige Annahme eines Opfers, sie verspricht auch Zugang zum göttlichen Phallus des Vatergottes wie Zugang zur versorgenden Brust der Mutter Kirche. Was dergestalt unbewußt abläuft, hat soziale Konsequenzen: Denjenigen, die bereit sind, ein Schicksal voller Opfer zu akzeptieren, die bereit sind, die Opfer, die man ihnen auferlegt, immer wieder »herunterzuschlucken«, wird als Ausgleich für ihre Ohnmacht die narzißtische Identifikation mit einer göttlichen Allmacht und einer Kirche, die Zugang zu ihr verschafft, angeboten.

Die oralen Strebungen ebenso wie die genitalen, die die traditionelle Kirche einfängt, sind mit Verzicht verknüpft. Die christliche Askese und Leibfeindlichkeit ist mit der Abwehr beider Triebregungen verbunden. Die Tugend der Armut, die katholische Mönche und Kleriker kennzeichnen soll, hat, wie Drewermann aufgezeigt hat, mit Konflikten und Versagungen der Oralität zu tun.[155] Am Freitag, an dem das Lamm Gottes geschlachtet wurde, soll kein Fleisch gegessen werden; der Karfreitag ist mit der Fastenzeit verbunden. Der Verzicht auf die oralen Freuden, mit denen die Welt lockt, soll die Gläubigen »reifer« für die Götterspeise des Glaubens machen. Um für die innere religiöse Nahrung offener zu sein, sollen sie sich nicht durch den Genuß von Nahrung an die Freuden der Welt binden. Orale Versagungen in der Gegenwart begünstigen den regressiven Drang zu den oralen Befriedigungsformen der frühen Kindheit, wie Saugen an der verführerischen Mutterbrust. Da dieser Drang zugleich entschieden abgewehrt werden muß, kann als Reaktionsbildung der Hunger nach der »reinen Milch« des Glaubens und dem »reinen göttlichen Leib« wirksam werden, in denen das Verdrängte unbewußt, verborgen hinter seiner Verneinung, wiederkehrt. Versagungen können, wenn sie nicht zu massiv ausfallen, die für eine erwachsene Existenz notwendigen Sublimierungen befördern helfen, die dem unmittelbar leiblichen Begehren psychische Energien zugunsten sozialer Bindungen und Aktivitäten entziehen. Aber sie können, wenn sie zu massiv ausfallen, auch unbewußte Regressionen zu infantilen Befriedigungsformen und frühen Elternbindungen begünstigen, die verhindern, daß das leibliche Begehren auf erwachsene Art gelebt werden kann. Heinrich Heine zufolge hat die Kirche »einen großen Magen«, in dem sich viel Schlimmes unterbringen ließ und läßt, und die von ihr verabreichte Götterspeise hat schon manchen den Appetit verdorben.

---

[155] Siehe hierzu Kleriker, a. a. O., S. 369 ff.

Die Oralität mit ihrem Drang, sich etwas durch den Mund einzuverleiben, hat notwendig aggressive Komponenten. Die Beziehung zu den Objekten des oralen Begehrens zeigt meist ambivalente Züge, die Freud zufolge mit der Beißtätigkeit, auf der zweiten Stufe der oralen Entwicklung, verknüpft sind. »Die zweite Stufe, durch das Auftreten der Beißtätigkeit ausgezeichnet, kann als die oralsadistische bezeichnet werden; sie zeigt zum ersten Mal die Erscheinungen der Ambivalenz.«[156] Das Objekt, das als verzehrbar gilt, muß, wenn es nicht flüssig ist, mit den Zähnen zerbissen, zerkaut, zermahlen werden. Das Lateran-Konzil von 1059 beschließt, daß der Leib Christi während der Eucharistie »von den Zähnen der Gläubigen zermahlen wird«.[157] Orales Verschlingen zerstört seine Objekte, ein Vorgang, der sehr aggressiv besetzt sein kann. Wenn man jemanden nicht leiden kann, hat man ihn »gefressen«, man möchte ihn gewissermaßen zu Tode beißen. Orale Aggressivität kann sich freilich auch unter dem Mantel der Liebe verbergen: Man kann jemanden »zum Fressen gern haben«. In der christlichen Lehre sind die aggressiven, zerstörerischen Aspekte der Oralität üblicherweise strikt von den liebevollen abgetrennt; was in der Realität meist verbunden ist, wird aufgespalten, um belastenden Ambivalenzkonflikten zu entkommen. Der Leib Christi wird aus reiner Liebe gegeben und soll aus reiner Liebe verzehrt werden. Jesus nimmt den vergifteten Inhalt des Kelchs, den Gott für ihn gefüllt hat, ohne Aggressivität auf. »[...] Mein Vater, ist's nicht möglich, daß dieser Kelch an mir vorübergehe, ich trinke ihn denn, so geschehe dein Wille!« (Matthäus 26,42) Jesus trinkt am Kreuz, wenn es ihn dürstet, sogar Essig, ohne sich dagegen zu wehren, und beschleunigt so sein Ende. »Danach, da Jesus wußte, daß schon alles vollbracht war, auf daß die Schrift erfüllt würde, spricht er: Mich dürstet! Da stand ein Gefäß voll Essig. Sie aber füllten einen Schwamm mit Essig und steckten ihn auf Ysop und hielten es ihm dar zum Munde. Da nun Jesus den Essig genommen hatte, sprach er: Es ist vollbracht! Und neigte das Haupt und verschied.« (Johannes 19,28–30) Der unaggressiven, guten Oralität, die Jesus repräsentiert, steht eine zerstörerische und mit bösen Objekten verbundene gegenüber. Judas der Verräter, der böse Doppelgänger Jesu, muß während des Abendmahls der Reinen eine teuflische Speise zu sich nehmen, die ihm Jesus einbrockt. »[...] Und er tauchte den Bissen ein,

---

[156] Neue Folge der Vorlesungen zur Einführung in die Psychoanalyse. GW XV, S. 106
[157] Zitiert nach Flasch, a. a. O., S. 44

nahm ihn und gab ihn dem Judas, des Simon Ischarioth Sohn. Und nach dem Bissen fuhr der Satan in ihn. Da sprach Jesus zu ihm: Was du tust, das tue bald! [...] Da er nun den Bissen genommen hatte, ging er alsbald hinaus. Und es war Nacht.« (Johannes 13,26–27; 30) Paulus, der das Ziel verfolgt, den wahren Glauben vom falschen zu trennen, möchte das einzuverleibende Fleisch Jesu strikt vom Fleisch des Götzenopfers getrennt wissen. »Darum, meine Lieben, fliehet den Götzendienst! Als mit Klugen rede ich; urteilet ihr, was ich sage. Der gesegnete Kelch, welchen wir segnen, ist der nicht die Gemeinschaft des Blutes Christi? Das Brot, das wir brechen, ist das nicht die Gemeinschaft des Leibes Christi? Denn ein Brot ist's, so sind wir viele ein Leib, weil wir alle eines Brotes teilhaftig sind. Sehet an das Israel nach dem Fleisch. Welche die Opfer essen, sind die nicht in der Gemeinschaft des Altars? Was will ich nun damit sagen? Daß das Götzenopfer etwas sei? Oder daß der Götze etwas sei? Nein; sondern was die Heiden opfern, das opfern sie den bösen Geistern und nicht Gott. Nun will ich nicht, daß ihr in der Teufel Gemeinschaft sein sollt. Ihr könnt nicht zugleich trinken des Herrn Kelch und des Teufels Kelch; ihr könnt nicht zugleich teilhaftig sein des Tisches des Herrn und des Tisches der Teufel.« (1. Korinther 10,14–21) Beim Jüngsten Gericht kommt es, der Apokalypse zufolge, zu einer großen kannibalistischen Umkehrung. Es wird nicht mehr das Fleisch des reinen Lammes Jesus gegessen, der mit dem der guten Mutter Jerusalem eins ist, sondern das Fleisch der großen Hure Babylon, einer Mutter, die mit dem Teufel im Bund ist. »Und er sprach zu mir: Die Wasser, die du gesehen hast, wo die Hure sitzt, sind Völker und Scharen und Heiden und Sprachen. Und die zehn Hörner, die du gesehen hast, und das Tier, die werden die Hure hassen und werden sie einsam machen und bloß und werden ihr Fleisch essen.« (Offenbarung 17,15–16) Das Abendmahl, bei dem der reine Leib des Opfers Jesus als Speise verabreicht wird, wird durch ein »großes Mahl Gottes« ersetzt, bei dem Jesus als Sieger das Fleisch aller Bösen verschlingen läßt. »Und ich sah einen Engel in der Sonne stehen, und er rief mit großer Stimme und sprach zu allen Vögeln, die unter dem Himmel fliegen: Kommt, versammelt euch zu dem großen Mahl Gottes, daß ihr esset das Fleisch der Könige und der Hauptleute und das Fleisch der Starken und der Pferde und derer, die darauf sitzen, und das Fleisch aller Freien und Knechte, der Kleinen und der Großen! [...] Und alle Vögel wurden satt von ihrem Fleisch.« (Offenbarung 19,17–18; 21)

Die Aufspaltung der Welt der Oralität in eine liebevolle, gute und eine aggressive, böse entspricht frühen Spaltungen, die besonders Melanie Klein sichtbar gemacht hat, auf die aber schon Freud hingewiesen hat. Es gibt auf der oralen Ebene gute Objekte, die das Kind sich einverleiben möchte, und böse, die es ausspeien möchte. Es gibt die »gute Brust« der »guten Mutter« und die »böse Brust« der »bösen Mutter«. Diese Aufteilung hat eine erste Unterscheidung von innen und außen zur Konsequenz: Innen ist das Gute, das einverleibt wurde, außen das Schlechte, das nicht schmeckt, das man ausspeien möchte. »In der Sprache der ältesten, oralen Triebregungen ausgedrückt: das will ich essen oder will es ausspucken und in weitergehender Übertragung: das will ich in mich einführen und das aus mir ausschließen. Also: es soll in mir oder außer mir sein. Das ursprüngliche Lust-Ich will, wie ich an anderer Stelle angeführt habe, alles Gute sich introjizieren, alles Schlechte von sich werfen. Das Schlechte, das dem Ich Fremde, das Außenbefindliche, ist ihm zunächst identisch.« [158] An dieses Ordnungsmuster schließen sich die Mechanismen der Identifikation und der Projektion an. Innen soll nur das sein, mit dem ich mich identifizieren kann, das Schlechte soll nach außen projiziert werden, es soll draußen identifizierbar sein. Die Psyche, die der oralen Spaltung gehorcht, die keine Ambivalenzen und Widersprüche kennen will, kann im eigenen Innern das gute Jesushafte finden, und draußen das böse Teuflische, im Innern das gute und draußen das böse Fleisch, drinnen die Milch des wahren Glaubens und draußen die falsche der Irrlehren. Aber das Böse, das so als bloß Äußerliches erscheint, ist immer auch im Innern der christlichen Subjekte oder der christlichen Gemeinde. Es erscheint nur dann als bloß äußerliche Bedrohung, wenn es von drinnen nach draußen projiziert wird, und dann am Fremden, am Anderen identifiziert wird. Größere seelische Reifung verlangt, derartige Spaltungen zu überwinden und psychische Ambivalenzen, denen Widersprüche in der äußeren Realität entsprechen, auszuhalten. Mächtige Mutterkirchen, die ihre bösen Feinde vor allem als äußere Feinde sehen, neigen dazu, sich ihre Schäfchen auf aggressive Art einzuverleiben und diejenigen auszuspeien und mundtot zu machen, die Zweifel an ihrer Glaubensmilch äußern.

---

[158] Freud, S.: Die Verneinung. GW XIV, S. 13

IV

Wo in der christlichen Tradition das Mütterlich-Weibliche zu sehr verdrängt wird, kann es in Verbindung mit dem Tod wiederkehren. Christliche Todesbilder sind häufig eng mit Imagines des Mütterlichen verwandt. Maria, die Mutter Jesu, ist bei dessen Tod besonders präsent. Sie ist bei seinem Sterben am Kreuz anwesend. »Es stand aber bei dem Kreuze Jesu seine Mutter.« (Johannes 19,25) Die Urerfahrung der Trennung von der Mutter geht unbewußt in spätere Todesbilder ein: Todesbilder sind immer auch Bilder vom Abschiednehmen. Aber nicht nur die schmerzliche Trennung von der Mutter, auch die Sehnsucht nach der Wiedervereinigung mit ihr kann sich in Todesbildern Geltung verschaffen. In bildlichen und plastischen Darstellungen vom Ende des irdischen Lebens des Erlösers nimmt Maria, die Schmerzensmutter, den toten Leib ihres Sohnes wieder sanft in die Arme, mit seinem Tod wird er gewissermaßen wieder eins mit ihr. Pietas stellen Maria mit dem Leichnam Christi auf dem Schoß dar – er kehrt zu dem Schoß zurück, aus dem er kam. Bis zu seiner Wiederauferstehung liegt Jesus drei Tage im Grabe, ebenso lange wie Jonas im Bauch des Wales war, bevor er wieder ausgespien wurde. »Gleichwie Jona, drei Tage und drei Nächte in des Fisches Bauch war, so wird des Menschen Sohn drei Tage und drei Nächte im Schoß der Erde sein.« (Matthäus 12,40) Die Rückkehr in den Schoß der Erde und die Wiederkehr aus diesem Schoß ist einem Mysterienstoff verwandt, der Tod und Wiedergeburt thematisiert. Er taucht in den Initiationsriten von »Wilden« ebenso wie in der klassischen griechischen Mythologie immer wieder auf. »Der Tod als Geburt, die Geburt als Tod. Dieser Vorstellungszusammenhang offenbart sich vielfältig in jeder Mythologie. Manchmal wird der Tod als ›zweite Geburt‹ gedeutet, dann wieder als ›Umkehrung der Geburt‹, als ›Rückkehr in den Mutterschoß‹. Der Tod erscheint als ›Wiedergeburt‹ oder als ›Geburtsrevision‹, und stets gelten diese Metaphern dem physischen Tod ebenso wie dem sozialen Tod der Grenzerfahrung. Die Anschauung des Todes als Wiedergeburt setzt jene Vorstellung der Inkarnation voraus, die im Grunde dem Prozeß von Schwangerschaft und Geburt abgelauscht ist: Inkarnation als Fleischwerdung des Geistes. Ein ›göttlicher Funke‹, die Seele, wird gleichsam in den Körper, in eine materielle Gestalt, eingesperrt; und im Tode entflieht diese gefangene Seele ihrer leiblichen Haftanstalt, sie befreit sich von den Fesseln des Fleisches.«[159] Das Einfahren in die Mutter Erde, ins Grab, und das paradiesische Aus-ihr-wiedergeboren-Werden, kann den Wunsch nach der Überwindung des Todes symbolisieren.[160]

Die Sehnsucht nach dem Tod als einer Durchgangsstation zu einer besseren Welt ist ein zentrales Element der christlichen Religion. Bei Paulus heißt es: »[...] Christus ist mein Leben und Sterben ist mein Gewinn.« »Ich habe Lust, abzuscheiden und bei Christus zu sein.« (Philipper 1,21; 23) Diese Sehnsucht ist mit der Sehnsucht nach der Rückkehr zur Mutter der Kindheit verwandt. Das Kind war, bevor es zum Subjekt wurde, bevor es seine Individualität entwickelte, Teil der Mutter. Es war zunächst in einer symbiotischen Einheit mit ihr verbunden; erst deren Auflösung machte seine psychische Geburt möglich. Der Tod, der die Subjektwerdung wieder zurücknimmt, indem er das Subjekt auslöscht, kann unbewußt mit einer Rückkehr zur Einheit mit der frühen Mutter gleichgesetzt werden. Freud bemerkt: »Die Bedeutung der Phantasien und unbewußten Gedanken über das Leben im Mutterleib habe ich erst spät würdigen gelernt. Sie enthalten sowohl die Aufklärung für die sonderbare Angst so vieler Menschen, lebendig begraben zu werden, als auch die tiefste unbewußte Begründung des Glaubens an ein Fortleben nach dem Tode, welches nur die Projektion in die Zukunft dieses unheimlichen Lebens vor der Geburt darstellt.«[161] Das Bild des Todes kann mit Ängsten vor der völligen Verlassenheit und Hilflosigkeit und dem Erdrücktwerden durch feindliche Gewalten verknüpft sein, aber es kann auch ein Gegengewicht zu diesen angstauslösenden Bedrohungen enthalten: Diese Bedrohungen können durch einen sanften Tod von den Menschen genommen werden. Diese Ambivalenz spiegelt die ambivalente Einstellung zur Mutter der Kindheit. »Der Tod ist verlockend: als Ruhe, Geborgenheit, Schlaf; und er ist schrecklich: als erstickende Enge, Schweigen und Ohnmacht. Diese Ambivalenz empfinden wir auch gegenüber der Mutter. Einerseits ersehnen wir die symbiotische Einheit (das Paradies), andererseits führchten wir die ›vagina dentata‹, die uns zu verschlingen droht. Der Uterus ist Schutzraum und Sarg gleichermaßen.«[162] Die Sehnsucht nach dem Tod, der alle Bedrängnisse dieser Welt aufhebt, ist von der

[159] Macho, Th.: Todesmetaphern. Frankfurt am Main 1987, S. 239
[160] Siehe hierzu auch Heinrich, K.: Arbeiten mit Ödipus. Frankfurt am Main, Basel 1993, S. 238 f.
[161] Freud, S.: Die Traumdeutung. GW II/III, S. 405 f. Fußnote
[162] Macho, a. a. O., S. 245

unbewußten Sehnsucht nach der Wiedervereinigung mit der Mutter kaum zu trennen, die alles Leid des Menschseins wieder aufzuheben verspricht. Die Einstellung zum Tod ist mit der Angst vor der Zerstörung und dem Zerfall der Subjektivität verbunden, aber zu ihr gehört auch der Wunsch, den Schmerz wieder aufzuheben, der damit verbunden ist, ein Subjekt zu werden und zu bleiben. Die Angst, von der Nacht des Todes verschlungen zu werden, kann mit der Sehnsucht verbunden sein, schwebend in ihr zu versinken.

In Verbindung mit der Analyse der unbewußten Bedeutung der Kreuzigung wurde ein Gedanke Freuds vorgestellt, der die Todesangst mit der vom Vater ausgehenden Kastrationsangst in Verbindung setzt, zu deren Kehrseite die Sehnsucht gehört, wieder mit der Mutter eins zu werden, also die Trennung wieder aufzuheben. Beide scheinbar disparaten Interpretationen lassen sich verknüpfen. Beim Geschlechtsverkehr kann der Phallus des Mannes in den weiblichen Körper eindringen, die sexuelle Vereinigung kann Subjekt- und Objektrepräsentanzen zur Verschmelzung bringen und dadurch das Männliche wieder mit dem Weiblichen eins werden lassen. Alle Ängste haben Freud zufolge letztlich ihre Basis in der traumatischen Erfahrung bei Trennung von der Mutter durch die Geburt. Auch die Kastrationsangst steht mit der traumatischen Trennung von der Mutter in Verbindung, hat doch die Kastration die Unmöglichkeit der Wiedervereinigung mit dem Leib einer Frau zur Konsequenz. »Weisen Sie die Idee nicht ab, daß diese Angstbedingungen im Grunde die Situation der ursprünglichen Geburtsangst wiederholen, die ja auch eine Trennung von der Mutter bedeutet. Ja wenn Sie einem Gedankengang von Ferenczi folgen, können Sie auch die Kastrationsangst dieser Reihe anschließen, denn der Verlust des männlichen Gliedes hat ja die Unmöglichkeit einer Wiedervereinigung mit der Mutter oder dem Ersatz für sie im Sexualakt zur Folge.«[163] Wo die sexuelle Vereinigung durch Kastrationsängste blockiert ist, kann ein verdrängter Koituswunsch im Wunsch nach der Rückkehr in den Mutterleib Ersatz finden. »Ich erwähne Ihnen nebenbei, die so häufige Phantasie der Rückkehr in den Mutterleib ist der Ersatz dieses Koituswunsches.«[164] Wo auch diese Phantasie abgewehrt werden muß, kann an ihre Stelle die Todessehnsucht treten. Der Wunsch nach der inzestuösen Vereinigung mit der

---

[163] Neue Folge der Vorlesungen, (…) a.a.O., S. 94
[164] ebd.

Mutter, der der phallischen Sexualität eine Urform verleiht, kann regressiv in einem Todeswunsch und progressiv im Wunsch nach der erotischen Vereinigung mit einer der Mutter nachfolgenden Frau aufgehoben werden.

Todesbilder sind nicht nur mit dem Mütterlichen verwandt, sondern auch mit dem Väterlichen. In der Phantasie des Kindes kann der Vater, der mit Kastration droht, dem Körper das nehmen, was seine Lebendigkeit symbolisiert. Der Tod nimmt in christlichen Mysterienspielen die Gestalt eines Sensenmannes an, der das Fleisch wie das Gras abmäht. Der Wunsch nach der Versöhnung mit dem Vater verlangt am Ende des Ödipuskomplexes die Opferung der kindlichen Sexualität. Jesu Tod am Kreuz ist der Preis, den er für seine Liebe zu seinem himmlischen Vater und die Einheit mit ihm zahlen muß. Eine Sehnsucht nach der Versöhnung mit dem Vater, die das Opfer des lebendigen Leibes verlangt, kann bei Christen, die Jesus nachfolgen wollen, eine Todessehnsucht auslösen. Der Weg zum Tod kann als Weg näher zu Gott, dem himmlischen Vater, erscheinen. Eine väterliche göttliche Macht, die Leid auferlegt, aber auch Leid wieder aufzuheben vermag, kann in der Todesstunde ihre schützende Hand über die sterbenden Christen halten und sie in eine bessere Welt geleiten. »[...] solange wir im Leib wohnen, wallen wir ferne vom Herrn. Wir sind aber getrost und haben vielmehr Lust, außer dem Leibe zu wallen und daheim zu sein bei dem Herrn.« (2. Korinther 6; 8) Wo aber die unüberschreitbare Grenze zwischen Leben und Tod mit Hilfe derartiger kindlich gebliebener Wünsche übersprungen werden soll, können auch andere Grenzen nicht ausgehalten werden, deren Akzeptanz menschliche Reife ausmacht. Wer sich von den Schicksalsmächten der Kindheit zuwenig abgelöst hat, hat noch nicht die Freiheit erworben, in dieser Welt auf erwachsene Art zu leben.

Eine heute gängige, oberflächliche Kulturkritik behauptet, daß der Tod in der heutigen Zeit in einem Ausmaß verleugnet wird, das in früheren christlichen Epochen unbekannt war. Aber die intensivere Beschäftigung mit dem Tod im Rahmen des Christentums dient im Grunde vor allem dessen Leugnung, und damit einer regressiven Realitätsflucht. Er wird in der christlichen Todesmystik nicht als absolute Grenze akzeptiert, sondern zur bloßen Durchgangsstation zu einer anderen Welt relativiert, in der der Leib wieder auferstehen kann und man mit seinen Lieben wieder vereint sein darf. Eine solche Interpretation ist letztlich darauf aus, den Tod auf verleugnende Art aufzuheben. Wahrscheinlich akzeptieren heute sehr viel mehr Menschen den Tod als eine unüberwindbare Grenze, als das in früheren Epochen der Fall war. Erst dieses aufgeklärtere Akzeptieren des Todes bringt als Reaktionsbildung die vielfältigen Abwehrformen gegen die Beschäftigung mit dem Tod hervor, die für die nachchristliche Moderne typisch sind.

V

Die Bindung an die Mutter der frühen Kindheit, die unbewußt in die Religion eingeht, scheint keineswegs frauenfreundliche Einstellungen nach sich zu ziehen. Das Gegenteil ist vielmehr für das traditionelle Christentum typisch. Seine führenden männlichen Vertreter zeigen sich oftmals ausgeprägt frauenfeindlich. Wo Männer unbewußt an ihre Mütter fixiert bleiben, ziehen alle ihnen nachfolgenden Frauen allzuleicht Kälte oder Verachtung auf sich. Eine ambivalente männliche Einstellung der Mutter gegenüber wird häufig durch Spaltungen bearbeitet, durch die einerseits Mütterliches auf marienhafte Art idealisiert werden kann, während andererseits die Aggressivität gegenüber der Mutter, die durch Idealisierung verdeckt wird, auf andere Frauen verschoben wird. Der oft maßlose Haß auf die versagende Mutter der frühesten Kindheit, die Angst vor der verschlingenden »bösen Mutter«, die Wut auf die verführerische ödipale Mutter, die dem Kind schlimme Konflikte mit dem Vater einträgt und dann doch unerreichbar bleibt, alles das und vieles mehr kann vom mütterlichen Objekt abgetrennt und auf andere weibliche Objekte verschoben werden. Offen ausgedrückte Aggressivität bleibt ihnen häufig allenfalls dadurch erspart, daß sie verdrängt wird und nur als Gleichgültigkeit in Erscheinung tritt. Wer an die Vergangenheit fixiert ist, kann nicht in der Gegenwart leben, er muß das verführerische Weibliche offen oder verdeckt aggressiv abwehren. Männliche Aggression kann der Frau als der erotischen Verführerin ebenso wie ihr als Gebärerin und Mutter gelten. Schon in der Geschichte vom Sündenfall, dem Anfang der »männlichen« Geschichte, werden beide Formen des Weiblichen mit dem Fluch des Vatergottes beladen. Die Geschichte der christlichen Frauendiskriminierung und Verfolgung ist gut dokumentiert,[165] sie braucht hier nicht im einzelnen dargestellt zu werden. Nur einige Beispiele sollen der Illustration dienen.

---

[165] Siehe hierzu z. a. O. Deschner, a. a. O. oder Ranke-Heinemann, a. a. O.

Nach dem Neuen Testament zeigt Jesus sogar seiner Mutter gegenüber eine eigentümlich ablehnende Kälte. »Weib, was gehts dich an, was ich tue?« (Johannes 2,4), äußerte er ihr gegenüber während der Hochzeit zu Kana. Er will ihr und seinen übrigen Verwandten keineswegs besonders nahestehen. »Da er noch zu dem Volk redete, siehe, da standen seine Mutter und seine Brüder draußen, die wollten mit ihm reden. Da sprach einer zu ihm: Siehe, deine Mutter und deine Brüder stehen draußen und wollen mit dir reden. Er antwortete aber und sprach zu dem, der es ihm ansagte: Wer ist meine Mutter, und wer sind meine Brüder? Und reckte die Hand aus über seine Jünger und sprach: Siehe da, das ist meine Mutter und meine Brüder!« (Matthäus 12,46–49) Bei Paulus zeigt sich eine Beziehung zu Frauen, die vom Drang bestimmt ist, sie der autoritären männlichen Kontrolle zu unterwerfen. »Die Frauen seien untertan ihren Männern als dem Herrn.« (Epheser 5,22) Dies hat Konsequenzen für das Verhalten innerhalb der Gemeinde. »Einer Frau gestatte ich nicht, daß sie lehre, auch nicht, daß sie sich über den Mann erhebe, sondern sie sei stille. Denn Adam ist am ersten gemacht, danach Eva. Und Adam ward nicht verführt; das Weib aber ward verführt und ist der Übertretung verfallen.« (1. Timotheus 2,12–14) Und: »Wie in allen Gemeinden der Heiligen lasset die Frauen schweigen in der Gemeinde; denn es soll ihnen nicht zugelassen werden, daß sie reden, sondern sie sollen sich unterordnen, wie auch das Gesetz sagt. Wollen sie aber etwas lernen, so lasset sie daheim ihre Männer fragen. Es steht der Frau übel an, in der Gemeinde zu reden.« (1. Korinther 14,34; 35) Frauen, die sich in der Gemeinde nicht den patriarchalischen Regeln entsprechend verhalten, sollen einer symbolischen Kastration unterzogen werden. »Ich lasse euch aber wissen, daß Christus ist eines jeglichen Mannes Haupt; der Mann aber ist des Weibes Haupt; Gott aber ist Christi Haupt. Ein jeglicher Mann, der da betet und weissagt und hat etwas auf dem Haupt, der schändet sein Haupt. Eine Frau aber, die da betet und weissagt mit unbedecktem Haupt, die schändet ihr Haupt; denn es ist ebensoviel als wäre sie geschoren. Will sie sich nicht bedecken, so schneide man ihr auch das Haar ab. Nun es aber einer Frau übel steht, daß sie das Haar abgeschnitten habe oder geschoren sei, so lasset sie das Haupt bedecken. Der Mann aber soll das Haupt nicht bedecken, denn er ist Gottes Bild und Abglanz; die Frau aber ist des Mannes Abglanz. Denn der Mann ist nicht vom Weibe, sondern das Weib ist vom Manne. Und der Mann ist nicht geschaffen um des Weibes willen, sondern das Weib um des

Mannes willen.« (1. Korinther 11,3–9) Der heilige Augustinus, dessen *Bekenntnisse* eine idealisierende Lobpreisung seiner vereinnahmenden Mutter enthalten, die keinerlei Schattenseiten an ihr wahrzunehmen erlaubt, verachtet im übrigen das weibliche Geschlecht; er zeigt diesem gegenüber eine aggressive Distanz, zu der er seiner Mutter gegenüber nicht fähig war. Die Frau ist für ihn ein minderwertiges Wesen, das Gott nicht nach seinem Ebenbild geschaffen hat. »Die rechte Ordnung findet sich nur da, wo der Mann befiehlt, die Frau gehorcht.« [166] Der Heilige Odo äußert: »Wenn die Menschen das, was unter der Haut steckt, sehen könnten [...], würde es nur Erbrechen verursachen, Weiber anzuschauen. [...] Da wir nicht einmal mit den äußersten Fingerspitzen Schleim und Kot anrühren mögen, warum begehren wir so eifrig das Schmutzgefäß selbst zu umfassen.« [167] Für Thomas von Aquin gilt: »Immer währende Enthaltsamkeit ist zur vollkommenen Frömmigkeit erforderlich.« [168] Sie allein erlaubt es, sich dem verhängnisvollen Einfluß der Frau zu entziehen. Der Geschlechtsverkehr mit ihr führt zu einer »Beschädigung der Vernunft«.[169] Die Frau entspricht nicht, wie der Mann, der »ersten Absicht der Natur«, die auf Vollkommenheit zielt, sondern »der sekundären Absicht der Natur, wie Fäulnis, Mißbildung und Altersschwäche.« [170] Luther scheint auf den ersten Blick frauenfreundlicher als die katholischen Theologen des Mittelalters zu sein. Er drängt auf die Abschaffung des Zölibats, heiratet eine ehemalige Nonne, in seinen Tischreden wird die Frau als Hausfrau und Mutter gepriesen. Seine patriarchalischen Ordnungsvorstellungen lehnen sich jedoch eng an die von Paulus an. Die Einstellung Luthers zur ehelichen Sexualität entspricht der des Paulus. Auch bei ihm dient sie vor allem der Verhütung von Ausschweifungen. »Drumb hat das Meidlein ihr Punzlein, das es ihm [dem Manne] ein Heilmittel bringe, damit Pollutionen und Ehebrüche vermieden werden.« [171] Für Luther ist der eheliche Sexualakt immer noch mit schwerer Sünde belastet. »[...] in nichts sich unterscheidend vom Ehebruch und der Hurerei, soweit die sinnliche Leidenschaft und die häßliche Lust in Betracht kommt.« Es gilt für Luther, daß »keine Ehepflicht ohne Sünden geschieht«.[172]

---

[166] Zitiert nach Deschner: Das Kreuz mit der Kirche, a. a. O., S. 209
[167] Zitiert nach Deschner, a. a. O., S. 205
[168] Zitiert nach Ranke-Heinemann, a. a. O., S. 191
[169] ebd., S. 199
[170] ebd., S. 195
[171] Zitiert nach Deschner, a. a. O., S. 245
[172] Zitiert nach Deschner, a. a. O., S. 254

Eine von Angst und Haß bestimmte Beziehung zu Frauen kommt vor allem in Luthers Hexenwahn zum Ausdruck, in dem das böse Weibliche abgespalten vom guten Hausmütterlichen erscheint. Er teilt mit führenden katholischen Theologen und Päpsten die Leidenschaft für das Verbrennen von »Teufelshuren«, er glaubt an die Existenz von »Wechselbälgen« und »Kilkröpfen«, die aus der Vereinigung von Hexen mit dem Teufel hervorgehen und die er zu ersäufen empfiehlt.[173] Der Psychoanalytiker Erikson, der in seiner Schrift *Der junge Mann Luther* den »Muttergrund« der Lehren Luthers aufzeigt, übersieht dabei völlig, daß zu diesem auch dessen Hexenwahn und ein oft blinder Haß gegen die katholische Mutterkirche, die »große Hure Babylon« gehört. Der klerikale Druck, durch den Frauen auf Scheiterhaufen verbrannt werden, entspringt psychologisch betrachtet männlichen Verfolgungsängsten, die mit unbewältigten infantilen Beziehungen zu Mutter und Vater verbunden sind. Als Hexen gelten Frauen, die sich offenbar zum Teufel hingezogen fühlen und die darauf aus zu sein scheinen, die männliche Zeugungskraft zu zerstören.[174] Die verhängnisvollen Wirkungen, die Hexen zugeschrieben werden, haben aber nicht nur mit Sexualität im engeren Sinn zu tun, sie beziehen sich auch häufig auf die Mutterschaft. Neuere Untersuchungen zeigen, daß Mutterschaft oftmals im Zentrum der Hexenprozesse steht. Lyndal Roper kommt bei ihrer Untersuchung der Augsburger Hexenprozesse zu dem Ergebnis: »Im Mittelpunkt der Anschuldigungen standen Dinge, die mit Zeugen, Gebären, Nahrung und Versorgung, der körperlichen Verfassung von Wöchnerinnen und der Anfälligkeit von Neugeborenen zu tun hatten. Eine überraschende Beobachtung, zumindest für mich, denn ich hatte damit gerechnet, daß in der Hexerei das Spiel der Geschlechter kulminieren würde, das ich in der deutschen Kultur des 16. und 17. Jahrhunderts wahrgenommen habe. Der Ritt auf dem Besen oder auf der Mistgabel, der durch den Koitus besiegelte Pakt mit dem Teufel, die sexuelle Hingabe beim Tanz am Hexensabbat, alles dies schien darauf hinzuweisen, daß die Hexerei mit sexuellen Schuldgefühlen und mit der gegenseitigen Anziehung von Mann und Frau zu tun hatte, daß sie sich aus dem Moralismus von Reformation und Gegenreformation erklären ließ; zu dieser Zeit versuchten die Katholiken ebenso wie die Protestanten, die Prostitution auszurotten, Frauen, die

[173] Siehe hierzu Deschner: Abermals krähte der Hahn, a. a. O., S. 486
[174] Siehe hierzu Roskoff, a. a. O., S. 206 ff.

vor der Heirat schwanger wurden, waren zu ächten und ein rigoroser Kodex von Regeln für das Sexualverhalten durchzusetzen, der die Frau als Eva darstellte, als Verführerin, die Schuld war am Sündenfall. Natürlich drehten sich einige von mir untersuchten Fälle um diese Thematik; doch im Mittelpunkt des gewissermaßen klassischen Hexenprozesses stand stets die Mutterschaft.«[175] Dieser Befund bestätigt die hier vorgetragene These, daß der christliche Glaube viel mit der frühen Mutter-Kind-Beziehung zu tun hat. Deren abgespaltene aggressive Seiten bekamen die Frauen zu spüren, die als Hexen zu Tode gequält wurden. Die Hexen haben die »böse Mutter« zu repräsentieren, die der »guten Mutter« entgegengesetzt ist, mit der sich die Gläubigen identifizieren. Eine Religion, die Liebe und Versöhnung predigt, hat offenbar zum Mißlingen von Liebe und Versöhnung zwischen Mann und Frau beigetragen. Sie hat es durch die Festschreibung infantiler Bindungen erschwert, die kaum vermeidbaren Enttäuschungen des Kindes der Mutter gegenüber so aufzuarbeiten, daß sie nicht nur ihr, sondern auch allen anderen Frauen nicht ungerechterweise übelgenommen werden.

Glaube und Narzißmus

Narzißtische Allmachtsphantasien können sich im Christentum Geltung verschaffen. »Alle Dinge sind möglich dem, der da glaubt.« (Markus 9,23) Der psychoanalytische Narzißmustheoretiker Grunberger konstatiert: »Der Glaube ist eine Flucht in die narzißtische Regression.«[176] In ihm wirkt ein Narzißmus, der sich an der Realität stößt und vor ihren Belastungen in die Einheit mit allmächtiger Imagines flüchtet. Um der Angst vor bedrohlichen äußeren Realitäten zu entkommen, sucht er Schutz bei inneren Mächten, die sie bannen können. »In der Welt habt ihr Angst; aber seid getrost, ich habe die Welt überwunden.« (Johannes 16,33) Die allmächtigen jenseitigen Gottesgestalten stammen psychologisch betrachtet aus dem Jenseits des Unbewußten, wo sie in den Imagines der Eltern aus dem Jenseits der frühen Kindheit wurzeln. Für das kleine Kind sind die Eltern Schicksalsmächte einer familiären Kinderwelt, sie erscheinen ihm, wegen der ex-

[175] Roper, L.: Ödipus und der Teufel. Frankfurt am Main 1995, S. 208
[176] Grunberger, B.: Narziss und Anubis. Wien, München 1988, S. 219

tremen Abhängigkeit von ihnen, als allmächtig. Um innere Sicherheit zu finden, ist das Kind darüber hinaus gezwungen, die Eltern zu idealisieren, sie also einflußreicher, wissender oder fürsorglicher erscheinen zu lassen, als sie es in der Realität sind. Wo das Kind in der frühen Symbiose mit schützenden Elternimagines eins ist oder sie später identifizierend in sich aufnimmt, kann es an ihrer schützenden Allmacht teilhaben. Die Erfahrung hilfloser Ohnmacht drängt das Kind zur Anlehnung an ihre aus narzißtischen Wünschen hervorgehende scheinbare Allmacht. Der Gott der christlichen Religion enthält eine Projektion infantiler Wünsche nach narzißtischer Allmacht: Er repräsentiert unbewußte narzißtische Größenphantasien der Gläubigen. Der Wunsch nach einer solchen Allmacht, der dazu drängt, sein zu wollen wie Gott, wird in der alttestamentarischen Paradiesgeschichte als Wurzel aller Sünden, im mittelalterlichen Katholizismus als Todsünde des Hochmuts und im Protestantismus als verwerflicher Egoismus, aus dem alles Böse resultiert, entschieden bekämpft. Daß diese entschiedene Ablehnung nötig ist, verweist auf das, was der scheinbar zur Bescheidenheit drängende religiöse Glaube als unbewußte Kehrseite in sich trägt.

Freud hat in dem monotheistischen Gott den idealisierten Vater der Kindheit entdeckt, mit dem sich Gläubige narzißtisch identifizieren.[177] Die Beziehung zu Gott lebt von der unbewußten narzißtischen Beziehung zu einem »väterlichen Kern«, der hinter der Gottesgestalt verborgen ist. Die göttlichen Attribute wie Allmacht, Unendlichkeit oder Ewigkeit sind nach Grunberger als »narzißtische Attribute« zu beschreiben, sie sind »der Vaterimago zuzurechnen und werden im Unbewußten durch das phallische Emblem dargestellt«.[178] Der christliche Glaube, der zur Einheit mit Gott führen soll, hat das Ziel, die kränkende menschliche Schwäche zu überwinden. Der Christ liebt Christus als sein Ideal, er liebt ihn als den, der die Rolle des wehrlosen Opfers am Kreuz in der Rolle des allmächtigen Gottes aufhebt. In ihm sind der leidende, einsame Mensch und der alles beherrschende Gott, das ohnmächtige Kind und der als übermächtig erscheinende Vater eine Einheit geworden, eine Einheit, die den Gläubigen die narzißtische Himmelfahrt verspricht. Der triumphierende Christus der Auferstehung, der den leidenden, gemarterten Christus überwindet, repräsen-

[177] Siehe hierzu Freud, S.: Massenpsychologie und Ich-Analyse. GW XIII
[178] Grunberger, a. a. O., S. 204

tiert den kindlichen Wunsch, den ödipalen Konflikt mit einem übermächtigen Vater schließlich doch noch siegreich zu beenden und sich seine Macht anzueignen. Der Sohn, der die narzißtische Kränkung erleiden muß, daß er seine Mutter nicht besitzen und den väterlichen Rivalen nicht aus dem Weg räumen kann, träumt davon, sich einen göttlichen Phallus anzueignen, mit dessen Hilfe die väterlichen Herren dieser Welt depotenziert werden können. Der christliche Asket sucht die Angleichung an Gott, er will demonstrieren, daß die Verführungen dieser Welt ihm nichts anhaben können, daß er in der Lage ist, menschliche Kreatürlichkeit zu überwinden. Der Asket, der dem Leib seine Bedeutung rauben möchte, identifiziert sich, bewußt oder unbewußt, mit einem allmächtigen Christus, der am Kreuz alles Weltliche überwunden hat. Der Asket identifiziert sich mit dem verbietenden Vater der Kindheit, der die Macht des kindlichen Begehrens bricht, zugleich sucht er aber auch dessen Stärke zu negieren. Indem er den Leib als unwesentlich ausgibt, will er dem verbietenden Vater, dessen Macht sich gerade auf diesen Leib bezieht, zugleich auch den Einfluß rauben.[179]

Freud hat den im Christentum wirksamen Narzißmus als Ausdruck der kindlichen Beziehung zum Vater angesehen, aber in ihm verschafft sich nicht zuletzt auch die Beziehung zur Mutter Geltung. Die Welt der Oralität und der Mutter-Kind-Symbiose, die in der Religion fortwirkt, ist auch die Welt des primären Narzißmus. In den mystischen Elementen des Christentums kommt sie besonders zur Geltung. Der Mystiker Ruisbroeck möchte von einem urmütterlichen Gott, um mit ihm eins zu sein, verschlungen werden. »Verschlinge uns und führe uns in deinen Abgrund und mache, daß wir deines geliebten Seins teilhaftig werden.«[180] Für ihn gilt: »Essen und gegessen werden, dies ist Einigung! Da sein Verlangen ist ungemessen / Was Wunder werden wir gegessen / In seiner großen Begehrlichkeit.«[181] Freud hat unter dem Einfluß Romain Rollands den Einfluß eines mit der frühen Mutter-Kind-Beziehung verbundenen »ozeanischen Gefühls« auf das religiöse Erleben akzeptiert. »Ein Gefühl, das er die Empfindung der ›Ewigkeit‹ nennen möchte, ein Gefühl von etwas Unbegrenztem, Schrankenlosem, gleichsam ›Ozeanischem‹.«[182] Freud hat dieses Gefühl der »unauflösbaren

---

[179] Daß mit der Askese auch ein Konflikt mit der Macht der Mutter ausgetragen werden kann, der eine ähnliche Logik aufweist, wurde hier vernachlässigt.
[180] Zitiert nach Grunberger, a. a. O., S. 231
[181] Zitiert nach Underhill, E.: Mystik. München 1928, S. 555
[182] Freud, S.: Das Unbehagen in der Kultur. GW XIV, S. 422

Verbundenheit, der Zusammengehörigkeit mit dem Ganzen der Außenwelt«[183] mit Erfahrungen aus der Säuglingszeit in Beziehung gesetzt, die sich in Zuständen außergewöhnlicher Verliebtheit oder psychopathologischen Zuständen wiederholen. Die Erlebniswelt jener Zeit kennt noch keine Grenzen. »Der Säugling sondert noch nicht sein Ich von einer Außenwelt als Quelle der auf ihn einwirkenden Empfindungen. Er lernt es allmählich auf verschiedene Anregungen hin.«[184] In den ersten Lebensmonaten gibt es noch keine Trennung zwischen Innen und Außen, Subjekt und Objekt, Ich und Nicht-Ich; diese Trennungen entstehen erst unter dem Einfluß einer versagenden Realität. Das »ozeanische Gefühl« ist für Freud mit dem Lustprinzip verknüpft, das als Regulationsprinzip des Es im Unbewußten seine Macht behält. Im mystischen religiösen Erleben verschafft sich das Es Geltung. Die letzte theoretische Äußerung Freuds, die in seinen Gesammelten Werken angeführt wird, lautet: »Mystik, die dunkle Selbstwahrnehmung des Reiches außerhalb des Ichs, des Es.«[185] Meister Eckhart äußert: »Ich will in der Gottheit versinken, die über die Weite des Universums ausgebreitet ist, wo es weder Werke noch Bilder gibt und wo man sich im Nichts verliert.«[186] Die mystische Sehnsucht, in einem ozeanischen Gefühl zu versinken und so mit Gott eins zu werden, hat ihren Ursprung in der Sehnsucht nach dem pränatalen Mutterschoß, in dem das Kind – ohne ein Bewußtsein eines eigenen Selbst – im warmen Fruchtwasser schwebte. Die Sehnsucht träumt von der Aufhebung aller Grenzen, die die existierende Realität kennzeichnen.

Die hochgestimmten mystischen Erfahrungen, die vielleicht denen in manchen Träumen ähneln, verdanken sich sehr weitreichenden Regressionen, die die Mystiker des Mittelalters teuer bezahlen mußten. Sie haben sich mit äußerster Diszipliniertheit in äußere und innere Gefängnisse sperren lassen oder sich selbst dort eingesperrt. Sie haben in grausamer Askese ihren Leib mißhandelt; ihre Lebensgeschichten berichten von schlimmen somatischen und psychosomatischen Erkrankungen. Erst nachdem sie ihre sinnlichen Bindungen an die äußere Welt mit Hilfe endloser Selbstquälereien gelockert haben, gelingt ihnen die Flucht in die Welt des primären Narzißmus. Die Menschen, die heute glauben, den Mystikern des Mittelalters nahe zu sein, wissen entweder

---

[183] ebd.
[184] ebd., S. 424
[185] Freud, S.: Schriften aus dem Nachlaß. GW XVII, S. 152
[186] Zitiert nach Grunberger, a. a. O., S. 231

nicht, was jene erlebt haben, oder sie verleugnen die masochistischen Grausamkeiten, mit denen sie ihre Phantasiewelten bezahlen mußten. Die mystische »Vergottung«, die mit dem Rückzug aus der Welt und der Rückkehr zu primären Beziehungserfahrungen angestrebt wird, hat die Gewalt gegen das eigene Selbst und die Sinnlichkeit zur Voraussetzung.

Die frühe Mutter-Kind-Beziehung erlaubt die spätere Phantasie, daß es einmal ein grandioses, vollkommene Befriedigung gewährendes Objekt gab, mit dem man eins sein und in dem man sich auflösen konnte. An diese Phantasie des spannungs- und grenzenlosen Einsseins klammert sich die Psyche; sie wird ungern aufgegeben. Nur unter dem Eindruck von Versagungen lernt der Säugling, daß es Objekte gibt, die sich außerhalb seiner selbst befinden und die es als unlustvolle zu akzeptieren gilt. »Einen weiteren Antrieb zur Loslösung des Ichs von der Empfindungsmasse, also zur Anerkennung eines ›Draußen‹, einer Außenwelt, geben die häufigen, vielfältigen, unvermeidlichen Schmerz- und Unlustempfindungen, die das unumschränkt herrschende Lustprinzip aufheben und vermeiden heißt. Es entsteht die Tendenz, alles, was Quelle solcher Unlust werden kann, vom Ich abzusondern, es nach draußen zu werfen, ein reines Lust-Ich zu bilden, dem ein fremdes, drohendes Draußen gegenübersteht.«[187] Dieses primitive »Lust-Ich« kann nicht aufrecht erhalten werden, seine libidinöse Besetzung geht auf das Ich-Ideal über. »Der Mensch hat sich hier, wie jedesmal auf dem Gebiet der Libido, unfähig erwiesen, auf die einmal genossene Befriedigung zu verzichten. Er will die narzißtische Vollkommenheit seiner Kindheit nicht entbehren, und wenn er diese nicht festhalten konnte, durch die Mahnungen während seiner Entwicklungszeit gestört und in seinem Urteil geweckt, sucht er sie in der neuen Form des Ich-Ideals wiederzugewinnen. Was er als ein Ideal vor sich hin projiziert, ist der Ersatz für den verlorenen Narzißmus seiner Kindheit, in der er sein eigenes Ideal war.«[188] Der kindliche Narzißmus wird auf die Eltern projiziert, der »primäre Größenwahn« wird an ein idealisiertes Objekt abgetreten. Dieses idealisierte Objekt – ursprünglich vor allem die Mutter – bildet den Kern von späteren Gottesvorstellungen. In der Vereinigung mit dem idealen Objekt sollen die ursprünglichen Phantasien von der eigenen Grandiosität gerettet werden. »Die Vereinigung

[187] Freud, S.: Das Unbehagen in der Kultur, a. a. O., S. 424
[188] Freud, S.: Zur Einführung des Narzißmus. GW X, S. 161

mit dem ersten Objekt, dem Träger der verlorenen narzißtischen Vollkommenheit, wird eines der Mittel zur Rückgewinnung des ursprünglichen Narzißmus. Obwohl die Existenz der Mutter, solange die Verschmelzung zwischen Ich und Nicht-Ich, zwischen Subjekt und Objekt andauert, nicht wahrgenommen wird, wird der narzißtische Zustand rückblickend – wie man vermuten kann und wie das klinische Material weitgehend bestätigt – als identisch mit der Verschmelzung zwischen dem Säugling und der Mutter phantasiert, und zwar nach dem Modell der intrauterinen Situation (von der Freud vermutet, daß sie eine Primärphantasie ist).«[189] Die Entwicklung des frühen Ichs vollzieht sich durch die Projektion seiner Allmachtswünsche auf ein Objekt, das zum Repräsentieren des ersten Ich-Ideals des Kindes wird. Dieses elterliche Objekt hat die Aufgabe, dem Kind die Realität aufzuzeigen. »Das Objekt (in diesem Stadium die Mutter) hat die schwere Aufgabe, das Kind dazu zu bringen, dieses erste Ideal gegen immer entwickeltere Ideale auszutauschen, und zwar dank der Integration der verschiedenen Reifungsphasen, einer Integration, die durch Identifikation mit dem Objekt erfolgt, das im fraglichen Stadium Träger des Ideals ist. Man muß betonen, wie notwendig es ist, Versagungen und Befriedigungen zu dosieren, damit das Kind weder in die Versuchung gerät umzukehren, noch auf ein Stadium fixiert bleibt, das es gerade durchläuft. Jede Stufe der Entwicklung muß so viele Befriedigungen bieten, daß das Kind vorhersieht, die folgende werde noch weitere bringen, und so wenige, daß es sein Interesse und seine Neugier für neue Freuden bewahrt. Zusammengefaßt besteht die Erziehung aus dem Streben nach diesem Gleichgewicht.«[190] Wo die weitere psychische Entwicklung, die auf ein solches Gleichgewicht angewiesen ist, durch zu große Versagungen – oder zu große Verwöhnung – zu sehr gestört wird, kommt es zum regressiven Drang, Ich und Ich-Ideal mittels der primären Identifikation zu vereinen, also in die Erlebniswelt der frühen Mutter-Kind-Symbiose zurückzufallen. Bei Fixierung auf die früheste Kindheit liegen solche Regressionen nahe; durch asketische, weltfeindliche christliche Existenzformen werden sie zusätzlich gefördert. Unter dem Einfluß von früher Fixierung und aktuellen Versagungen kann die Welt als derartig abstoßend erfahren werden, daß nur noch die Rückkehr zu den idealisierten frühen Beziehungserfahrungen

[189] Chasseguet-Smirgel, J.: Anatomie der menschlichen Perversion. Stuttgart 1989, S. 55 f.
[190] ebd., S. 112 f.

bleibt. Die Mystikerinnen und Mystiker fliehen vor der kalten Welt in die mystische Vereinigung mit Gott, in die Vereinigung von Ich und Ich-Ideal, in die Vereinigung von Ich und primärem mütterlichen Objekt. In den gemäßigteren Formen des religiösen Erlebens genießt der Gläubige die Erfahrung der Verbundenheit mit Gott, die Kindschaft Gottes, die Sicherheit in Gottes Hand. Was den Gläubigen als Wirklichkeit erscheint, ist für die psychoanalytische Religionskritik nur eine psychische Realität, die sich der Illusion verdankt und deshalb auch gefährliche Folgen zeitigen kann. »Es sei daran erinnert, daß die primärnarzißtische Beziehung das Ergebnis einer Realitätsverleugnung ist und bleibt. Die bedrohliche und ängstigende Welt der feindseligen und gehaßten (Teil-)Objekte und Selbstanteile ist ja nicht aufgegeben. Sie ist nur abgespalten und fortprojiziert. Sie droht – wenn auch günstigenfalls nur von ferne – jeden Augenblick wieder einzubrechen. Sie bricht auch immer wieder ein, wenn der selige Zustand gestört wird, was selbst unter günstigen Bedingungen ja unvermeidlich ist. Wenn die religiöse Sprache vom Teufel, von der Macht des Bösen, von der Hölle, vom Reich der Sünde und von der Erbschuld spricht, meint sie damit nicht diese abgespaltene Welt?«[191] Der Kampf gegen diese abgespaltene böse Welt, zu dem die Christen immer wieder aufgerufen wurden und werden, verlangt allzuleicht den zerstörerischen Kampf gegen das eigene Selbst wie gegen diejenigen, die sie für die »Reinen« zu repräsentieren haben.

Religion und Massenbindung

Wahrhaftiger Glaube ist an die »sinnliche Gewißheit« der Existenz Gottes gebunden. Sein Wirken muß für die Gläubigen »erfahrbar« sein, lediglich intellektuelle Begründungen reichen für den Glauben keineswegs aus. Phantasien müssen mit der Wirklichkeit gleichgesetzt werden. Hierzu sind Bilder und Symbole nötig, die auf das transzendente »Höhere« hinweisen und dies den Gläubigen näherbringen. Die Erfahrung des Gefühls der Existenz Gottes wird durch die Mit-

---

[191] Henseler, H.: Religion – Illusion? Eine psychoanalytische Deutung. Göttingen 1995, S. 132 f.

wirkung am kirchlichen Leben begünstigt.[192] Besonders ein völliges Aufgehen in einer christlichen Gemeinde läßt die Wiederkehr des Verdrängten zu, das Religion in sich trägt. Soziales Miteinander, das religiöses Erleben begünstigt, wird von kirchlichen Institutionen häufig organisiert. Der Glaube gedeiht am besten, wenn Kirchen Massensituationen zu erzeugen vermögen, die religiösem Erleben besondere Intensität verleihen. Freud hat die unbewußte Struktur solcher Massensituationen in seiner Schrift »Massenpsychologie und Ich-Analyse«[193] untersucht; eine Interpretation kollektiver Glaubenserfahrungen kann sich seiner Analyse anschließen. Er bezeichnete die Kirche, deren ideales Muster für ihn die katholische liefert, als »hochorganisierte, dauerhafte, künstliche Masse«,[194] in der bestimmte psychische Mechanismen wirksam werden.

Der Gott der Christen erscheint als persönlicher Gott, zu dem alle Gläubigen eine besondere, individuelle Beziehung haben. Alle Gläubigen vereinigen sich aber zugleich im Rahmen der Kirche, wo der Glauben kollektiv geteilt wird. Im Rahmen der Kirche geraten die einzelnen Gläubigen, besonders bei Gottesdiensten und anderen kirchlichen Feiern in Situationen, die dem Glauben eine besondere Gefühlsqualität verleihen. Die Bindung aller Gläubigen an Christus sorgt dafür, daß sie sich auch untereinander als eng verbunden erfahren können. »Jeder Christ liebt Christus als sein Ideal und fühlt sich den anderen Christen durch Identifizierung verbunden. Aber die Kirche fordert von ihm mehr. Er soll überdies sich mit Christus identifizieren und die anderen Christen lieben, wie Christus sie geliebt hat.«[195] Die Kirche lebt vom Glauben der Christen, daß Christus sie alle einzeln mit der gleichen Intensität liebt. Zerfällt der Glaube daran, so zerfällt auch, wenn dem keine äußeren Zwänge entgegenstehen, die Kirche. »An dieser Illusion hängt alles; [...] Von Christus wird die gleiche Liebe ausdrücklich ausgesagt: Was ihr getan habt einem unter diesen meinen geringsten Brüdern, das habt ihr mir getan. Er steht zu den einzelnen der gläubigen Masse im Verhältnis eines gütigen älteren Bruders, er ist ihnen ein Vaterersatz. Alle Anforderungen an die einzelnen leiten sich von dieser Liebe Christi ab. Ein demokratischer Zug geht durch die Kirche, eben weil vor Christus alle gleich sind, alle den gleichen Anteil an seiner

---

[192] Siehe hierzu Boos-Nünning, U.: Dimensionen der Religiosität. München 1972, S. 130
[193] Freud, S.: GW XIII
[194] ebd., S. 101
[195] ebd., S. 150 f.

Liebe haben.«[196] Indem sich jeder einzelne Gläubige mit Christus als einem Ideal identifiziert, identifizieren sie sich auch kollektiv miteinander. Die Liebe zu ihm, die alle teilen sollen, soll auch die Nächstenliebe unter den Gläubigen garantieren. Durch sie können sie ein »Volk Gottes« werden, das sich eng miteinander verbunden fühlt.

Die Annahme, daß alle einzelnen Gläubigen von Christus auf gleiche und gerechte Art geliebt werden, erlaubt es, daß sich die Gläubigen emotional aneinander gebunden fühlen, selbst wenn sie einander im Alltag eher fremd sind. Besonders bei gemeinsamen religiösen Ritualen kann eine emotionale Hochstimmung aufkommen, die Grenzen aufzulösen scheint. Auf dieses Erleben in Massen hat schon Le Bon hingewiesen: »An einer psychologischen Masse ist das Sonderbarste dies: welcher Art auch die sie zusammensetzenden Individuen sein mögen, wie ähnlich oder unähnlich ihre Lebensweise, Beschäftigung, ihre Charaktere oder ihre Intelligenz ist, durch den bloßen Umstand ihrer Umformung zur Masse besitzen sie eine Kollektivseele, vermöge deren sie in ganz anderer Weise fühlen, denken und handeln, als jedes von ihnen für sich fühlen, denken und handeln würde. Es gibt Ideen und Gefühle, die nur bei den zu Massen verbundenen Individuen auftreten oder sich in Handlungen umsetzen.«[197] Freud kritisiert Le Bon mit dem Hinweis darauf, daß in Massensituationen nichts wirklich Neues zustande kommen kann, was bei den einzelnen Personen nicht schon vorher latent vorhanden war. Die »erlösenden« kollektiven Erfahrungen, die im Extremfall rauschhaften Charakter annehmen können, bringen kaum etwas Neuartiges hervor: Sie machen nur etwas sichtbar, das sonst der Verdrängung unterliegt. »Wir brauchten für unseren Standpunkt weniger Wert auf das Auftauchen neuer Eigenschaften zu legen. Es genügte uns zu sagen, das Individuum komme in der Masse unter Bedingungen, die ihm gestatten, die Verdrängungen seiner unbewußten Triebregungen abzuwerfen. Die anscheinend neuen Eigenschaften, die es dann zeigt, sind eben die Äußerungen dieses Unbewußten.«[198] Ursprünglich sehr stark emotional besetzte Erlebnisse der Kindheit, die unbewußt in religiösen Einstellungen fortwirken, können durch die Lockerung der Abwehr in Massensituationen größeres Gewicht erlangen. Der Abbau seelischer Hemmungen erlaubt den Gläubigen hier ein intensiveres

[196] ebd., S. 102
[197] Zitiert nach ebd., S. 77
[198] ebd., S. 79

affektives Erleben. Konzertsäle, Kinos oder Fußballarenen, die in manchem die Nachfolge der Kirchen angetreten zu haben scheinen, erlauben heutzutage die Erfahrung, daß Massensituationen eine Abfuhr von Triebregungen erleichtern können. Eine reduzierte individuelle Selbstkontrolle in Kollektivsituationen erlaubt Gefühle intensiver Verbundenheit, die als Liebe gedeutet werden können. Zugleich setzen Massensituationen aber auch eher aggressive Regungen frei; sie machen sichtbarer, was an destruktiven Regungen sonst nur latent vorhanden ist. Feindselige Impulse gegen diejenigen, mit denen man den »rechten« Glauben teilt, müssen tabuisiert werden, wenn sich die Gläubigen als Einheit erfahren wollen. Derartige Impulse dürfen sich wegen des Glaubens an die gleiche und gerechte Liebe Christi nicht äußern. Bei einer Lockerung von Abwehr in Massensituationen besteht die Neigung, sie zur Vermeidung innerer und äußerer Konflikte auf die Ungläubigen oder Andersgläubigen zu verschieben. »Außerhalb dieser Bindung stehen aber auch während des Reiches Christi jene Individuen, die nicht zur Glaubensgemeinschaft gehören, die ihn nicht lieben und die er nicht liebt; darum muß eine Religion, auch wenn sie sich die Religion der Liebe heißt, hart und lieblos gegen diejenigen sein, die ihr nicht angehören. Im Grunde ist ja jede Religion eine solche Religion der Liebe für alle, die sie umfaßt, und jede legt Grausamkeit und Intoleranz gegen die nicht dazugehörigen nahe.«[199] Das Zusammengehörigkeitsgefühl der Gläubigen verdankt sich häufig nicht zuletzt dem gemeinsamen Gefühl der Bedrohung durch ein Außen, worauf das eigene Aggressionspotential projiziert werden kann.

In Massensituationen sind Gläubige dadurch miteinander verbunden, daß religiöse Führerfiguren, im Christentum also Jesus oder seine irdischen Vertreter, an die Stelle dessen treten, was die Psychoanalyse als Ich-Ideal bezeichnet. Sie verkörpern für Gläubige das, was diese bewußt oder unbewußt sein oder tun möchten, und erfahren deshalb eine starke narzißtische Besetzung. Durch die Kollektivierung des Ich-Ideals kann die Erfahrung gemacht werden, daß der Heilige Geist alle vereinten Gläubigen ergreift. Indem sich diese mit Christus, der an die Stelle des Ich-Ideals tritt, identifizieren, scheint es so, als käme der Geist Gottes über sie. In Wahrheit sind es aber vor allem unbewußte Regungen, die Gläubige aneinander binden. Verdrängte kindliche Erfahrungen aus der verlorengegangenen Welt der Familie und damit ver-

[199] ebd., S. 107

knüpfte Triebregungen verschaffen sich in einer religiösen Masse leichter Geltung. »Nicht ohne tiefen Grund wird die Gleichartigkeit der christlichen Gemeinde mit einer Familie heraufbeschworen und nennen sich die Gläubigen Brüder in Christo, das heißt Bruder durch die Liebe, die Christus für sie hat.«[200] Göttliche Gestalten, von der kirchlichen Lehre angeboten, erlangen Macht, wenn sie – unbewußt – die Liebe einfangen, die in der Kindheit den Eltern galt. Die Bindung an Glaubensgenossen erlangt Gewicht, wenn sie unbewußt die geschwisterliche Liebe, die in der Kindheit bestand, in sich aufnimmt.

Welches Bindemittel triebhafter Art macht die intensive Erfahrung kirchlicher Zusammengehörigkeit möglich? Was bewußt als von jeder sexuellen Triebhaftigkeit gereinigte Liebe zu Christus oder zum Nächsten erscheint, wird unterschwellig von sexuellen Regungen bestimmt. Es ist die Libido, die wie hinter einem Schirm, also mit abgeblendetem Bewußtsein, die Gläubigen verbindet. Die christliche Agape, die glaubt, nichts mit dem Eros zu tun zu haben, lebt heimlich von ihm. Sexuelle Triebregungen, die verdrängt werden mußten und die deshalb häufig noch inzestuös Familienmitgliedern gegenüber bestehen, begünstigen offenbar religiöse Massenbindungen. »Es ist interessant zu sehen, daß gerade die zielgehemmten Sexualstrebungen so dauerhafte Bindungen der Menschen aneinander erzielen. Dies versteht sich aber leicht aus der Tatsache, daß sie einer vollen Befriedigung nicht fähig sind, während ungehemmte Sexualstrebungen durch die Abfuhr bei der Erreichung des jedesmaligen Sexualzieles eine außerordentliche Herabsetzung erfahren. Die sinnliche Liebe ist dazu bestimmt, in der Befriedigung zu erlöschen; um andauern zu können, muß sie mit rein zärtlichen, das heißt zielgehemmten Komponenten von Anfang an versetzt sein oder eine solche Umsetzung erfahren.«[201] Direkte, kaum sublimierte sexuelle Regungen können im Bereich der Kirche nur sehr begrenzt Einfluß gewinnen. Wo sie stärker wirksam werden, zersetzen sie jede Massenbindung und müssen deshalb so weit wie möglich aus der Kirche verbannt werden. In der traditionellen katholischen Kirche ist nicht zufällig für die Frau als Sexualwesen kein Platz. Erotische Liebesbeziehungen zwischen Mann und Frau haben in deren Organisationen keinen legitimen Ort. »Die katholische Kirche hatte die besten Motive, ihren Gläubigen die Ehelosigkeit zu empfehlen und ihren Prie-

[200] ebd., S. 102
[201] ebd., S. 127

stern das Zölibat aufzuerlegen, aber die Verliebtheit hat oft auch Geistliche zum Austritt aus der Kirche getrieben. In gleicher Weise durchbricht die Liebe zum Weibe die Massenbindungen der Rasse, der nationalen Absonderung und der sozialen Klassenordnung und vollbringt damit kulturell wichtige Leistungen.«[202] Die Frage, ob eine Liebe, die christliche Massenbindungen begünstigt, heterosexueller oder homosexueller Art ist, ist nach Freud schwierig zu beantworten. Als allgemeine Menschenliebe will sie nicht nach Geschlechtern differenzieren und sieht insbesondere von den Zielen genitaler Libidoorganisation ab. Aber man kann annehmen, daß da, wo weibliche Sexualität besonders stark abgewehrt wird, latente homosexuelle Einstellungen von Männern besonders wirksam werden. Sie eignen sich eher dazu, kollektive Bindungen herzustellen als die heterosexuellen, die stärker auf eine Zweisamkeit aus sind, die zum Privaten drängt. »Es scheint gesichert, daß sich die homosexuelle Liebe mit den Massenbindungen weit besser verträgt.«[203] Wo Heterosexualität in zölibatär lebenden gleichgeschlechtlichen Gruppen abgewertet wird, verschaffen sich nahezu automatisch homosexuelle Regungen mehr Geltung; die Libido wird in ihren Bereich verschoben. Sie dürfen freilich, um kirchliche Massenbindungen nicht zu bedrohen, nicht offen hervortreten oder gar gelebt werden. Die klerikalen Männerkollektive der katholischen Kirche leben von latenten homosexuellen Regungen; die offene Homosexualität jedoch wird von der katholischen Kirche diskriminiert. Was im eigenen Unbewußten besonders mächtig ist, muß bei anderen offenbar besonders entschieden bekämpft werden. Abgewehrte homosexuelle Regungen können, wie Freud deutlich gemacht hat, in Gestalt paranoider Regungen wiederkehren.[204] Die verbotenen inneren Mächte können mit Hilfe von Projektionsmechanismen zu feindlichen äußeren Mächten werden, von denen man sich verfolgt fühlt. Der Teufel ist, wie man nicht nur Goethes *Faust* entnehmen kann, auch homosexuell; die »Knabenschänder« sind, wie man seit Paulus bei vielen christlichen Theologen nachlesen kann, besonders eng mit den Mächten der Finsternis verwandt.[205] Der Liebe von Männern zu ihrem Vatergott liegen unbewußte sexuelle Regungen zugrunde, die aus der Identifikation mit

[202] ebd., S. 159
[203] ebd., S. 159
[204] Siehe hierzu Freud, S.: Psychoanalytische Bemerkungen über einen autobiographisch beschriebenen Fall von Paranoia, GW VIII, S. 239 ff.
[205] Siehe hierzu z. B. Deschner, Drewermann oder Ranke-Heinemann

dem Weiblichen entspringen können. Die Seele kann sich zu Gott, wie religiöse Texte oder auch Kantaten von Bach zeigen, wie eine Frau zu einem geliebten Mann hingezogen fühlen. Wo die eigene Nähe zum Weiblichen von Männern kollektiv tabuisiert wird, muß die Frau diskriminiert werden, weil sie an das erinnert, was beim eigenen Selbst abgewehrt werden muß: Die Frauenverachtung männlicher Kleriker hat auch viel mit Selbsthaß zu tun.

Freuds Analyse religiöser Massensituationen krankt, wie seine Religionskritik insgesamt, daran, daß die Wirkungen des Mütterlich-Weiblichen zu wenig berücksichtigt werden. Freuds Modell der Massenbildung ist das der »Brüderhorde«, die zu einem »Vater« in Beziehung gesetzt ist. Seine Analyse geht von einer Vater-Sohn-Beziehung aus, einen Einfluß der Mutter-Sohn-Beziehung auf Massenbindungen nimmt sie kaum zur Kenntnis, ganz abgesehen davon, daß Töchter in seiner Untersuchung nicht vorkommen. Wenn aber, wie oben aufgezeigt wurde, der Heilige Geist und Christus insgeheim viel mit dem Weiblichen zu tun haben, dann stehen kirchliche Massenbindungen nicht zuletzt auch mit Mutterbindungen in Beziehung. Für die katholische Kirche sind die Gläubigen Teil des Leibes Christi, der mit der Mutter Kirche vermählt ist; sie sind Teil einer kollektivierten Mutter-Sohn-Einheit. Das rückt kirchliche Massenbindungen in die Nähe der Mutter-Kind-Symbiose, sie zielen auch auf die Erfüllung von frühen Verschmelzungswünschen.[206] Der »imaginäre Wunsch«, der in Gruppen lebendig werden kann, ist nach Anzieu der Wunsch, »die Verschmelzung mit der allmächtigen Mutter« zu realisieren und damit verbunden der Versuch, »die introjektive Restauration des ersten verlorenen Liebesobjekts«[207] zustande zu bringen. Die Negation der Geschlechterdifferenz in kirchlichen Massen hängt unter diesem Gesichtspunkt mit dem Wunsch nach Aufhebung aller Unterschiede, wie in der frühen Mutter-Kind-Symbiose zusammen. »Die Gruppenillusion wäre also die Realisierung des Wunsches, ›die narzißtischen Wunden zu heilen‹ und sich mit der guten Brust (oder der allmächtigen Mutter) zu identifizieren.«[208] Kirchliche Großgruppen können zur »allmächtigen Mutter« werden, mit der die Gläubigen eins sein möchten, um die Phantasie einer »narzißtischen Himmelfahrt«[209] Ereignis werden zu lassen.

[206] Siehe hierzu Chasseguet-Smirgel: Das Ich-Ideal, a. a. O., S. 80 ff.
[207] Zitiert nach Chasseguet-Smirgel, ebd., S. 85
[208] Chasseguet-Smirgel, ebd., S. 85
[209] ebd., S. 86

Massenbildungen werden bei Freud, der sie auf Vaterverbindungen zurückführt, und bei Chasseguet-Smirgel, die sie auf Mutterbindungen bezieht, eher negativ bewertet. Beide haben bei ihren Analysen jeweils zu Gewalt und Intoleranz neigende religiöse Massen oder solche im Rahmen faschistischer oder stalinistischer Bewegungen vor Augen. Daß Massenbindungen auch auf kulturell wertvolle Art psychische Energien freisetzen können, wird jedoch in ihren Analysen zu wenig berücksichtigt. Massen müssen dazu freilich eine andere Struktur aufweisen. Sie benötigen, um befreiend wirken zu können, vor allem Identifikationen, die mit der Verfolgung vernünftiger, menschenfreundlicher Ziele zu tun haben, und die Bindungen, die sie stiften, müssen ungleich mehr bewußte Anteile aufweisen. Soziale Emanzipation verlangt auch, daß Differenzen, wie etwa die Geschlechterdifferenz oder die der Generationen in kollektiven Bewegungen nicht geleugnet oder starr festgeschrieben werden, sondern ihre Wirkungen in produktiver Vielfalt zur Geltung bringen können. Die Entwicklung des Sozialen benötigt eine Verknüpfung von Einheit und Differenz, die die Entfaltung einzelner möglichst mit der Entfaltung aller versöhnt.

Die Wiederkehr des von Freud Verdrängten in seiner Religionskritik

Zum Verhältnis von Religion und Wissenschaft

In Freuds theoretischem Denken erscheint die Religion als Hauptfeind der Aufklärung. Für Freud, den Anhänger der modernen, empirisch orientierten Wissenschaft, gibt es drei Mächte, die der Wissenschaft ihr Terrain streitig machen können: die Kunst, die Philosophie und die Religion. Aber nur die Religion ist für ihn die Gegnerin, der seine entschiedene Ablehnung gilt. »Von den drei Mächten, die der Wissenschaft Grund und Boden bestreiten können, ist die Religion allein der ernsthafte Feind.«[1] Religiöses Bewußtsein ist für ihn der Prototyp des falschen Bewußtseins. Religiöses Denken und Erfahren stellt für den Vater der Psychoanalyse die reinste Form dessen dar, was er mit seiner intellektuellen Arbeit bekämpft. In der analytischen Therapie geht es Freud um die Bekämpfung der »Privatneurose«, in der Auseinandersetzung mit der Religion geht es ihm um die Bekämpfung dessen, was ihm als gesellschaftliche »Kollektivneurose« erscheint. Peter Gay, der führende Freud-Biograph, stellt fest: »In seiner wissenschaftlichen Arbeit wurde die Religion der Hauptfeind, der ideale Gegner. Es ist wahr, daß für Freud, wie für so viele andere Nichtgläubige, der römische Katholizismus einen besonderen Platz im Katalog von Schurken einnahm, die es zu vernichten galt. So wie Rom in Freuds Unbewußtem die ersehnte Stadt war, die zu besuchen er nicht über sich bringen konnte, ehe er nicht einige fest verwurzelte Hemmungen weganalysiert hatte, so war Rom auch das Hauptquartier des mächtigen Gegners, dessen unerschöpfliche Mittel und geschickte Manöver Freud sein Leben lang aus erster Hand in Wien beobachtet hatte. Aber die katholische Kirche war nur der schlimmste Feind in einer bösen Schar. Für Freud waren alle Religionen mit Aberglauben infiziert; alle, wie rationalistisch oder unpolitisch sie sein mochten, waren, um es zu wiederholen, der Feind.«[2] Freud war freilich zugleich auch so tolerant, daß er mit Oskar

---

[1] Freud, S.: Vorlesungen zur Einführung in die Psychoanalyse. GW XI, S. 173
[2] Gay, P.: Ein gottloser Jude. Frankfurt am Main 1988, S. 71 f.

Pfister, einem evangelischen Pfarrer, der mit der Psychoanalyse sympathisierte, freundschaftliche Kontakte pflegte.

Mit seiner Einstellung, die von einem radikalen Gegensatz zwischen religiösem und wissenschaftlichem Bewußtsein ausgeht, steht Freud keineswegs allein. Sie entspricht einer Haupttendenz der europäischen Aufklärung. Für diese steht eine autoritativ verordnete göttliche Offenbarung, an der sich die Menschen orientieren sollen, einer kritischen, wissenschaftlich geschulten Vernunft gegenüber, die jede Autorität und jeden Glauben zu hinterfragen hat. Die christliche Religion bedarf der Auserwählten und Priester, die sie verkünden, die Vernunft soll im Gegensatz dazu als demokratisches Medium zumindest potentiell allen Menschen gleichermaßen zugänglich sein. Dem Glauben stellt die Aufklärung die Notwendigkeit eines alles in Frage stellenden Zweifels gegenüber, der seit der Zeit Descartes' zentralen Stellenwert im wissenschaftlichen Denken erlangt hat. Nicht kirchliche Glaubensnormen, sondern kritischer Gebrauch der Vernunft soll die soziale Ordnung der Menschen und ihr Verhältnis zur Natur bestimmen.

Die antireligiöse Einstellung der europäischen Aufklärung hat nicht nur mit der Kritik von Bewußtseinsformen zu tun, sondern auch mit Kritik an der Machtpolitik kirchlicher Institutionen. Die katholische Kirche hat am Beginn der Neuzeit Vertreter des heraufkommenden modernen wissenschaftlichen Denkens nicht nur mit Hilfe der Zensur massiv in ihrer Arbeit behindert, sie hat sie sogar auf Scheiterhaufen verbrannt. Sie hat ihre Glaubenslehre immer auch mit oft rücksichtsloser Machtpolitik gegen den kritischen Anspruch der Wissenschaft verteidigt. Erst mit dem Verlust ihrer Machtpositionen ist die Kirche toleranter geworden; der Index, eine Liste der für Katholiken verbotenen Bücher, wurde erst Mitte dieses Jahrhunderts abgeschafft. Die französische Revolution, die Freiheit, Gleichheit und Brüderlichkeit auf ihre Fahnen geschrieben hat und zum »Geburtshelfer« einer bürgerlich-demokratischen Gesellschaft wurde, war nicht nur gegen die Macht des Adels gerichtet, sondern auch gegen die der katholischen Kirche, weil beider soziale Interessen eng miteinander verbunden waren. Schon diese Machtkonstellation brachte die bürgerlichen Aufklärer in ihrem Kampf um allgemeine Menschenrechte und den öffentlichen kritischen Gebrauch der Vernunft in Gegenposition zur Kirche. Freud bekam zu seiner Zeit noch in Österreich die Versuche der katholischen Kirche zu spüren, den Einfluß der wissenschaftlichen Aufklärung einzudämmen. Freuds antireligiöse Einstellung ist sicherlich auch eine Reaktion auf den kirchlichen Antisemitismus, unter dem die Juden während der Geschichte des Christentums immer sehr zu leiden hatten. Dies gilt, obwohl Freud mit der Veröffentlichung des Textes »Der Mann Moses und die monotheistische Religion« zögerte, weil er die katholische Kirche nicht zu sehr gegen sich und die Psychoanalyse aufbringen wollte, von der er sich zumindest einen gewissen Schutz gegen den wachsenden Antisemitismus der faschistischen Ära versprach.[3] Seine kritische Einstellung gegenüber jeder Religion richtete sich auch gegen die jüdische, deren Tradition ihn als Juden beeinflußt hat. Freud hat die Zugehörigkeit zum jüdischen Volk nie geleugnet, aber er war seiner Vaterreligion nach eigenem Bekunden »völlig entfremdet«.[4]

Freuds Entgegensetzung von Religion und der von seinem Denken vertretenen wissenschaftlichen Aufklärung hat durchaus ihre Berechtigung. Im ersten Abschnitt dieses Buches wurde versucht, die Notwendigkeit einer aufklärerischen Religionskritik im Dienste der Emanzipation deutlich zu machen, er folgt damit der Intention Freuds. Trotzdem ist es notwendig, das Verhältnis von Wissenschaft und Religion am Beispiel der Freudschen Religionskritik nochmals neu zu überdenken. Dies nicht, um der Religion wieder eine neue Legitimationsgrundlage zu verschaffen, sondern um die Selbstkritik der Aufklärung voranzutreiben. Die Bearbeitung des Spannungsverhältnisses von Religion und Wissenschaft muß das theoretische Denken immer von neuem leisten, wenn es nicht einen prekären Rückfall in religiöse oder quasi-religiöse Weltanschauungen begünstigen will, der nicht nur außerhalb seiner, sondern auch in ihm selbst immer wieder droht. Religiöses Bewußtsein und wissenschaftliches Bewußtsein stehen sich nicht schlicht antagonistisch gegenüber, das Verhältnis zwischen ihnen stellt sich bei genauerer Analyse als sehr viel komplexer heraus. Horkheimer und Adorno haben in ihrer »Dialektik der Aufklärung«[5] sichtbar gemacht, daß eine simple Gegenüberstellung von Mythos und Wissenschaft falsch ist, weil schon im Mythos Elemente der Aufklärung enthalten sind und weil Wissenschaft auch immer die Tendenz in sich trägt, an mythische Weltbilder und magische Praktiken fixiert zu bleiben. Diese Feststellung gilt auch für das Verhältnis von christlicher Religion und Wissen-

---

[3] Siehe hierzu Gay, P.: Freud. Eine Biographie für unsere Zeit. Frankfurt am Main 1989, S. 670 ff.

[4] Vorrede zur hebräischen Ausgabe von »Totem und Tabu«. Freud, S., Studienausgabe, Band IX, Frankfurt am Main 1974, S. 293

[5] Horkheimer, M. und Adorno, Th. W.: Dialektik der Aufklärung, Frankfurt am Main 1969

schaft. In kirchlichen Institutionen wurde vor der Frontstellung der Kirche gegen die moderne Aufklärung lange Zeit das fortschrittlichste wissenschaftliche Denken gepflegt. Katholische Geistliche und Mönche waren im Mittelalter Träger des wissenschaftlichen Vernunftgebrauchs; die katholische Kirche hat damals das theoretische Denken nicht nur eingeschränkt, sie hat es ebenfalls gefördert. Erst Luther setzt den Glauben der Religion der »Närrin« und »Hure« Vernunft entgegen. Er tut das auch in Opposition zur katholischen Kirche, die erst mit der Gegenreformation entschiedener als früher auf das Irrationale setzt. Die katholische Kirche sah sich bis zur Neuzeit immer auch als Hüterin der Vernunft, die Abweichungen von ihrer Lehre als »Aberglauben« bekämpfte[6]. Religiöse Lehren sind nicht schlicht irrational, sie versuchen immer auch Erklärungen für die Verfaßtheit der Welt, eine Intention, die sie mit dem wissenschaftlichen Denken teilen. Die Schöpfungsgeschichte wurde vor Darwins wissenschaftlichen Entdeckungen über die Entstehung der Arten nicht als bloße Glaubenslehre angesehen, sondern auch als eine Art vernünftige Welterklärung akzeptiert. Die Religion wird erst dann als eine Domäne des Irrationalen erfahren, wenn sie von der herrschenden Vernunft in einen sozialen Randbereich abgedrängt wird und dort gegen diese ein spezifisches Terrain behaupten will. Große katholische Theologen, wie z. B. der junge Augustinus oder Thomas von Aquin, sahen keinesfalls einen radikalen Gegensatz zwischen Vernunft und Glauben, sie meinten vielmehr, ihre Weltauffassung auch weitgehend vernünftig begründen zu können.

Daß das Verhältnis von Wissenschaft und Christentum komplizierter ist, als man gemeinhin annimmt, kann schon ein Blick auf die Biographien von Heroen des wissenschaftlichen Denkens der Neuzeit deutlich machen. Die Stammväter der modernen Wissenschaft waren keineswegs allesamt Atheisten. Newton, der Schöpfer des mechanischen naturwissenschaftlichen Weltbildes war ein gläubiger Christ, der religiöse Pamphlete verfaßte und eine neue Offenbarung des Johannes zu schreiben beabsichtigte.[7] Descartes, der als philosophischer Ahnherr des modernen, naturwissenschaftlich orientierten Denkens gilte und der geholfen hat, die Legitimation des wissenschaftlichen Zweifels

[6] Siehe hierzu Feyerabend, P.: Wider den Methodenzwang. Frankfurt am Main 1983
[7] Siehe hierzu Kutschmann, W.: Der Naturwissenschaftler und sein Körper. Frankfurt am Main 1986, S. 369 ff.

zu begründen, war keineswegs Atheist; in seiner Philosophie finden sich ausgeprägte Züge christlicher Frömmigkeit. In seinen *Meditationen* demonstriert er, daß er auf Gott zählt, der allein garantieren kann, daß seinem Denken eine objektive Realität entspricht. Allein Gott, dessen Existenz er zu beweisen sucht, bewahrt ihn gewissermaßen vor dem Wahnsinn. Voltaire, der Bannerträger der französischen Aufklärung, bekämpfte zwar entschieden die katholische Kirche, war aber zugleich gläubiger Theist, der an seinem Wohnsitz eine Kapelle errichtete. Die Pioniere des wissenschaftlichen Denkens der Neuzeit verabschiedeten sich zwar üblicherweise von überkommenen christlichen Gottesbildern, sie orientierten sich aber statt dessen meist an veränderten neuen. Nur wo ein allwissender Gott, der mit dem idealisierten Vater der Kindheit verwandt ist oder gegen seine Mängel ins Feld geführt werden kann, als geheimes Vorbild genommen wird, entsteht eine Tradition, die ein Denken hervorbringt, das sich zutraut, alles intellektuell durchdringen und auf den Begriff bringen zu können. Nur wo ein Schöpfergott angenommen wird, der alle Realität geschaffen hat, entsteht eine Tradition, die in ein Denken mündet, das darauf abzielt, möglichst alle Realitäten, mit Bewußtsein geplant, herzustellen. So gesehen stellen Gottesbegriffe ein Potential zur Verfügung, dessen Rationalisierung erst die Aufklärung möglich macht. Das theoretische Denken hat seine Wurzeln in einer philosophischen Metaphysik, die als »rationalisierter Gottesglaube« begriffen werden kann.[8] Das griechische Wort *theoria*, von dem sich das Wort *Theorie* herleitet, bedeutet ursprünglich: Betrachten des Göttlichen.

Aber auch die atheistischen Gegner der Religion sind nicht ohne weiteres ihrem Einfluß entronnen. Das, was man bekämpft, beeinflußt offen oder unterschwellig die eigene Position, der Widerpart legt das eigene Selbstverständnis immer auch mit fest. Radikale Religionskritiker wie Marx oder Nietzsche zeigen in manchen ihrer Texte die Tendenz, einem neuen Menschen utopische Möglichkeiten zuzumessen, die allzu göttlich ausfallen, weil sie zu sehr vom Erbe der Religion aufgeladen sind. Aufklärung steht der Religion nicht nur entgegen, sie versucht auch in mancher Hinsicht ihr Erbe anzutreten, indem sie das, was die Religion verspricht, vom Himmel auf die Erde holen will. Aber mit dieser Transformation, die durchaus sinnvolle Züge tragen kann, ist immer auch die Gefahr verbunden, daß menschliche Zukunftsperspek-

---

[8] Siehe hierzu Türcke, Ch.: Kassensturz. Zur Lage der Theologie. Frankfurt am Main 1992

tiven zu sehr mit religiösen Wünschen beladen und Möglichkeiten der Versöhnung und des Glücks versprochen werden, die allzu jenseitig ausfallen. Wer die Religion beerben will, sollte dabei sehr nüchtern vorgehen.

Wenn Wissenschaft und christliche Religion als auf komplexere Art miteinander verwandt begriffen werden als es üblicherweise geschieht, lassen sich neue, bisher übersehene Fragestellungen entwickeln. Klaus Heinrich hat darauf hingewiesen, daß der Übergang von der Religion zur Wissenschaft keinen geradlinigen Fortschritt darstellt, bei diesem Übergang geht ihm zufolge immer auch etwas verloren, dessen man sich bewußt sein sollte.[9] Enthält die Religion nicht vielleicht auch verdeckte oder verzerrte Wahrheiten, verarbeitete Erfahrungen oder Gefühlsdimensionen, die das wissenschaftliche Denken bisher übersehen hat und die vom kritischen Bewußtsein noch zu bearbeiten wären? Im letzten Teil dieses Buches sollen Gedanken zu solchen Fragen vorgetragen werden. Wenn Religion und Wissenschaft nicht nur grundsätzlich verschieden sind, sondern auch miteinander verwandt sein können, taucht die Frage auf, ob beide nicht ähnliche Schattenseiten aufweisen. Wenn Wissenschaft die Tendenz in sich trägt, in Religion zurückzufallen oder auf fragwürdige Art an ihre Stelle zu treten, kann man untersuchen, ob die aufklärerische Kritik, die an der Religion geübt wurde, nicht auch – in ähnlicher Form – auf die Wissenschaft bezogen werden kann. Lassen sich Denkmuster der psychoanalytischen Religionskritik nicht vielleicht auch auf die psychoanalytische Wissenschaft anwenden, um deren verdrängte Seiten sichtbar zu machen? Darüber sollte im Rahmen einer kritischen Auseinandersetzung mit der Freudschen Religionskritik nachgedacht werden.

Die Wiederkehr der Vatersehnsucht

Für Freud gehorcht die Religion einem Wünschen, das Illusionen erzeugt. Sie lebt von der Sehnsucht nach schützenden Gottesgestalten, die Phantasieprodukte hervorbringt, die mit der Realität verwechselt werden. Sie entspricht einer Fixierung auf infantile psychische Entwicklungsstufen, die die Trennung von Wunsch und Wirklichkeit noch

---

[9] Siehe hierzu Heinrich, K.: Dahlemer Vorlesungen.

zu wenig kennen. »Die Religion ist ein Versuch, die Sinneswelt, in die wir gestellt sind, mittels der Wunschwelt zu bewältigen, die wir infolge biologischer und psychologischer Notwendigkeiten in uns entwickelt haben. Aber sie kann es nicht leisten. Ihre Lehren tragen das Gepräge der Zeiten, in denen sie entstanden sind, der unwissenden Kinderzeiten der Menschheit.«[10] Wissenschaftlichkeit ist für Freud hingegen an eine Erwachsenheit gebunden, die Wünsche und Wirklichkeit zu trennen vermag und sich allein für letztere interessiert. »Das bedeutet keineswegs, diese Wünsche verächtlich beiseite zu schieben oder ihren Wert fürs Menschenleben zu unterschätzen. Man ist bereit zu verfolgen, welche Erfüllungen dieselben sich in den Leistungen der Kunst, in den Systemen der Religion und der Philosophie geschaffen haben, aber man kann doch nicht übersehen, daß es unrechtmäßig und in hohem Grade unzweckmäßig wäre, die Übertragung dieser Ansprüche auf das Gebiet der Erkenntnis zuzulassen. Denn damit öffnet man die Wege, die ins Reich der Psychose, sei es der individuellen oder der Massenpsychose führen.«[11] In seiner Religionskritik betont Freud diesen Gegensatz von religiösem und wissenschaftlichem Denken besonders schroff und unerbittlich. Freud fällt damit hinter eigene Einsichten zurück.

Die Ersetzung des allein dem Wunsch verfallenen Lustprinzips durch das Realitätsprinzip thematisiert, wie Freud außerhalb seiner primär religionskritischen Schriften bemerkt hat, nämlich auch die Religion, und der Wissenschaft gelingt sie nach seiner dort formulierten Einsicht keineswegs völlig, sondern allenfalls »am ehesten«. »Doch ist der endopsychische Eindruck dieser Ersetzung ein so mächtiger gewesen, daß er sich in einem besonderen religiösen Mythus spiegelt. Die Lehre von der Belohnung im Jenseits für den – freiwilligen oder aufgezwungenen – Verzicht auf irdische Lüste ist nichts anderes als die mythische Projektion dieser psychischen Umwälzung. Die Religionen haben in konsequenter Verfolgung dieses Vorbildes den absoluten Lustgewinn im Leben gegen Versprechen einer Entschädigung in einem künftigen Dasein durchsetzen können; eine Überwindung des Lustprinzips haben sie auf diesem Weg nicht erreicht. Am ehesten gelingt diese Überwindung der Wissenschaft, die aber auch intellektuelle Lust während der Arbeit bietet und endlichen praktischen Gewinn verspricht.«[12] Da Denken, wie

[10] Freud, S.: Über eine Weltanschauung. Neue Folge der Vorlesungen, a. a. O., GW XV, S. 181
[11] ebd., S. 172
[12] ebd., S. 236

Freud einige Male festgestellt hat, zu weiten Teilen unbewußt geschieht[13], wirken nicht nur im Bereich der Religion, sondern auch im Bereich der Wissenschaft unbewußte Prozesse, die dem Wunsch verfallenes Kindliches zur Geltung bringen, auf das Denken ein. Auch eine wissenschaftliche Realitionskonstruktion läßt sich nie völlig vom Wünschen und vom Streben nach Lust abkoppeln. Das Wünschen kann sicherlich das Denken zur Verleugnung der Realität drängen. Trotzdem gilt der Umkehrschluß nicht, daß aufklärerisches Denken dem Wünschen entronnen sein muß. Auch dieses zieht seine Kraft nicht zuletzt aus dem Wünschen, das eine andere Realität sucht, deren Herbeiführung es unterstützen will. Wo der Wunsch der Vater des Gedankens ist, drohen, wie Freud sichtbar gemacht hat, Illusion und Verblendung, aber es gilt nach Adorno auch das Umgekehrte: »Der Gedanke, der den Wunsch, seinen Vater, tötet, wird von der Rache der Dummheit ereilt.«[14] Freuds Frontstellung gegen die Religion, die darauf bedacht ist, Wissenschaft und Religion allzu säuberlich zu trennen, verhindert es, daß er kritische psychoanalytische Einsichten, die er zur Interpretation der Religion nutzt, auch auf die Wissenschaft anwendet. Im Bestreben, seine Wissenschaft von der Religion abzusetzen, thematisiert er zu wenig – obwohl es Ansätze hierzu bei ihm gibt – wie kindliches Begehren im wissenschaftlichen Denken von Erwachsenen fortwirkt, welches Wünschen die Suche nach wissenschaftlicher Wahrheit speist, oder welcher Lustgewinn im Bereich der Wissenschaft gesucht wird. Er hat sich dadurch die Einsicht erspart, daß Wissenschaft und Religion enger verwandt sein könnten, als ihm lieb war.

»Die Vatersehnsucht ist die Wurzel des religiösen Bedürfnisses.«[15] Für Freud lebt die Religion vom infantilen Wunsch nach einer idealisierten Vatergestalt, der man sich gläubig anvertrauen kann. Hilflosigkeiten gegenüber Naturgewalten weckt bei den Menschen eine Vatersehnsucht, die Gottesbilder hervorbringt. Der Wunsch, dem eigenen Elend und der eigenen Schwäche zu entkommen, erzeugt den Wunsch nach Göttergestalten, die dabei helfen, mit der kläglichen eigenen Existenz leichter fertigzuwerden. Wenn Naturgewalten mit menschlichen Zügen ausgestattet werden, können sie als weniger bedrohlich erfahren werden; man kann sich so der entlastenden Illusion hingeben, sie mit

---

[13] Siehe hierzu z. B. ebd. oder besonders: Die Traumdeutung, VII Abschnitt
[14] Adorno, Th. W.: Minima Moralia. Frankfurt am Main 1962, S. 158
[15] Freud, S.: Die Zukunft einer Illusion, a.a.O., S. 344

Mitteln beeinflussen zu können, die sich im zwischenmenschlichen Verkehr bewährt haben. »An die unpersönlichen Kräfte und Schicksalsmächte kann man nicht heran, sie bleiben ewig fremd. Aber wenn in den Elementen Leidenschaften toben wie in der eigenen Seele, wenn selbst der Tod nichts Spontanes ist, sondern die Gewalttat eines bösen Willens, wenn man überall in der Natur Wesen um sich hat, wie man sie aus der eigenen Gesellschaft kennt, dann atmet man auf, fühlt sich heimisch im Unheimlichen, kann seine sinnlose Angst psychisch bearbeiten. Man ist vielleicht noch wehrlos, aber nicht hilflos gelähmt, man kann zum mindesten reagieren, ja vielleicht ist man nicht einmal wehrlos, man kann gegen diese gewalttätigen Übermenschen draußen dieselben Mittel in Anwendung bringen, deren man sich in seiner Gesellschaft bedient, man kann versuchen, sie zu beschwören, beschwichtigen, bestechen, raubt ihnen durch solche Beeinflussung einen Teil ihrer Macht.«[16] Wo Leid als sinnlos erfahren wird, wächst der Wunsch nach einer ausgleichenden Gerechtigkeit, die für Unglück und Entbehrungen wenigstens in einer jenseitigen Welt entschädigt. »Die Götter behalten ihre dreifache Aufgabe, die Schrecken der Natur zu bannen, mit der Grausamkeit des Schicksals, besonders wie es sich im Tode zeigt, zu versöhnen und für die Leiden und Entbehrungen zu entschädigen, die dem Menschen durch das kulturelle Zusammenleben auferlegt werden.«[17] Die Hilflosigkeit gegenüber den Mächten der Natur, die an die Erfahrung kindlicher Hilflosigkeit erinnert, drängt dazu, Mittel zu wählen, die in der Kindheit Rettung versprachen. Situationen, denen man sich ohnmächtig ausgeliefert fühlt, reaktivieren Erlösungswünsche, die einstmals mit den Eltern, als den Schicksalsmächten der Kindheit, verbunden waren. »Denn diese Situation ist nichts Neues, sie hat ein infantiles Vorbild, ist eigentlich nur die Fortsetzung des früheren, denn in solcher Hilflosigkeit hatte man sich schon einmal befunden, als kleines Kind einem Elternpaar gegenüber, das man Grund hatte zu fürchten, zumal den Vater, dessen Schutzes man aber auch sicher war gegen die Gefahren, die man damals kannte. So lag es nahe, die beiden Situationen einander anzugleichen. Auch kam wie im Traumleben der Wunsch dabei auf seine Rechnung. Ähnlich macht der Mensch die Naturkräfte nicht einfach zu Menschen, mit denen er wie mit seinesgleichen verkehren kann, das würde auch dem überwältigenden Eindruck

16 ebd., S. 338
17 ebd., S. 339

nicht gerecht werden, den er von ihnen hat, sondern er gibt ihnen Vatercharakter, macht sie zu Göttern.«[18] Wenn Menschen die Erfahrung machen, daß sie Naturmächten gegenüber hilflos sind, drängt sie das zur Religion. »Wenn nun der Heranwachsende merkt, daß es ihm bestimmt ist, immer ein Kind zu bleiben, daß er des Schutzes gegen fremde Übermächte nie entbehren kann, verleiht er diesen die Züge der Vatergestalt, er schafft sich die Götter, vor denen er sich fürchtet, die er zu gewinnen sucht und denen er doch seinen Schutz überträgt. So ist das Motiv der Vatersehnsucht identisch mit dem Bedürfnis nach Schutz gegen die Folgen der menschlichen Ohnmacht; die Abwehr der kindlichen Hilflosigkeit verleiht der Reaktion auf die Hilflosigkeit, die der Erwachsene anerkennen muß, eben der Religionsbildung, ihre charakteristischen Züge.«[19] Die Religion ist für Freud eine Illusion, sie hilft nicht, wirkliche Probleme zu lösen. Sie bindet die Menschen an eine infantile Erfahrungswelt, die dem Wunsch, nicht jedoch der Realität gehorcht. Ein erwachsener, aufgeklärter Mensch hat der illusionären Wunschwelt der Religion zu entsagen und »nüchtern« die Realität zu akzeptieren, um dann an ihrer Veränderung zu arbeiten. Einen fiktiven Anhänger der Religion konfrontiert Freud in seiner Schrift *Die Zukunft einer Illusion* mit der Festellung: »Der Mensch kann nicht ewig Kind bleiben, er muß endlich hinaus ins ›feindliche Leben‹. Man darf das ›die Erziehung zur Realität‹ heißen, brauche ich Ihnen noch zu verraten, daß es die einzige Absicht meiner Schrift ist, auf die Notwendigkeit dieses Fortschritts aufmerksam zu machen?«[20] Die Transformation religiöser Energien kann der Welt zugute kommen. »Dadurch, daß er seine Erwartungen vom Jenseits abzieht und alle freigewordenen Kräfte auf das irdische Leben konzentriert, wird er wahrscheinlich erreichen können, daß das Leben für alle erträglich wird und die Kultur keinen mehr erdrückt.«[21] Das entscheidende Hilfsmittel zu dieser Form der Realitätsbewältigung ist für Freud die Wissenschaft. Sie vergrößert die Macht des Menschen gegenüber der Natur, eine Macht, die zwar nicht alle Schicksalsgegebenheiten aus der Welt schaffen kann, aber doch das Leben aller Menschen wesentlich zu erleichtern vermag.

Für Freud bringt die Vatersehnsucht die Sehnsucht nach Gottesgestalten mit sich. Die idealisierte Vaterfigur der Kindheit steht für ihn im

[18] ebd., S. 338f.
[19] ebd., S. 346
[20] ebd., S. 373
[21] ebd., S. 373f.

Zentrum des Bedürfnisses nach Religion. Aufgeklärte Erwachsenheit, die den Wissenschaftler auszeichnen soll, verlangt, dem kindlichen Wünschen zu entsagen und nüchtern die Realität zu akzeptieren. Freuds Religionskritik, die die Welt der Religion als infantile Wunschwelt darstellt, trifft sicherlich ein wesentliches Element religiöser Illusionen, aber es stellt sich die Frage, ob die Vatersehnsucht im Bereich der Wissenschaft keinerlei Rolle spielt. Ist das Begehren nach wissenschaftlicher Wahrheit dieser Sehnsucht gänzlich entronnen? Wirkt sie nicht vielleicht auf mehr oder weniger sublimierte Weise in ihr fort?

Beschäftigt man sich mit Freuds Beiträgen zur Kritik der Religion, so fällt auf, wie sehr er von religiösen Vaterfiguren angezogen wird. Moses, die Vaterfigur der Israeliten, der die Zehn Gebote als göttliches Gesetz bringt, hat Freuds theoretisches Interesse immer wieder auf sich gezogen.[22] Der Gründervater der Psychoanalyse, der mit seinem Denken eine neue Ordnung in die psychologische »Unterwelt« bringen wollte, hat sich, wie verschiedene seiner Biographen aufgezeigt haben, stark mit Moses identifiziert.[23] Moses repräsentiert mit seiner Unabhängigkeit gegenüber Massenstimmungen ebenso wie mit seiner Fähigkeit, sich in einer feindlichen Umwelt zu behaupten, Freuds heimliches Ich-Ideal. Dies gilt besonders während der Zeit des Faschismus, als Freuds Lebenswerk extrem bedroht war. Ilse Grubrich-Simitis hat Freuds Text »Der Mann Moses und die monotheistische Religion« als einen Tagtraum interpretiert, der Freud half, seine bedrohte Identität zu stabilisieren.[24] Die Auseinandersetzung mit der Vaterfigur der Juden gab Freud in einer Situation Halt, in der seine intellektuelle und physische Existenz extrem bedroht war. Daß Moses für Freud zum Ägypter wird, der einem fremden Volk seine Religion bringt, weist auf Freuds gebrochenes Verhältnis zur jüdischen Tradition hin und ist wohl auch eine Konsequenz der Bearbeitung seiner Schwierigkeiten, im Exil seine Lehren zur Geltung zu bringen. Es ist leicht festzustellen, daß Freuds eigentümliche Beziehung zu dieser biblischen Autorität etwas mit Vatersehnsucht zu tun hat. Für Freud kommt kultureller Fortschritt nur durch unabhängige, starke, männliche Vaterfiguren zustande. Auch Freud wollte eine solche Persönlichkeit sein, die psychoanalytische Be-

---

[22] Siehe hierzu Freud, S.: Der Moses des Michelangelo. GW X oder: Der Mann Moses und die monotheistische Religion. GW XVI
[23] Siehe hierzu Gay, P.: Freud, a. a. O. oder Grubrich-Simitis, I.: Freuds Moses-Studie als Tagtraum, Psyche 4, 1990
[24] ebd.

wegung hat er als Vaterautorität geleitet. In seiner Schrift »Massenpsychologie und Ich-Analyse« will er aufzeigen, daß soziale Zusammenhänge durch starke väterliche Führerfiguren gestiftet werden und daß die menschliche Kultur generell an Vaterautoritäten gebunden ist. Schon am Anfang der Menschheitsgeschichte sieht er einen Urvater am Werke, der in einer Horde seine Artgenossen unterwirft. Für diese Vaterautorität, wie für alle sozialen Autoritäten, die ihr nachfolgen, gilt nach Freud, daß sie eine Psyche aufweisen, die sich von der »normaler« Menschen unterscheidet. »Von Anfang an gab es zweierlei Psychologien, die der Massenindividuen und die des Vaters, Oberhauptes, Führers. Die einzelnen der Massen waren so gebunden, wie wir sie heute finden, aber der Vater der Urhorde war frei. Seine intellektuellen Akte waren auch in der Verbindung stark und unabhängig, sein Wille bedurfte nicht der Bekräftigung durch den anderer. Wir nehmen konsequenterweise an, daß sein Ich wenig libidinös gebunden war, er liebte niemand außer sich, und die anderen nur, insoweit sie seinen Bedürfnissen dienten. Sein Ich gab nichts Überschüssiges an die Objekte ab. Zu Eingang der Menschheitsgeschichte war er der Übermensch, den Nietzsche erst von der Zukunft erwartete.«[25] Allein Vaterfiguren, die sich von anderen Menschen unterscheiden, machen Freud zufolge wirklich Geschichte. Große Männer, Staatenlenker und Neuerer in der Wissenschaft sind psychisch mit dem Urvater verwandt, von dem sie sich freilich durch ihre sozialen Bindungen unterscheiden. Erst Moses, Freuds geheimes Vorbild, entspricht einer Vaterfigur im psychoanalytischen Sinn. Er ist nicht hemmungslos und ungebunden wie der Urvater, er unterstellt sich vielmehr dem Gesetz, das er bringt; seine Leidenschaft wird durch die Bindung an dieses Gesetz gemeistert. Freuds Interpretation des Moses des Michelangelo sieht einen Moses, der seinen Zorn beherrscht, um die Gesetzestafeln, die er vom Sinai bringt, nicht zu gefährden.[26]

Freuds Biographen haben aufgezeigt, daß die Verarbeitung des Todes seines Vaters von enormer Bedeutung für die Entwicklung seines theoretischen Denkens war.[27] Ein großer Teil seiner Selbstanalyse zentriert sich um diesen Tod. Freuds eigenem Bekunden zufolge entspringt die »Traumdeutung«, sein erster großer theoretischer Text, einer Beschäf-

---

[25] Freud, S.: Massenpsychologie und Ich-Analyse. GW XIII, S. 137 f.
[26] Siehe hierzu: Der Moses des Michelangelo. GW X S. 172 ff.
[27] Siehe hierzu Heim, R.: Der symbolische Vater als Revenant. Die Geburt der Psychoanalyse aus dem Geist des Vaters. Psyche 11, S. 1023 ff.

tigung mit dem Tod seines Vaters. In der Einleitung zu diesem Werk schreibt er: »Für mich hat dieses Buch nämlich noch eine andere subjektive Bedeutung, die ich erst nach seiner Beendigung verstehen konnte. Es erwies sich mir als ein Stück meiner Selbstanalyse, als meine Reaktion auf den Tod meines Vaters, also auf das bedeutsamste Ereignis, den einschneidensten Verlust im Leben eines Mannes.«[28] Die Auseinandersetzung mit dem Tod des Vaters bedeutet Trauerarbeit, was mit Vatersehnsucht zu tun hat.

Auch in seiner zentralen religionskritischen Schrift »Totem und Tabu« spielt der verstorbene Vater, dem die Sehnsucht der Söhne gilt, eine entscheidende Rolle. Freud läßt in diesem Text, der noch genauer untersucht werden soll, die menschliche Kultur mit einem Vatermord durch die Söhne beginnen. Die der Tat folgende Trauerarbeit der Söhne bringt nach Freud die sozialen Verbindlichkeiten von Kultur hervor. »Nachdem sie ihn beseitigt, ihren Haß befriedigt und ihren Wunsch nach Identifizierung mit ihm durchgesetzt hatten, mußten sich die dabei überwältigten zärtlichen Regungen zur Geltung bringen. Es geschah in der Form der Reue, es entstand ein Schuldbewußtsein, welches hier mit der gemeinsam empfundenen Reue zusammenfällt. Der Tote wurde nun stärker, als der Lebende gewesen war; all dies, wie wir es noch heute an Menschenschicksalen sehen.«[29] Der tote Vater, dem die mit Schuld verknüpfte idealisierende Vatersehnsucht gilt, stiftet durch seine Verinnerlichung für Freud die menschliche Kultur.

Der Begründer der Psychoanalyse wollte Vaterautorität sein. Auch für seine wissenschaftliche Biographie spielen Lehrer, die er als Vaterautoritäten verehren konnte, eine zentrale Rolle. Sein Lehrer Brücke war und blieb für Freud »die größte Autorität, die je auf mich gewirkt hat«.[30] Er war, wie Gay aufgezeigt hat, eine Vaterfigur, die sich besser zur Idealisierung eignete als Freuds eigener Vater. »Freuds Anhänglichkeit an Brücke scheint die eines Sohnes gewesen zu sein, nichts weniger. Es ist wahr, daß Brücke beinahe 40 Jahre älter als Freud war, fast so alt wie Freuds Vater. Es ist auch wahr, daß die Ausstattung eines Menschen mit den Attributen und der Bedeutung eines anderen noch viel unwahrscheinlichere Sprünge machen kann als den, daß Sigmund Freud Ernst Brücke an die Stelle von Jacob Freud setzte. Die ›Übertragung‹,

---

[28] Freud, S.: Die Traumdeutung. GW II / III, S. X
[29] Freud, S.: Totem und Tabu. GW IX, S. 173
[30] Zitiert nach Gay: Freud, a. a. O., S. 44

wie Freud, der Psychoanalytiker, diese Verschiebung intensiver Gefühle nennen sollte, ist machtvoll und allgegenwärtig. Aber ein großer Teil der unwiderstehlichen Anziehung Brückes für Freud kam gerade daher, daß er nicht Freuds Vater war. Die Autorität, die er für Freud besaß, war verdient, nicht durch den Zufall der Geburt verliehen; und zu diesem kritischen Zeitpunkt, als Freud sich schulte, um ein professioneller Erforscher menschlicher Geheimnisse zu werden, war für ihn eine solche Autorität nötig.«[31] Brücke, der eine Vatersehnsucht auf sich ziehen konnte, die Freuds Vater enttäuscht hatte, lebte Freud ein Ideal beruflicher Selbstdisziplin vor, mit dem Freud sich auf produktive Weise identifizieren konnte.

Die Hinweise auf Freuds Beziehung zu idealisierbaren Vaterautoritäten lassen erkennen, daß seine intellektuelle Produktivität eng damit verknüpft war. Ohne den Wunsch von Kindern und Heranwachsenden, es idealisierbaren Vaterfiguren durch intellektuelle Leistungen gleichzutun, was sich in der Beziehung des Ichs zum Über-Ich und zum Ich-Ideal niederschlägt, entwickelt sich kaum ein Begehren nach wissenschaftlichen Leistungen. Schon die frühesten Beziehungen zum Vater, die eine Beendigung der Mutter-Kind-Symbiose begünstigen, helfen die Basis einer psychischen Ordnung zu erzeugen, die später theoretisches Denken ermöglicht. Der im Kind wirksam werdende Wunsch nach einer väterlichen Ordnung geht in den späteren Wunsch ein, an der Entwicklung intellektueller Ordnungen mitzuwirken. Der Vater führt Struktur und Differenz ein, worauf theoretisches Denken angewiesen ist.[32] Das Kind lernt die Grenzziehung zur Mutter, womit die Individuation beginnt, mit Hilfe des Vaters kennen. Die Subjektwerdung ist nur durch Ablösung von der Mutter möglich, die nicht zuletzt mit Hilfe des Vaters zustande kommt. Dem tödlichen, die Subjektivität auslöschenden Wunsch nach dem Wieder-Einswerden mit der Mutter wirkt ein väterliches Prinzip entgegen, das sein Gesetz installiert. Nur eine väterliche Ordnung kann der Psyche Schutz vor der überwältigenden Macht des Mütterlichen geben. Väterliche Prinzipien gewähren männlichen und weiblichen Kindern Hilfe gegen die Bedrohung durch die archaische Macht des Mütterlichen; sie stiften eine lebbare psychische Ordnung, die vom Willen zur Selbsterhaltung geprägt ist. Die

---

[31] ebd., S. 44
[32] Auch eine sich mit ihrem Vater identifizierende Mutter kann diese Funktion ersatzweise übernehmen.

Ordnungsstrukturen des Väterlichen, die gegen die Zerstückelung, das Zerfließen und die Aufhebung von Grenzen gerichtet sind, machen erst theoretisches Denken möglich. Es kann nur Ordnungen stiften, wenn es frühe väterliche Ordnungsmächte in sich aufhebt. Wo die realen Väter gegenüber kindlichen Wünschen notwendigerweise versagen müssen, kann in den Kindern der Wunsch reifen, mit Hilfe der Vernunft Ordnungen zu suchen, in denen die Menschen eher zu ihrem Recht kommen als in überkommenen patriarchalischen Ordnungen. Kritisches Denken lebt sowohl von auf die Väter gerichteten Wünschen als auch von deren Enttäuschung.

Freuds therapeutische Praxis hat den Begriff der objektiven Wahrheit ins Wanken gebracht. Ziel der therapeutischen Analyse ist es, eine verdrängte Vergangenheit zu rekonstruieren, die zu neurotischen Fehlentwicklungen geführt hat. Der Analytiker soll hierzu Konstruktionen liefern, die verdrängte Erfahrungen zum Inhalt haben, welche dann durch die Erinnerung des Patienten verifiziert werden. Diese Verifizierung gelingt jedoch häufig nicht. »Der Weg, der von der Konstruktion des Analytikers ausgeht, sollte in der Erinnerung des Analysierten enden; er führt nicht immer so weit. Oft gelingt es nicht, den Patienten zur Erinnerung des Verdrängten zu bringen. Anstatt dessen erreicht man bei ihm durch korrekte Ausführung der Analyse eine sichere Überzeugung von der Wahrheit der Konstruktion, die therapeutisch dasselbe leistet wie eine wiedergewonnene Erinnerung. Unter welchen Umständen dies geschieht und wie es möglich wird, daß ein scheinbar unvollkommener Ersatz doch die volle Wirkung tut, das bleibt ein Stoff für spätere Forschung.«[33] Was der Analytiker dem Patienten als Interpretation vorschlägt, muß nicht unbedingt mit dessen vergangenen Erfahrungen deckungsgleich sein, es kann genügen, daß eine bestimmte Konstruktion vom Patienten als Wahrheit über schmerzliche Geheimnisse seiner früheren Geschichte akzeptiert wird. Die Konstruktion braucht nicht notwendigerweise einer früheren Realität zu entsprechen, sie kann ihr Ziel, die neurotischen Symptome überwinden zu helfen, auch erreichen, indem sie es erlaubt, die eigene Vergangenheit auf sinnhafte Art umzuinterpretieren.

Dieser Tendenz zur Relativierung des Wahrheitsbegriffs in der therapeutischen Praxis stehen Äußerungen Freuds entgegen, die sie zu einer Schule der Wahrheit machen. Für Freud gilt, »daß die psychoana-

---

[33] Freud, S.: Konstruktionen in der Analyse. GW XVI, S. 52 f.

lytische Behandlung auf Wahrhaftigkeit aufgebaut ist. Darin liegt ein gutes Stück ihrer erzieherischen Wirkung und ihres ethischen Wertes«.[34] Auch an sich selbst hat Freud diese Wirkung erfahren. »Vielleicht ist es übrigens eine Folge meiner Beschäftigung mit der Psychoanalyse, daß ich kaum mehr lügen kann. So oft ich eine Entstellung versuche, unterliege ich einer Irrung oder anderen Fehlleistung, durch die sich meine Unaufrichtigkeit […] verrät.«[35] Die Schule der Psychoanalyse hat für seine Orientierung an der Wahrheit Konsequenzen. Gegenüber Einstein äußert Freud: »Daß ich nach Möglichkeit immer die Wahrheit sage, rechne ich mir nicht zum Verdient an, es ist mein Metier geworden.«[36] Freud, der von sich behauptet hat, ein »absolut Ungläubiger«[37] zu sein, der also jede Bindung an eine göttliche Autorität ablehnt, akzeptiert emphatisch eine andere Bindung seines Denkens: die an die Wahrheit. »Die Wahrheit«, schreibt er an Sándor Ferenczi, »ist mir das absolute Ziel der Wissenschaft.«[38] Auch für die Patienten in der analytischen Praxis spielt die Wahrheitssuche eine Rolle, die ungleich mehr verlangt als eine Konstruktion, die der Patient akzeptieren kann. Der Patient erhofft vom Analytiker, daß er einen Weg zu seiner ihm bisher verschlossenen Wahrheit weist: Für den Patienten besetzt der Analytiker gewissermaßen den Ort der Wahrheit. Er erwartet von ihm, daß er ein an die Wahrheit gebundenes Gesetz vertritt, nach dem sich klüger denken und zugleich besser und freier leben läßt. Das hat mit idealisierenden Vaterbindungen aus der Kindheit zu tun, die im Laufe der Analyse abgebaut werden sollten, aber ohne sie kommt kein gelingender analytischer Prozeß in Gang.

Besonders empathisch und unerbittlich vertritt Freud den Wahrheitsanspruch seiner Wissenschaft gegenüber der Religion. »Es ist nun einmal so, daß die Wahrheit nicht tolerant sein kann, keine Kompromisse und Einschränkungen zuläßt, daß die Forschung alle Gebiete menschlicher Tätigkeit als ihr eigen betrachtet und unerbittlich kritisch werden muß, wenn eine andere Macht ein stückweit davon für sich beschlagnahmen will.«[39] Diese Unerbittlichkeit Freuds erinnert an die Unerbittlichkeit seines religiösen Gegners. Moses verordnet mit sei-

[34] Freud, S.: Bemerkungen über die Übertragungsliebe. GW X, S. 312
[35] Freud, S.: Zur Psychopathologie des Alltagslebens. GW IV, S. 247
[36] Zitiert nach Gay: Freud, a. a. O., S. 4
[37] Gay, P.: Ein gottloser Jude, a. a. O., S. 49
[38] Zitiert nach Gay: Freud, a. a. O., S. 4
[39] Neue Folge der Vorlesungen zur Einführung in die Psychoanalyse. GW XV, S. 173

nem ersten Gebot die unumstößliche Wahrheit des alleinigen Gottes: »Ich bin der Herr, dein Gott, [...] Du sollst keine anderen Götter neben mir haben.« (2. Moses 20,2,3) Nietzsche, der Freud die kritische Distanz gegenüber der Wissenschaft voraus hat, hat in seiner »Fröhlichen Wissenschaft« deutlich zu machen versucht, daß diese eigentümliche Verwandtschaft keineswegs als zufällig anzusehen ist. Der Wille, sich nicht täuschen zu lassen und unter allen Umständen an einer einmal erkannten Wahrheit festzuhalten, der den seriösen Wissenschaftler, und sicherlich ganz besonders auch Freud auszeichnet, hat für Nietzsche mit einer unterschwelligen Bindung an einen christlich-jüdischen monotheistischen Gottesbegriff zu tun. Er ist für ihn nicht an ein enges Nützlichkeitskalkühl gebunden, sondern an eine Moral, für die die Wahrheit etwas Göttliches an sich hat. »Doch man wird es begriffen haben, worauf ich hinaus will, nämlich, daß es immer noch metaphysischer Glaube ist, auf dem unser Glaube an die Wissenschaft ruht – daß auch wir Erkennenden von heute, wir Gottlosen und Antimetaphysiker auch unser Feuer noch von dem Brande nehmen, den ein jahrtausendealter Glaube entzündet hat, der Christenglaube, der auch der Glaube Platos war, daß Gott die Wahrheit ist, daß die Wahrheit göttlich ist.«[40] Die entschiedene Bindung des Wissenschaftlers an die Wahrheit leitet sich für Nietzsche aus einer Tradition ab, die die Menschen an eine absolute göttliche Wahrheit bindet. Das Wahrheitspathos, von dem Wissenschaftler wie Freud geleitet werden, kommt von einer Gottesvorstellung her, die Freud mit dem Vater der Kindheit in Beziehung gesetzt hat. Die sich bei Freud wiederholende pathetische »Propaganda« für die Illusionslosigkeit, für eine Nüchternheit, die sich nicht täuschen lassen will, hat nicht nur mit der wissenschaftlichen Aufklärung zu tun. Sie hat sicherlich auch einiges mit der jüdischen monotheistischen Tradition zu tun, die in Freud fortwirkt und die das Festhalten an dem einzigen wirklichen Gott gebietet und vom Kampf gegen den Glauben an falsche Götter und Götzenbilder erfüllt ist. Die Freudsche Nüchternheit trägt mitunter »heilige« Züge.

Die gegenwärtige Wissenschaft rückt zunehmend von einem bindenden Wahrheitsanspruch ab, dem Freud anhing. In der Wissenschaft triumphiert immer häufiger die technisch-instrumentell reduzierte Vernunft oder ein Konstruktivismus und postmoderner Relativismus,

---

[40] Nietzsche, F.: Die fröhliche Wissenschaft, zitiert nach Nietzsche, Werke in drei Bänden, Darmstadt 1994, Band II, S. 208

für die eine bindende objektive Wahrheit obsolet geworden sind. Es ist wohl kein Zufall, daß die große europäische Theorie mit ihrem umfassenden Wahrheitsanspruch in einer Epoche zerfällt, in der auch ihr religiöser Widerpart einen letzten, vielleicht entscheidenden Kraftverlust erleidet. Die Aufklärung lebt immer auch von der Kraft ihres religiösen Gegners. Die Tendenz zur modernen Beliebigkeit sorgt vielleicht für mehr Offenheit und Toleranz, es spricht aber vieles dafür, daß sie das theoretische Denken entscheidend schwächt. Mit der Macht der Väter im modernen sozialen Getriebe schwindet auch die Macht des Begehrens nach Wahrheit.

Horst-Eberhard Richter hat in seinem Buch *Der Gotteskomplex* [41] versucht herauszuarbeiten, daß die neuzeitliche Wissenschaft mit Größenphantasien verbunden ist, die darauf abzielen, sich insgeheim mit dem christlichen Schöpfergott gleichzusetzen. Bewußte und unbewußte Allmachtsphantasien gehen Richter zufolge in die Beschäftigung mit der Wissenschaft ein und verknüpfen sie auf prekäre Art mit dem, was Ernest Jones schon in den zwanziger Jahren als »Gottmensch-Komplex« analysiert hat.[42] Richters sehr einseitige Interpretation, die die Elemente der Wissenschaftsentwicklung, die der menschlichen Emanzipation zugute gekommen sind, zu wenig zur Kenntnis nimmt, macht auf eine geheime Verbindung von christlicher Religion und Wissenschaft aufmerksam. Man kann im Anschluß an Richter, wenn man die Akzente der Interpretation anders setzt, zu folgendem Schluß kommen: Nur wenn die Psyche an eine göttliche Autorität gebunden war oder ist, die allwissend erscheint und aus freiem Willen die Welt geschaffen hat, entsteht durch die Identifikation mit dieser Autorität ein Drang, der die Welt begrifflich durchdringen und sie dem eigenen Wissen entsprechend gestalten will. Ohne einen Wissensdrang, dessen Wurzeln im Bestreben liegen, den Vater der Kindheit, der die zentrale frühe Schicksalsmacht in einer patriarchalischen Familie darstellt, nachzuahmen oder zu übertrumpfen, sind keine wirklichen intellektuellen Leistungen möglich. Der Wille, es dem idealisierten Vater gleichzutun oder einer Autorität zu folgen, die das einzuhalten scheint, was der Vater zwar versprochen, nicht aber realisiert hat, bringt intellektuelle Leidenschaften hervor.

---

[41] Richter, H. E.: Der Gotteskomplex, Reinbeck 1979
[42] Jones, E.: Der Gottmensch-Komplex in: Zur Psychoanalyse der christlichen Religion, a. a. O., S. 15 f.

Intellektualität ist aber nicht nur mit dem illusionären kindlichen Glauben an die Allmacht der Gedanken oder mit dem Willen verknüpft, es einem allwissenden Vater gleichzutun, ihr liegt auch der Drang zugrunde, nüchtern an der Realität festzuhalten, um sie möglicherweise für sich zu nutzen oder verändern zu können. Auch dies ist mit dem Vater der Kindheit verknüpft: Sein Einfluß verankert innerhalb der patriarchalischen Kultur das Realitätsprinzip in der Psyche des Kindes. Er zwingt dazu, Realitäten zu akzeptieren, auch wenn sie den eigenen Wünschen zuwiderlaufen. Der Wunsch, wie der idealisierte Vater der Kindheit sein zu wollen und die schmerzliche Erfahrung, mit diesem Wunsch auf das Realitätsprinzip zu stoßen, bewirken ein psychisches Spannungsfeld, das Intellektualität hervorbringt. Kritisches Denken lebt vom Begehren, alles intellektuell durchdringen zu wollen, und zugleich von dem Wissen, daß dies nicht möglich ist. Daß man als Kind sein soll wie der idealisierte Vater und es zugleich doch nicht sein darf, weil einige Möglichkeiten nur diesem vorbehalten bleiben, bestimmt nach Freud das Verhältnis des Ichs zum Über-Ich und zum Ich-Ideal. Dieses konflikthafte Spannungsverhältnis geht in eine Intellektualität ein, die das Begehren nach Wissen mit dem Wissen um seine Begrenztheit verknüpft. Freud hat gesehen, daß im wissenschaftlichen Denken etwas von dem Kinderglauben an die Allmacht der Gedanken aufgehoben ist, der in Magie und Religion am Werk ist. »Wenn wir die vorhin erwähnte Entwicklungsgeschichte der menschlichen Weltanschauungen annehmen, in welcher die animistische Phase von der religiösen, diese von der wissenschaftlichen abgelöst wird, wird es uns nicht schwer, die Schicksale der ›Allmacht der Gedanken‹ durch diese Phasen zu verfolgen. Im animistischen Stadium schreibt der Mensch sich selbst die Allmacht zu; im religiösen hat er sie den Göttern abgetreten, aber nicht ernstlich auf sie verzichtet, denn er behält sich vor, die Götter durch mannigfache Beeinflussungen nach seinen Wünschen zu lenken. In der wissenschaftlichen Weltanschauung ist kein Raum mehr für die Allmacht des Menschen, er hat sich zu seiner Kleinheit bekannt und sich resigniert dem Tod wie allen anderen Naturnotwendigkeiten unterworfen. Aber in dem Vertrauen auf die Macht des Menschengeistes, welcher mit den Gesetzen der Wirklichkeit rechnet, lebt ein Stück des primitiven Allmachtsglaubens weiter.«[43] Die Gefahr, die dem wissenschaftlichen Denken von Allmachtsphantasien droht, hat Freud

---

[43] Freud, S.: Totem und Tabu, a. a. O., S. 108

nicht thematisiert. Für ihn hat Wissenschaft etwas mit Ernüchterung, Illusionslosigkeit und Bescheidenheit zu tun. Mit ihrer Hilfe soll der Mensch dem Trost durch Illusion entsagen und seine Beschränkung akzeptieren. Freud vernachlässigt, daß diese Festlegungen gegen einen anderen Aspekt seiner Identität als Wissenschaftler gerichtet sind, ohne den seine revolutionären intellektuellen Neuerungen nicht möglich gewesen wären: Den Wunsch, Größenphantasien zu retten, die über die existierenden Formen des Wissens der »Väter« hinausdrängen und sich dadurch in der Welt der Wissenschaft so etwas wie eine säkularisierte Unsterblichkeit zu verschaffen. Freud bekämpft an der Religion etwas, was – in anderer Gestalt – auch in seiner Wissenschaft fortwirkt.

Das christliche Denken hat das Bewußtsein der Einheit von Wahrheit, Liebe und Gerechtigkeit hervorgebracht. Sie sind in Gott miteinander verbunden. Der christliche Gott repräsentiert mit seinem allumfassenden Wissen eine Wahrheit, vor der nichts verborgen bleiben kann, er erscheint als Gott der Liebe und verspricht – zumindest im Jenseits – eine ausgleichende Gerechtigkeit. Die Vatersehnsucht, die für Freud die Religion hervorbringt, enthält die Sehnsucht nach einer Macht, die Wahrheit, Liebe und Gerechtigkeit wenn schon nicht in dieser, so doch zumindest in einer jenseitigen Welt Geltung verschafft. Der ideale Vater, nach dem das Kind sich sehnt, verkörpert diese drei Elemente. Im aufklärerischen Denken wirkt die ursprünglich vom Christentum gestiftete Einheit von Wahrheit, Liebe und Gerechtigkeit fort. Die auf Wahrheitssuche ausgerichtete menschliche Vernunft soll den aufklärerischen Intentionen zufolge mehr Geschwisterlichkeit und soziale Gerechtigkeit in die Welt bringen. Der auf Wahrheit zielende kritische Vernunftgebrauch soll mit der Suche nach mehr Brüderlichkeit und Solidarität in einer gerechteren gesellschaftlichen Ordnung verknüpft sein. Das heute gängige wissenschaftliche Denken hat nicht nur den Begriff der Wahrheit weitgehend außer Kraft gesetzt, es hat auch seine Verbindung mit der Liebe und der Gerechtigkeit aufgelöst. Im modernen positivistischen Wissenschaftsverständnis kann die Wissenschaft in den Dienst ganz verschiedener Ziele und Interessen treten und ist nicht mehr an eine objektive Wahrheit gebunden. In Freuds Denken wirkt hingegen die ursprünglich mit dem christlich-jüdischen Vatergott verknüpfte Verbindung weiter. In seinem Denken wirkt eine Tradition, die die Wahrheitssuche mit Liebe und Gerechtigkeit verknüpft, in freilich veränderter Form fort. Die psychoanalytische Praxis hat gezeigt, daß psychologische Aufklärung und Liebe miteinander verwandt sind. Intellektuelle

Hemmungen haben ihrer Einsicht nach mit Hemmungen der Liebesfähigkeit zu tun, ebenso wie umgekehrt die Freisetzung von Liebesfähigkeit mit der Entwicklung intellektueller Möglichkeiten verbunden ist. In der Analyse zeigt sich, daß die Kraft, die es erlaubt, bisher verdrängte traumatische Erfahrungen bewußt zu bearbeiten, von positiven Übertragungen herrührt. Sie ist also an eine Art Liebesbindung zum Analytiker gebunden, die aus früheren Liebesbindungen hervorgehen. Nur die Übernahme von Kräften aus früheren Liebesbindungen erlaubt es, sich den schmerzlichen Geheimnissen der individuellen Geschichte bewußter zu stellen. Die Liebe verleiht die Kraft, die Wahrheit der eigenen Existenz auszuhalten, wie umgekehrt die Einsicht in den Sinn der Symptome, das heißt in bisher verdrängte Kapitel der individuellen Geschichte, die lebendige Liebesfähigkeit freisetzen kann. Die Veränderungen, die die Psychoanalyse anstrebt, haben auch – obwohl das weniger deutlich wird – mit mehr Gerechtigkeit zu tun. Es geht der Psychoanalyse auch darum, der Abweichung mehr Gerechtigkeit widerfahren zu lassen. Freud plädiert für eine gerechtere Verteilung von für die Aufrechterhaltung der Kultur notwendigen Triebversagungen. »Wenn aber eine Kultur es nicht darüber hinaus gebracht hat, daß die Befriedigung einer Anzahl von Teilnehmern die Unterdrückung einer anderen, vielleicht der Mehrzahl, zur Voraussetzung hat, und dies ist bei allen gegenwärtigen Kulturen der Fall, so ist es begreiflich, daß diese Unterdrückten eine intensive Feindseligkeit gegen die Kultur entwickeln, die sie durch ihre Arbeit ermöglichen, an deren Gütern sie aber einen zu geringen Anteil haben. [...] Es braucht nicht gesagt zu werden, daß eine Kultur, welche eine so große Anzahl von Teilnehmern unbefriedigt läßt und zur Auflehnung treibt, weder Aussicht hat, sich dauernd zu erhalten, noch es verdient.«[44] Der gesellschaftliche Fortschritt ist für Freud, wenn er ihn als Skeptiker überhaupt für möglich hält, an mehr Wahrheit durch mehr wissenschaftliche Aufklärung, an mehr Macht für den »ewigen Eros«[45] und an soziale Ordnungen gebunden, die dafür sorgen, daß für kulturell notwendige Triebversagungen angemessene Entschädigungen gewährt werden. Es ist für Freud notwendig, daß die »Tugend«, die auf Einschränkungen beruht, »sich auf Erden lohnt«.[46] Was das Christentum mit seinem Gott verbindet, den Freud auf die kindliche Va-

[44] Die Zukunft einer Illusion, GW XIV, S. 333
[45] Das Unbehagen in der Kultur, a. a. O., S. 506
[46] ebd., S. 503

tersehnsucht zurückgeführt hat, wirkt in den Hoffnungen weiter, die Freud mit seiner theoretischen und praktischen Vernunft verknüpft.

Die jüdisch-christliche religiöse Tradition lebt von Diskriminierung und Abwehr des Weiblichen. Freud verdoppelt diese in seiner Religionskritik, da er den Einfluß der Mutterbindung auf religiöse Bedürfnisse kaum zur Kenntnis nimmt. In *Das Unbehagen in der Kultur* diskutiert Freud die Bedeutung eines »ozeanischen Gefühls« für das religöse Erleben, auf das ihn Romain Rolland hingewiesen hat. »Ein Gefühl, das er die Empfindung der ›Ewigkeit‹ nennen möchte, ein Gefühl wie von etwas Unbegrenztem, Schrankenlosem, gleichsam ›Ozeanischem‹. Dieses Gefühl sei eine rein subjektive Tatsache, kein Glaubenssatz; keine Zusicherung persönlicher Fortdauer knüpfe sich daran, aber es sei die Quelle der religiösen Energie, die von den verschiedenen Kirchen und Religionssystemen gefaßt, in bestimmte Kanäle geleitet und gewiß auch aufgezehrt werde. Nur auf dem Grund dieses ozeanischen Gefühls dürfe man sich religiös heißen, auch wenn man jeden Glauben und jede Illusion ablehne.«[47] Freud bringt dieses Gefühl mit einem Satz von Grabbe in Verbindung: »›Aus dieser Welt können wir nicht fallen.‹ Also ein Gefühl der unauflösbaren Verbundenheit, der Zusammengehörigkeit mit dem Ganzen der Außenwelt.«[48] Dieses Gefühl hat zweifellos, was auch Freuds Analyse deutlich machen kann, mit der frühen Mutter-Kind-Einheit zu tun. Freuds Auseinandersetzung mit der Religion ist eng mit der Person des Moses verbunden. Auch diese, seine religiöse Lieblingsgestalt, hat eine Beziehung zum Weiblichen. Er hat den Moses des Michelangelo auf rühmende Art analysiert. Freud imponiert dabei besonders die Kraft, mit der Moses seine Emotionen zu beherrschen vermag. Er hat bei seiner Analyse nicht berücksichtigt, daß der sich beherrschende Moses im Haus der katholischen »Mutter Kirche« aufgestellt ist, im Haus einer Gegnerin Freuds, deren Verführungskraft seine besondere Abneigung gilt. Moses imponiert Freud insgeheim vielleicht auch, weil er für ihn das väterliche Gesetz auch gegen die Macht der Verführung zur Geltung bringt, die vom Mütterlich-Weiblichen ausgeht.

Religion ist auch, was Freud kaum zur Kenntnis genommen hat, mit Sehnsucht nach der Mutter verknüpft. Auch diese Sehnsucht kann in den Bereich des wissenschaftlichen Denkens eingehen. Freud hat sich

---

[47] ebd., S. 421 f.
[48] ebd., S. 422

nach eigenem Bekunden endgültig der Medizin zugewandt, nachdem er mit Goethes Aufsatz »Die Natur« bei einem Vortrag konfrontiert wurde. Peter Gay schreibt: »Das Fragment, das Freuds Sinneswandel herbeiführt, ist eine emotionale und pathetische Hymne, die eine erotisierte Natur als eine allumfassende, beinahe erdrückende, sich ständig erneuernde Mutter preist. Sie mag den endgültigen Anstoß zu einer Entscheidung gegeben haben, die in Freuds Geist schon seit einiger Zeit reifte. Er sagte das mehr als einmal. Aber sie war keineswegs eine plötzliche Offenbarung. Zu viel war ihr vorausgegangen, um dem Fragment im Stile Goethes die Bedeutung zu verleihen, die Freud ihm zuschrieb. Letzten Endes war es nicht einmal von Goethe«.[49] Daß Freud durch einen Text, der die mütterliche Natur preist, zur Wissenschaft hingezogen wird, macht deutlich, daß auch seine Mutterbindung seine intellektuellen Neigungen beflügelt hat. Die Suche nach Wahrheit ist nicht nur im Väterlichen, sondern auch im Mütterlich-Weiblichen begründet. In der Wissenschaft kommt nicht nur ein intellektueller Bemächtigungsdrang zur Geltung, der mit der väterlichen Kontrollmacht zu tun hat. Auch die Fähigkeit zur Hingabe an einen Forschungsgegenstand, die Fähigkeit, sich ihm intellektuell zu überlassen und sich ihm in Gedanken anzuschmiegen, kann das theoretische Denken befruchten. Solche Beziehungsmodi im Bereich der Intellektualität können eng mit der Beziehung zur Mutter verbunden sein.[50] »Eine Welt, in der die (die Mutter repräsentierenden) Frauen keine Rechte haben, in der sie ›erniedrigt und beleidigt‹ werden, verrät eine tiefe Unsicherheit sowie die Furcht, von der überwältigenden Macht der mütterlichen Urimago vernichtet zu werden. Eine Welt, in der der Vater verschwunden ist, ist eine Welt, in der auch die Fähigkeit zu denken abhanden gekommen ist. Die Vereinigung von Vater und Mutter gebiert nicht nur das Kind, sondern auch den Intellekt in seiner ganzen Kraft.«[51]

Schon Nietzsche hat die Beziehung des theoretischen Denkens zur mütterlich-weiblichen Sexualität erahnt. In der Vorrede zu seiner »Fröhlichen Wissenschaft« schreibt er: »Vielleicht ist die Wahrheit ein Weib, das Gründe hat, ihre Gründe nicht sehen zu lassen? Vielleicht ist ihr Name, griechisch zu reden, Baubo?«[52] Das erste entscheidende

[49] Gay: Freud, a. a. O., S. 34
[50] Siehe hierzu Fox Keller, E.: Liebe, Macht und Erkenntnis, München 1986
[51] Chasseguet-Smirgel, J.: Zwei Bäume im Garten, a. a. O., S. XIX
[52] Nietzsche, F.: Fröhliche Wissenschaft, Vorrede. Nietzsche-Werke in drei Bänden a. a. O., S. 15

»Buch«, das die mit seiner Sexualität verbundene Neugierde des Kindes auf sich zieht, ist der Schoß der Mutter, welchen das Inzesttabu mit sieben Siegeln verschlossen hat. In die mütterliche Vagina sind für das Kind die Geheimnisse von Geburt und Tod, von sexuellem Begehren und Verzicht, von der Differenz zwischen Frau und Mann eingeschrieben. Der mit der Sexualität des Kindes verbundene »Wißtrieb« findet hier ein erstes Objekt des Begehrens, das später auf andere Objekte der intellektuellen Neugierde verschoben wird.

Die Wiederkehr des Politischen

Freuds Religionskritik arbeitet, wie oben dargestellt wurde, heraus, daß sich hinter göttlichen Mächten der Zwang der Natur verbirgt. Die Religion dient ihm zufolge vor allem der psychischen Bearbeitung von der Natur auferlegten Abhängigkeiten. Die Bedrohungen, die von Naturgewalten ausgehen, drängen Menschen dazu, die Natur mit Hilfe von Gottesbildern zu vermenschlichen. Freud nimmt zu wenig zur Kenntnis, daß es nicht nur hilflose Abhängigkeiten von Menschen gegenüber Naturgewalten geben kann, die zur Religion drängen, sondern auch solche gegenüber sozialen, von Menschen organisierten Gewalten.[53] Die Abhängigkeit von sozialen Mächten kann ähnlich erdrückend erfahren werden wie die von Naturmächten: Gesellschaft kann zur bedrohlichen »zweiten Natur« werden. Eine andere aufklärerische Religionskritik, nämlich die von Karl Marx, hat dies besonders hervorgehoben. Bei Marx heißt es: »Das religiöse Elend ist in einem Ausdruck des wirklichen Elends und in einem die Protestation gegen das wirkliche Elend. Die Religion ist der Seufzer der bedrängten Kreatur, das Gemüt einer herzlosen Welt, wie sie der Geist geistloser Zustände ist.«[54] Bei Marx steht die Religion in Beziehung zu irrationalen gesellschaftlichen Organisationsformen, die fragwürdige Abhängigkeiten des Menschen vom Menschen, aber auch von der Natur, hervorbringen. Religion ist für Marx vor allem Ausdruck von die Menschen in Un-

---

[53] Freud sieht zwar, daß die Religion auch Ausdruck von kulturellen Zwängen ist, aber er führt diese Zwänge auf die Notwendigkeit des Kampfes gegen äußere Natur und Triebnatur zurück. Siehe hierzu »Das Unbehagen in der Kultur«.

[54] Marx, K.: Zur Kritik der Hegelschen Rechtsphilosophie, Einleitung. Marx-Engels, Studienausgabe, Band 1, Hrsg., I. Fetscher, Frankfurt am Main 1966, S. 17

mündigkeit haltender gesellschaftlicher Macht, sie ist, mit anderen Worten, in ihrem Kern ein politisches Problem. »Die Kritik des Himmels verwandelt sich damit in die Kritik der Erde, die Kritik der Religion in die Kritik des Rechts, die Kritik der Theologie in die Kritik der Politik.«[55] Freud nimmt den politischen Aspekt der aufklärerischen Religionskritik kaum in seine Analyse auf. Seine theoretische Arbeit ist durch Abwehr des Politischen gekennzeichnet. Wo das Soziale bei Freud auftaucht, erscheint es üblicherweise auf entpolitisierte Art: es hat bei ihm wenig mit der Austragung von Konflikten zwischen sozialen Gruppen oder dem Aufeinandertreffen gegensätzlicher Interessen zu tun. Durch Abwehr verschwindet das Politische aber nicht gänzlich aus Freuds Analysen, es kehrt vielmehr auf verzerrte Art wieder; besonders in seiner Religionskritik verschafft es sich auf eigentümliche Art wieder Geltung.

Für Freud ist Jesu Opfer am Kreuz, das im Zentrum der christlichen Religion steht, mit einer Mordtat verknüpft, die am Anfang der menschlichen Geschichte stattgefunden haben soll. In seiner Schrift *Totem und Tabu* hat er diese Konstruktion vorgetragen. Die Urform menschlichen Zusammenlebens war demzufolge eine von einem starken männlichen Wesen beherrschte Horde; der diese Horde dominierende Urvater soll der Vorfahre von späteren Vätern, Oberhäuptern, Fürsten und Führern aller Art gewesen sein. Weil dieser Urvater eine Schar von Brüdern in deren Machtbefugnissen und sexuellen Wünschen zu sehr einschränkte, schlossen sich diese Brüder eines Tages zusammen, um ihn zu töten. Nach dem Vatermord trat an die Stelle der Vaterhorde die Bruderhorde. Der Vatermord brachte den aufrührerischen Brüdern aber nicht die erhoffte schrankenlose Freiheit, sondern führte zu einer Art nachträglichem Gehorsam dem Vater gegenüber. Weil die Brüder den Vater auch liebten, wurden sie nach ihrer Tat von Reue ergriffen. Es entstand ein Schuldgefühl, das dazu führte, daß der getötete Vater nachträglich wieder als eine Art Gott eingesetzt wurde, dem sie sich von neuem unterwarfen. Die persönliche Macht des Urvaters verwandelte sich in eine von den Brüdern verinnerlichte Gewissensmacht, die seine Autorität in gewandelter Form fortbestehen ließ.

Diese auf einem Urverbrechen fußende erste Vergesellschaftung wird Freud zufolge von der christlichen Religion unbewußt bearbeitet. Die Lehre von Jesu Opfertod dient dem Wunsch, von der Ursünde des

[55] ebd., S. 18

Vatermordes erlöst zu werden; sie soll das Schuldgefühl beschwichtigen, das aus diesem Mord resultiert. Von Jesus heißt es: »Er ging hin und opferte sein eigenes Leben, und dadurch erlöste er die Brüderschar von der Erbsünde.«[56] Durch den Opfertod Jesu soll die Schuld, die mit dem Vatermord verbunden ist, aufgehoben werden. »Im christlichen Mythos ist die Erbsünde des Menschen unzweifelhaft eine Versündigung gegen Gottvater. Wenn nun Christus die Menschen von dem Drucke der Erbsünde erlöst, indem er sein eigenes Leben opfert, so zwingt er uns zu dem Schlusse, daß diese Sünde eine Mordtat war. Nach dem im menschlichen Fühlen tiefgewurzelten Gesetz der Talion kann ein Mord nur durch die Opferung eines anderen Lebens gesühnt werden; die Selbstaufopferung weist auf eine Blutschuld zurück. Und wenn dies Opfer des eigenen Lebens die Versöhnung mit Gottvater herbeiführt, so kann das zu sühnende Verbrechen kein anderes als der Mord am Vater gewesen sein.«[57] Jesu Opfergang trägt ambivalente Züge: Er demonstriert nicht nur liebevollen Gehorsam, sondern nimmt auch insgeheim das Aufbegehren gegen den Vater in sich auf. Durch das Opfer soll die Entmachtung des Vaters gesühnt werden, aber zugleich erlaubt diese Sühne auch das Ziel des Aufruhrs zu erreichen: Der Sohn kann die Stelle des Vaters einnehmen, er wird selbst zum Gott und entmachtet dadurch den alten Gott. Der Aufruhr des Sohnes kommt dadurch letztlich doch noch zu seinem Ziel. »So bekennt sich denn in der christlichen Lehre die Menschheit am unverhülltesten zu der schuldvollen Tat der Urzeit, weil sie nun im Opfertod des einen Sohnes die ausgiebigste Sühne für sie gefunden hat. Die Versöhnung mit dem Vater ist um so gründlicher, weil gleichzeitig mit diesem Opfer der volle Verzicht auf das Weib erfolgt, um dessenwillen man sich gegen den Vater empört hatte. Aber nun fordert auch das psychologische Verhängnis der Ambivalenz seine Rechte. Mit der gleichen Tat, welche dem Vater die größtmögliche Sühne bietet, erreicht auch der Sohn das Ziel seiner Wünsche gegen den Vater. Er wird selbst zum Gott neben, eigentlich an Stelle des Vaters. Die Sohnesreligion löst die Vaterreligion ab.«[58]

Was sich Freud zufolge am Anfang der menschlichen Geschichte abgespielt haben soll und worauf die christliche Religion fußt, reproduziert sich zu Beginn jeder individuellen Geschichte. Das Drama am Be-

[56] Totem und Tabu, a. a. O., S. 184
[57] ebd., S. 185
[58] ebd., S. 185 f.

ginn der Menschheitsgeschichte wird, in verwandelter Form, während des ödipalen Dramas in der Herkunftsfamilie immer wieder von neuem ausgetragen. Das Kind, vor allem das männliche, von dem Freud ausgeht, lehnt sich gegen die einschränkende Vaterautorität auf. Während des ödipalen Konflikts will der Sohn den Vater, der die Sexualität mit der Mutter monopolisiert, zumindest in der Phantasie gewaltsam beseitigen. Er wünscht sich, ihn durch eine Mordtat zu ersetzen, um dadurch Zugang zur Sexualität zu gewinnen. Da der Junge seinen Vater aber auch liebt, versöhnt er sich schließlich mit dessen repressiver Autorität, indem er sich mit ihm identifiziert. Dadurch wird die Vaterautorität als Über-Ich, als Gewissensinstanz, in der kindlichen Psyche aufgerichtet. Der Sohn opfert seine kindliche Sexualität, um eine Versöhnung mit der Vaterautorität zu erreichen.

Die Unterwerfung des Sohnes unter die Vaterautorität ist ebenso doppeldeutig wie die Unterwerfung Christi unter den Vatergott. Auch in ihr wirkt insgeheim der Wunsch fort, den Vater zu entmachten. Indem sich der Sohn dem Vater unterwirft, erlangt er die Möglichkeit, später einmal als Mann an die Stelle des Vaters treten zu können. Die Söhne, die sich mit ihren Vätern identifizieren, können dadurch später die Machtpositionen ihrer Väter übernehmen. Durch eine »vorläufige« Unterwerfung erlangt der Sohn die Möglichkeit, später eine Vaterrolle übernehmen zu können und den eigenen Vater mitsamt der älteren Generation irgendwann einmal aufs Altenteil zu schicken.

Freuds Konstruktion über die mit einem Vatermord verbundenen Anfänge der Kultur hält der empirischen wissenschaftlichen Überprüfung kaum stand. Es gibt keine dies belegenden Forschungsergebnisse. Freud produziert einen psychoanalytischen Mythos, um seiner Kritik an religiösen Mythen Plausibilität zu verleihen: Der religiöse Mythos soll mit Hilfe eines psychoanalytischen Mythos ausgetrieben werden. Freud zeigt in seiner Religionskritik auf, daß hinter religiösen Mythen psychische und geschichtliche Probleme verborgen liegen, die es aufzudecken gilt. Der unbewußte reale Kern von Mythen muß transparent gemacht werden, um die Probleme, die sie zu lösen versuchen, bewußter und vernünftiger angehen zu können. Religiöse Mythen haben für Freud mit Verdrängung zu tun, mit angsterfüllter Abwehr von Realitätseinsichten. Sie liefern Wunschwelten, mit denen man sich vor der oft schmerzlichen Realität drücken kann. Der von Freud kreierte Typus psychoanalytischer Mythenkritik läßt sich auch auf den von ihm produzierten Ursprungsmythos anwenden. Für Freud enthalten religiöse

Mythen eine doppelte Wahrheit: Sie bringen sowohl verdrängte onto-genetische wie phylogenetische Erfahrungen zum Ausdruck. Sie geben Auskunft über unbewußt gewordene lebensgeschichtliche Problematiken und über verdrängte kollektive »historische Wahrheiten«. In *Die Zukunft einer Illusion* hat Freud vor allem auf ersteres hingewiesen, indem er Verbindungen zwischen religiösem Bewußtsein und ödipalen Problemen aufzeigt. In *Der Mann Moses und die monotheistische Religion* will er aufzeigen, daß in religiösen Texten auch spezifische, von sozialen Gemeinschaften gemachte Erfahrungen verarbeitet werden, die jedoch verdrängt worden sind. In seiner Nachschrift zur *Selbstdarstellung* bemerkt Freud: »In der ›Zukunft einer Illusion‹ habe ich die Religion hauptsächlich negativ gewürdigt; ich fand später die Formel, die ihr bessere Gerechtigkeit erweist: ihre Macht beruht allerdings auf ihrem Wahrheitsgehalt, aber diese Wahrheit sei keine materielle, sondern eine historische.«[59] Welche historische Wahrheit aber bringt seine Theorie über den Vatermord und die Anfänge der Kultur zum Ausdruck? Auf welche historischen Erfahrungen läßt sich das beziehen? Was kehrt in ihr auf verzerrte Art wieder, das in seiner ursprünglichen Gestalt der Verdrängung verfallen ist? Es spricht einiges dafür, daß in der Freudschen Religionskritik die von ihm verdrängte Auseinandersetzung mit dem Politischen wiederkehrt. Freuds Theorie des Urmordes enthält seine geheime Revolutionstheorie: Sie enthält eine Auseinandersetzung mit den revolutionären Erschütterungen und Umbrüchen seiner Zeit, ohne daß Freud sich dessen bewußt gewesen sein dürfte.

In einer Epoche wie der unseren, in der revolutionäre Utopien und Bewegungen kaum noch gefragt sind, vergißt oder verdrängt man leicht, wie sehr die Epoche, in der Freud lebte, von Revolutionen geprägt wurde. Freud hat am Ende des Ersten Weltkriegs in Österreich eine Revolution erlebt, die das Ende der Habsburger Fürstenherrschaft bedeutete und die bürgerlich-parlamentarische Demokratie brachte. Aber nicht nur in Österreich war das Kriegsende mit revolutionären Erschütterungen verknüpft. Freud war Zeitgenosse der Russischen Revolution von 1905 und der bolschewistischen Oktoberrevolution von 1918, die zur Ermordung der Zarenfamilie führte. Zu der Zeit, als Freud seine entscheidenden psychoanalytischen Entdeckungen machte, waren Attentate von Anarchisten und Nationalisten auf gekrönte Häupter an der Tagesordnung, die ein breites öffentliches Echo fanden.

[59] Freud, S.: Nachschrift 1935 zur »Selbstdarstellung«, GW XVI, S. 33

Freud war ein zutiefst bürgerlicher Mensch. Es wird leicht übersehen, daß das bürgerliche Zeitalter, das ihn prägte, auch mit einer Revolution begann, nämlich der Französischen von 1789, die mit der Hinrichtung des Königs verbunden war. Max Weber, der Zeitgenosse Freuds, der wie dieser die Ernüchterung zum Programm erhob, hat als Stammvater der modernen Soziologie das Unglück der deutschen Geschichte darin begründet gesehen, daß die Deutschen nie einen Hohenzollernsproß geköpft haben. In Paris, der Hauptstadt der Revolutionen der bürgerlichen Epoche, hat Freud als junger Mann wesentliche wissenschaftliche Bildungserfahrungen gemacht. Die Französische Revolution hatte den Anspruch, Freiheit, Gleichheit und Brüderlichkeit verwirklichen zu wollen, ein Anspruch, der später auf anarchistische und sozialistische Revolutionsbewegungen überging, die die zu Freuds Zeiten bestehende Gesellschaftsordnung radikal in Frage stellten. Man kann sich fragen, ob Freuds revolutionäre Entdeckungen zufällig in eine Epoche revolutionärer politischer und sozialer Erschütterungen fallen. Wohl kaum: Nur wenn überkommene soziale Verhältnisse fragwürdig geworden sind, wenn sie krisenhafte Züge zeigen und dadurch zugleich soziale Autoritäten erschüttert werden, kann die emotionale Bindung an sie gelockert werden. Das kann die Freisetzung intellektueller Energie mit sich bringen und so auch das Denken revolutionieren.

Freud hat über derartige Zusammenhänge nicht nachgedacht. Außer in seinen jungen Jahren war er ein zutiefst unpolitischer Mensch. Ihn interessierte üblicherweise allenfalls die Organisationspolitik der Psychoanalytischen Bewegung, die er überaus geschickt betrieb. Politik als Konflikt sozialer Klassen, als Kampf zwischen Herrschenden und Beherrschten, als Ringen sozialer Gruppen um die Durchsetzung ihrer Interessen, interessierte ihn kaum. Geschichte erscheint bei Freud als ein Feld großer Männer, aber kaum als eine Sache politischer Konflikte. Er wollte mit der Psychoanalyse auf revolutionäre Art die psychische Unterwelt bewegen, aber in die Politik wollte er sich nicht einmischen. Freud hat sich stets dagegen gewehrt, die psychoanalytische Therapie in den Dienst politischer Zielsetzungen zu stellen, die bestehende Zustände verändern wollten. »Die Forderung geht über die Funktionsberechtigung der Analyse hinaus. Auch der Arzt, der zur Behandlung einer Pneumonie gerufen wird, hat sich nicht darum zu kümmern, ob der Erkrankte ein braver Mann, ein Selbstmörder oder ein Verbrecher ist, ob er verdient am Leben zu bleiben oder ob man es ihm wünschen soll. Auch das andere Ziel, das man der Erziehung setzen will, wird ein parteiisches sein, und es ist nicht die Sache des Analytikers, zwischen den Parteien zu entscheiden. Ich sehe ganz ab davon, daß man der Psychoanalyse jeden Einfluß auf die Erziehung verweigern wird, wenn sie sich zu Absichten bekennt, die mit der bestehenden sozialen Ordnung unvereinbar sind. Die psychoanalytische Erziehung nimmt eine ungebetene Verantwortung auf sich, wenn sie sich vorsetzt, ihren Zögling zum Aufrührer zu modeln. Sie hat das Ihrige getan, wenn sie ihn möglichst gesund und leistungsfähig entläßt.«[60] Es sollte irritieren, daß Freud, der Religion als soziale Pathologie analysiert hat, nicht in der Lage war, die sozialen Pathologien, die den Faschismus begünstigt haben, und die ihn und sein Lebenswerk tödlich bedrohten, auf theoretische Art zu durchdringen. Dabei scheint zum Beispiel sein Text *Massenpsychologie und Ich-Analyse* wie geschaffen zur Analyse eines faschistischen Führerkultes.[61] Freud hat wesentliche Beiträge zu einer psychoanalytischen Kulturkritik geleistet, aber die theoretische Auseinandersetzung mit politischen Fragen unterbleibt bei ihm fast völlig. Man muß bei Freud von einer Verdrängung des Politischen sprechen.[62] Aber Freud hat gelehrt, daß das Verdrängte nicht einfach verschwindet, daß es vielmehr wiederkehren und in anderer Gestalt wieder sichtbar werden kann. Das gilt auch für Freuds Auseinandersetzung mit den Revolutionen seiner Zeit. Freuds Revolutionsmythos über den Aufstand der Söhne gegen die Autorität des Urvaters hat mehr mit der Französischen Revolution und den ihr nachfolgenden Revolutionen zu tun als mit den Anfängen der Kultur überhaupt. Er thematisiert die Durchsetzung der bürgerlichen Kultur mit Hilfe der bürgerlichen Revolution und die Bedrohung der bürgerlichen Kultur durch die sozialistische Revolution.

Freuds Konstruktion der Urrevolution, die die menschliche Kultur überhaupt hervorgebracht haben soll, zeigt eng verwandte Züge mit wesentlichen Elementen der bürgerlichen Revolution, mit der sich die bürgerliche Kultur durchsetzte. Auf eigentümlich verzerrte Art kehrt im Freudschen Denken das Gespenst der Französischen Revolution wieder. Freuds Urrevolution wird von Brüdern gegen den Urvater

---

60 Neue Folge der Vorlesungen zur Einführung in die Psychoanalyse, GW XV, S. 162
61 Siehe hierzu Th. W. Adorno: Die Freudsche Theorie und die Struktur faschistischer Propaganda. In: Kritik. Kleine Schriften zur Gesellschaft, Frankfurt am Main 1971
62 Der Begriff der Verdrängung wird hier in relativ weitem Sinn gebraucht, wie Freud ihn in seiner Schrift »Der Mann Moses und die monotheistische Religion« und in neuerer Zeit z. B. Erdheim in seinem Text »Die gesellschaftliche Produktion von Unbewußtheit« benutzt haben. In einem engeren, eher klinischen Sinn, bezieht sich dieser Begriff vor allem auf die kindliche Sexualität und ihr Schicksal.

durchgeführt. Die Französische Revolution stürzt den absoluten Herrscher im Namen der Brüderlichkeit. Zuvor hatten soziale Umwälzungen neue Machtgruppen oder neue Herren gebracht, sie berufen sich aber kaum auf eine Brüderlichkeit, die mit Gleichheit oder Freiheit verbunden ist. Der Aufruhr der Brüder in der Freudschen Konstruktion richtet sich gegen eine Vaterautorität, die Macht und Sexualität monopolisiert. Die bürgerliche Revolution richtet sich gegen absolute Herrscher, die nicht nur politische und soziale Macht monopolisieren, sondern auch einer sexuellen Lasterhaftigkeit verfallen sind, die sämtliche Frauen zum Objekt ihrer Lüste werden läßt. Man wirft den Herren sexuelle Hemmungslosigkeit vor, gegen die die bürgerliche Tugendhaftigkeit durchgesetzt werden soll. In Texten der Aufklärung, die der Vorbereitung der bürgerlichen Revolution dienten, wird immer wieder Adeligen vorgeworfen, sie seien darauf aus, alle Töchter des Volkes ihrem sexuellen Willen zu unterwerfen. Lessings *Emilia Galotti* oder Schillers *Kabale und Liebe* repräsentieren im deutschen Sprachraum eine solche Literatur. In Freuds Text schließen die siegreichen Brüder, um unlösbare Konflikte zu vermeiden, »eine Art von Gesellschaftsvertrag«. Dieser Gesellschaftsvertrag bildet die Basis einer neuen Form der Vergesellschaftung. »Die Einsicht in die Gefahren um die Erfolglosigkeit dieser Kämpfe, die Erinnerung an die gemeinsam vollbrachte Befreiungstat und die Gefühlsbindungen aneinander, die während der Zeiten der Vertreibung entstanden waren, führten endlich zu einer Einigung unter ihnen, einer Art von Gesellschaftsvertrag. Es entstand die erste Form einer sozialen Organisation mit Triebverzicht, Anerkennung von gegenseitigen Verpflichtungen, Einsetzung bestimmter, für unverbrüchlich (heilig) erklärter Institutionen, die Anfänge also von Moral und Recht.«[63] Freuds Konstruktion entspricht der Vertragstheorie, die Thomas Hobbes in seiner Schrift *Leviathan* vorführt, welche paradigmatischen Charakter für die bürgerliche politische Theorie erlangt hat. Nach ihr resultiert eine sinnvolle Vergesellschaftung aus einem Gesellschaftsvertrag, den die Mitglieder einer Gesellschaft zur Vermeidung des Krieges aller gegen alle schließen. Für Freud hat der »Gesellschaftsvertrag« die Einschränkung der Sexualität auf bestimmte legitime Formen zur Konsequenz. Das revolutionäre Bürgertum setzt gegen die »Ausschweifungen« des Adels das Ideal ehelicher Treue und Tugendhaftigkeit. Beethovens Revolutionsoper *Fidelio* führt eine Uto-

[63] Der Mann Moses und die monotheistische Religion. GW XVI, S. 187 f.

pie ehelicher Treue vor, die gegen eine verwerfliche absolutistische Macht gerichtet ist. Noch für Mozart, der in seinen italienischen Opern eher Moralvorstellungen des absolutistischen Adels vorführt, war eheliche Treue etwas, was man nicht zu sehr auf die Probe stellen sollte, weil sie kaum einzuhalten ist.

Daß der Aufstand der Brüder gegen den Urvater etwas mit dem Aufstand der Bürger gegen ihre adelige Obrigkeit zu tun hat, tritt auch bei Freud ansatzweise ins Bewußtsein, aber dies nur auf die Sachverhalte eigentümlich verkehrende Art. In einer Fußnote zur *Traumdeutung* setzt Freud beides in Beziehung zueinander. In einer Traumanalyse wird hier der »ganze, rebellische, majestätsbeleidigende und die hohe Obrigkeit verhöhnende Inhalt des Traums« auf die »Auflehnung gegen den Vater« zurückgeführt.[64] Freud fügt dieser psychologischen Interpretation eine historisch-soziologische Begründung hinzu: »Der Fürst heißt Landesvater, und der Vater ist die älteste, erste, für das Kind einzige Autorität, aus deren Machtvollkommenheit im Laufe der menschlichen Kulturgeschichte die anderen sozialen Obrigkeiten hervorgegangen sind.«[65] Freuds Interpretation verkehrt auf eigentümliche Art die soziale Realität. Während es auf der entwicklungspsychologischen Ebene richtig ist, daß bestimmte soziale Autoritäten lediglich in Anlehnung an eine Vaterautorität erfahren werden können, gilt auf der historisch-soziologischen Ebene keineswegs, daß sämtliche sozialen Autoritäten von der Vaterautorität abgeleitet werden können. Machtverhältnisse in der Familie sind, wie z. B. die »Studien über Autorität und Familie« der *Frankfurter Schule*[66] aufgezeigt haben, aus gesellschaftlichen Machtverhältnissen etwa in der Ökonomie und im Staat abzuleiten und nicht umgekehrt. Der Vater ist, diesen Analysen zufolge, in der Familie allenfalls Repräsentant gesellschaftlicher Machtverhältnisse gegenüber dem Kind, diese gehen aber keineswegs aus einer Vaterrolle hervor. Freuds familialistische Interpretation leitet hingegen gesellschaftliche Machtverhältnisse aus den familiären ab und stellt damit – selbst wenn die Verursachungen vielleicht nicht ganz so eindeutig sind, wie es die Studien der *Frankfurter Schule* nahelegen – die Realität tendenziell auf den Kopf. Diese Verkehrung erlaubt es Freud, das Gewicht politischer Herrschaftsverhältnisse auf verleugnende Art unterzubewerten.

---

[64] Die Traumdeutung, a. a. O., S. 223
[65] ebd.
[66] Studien über Autorität und Familie. Hrsg. Horkheimer, M., Paris 1936

Freud konstatiert bei den aufrührerischen Brüdern der Urhorde einen »nachträglichen Gehorsam« gegenüber dem gestürzten Vater, der ihre ursprünglichen Absichten in ihr Gegenteil verkehrt und sie auf die Früchte ihrer Tat verzichten läßt. Die getötete Vaterfigur hinterläßt eine »Vatersehnsucht«, die die Brüder nach neuen, idealisierbaren Vaterautoritäten rufen läßt, die sich an die Imago des Urvaters anlehnen lassen. In der christlichen Religion tritt, so Freud, Jesus, der neue Sohnesgott, an die Stelle des Vatergottes, hinter dem sich der Urvater verbirgt. In der politischen Realität lassen sich hierzu Parallelen ausmachen. Nachdem während der Revolution in Frankreich der traditionelle König im Namen des Volkes, das sich auf Freiheit, Gleichheit und Brüderlichkeit beruft, geköpft wurde, kann sich wenige Jahre später der »sohnhafte« Aufrührer Napoleon zum Kaiser krönen und von den Massen bejubeln lassen. Die Entwicklung nach der russischen Oktoberrevolution von 1918 zeigt eine ähnliche Logik: Wenige Jahre, nachdem der Zar ermordet wurde, wird der aufrührerische Bolschewik Stalin zum neuen totalitären Herrscher. Mario Erdheim hat in seiner Einleitung zu *Totem und Tabu* Freuds Konstruktion des Urvatermordes zum Schicksal der Französischen Revolution in Beziehung gesetzt. »Bei diesem Wandel kommt es zu keiner wirklichen Emanzipation, sondern lediglich zu einer Verinnerlichung der Herrschaft. Der Vater, die äußere tyrannische Instanz also, wird gewalttätig beseitigt, aber der von den Söhnen verspeiste Tote wird nun stärker, als der Lebende war, er ist ja ›drinnen‹, und nun kann man ihm nicht einmal mehr entfliehen. Implizit liegt hier eine Kritik der revolutionären Gewalt vor: sie ist es nämlich, die die Identifikation mit der zu beseitigenden Herrschaft vorantreibt und diese gleichsam durch die Hintertüre wieder in die Geschichte einläßt. In der Französischen Revolution wurde 1789 der König geköpft, aber schon 1802 krönte sich Napoleon zum Kaiser. Der aus der Revolution hervorgegangene Staat war, wie Tocqueville 1852 bemerkte, mächtiger als das ›Ancien regime‹.«[67] Die von Erdheim dargestellte Entwicklung hat aber keineswegs nur mit nachträglichem Gehorsam zu tun, sie hat in manchen Teilen auch errungene Freiheiten abgesichert.[68] Sie ist nicht zuletzt auch von ökonomischen Interessen und politischen Zwangskonstellationen abhängig, die in diese Richtung

---

[67] Erdheim, M.: Einleitung zu S. Freud: Totem und Tabu, Frankfurt am Main 1991, S. 38
[68] Heinrich Heine hat Napoleon sehr verehrt, weil dessen *Code civil* die Emanzipation der Juden entscheidend vorangetrieben hat.

weisen. Diese Entwicklung ist der heraufkommenden bürgerlichen Gesellschaft und den ihr entsprechenden ökonomischen und politischen Strukturen angemessen. Die neuen staatlichen Strukturen, die an den Absolutismus anknüpfen, entsprechen dem Zwang der neuen ökonomischen und sozialen Verhältnisse. Die sich etablierende kapitalistische Ökonomie verlangt nach einer solchen staatlichen Struktur, mit deren Hilfe ihre Zwänge verinnerlicht werden können. Napoleon versuchte im Interesse des sich etablierenden Bürgertums wesentliche Elemente der Französischen Revolution durch einen Kompromiß mit der feudalen Oberschicht zu retten, wozu er sich durch historische Konstellationen genötigt sah. Die neue staatliche Struktur ist auch ein Produkt dieses Kompromisses. Die Entwicklungstendenzen einer Gesellschaft resultieren keineswegs nur aus den psychischen Problemen ihrer Mitglieder, sondern auch, und das nicht zuletzt, aus objektiven, ökonomischen und politischen Strukturzusammenhängen. In Freuds Darstellung der individuellen Entwicklung versöhnt sich der Sohn mit dem Vater in nachträglichem Gehorsam am Ende von Kindheitskonflikten. Freud vernachlässigt, daß diese Versöhnung gewissermaßen erpreßt wird, weil die Macht des Vaters weiterbesteht, solange die Familie von ihm abhängig ist. Herrschaft reproduziert sich also keineswegs nur aufgrund psychischer Zwangsmechanismen. Für Freud gibt es im Grunde nur zwei Wissenschaften, die Psychologie und die Naturwissenschaft. »Streng genommen gibt es ja nur zwei Wissenschaften, Psychologie, reine und angewandte, und Naturkunde.«[69] Das bedeutet für die Gesellschaftswissenschaften: »Die Soziologie, die vom Verhalten der Menschen in der Gesellschaft handelt, kann nichts anderes sein als angewandte Psychologie.«[70] Eine solche Auffassung verkennt das Gewicht objektiver sozialer Strukturen, in denen sich Geschichtsprozesse materialisiert haben, nach denen sich Menschen verhalten. Freud übersieht die Differenz zwischen psychischen Bedürfnissen und in materiellen Verhältnissen wurzelnden sozialen Interessen, er kann deshalb auch ihre komplexen wechselseitigen Abhängigkeiten theoretisch nicht ins Auge fassen.

Freud formuliert in *Totem und Tabu*: »Die Famile war eine Wiederherstellung der einstigen Urhorde und gab den Vätern auch ein großes Stück ihrer früheren Rechte wieder. Es gab jetzt wieder Väter, aber die

---

[69] Neue Folge der Vorlesungen zur Einführung in die Psychoanalyse, a. a. O., S. 194
[70] ebd.

sozialen Errungenschaften des Brüderclan waren nicht aufgegeben worden, und der faktische Abstand der neuen Familienväter vom unumschränkten Urvater der Horde war groß genug, um die Fortdauer des religiösen Bedürfnisses, die Erhaltung der ungestillten Vatersehnsucht, zu versichern.«[71] Auch diese Feststellung zur Familie läßt sich auf den Übergang von der feudalen zur bürgerlichen Epoche beziehen. In der bürgerlichen Familie reproduzieren sich eigenartigerweise Elemente absolutistischer Herrschaft; sie ist gewissermaßen nicht auf der Höhe der vom Bürgertum durchsetzten kapitalistischen Geldrationalität. Hier wie dort gilt das Prinzip der Blutsbande; der Vater regiert – ähnlich wie ein »Landesvater« über seine »Landeskinder« – über seine Kinder. Überhaupt haben bürgerliche Ideale viel mit dem Absolutismus zu tun. Die bürgerliche Vorstellung vom autonomen Individuum, das souverän über sich und sein Eigentum verfügen kann, hat ihr Modell am absoluten Herrscher, der in seinem Territorium souverän ist. Der Übergang vom absolutistischen Staat zum modernen bürgerlichen Staat bringt es mit sich, daß die Souveränität des absoluten Herrschers durch die Volkssouveränität abgelöst wird. Die Souveränität des Herrschers geht in gewisser Weise in der Souveränität der Staatsbürger auf, die dann wiederum die Staatsgewalt an die Träger der staatlichen Macht delegieren, die in der Nachfolge des absoluten Herrschers stehen. Dieser erscheint unter Beibehaltung der Errungenschaften der bürgerlichen Gleichheitsrechte in anderer Gestalt wieder. Auch diese Entwicklung zeigt eine Logik, die Analogien zu der von Freud skizzierten aufweist.

Der Übergang von der feudalen zur bürgerlichen Epoche ist zu Freuds Lebzeiten noch nicht abgeschlossen. Er bestimmt, ohne daß Freud sich das klargemacht hat, seine Subjektivität und seine Beziehungen zur sozialen Realität. Freuds entscheidende Lernprozesse finden in einem Österreich statt, in dem die Habsburger regieren, in der aber das Bürgertum mit all seinen ökonomischen und kulturellen Interessen versucht, die Macht des Adels einzuschränken und sie schließlich, mit dem Ende des Ersten Weltkriegs, zu überwinden. Freud ist ein Bürger, der der Aufklärung verpflichtet ist und als therapeutischer »Kleinunternehmer« seine Dienste als Ware verkauft, um seinen Lebensunterhalt zu sichern. Aber der Bürger Freud hat auch eine besondere Liebe zur Autorität, die ihr geheimes soziales Vorbild im fürstlichen Herr-

---

[71] Totem und Tabu, a. a. O., S. 180

scher hat. Der Bürger ohne soziale und politische Macht schwärmt von Fürsten des Geistes in Kunst und Wissenschaft. Freud setzt auf Autorität als Mittel sozialen Zusammenhalts und geschichtlichen Fortschritts. Ein Zuviel an Demokratie und Gleichheit ist ihm ein Greuel. Die bürgerlichen Mächte des Geldes und der Demokratie stellen für die Autoritäten, die sich in Europa etabliert haben, eine Gefahr dar, die Freud fürchtet. Ihr gefährlicher Einfluß geht, wie noch genauer gezeigt werden wird, für Freud vor allem von Amerika aus. »Aber vielleicht machen wir uns auch mit der Idee vertraut, daß es Schwierigkeiten gibt, die dem Wesen der Kultur anhaften und die keinem Reformversuch weichen werden. Außer den Aufgaben der Triebeinschränkung, auf die wir vorbereitet sind, drängt sich uns die Gefahr eines Zustandes auf, den man ›das psychologische Elend der Masse‹ benennen kann. Diese Gefahr droht am ehesten, wo die gesellschaftliche Bindung hauptsächlich durch Identifizierung der Teilnehmer untereinander hergestellt wird, während Führerindividualitäten nicht zu jener Bedeutung kommen, die ihnen bei der Massenbildung zufallen sollte. Der gegenwärtige Kulturzustand Amerikas gäbe eine gute Gelegenheit, diesen befürchteten Kulturschaden zu studieren. Aber ich vermeide die Versuchung, in die Kritik der Kultur Amerikas einzugehen, ich will nicht den Eindruck hervorrufen, als wollte ich mich selbst amerikanischer Methoden bedienen.«[72]

In Freuds kulturtheoretischen Analysen taucht das, was die psychologische Ebene überschreitet, was der soziologischen, ökonomischen und politischen Analyse bedarf, kaum auf. Die in Freuds Religionskritik verborgenen Einsichten in die Dynamik moderner Revolutionen haben trotz ihrer verzerrten Optik einigen Wahrheitsgehalt, aber sie sehen kaum die Verbindung zwischen subjektiven sowie gesellschaftlichen und historischen Faktoren. Was Freud dem religiösen Bewußtsein vorwirft, nämlich daß es soziale Realitäten nach der Logik einer kindlichen Erfahrungswelt in der Familie bearbeitet, läßt sich in ähnlicher Weise auch gegen seine Konstruktion der Urrevolution einwenden. Gesellschaftliche Herrschaft und Wandel sozialer Ordnungen funktionieren nach anderen Gesetzen als Beziehungen zwischen Vater und Kindern innerhalb der Familie. Wo die Regeln des Familienverbandes mit den Regeln anderer sozialer Sphären gleichgesetzt werden, sind Bindungen an die eigene Familie noch zu mächtig und verhindern, daß

---

[72] Das Unbehagen in der Kultur, a. a. O., S. 475

man sich auf andere soziale Realitäten und ihre besonderen Qualitäten wirklich einlassen kann.

Das Freudsche Modell der Urrevolution nimmt existierende soziale Realitäten sozusagen nur verzerrt zur Kenntnis, enthält aber Einsichten, die sich zum Verständnis von psychologischen Elementen moderner Revolutionsbewegungen nutzen lassen. Sie ermöglichen es, ihr Scheitern besser zu verstehen. Nach Freuds Analyse haben revolutionäre psychische Potentiale ihre Wurzeln in dem ursprünglichen Konflikt des Sohnes mit dem Vater. Der Vater liefert der Psyche ein Modell für den Umgang mit den patriarchalischen Autoritäten, die später seine Nachfolge antreten. Die Art und Weise, wie Konflikte mit der Vaterautorität ausgetragen werden, erzeugt das psychische Potential sowie Muster für spätere Formen der Konfliktbewältigung. Revolutionen gegen patriarchalische Autoritäten enden stets mit einem nachträglichen Gehorsam gegenüber diesen Autoritäten, zumindest solange die psychischen Abhängigkeiten von Vaterfiguren nicht aufgebrochen werden können. Daß Revolutionen, die Freiheit, Gleichheit und Brüderlichkeit durchsetzen wollen, nach Anfangserfolgen mit der Unterwerfung unter neue Autoritäten – wie Napoleon oder Stalin – enden, kann damit zumindest teilweise erklärt werden. Es ist auffällig, daß sogar oder gerade anarchistische Revolutionäre, die jegliche Autorität ablehnen, Autoritäten in den eigenen Reihen oft extrem glorifizieren. Bakunin oder Rudi Dutschke waren verehrte Ikonen antiautoritärer Bewegungen. Daß dem abgesetzten Kaiser, Wilhelm II., nicht eine stabile Demokratie, sondern Adolf Hitler als neue totalitäre Herrschaftsfigur folgte, hat sicherlich auch mit der von Freud konstatierten Dynamik psychischer Abhängigkeiten zu tun.

Freuds Revolutionsmythos ist in seinem Kern antirevolutionär. Er eignet sich zur Legitimation von patriarchalischer Herrschaft und der Ungleichheit in hierarchisch organisierten Gesellschaften. Dem Gesetz der Väter kann bei ihm niemand entkommen; es ist für die Psyche konstitutiv. Nur dieses Gesetz ist in der Lage, gesellschaftliche Ordnungen hervorzubringen, die dann von den Menschen angemessen verinnerlicht werden. Auch solidarische Brüderlichkeit gibt es in diesem Modell nicht ohne Bindung an die Väterlichkeit: Es gibt sie nur dort, wo sie sich gegen diese richtet und an sie gefesselt bleibt. Wo Demokratie, wie in der Organisation der amerikanischen Psychoanalytiker beispielsweise, zu viel Gewicht erlangt, ist das Freud ein Greuel. »Die Amerikaner übertragen das demokratische Prinzip aus der Politik in die Wissenschaft. Jeder muß einmal Präsident werden, keiner darf es bleiben, keiner sich vor dem anderen auszeichnen, und somit lernen und leisten sie alle miteinander nichts.«[73] Freud verknüpft auf eigentümliche Art wichtige psychologische Einsichten mit der Verdrängung politischer und sozialer Realitäten. Diese Verdrängung hat mit sozialer Angst zu tun: Angst erzeugt nach Freuds Einsicht Verdrängung. Dies resultiert bei Freud wohl nicht zuletzt aus der Angst vor radikalen sozialen Veränderungen, die zu seinen Lebzeiten im Gange waren. Freud wollte und konnte sich dieser Angst wohl nicht wirklich stellen, solange sein ungeheuer gefahrvoller Weg in die Welt des Unbewußten zu viele Ängste bei ihm selbst anrührte, mit denen er sich auseinanderzusetzen hatte.

Für Freud gilt: »Revolutionäre Kinder sind in keiner Hinsicht wünschenswert.«[74] Gesellschaftlicher Fortschritt kann für Freud nicht durch aufrührerische Massen zustande kommen, sondern nur durch außergewöhnliche einzelne, die als Führerfiguren den Massen den Weg weisen. Freud hat die psychoanalytische Bewegung als Vaterautorität geleitet: Freiheit, Gleichheit und Brüderlichkeit waren aber kaum ihre Organisationsprinzipien. Der Vater der psychoanalytischen Bewegung hatte aber in Paul Federn einen psychoanalytischen »Sohn«, der mehr als er selbst mit den revoltierenden Söhnen sympathisierte. Paul Federn war libertärer Sozialist, der den Arbeiterräten von 1918 nahestand. Im Gegensatz zu Freud setzte er auf einen Weg zu einer »vaterlosen Gesellschaft«, mit der er freilich etwas ganz anderes meinte als späterhin Alexander Mitscherlich. Für Federn ist Vaterautorität nicht wie bei Freud als isoliertes soziales Phänomen zu verstehen, vielmehr ist sie mit gesellschaftlichen Herrschaftsverhältnissen verknüpft. Psychische Vaterbilder repräsentieren für Federn »gemeinsame gesellschaftliche Institutionen und vereinigen so alle die einzelnen Söhne zu Untertanen des väterlichen Autoritätsstaates«.[75] Wenn in sozialen Krisensituationen gesellschaftliche Autoritäten extrem erschüttert werden, besteht für Federn die Hoffnung, daß libidinöse Bindungen von ihnen abgezogen und auf die Brüder übertragen werden können. Die Krise der Vaterautorität enthält für ihn die Möglichkeit, daß nicht nur nach einer neuen Autorität gesucht wird, sondern auch engere psychische Bindungen an die Kampfgenossen entwickelt

---

[73] Zitiert nach Gay: Freud a. a. O., S. 637
[74] Neue Folge der Vorlesungen zur Einführung in die Psychoanalyse, a. a. O., S. 162
[75] Federn, P.: Zur Psychologie der Revolution: Die vaterlose Gesellschaft. In: Aufstieg, Nr. 11 / 12, Leipzig – Wien 1919, S. 409

werden können, mit denen man gemeinsam um mehr Freiheit ringt. Das an den Vater gebundene Wünschen kann unter diesen Umständen in das Wünschen nach mehr brüderlicher Solidarität verwandelt werden. Für Freud droht mit der Führerlosigkeit von Massen und der Identifikation ihrer Mitglieder untereinander eine Gefahr, nämlich das »psychologische Elend der Massen«[76], bei Federn enthält sie demgegenüber die Möglichkeit des Übergangs zu einer freieren und gerechteren Gesellschaft.

Freuds und Federns Konstruktionen sind, wenn auch auf unterschiedliche Art, psychologistisch verkürzt. Das komplizierte Wechselverhältnis zwischen soziologisch analysierbaren gesellschaftlichen Machtverhältnissen und psychischen Abhängigkeiten wird von ihnen kaum durchdrungen. Wieviel soziale Autorität für das Funktionieren einer modernen Gesellschaft nötig ist und wo diese Autorität irrationale Züge annimmt, wird von beiden Autoren nicht zureichend thematisiert. Ein an die bürgerlichen Revolutionen des 18. und 19. Jahrhunderts angelehnter Revolutionsbegriff ist obsolet geworden. Ob ein anderer möglich ist, der es erlaubt, der von Freud dargestellten psychischen Zwangslogik zu entkommen, kann hier nicht diskutiert werden. Problematisch sind Freuds und Federns Analysen auf der psychologischen Ebene, nicht zuletzt auch wegen der Rolle, die Frauen in ihnen (nicht) spielen, ihr Interesse gilt vornehmlich Vätern und Söhnen. Bei Federn tauchen Frauen als Geschlechtswesen überhaupt nicht auf, bei Freud lediglich als Objekte des Begehrens, nicht aber als Subjekte mit eigenständigen sozialen Interessen. Wenn überhaupt eine weiterreichende Demokratisierung der Gesellschaft erreicht werden kann, dann sicherlich nur in Verbindung mit der Veränderung der Geschlechterverhältnisse. Unfreiheit, auch männliche, reproduziert sich da, wo Frauen einer patriarchalischen Ordnung unterworfen werden. Die homosexuell gefärbten Bindungen von Männern an männliche Autoritäten, der geheime »Kitt« patriarchalischer Herrschaftsverhältnisse, können allenfalls durch erfülltere heterosexuelle Beziehungen aufgebrochen werden. Freud hat in *Massenpsychologie und Ich-Analyse* darauf hingewiesen, daß heterosexuelle Beziehungen vor allem solche Massenbindungen zersetzen können, die auf homosexuellen Bindungen beruhen.[77] Geschlechterbeziehungen und die Beziehungen zu Autoritäten

[76] Das Unbehagen in der Kultur, a. a. O., S. 475
[77] Siehe hierzu: Massenpsychologie und Ich-Analyse, a. a. O., S. 159

sind miteinander verknüpft; der Umgang mit der Geschlechterdifferenz und der Umgang mit der Generationsdifferenz sind miteinander verwandt. Psychologisch betrachtet sorgt der Ödipuskomplex für ihre Verschränkung. Die Erfahrungen nicht nur der vergangenen Jahrzehnte haben gezeigt, daß demokratische Energien vor allem da freigesetzt werden, wo man sich zugleich um ein verändertes Geschlechterverhältnis bemüht. Allein solche Veränderungen erlauben es wahrscheinlich allenfalls, die zur Gewalt drängende ödipalisierte Konfliktlogik aufzubrechen, die Freud als unabänderlich erscheint. Daß eine Kultur, die sich auf Mord und Menschenopfer gründet, etwas prinzipiell Problematisches und Veränderungsbedürftiges sein könnte, scheint Freud zu wenig zum Problem geworden zu sein, eine kritische Analyse sollte dies nicht einfach hinnehmen.

Die Verdrängung des Politischen in Freuds theoretischem Denken führt dazu, daß die Auseinandersetzung mit der sozialen Revolution, die seine Epoche prägt, in seiner Religionskritik nur in einer merkwürdig verhüllten Art wiederkehrt. Auch der Sozialismus, den die zu Freuds Zeiten machtvolle Arbeiterbewegung auf ihre Fahnen geschrieben hat, weckt bei ihm nur geringes theoretisches Interesse. Daß massenhaftes Elend und soziale Ungerechtigkeit eine Mehrheit dazu bringen können, eine Kultur abzulehnen, die allenfalls im Interesse einer privilegierten Minderheit funktioniert, hat Freud lediglich auf einer sehr allgemeinen Ebene akzeptiert. »Bei den Einschränkungen, die sich nur auf bestimmte Klassen der Gesellschaft beziehen, trifft man auf grobe und auch niemals verkannte Verhältnisse. Es steht zu erwarten, daß diese zurückgesetzten Klassen den Bevorzugten ihre Vorrechte beneiden und alles tun werden, um ihr eigenes Mehr von Entbehrung los zu werden. Wo dies nicht möglich ist, wird sich ein dauerndes Maß von Unzufriedenheit innerhalb dieser Kultur behaupten, das zu gefährlichen Auflehnungen führen mag. Wenn aber eine Kultur es nicht darüber hinaus gebracht hat, daß die Befriedigung einer Anzahl von Teilnehmern die Unterdrückung einer anderen, vielleicht der Mehrzahl, zur Voraussetzung hat, und dies ist bei allen gegenwärtigen Kulturen der Fall, so ist es begreiflich, daß diese Unterdrückten eine intensive Feindseligkeit gegen die Kultur entwickeln, die sie durch ihre Arbeit ermöglichen, an deren Gütern sie aber einen zu geringen Anteil [...] haben: Es braucht nicht gesagt zu werden, daß eine Kultur, welche eine so große Anzahl von Teilnehmern unbefriedigt läßt und zur Auflehnung treibt, weder Aussicht hat, sich dauernd zu erhalten, noch es verdient.«[78] Trotz dieser Einstellung, die mit sozialistischen Positionen doch verwandt zu sein scheint, hat Freud, im Gegensatz zu vielen kritischen Intellektuellen seiner Zeit, nie mit der Arbeiterbewegung sympathisiert, er empfand sie vielmehr eher als Bedrohung seiner Existenz.[79] Er hat sich auch kaum mit der sozialistischen Theorie beschäftigt. Eine Auseinandersetzung damit erfolgt nur in Form einer knappen Kritik an einer Weltanschauung, die zwar zu Recht auf die Bedeutung der Ökonomie für die Menschen hinweist, aber zugleich ein problematisch optimistisches Menschenbild aufweist.[80] Die Kritik an einer kapitalistisch organisierten Ökonomie und ihrer spezifischen Auswirkungen auf das menschliche Zusammenleben, die im Zentrum der sozialistischen Theorie steht, beschäftigen Freud hingegen als Theoretiker nicht. Trotzdem erscheinen einige wichtige Elemente der sozialistischen Kapitalismuskritik, die vor allem von Marx formuliert wurde, auf sehr eigentümliche Art auch bei Freud. Es soll hier die These vertreten werden, daß die verweigerte kritische Auseinandersetzung mit dem Kapitalismus bei Freud auf sehr problematische Art wiederkehrt, nämlich als Antiamerikanismus. Peter Gay hat in seiner Freud-Biographie diesen Antiamerikanismus sichtbar gemacht, hat aber dessen sozialen Gehalt nicht zureichend kritisch analysiert.[81] Freuds Antiamerikanismus, der vor allem in seinen Briefen, aber auch in einigen seiner theoretischen Texte zum Ausdruck kommt, bekämpft an »den Amerikanern« auf vorurteilsvolle, erschreckend undifferenzierte Art Charakterzüge, die als allgemeine Konsequenzen der Durchsetzung und Herrschaft einer kapitalistischen Ökonomie begriffen werden können. Was Freud an »den Amerikanern« und ihrer Kultur abstößt, sind Charaktereigenschaften, die eine entfaltete private Marktwirtschaft mehr oder weniger bei allen Menschen hervorbringt, die nach solchen Regeln ihr Leben reproduzieren müssen. Auch Freud sind einige dieser »amerikanischen« Züge, wie Peter Gay herausgearbeitet hat, keineswegs fremd. Er bemerkt: »Als er die Amerikaner sezierte, [...] enthüllte er unbeabsichtigt auch seine eigene Natur.«[82] Um die These zu belegen, daß Freuds Antiamerikanismus eine verzerrte Kapitalismuskritik enthält, sollen Fest-

---

[78] Die Zukunft einer Illusion, a. a. O., S. 333
[79] Siehe hierzu Gay: Freud, a. a. O.
[80] Siehe hierzu Freud, S.: Über eine Weltanschauung. Neue Folge der Vorlesungen zur Einführung in die Psychoanalyse, a. a. O., S. 191 f. oder das Unbehagen in der Kultur a. a. O., S. 503
[81] Gay, P.: Freud. Eine Biographie für unsere Zeit. S. 622 ff. Die folgenden Zitate lassen sich durch dort auffindbare andere ergänzen.
[82] ebd., S. 641

stellungen aus der Kapitalismuskritik von Marx, die sich auf allgemeine Entwicklungstendenzen des Kapitalismus beziehen, mit antiamerikanischen Äußerungen Freuds in Beziehung gesetzt werden.

Marx hat ausgemacht, daß das Geld im Kapitalismus eine alles durchdringende Macht erlangt. »Es ist die sichtbare Gottheit, die Verwandlung aller menschlichen und natürlichen Eigenschaften in ihr Gegenteil, die allgemeine Verwechslung und Verkehrung der Dinge; es verbrüdert Unmöglichkeiten; es ist die allgemeine Hure, der allgemeine Kuppler der Menschen und Völker.«[83] Für Freud werden »die Amerikaner« vor allem deshalb zum Objekt der Verachtung, weil sie dem Geld verfallen sind. In Amerika sieht Freud vor allem »Dollaronkel« an der Macht.[84] Er sieht Amerika durch das Geld versklavt, es ist für ihn mit einem Wort »Dollaria«[85]. An Pfister schreibt er: »Wenn sie doch mit Amerika zu tun bekommen sollten, werden sie gewiß geprellt werden, die sind uns geschäftlich über!«[86] Sein Europa sieht Freud von der Autorität, Amerika hingegen vom Geld regiert. An Fließ schreibt er: »Ich habe gelernt, daß die Alte Welt von der Autorität regiert wird wie die Neue vom Dollar.«[87] Daß überall in der bürgerlichen Ordnung meist die Macht des Geldes über die Moral triumphiert, stößt Freud vor allem an »den Amerikanern« auf. In der handschriftlichen, zur Veröffentlichung vorgesehenen Fassung des »Nachworts« von Freuds Text »Die Frage der Laienanalyse« heißt es: »Das amerikanische Über-Ich scheint seine Strenge gegen das Ich sehr herabzusetzen, wenn es sich um Interessen des Erwerbs handelt.«[88]

Marx sieht mit der kapitalistischen Ökonomie eine »Tendenz zur Gleichmachung und Nivellierung der Arbeiten«[89] verbunden, die zu einer Homogenisierung des Sozialcharakters führt. Wo das Geld oder das Kapital als quantitative Größen soziale Prozesse entscheidend bestimmen, kommt es dazu, daß das Quantitative das Qualitative dominiert oder daß Qualitäten durch Quantitäten ersetzt werden. Freud verachtet an »den Amerikanern« einen gleichmacherischen Konformismus. Die Übermacht des Quantitativen über das Qualitative ist für ihn

---

[83] Marx, K.: Ökonomisch-philosophische Manuskripte. MEW, Berlin 1974, Ergängzungsband, S. 565

[84] Zitiert nach Gay: Freud, a. a. O., S. 634

[85] Gay: Freud, a. a. O., S. 638

[86] Zitiert nach ebd., S. 634

[87] Freud, S.: Briefe an Wilhelm Fließ, Frankfurt am Main 1986, S. 503

[88] Zitiert nach Grubrich-Simitis, I.: Zurück zu Freuds Texten. Frankfurt am Main 1993, S. 229

[89] Marx, K.: Das Kapital. Band I, Berlin 1960, S. 441

nicht Ausdruck einer spezifischen Form der Ökonomie, sondern ein »amerikanisches Muster«. An einen der Organisatoren eines amerikanischen psychoanalytischen Kongresses schreibt er: »Überhaupt kann ich nicht hoffen, daß der Kongress – dem ich den besten Erfolg wünsche – für die Analyse viel bedeuten kann. Er ist nach dem amerikanischen Muster des Ersatzes der Qualität durch Quantität gemacht.«[90]

Mit der Durchsetzung einer privaten Marktwirtschaft verschafft sich das Konkurrenzprinzip immer mehr Geltung. Wer in der ökonomischen Konkurrenz scheitert und deshalb kein Geld hat, ist vom bürgerlichen Tod bedroht. Freud kritisiert eine sich verstärkende Konkurrenz als Ausdruck einer amerikanischen Misere. Erbost über zwei psychoanalytische Artikel amerikanischer Autoren schreibt er an Ernest Jones: »Die Amerikaner sind wirklich zu schlecht.« Als Ursache hierfür vermutet er, daß »die Konkurrenz bei ihnen viel schärfer ist; keinen Erfolg zu haben, bedeutet den bürgerlichen Tod für jeden, und sie haben keine privaten Ressourcen neben ihrem Beruf, kein Hobby, keine Spiele, Liebe und andere Interessen eines gebildeten Menschen. Und Erfolg bedeutet Geld«.[91]

Wenn Wirtschaftsunternehmen sich in einer kapitalistischen Marktwirtschaft behaupten wollen, müssen Arbeitsprozesse ständig beschleunigt und einer immer intensiveren Zeitökonomie unterworfen werden. Das verlangt nach Marx »vergrößerte Arbeitsausgabe in derselben Zeit, erhöhte Anspannung der Arbeitskraft, dichtere Ausfüllung der Poren der Arbeitszeit, d. h. Kondensation der Arbeit«.[92] Diese sich verschärfende Zeitökonomie verbindet sich notwendig mit der Entwicklung der technischen Produktivkräfte und der Ökonomisierung der Produktionsbedingungen. Weil diese Zeitökonomie mit übermächtigen ökonomischen Interessen verknüpft ist, vermag sie sich auf nahezu alle Lebensbereiche auszudehnen, alle Lebensäußerungen werden durch sie zunehmend beschleunigt. Bis in die Freizeit hinein regiert eine quantifizierende Zeitökonomie, die zum Beispiel eine Faszination über Rekorde aller Art hervorbringt. Diese von allgemeinen ökonomischen Gesetzmäßigkeiten ausgehende Tendenz zur Beschleunigung bekämpft Freud als Ausdruck des Amerikanischen. Die handschriftliche Fassung des zur Veröffentlichung vorgesehenen »Nach-

[90] Zitiert nach Gay, a. a. O., S. 637
[91] ebd., S. 638
[92] Zitiert nach: Das Kapital, a. a. O., S. 430

241

wortes« zu dem Text »Die Frage der Laienanalyse« enthält eine längere Passage, in der er sich sehr kritisch über den Zustand der Psychoanalyse in den Vereinigten Staaten äußert. Er führt die amerikanische Misere neben übersteigerten »Interessen des Erwerbs« auf einen amerikanischen »Verkürzungsdrang« zurück. »Man hält sich nur an das Sprichwörtliche, wenn man daran erinnert, daß der Amerikaner keine Zeit hat. Wohl ist time – money, aber man versteht nicht ganz, warum sie in solcher Eile in Geld umgesetzt werden muß. Sie behielte ja auch ihren Geldwert, wenn es langsamer ginge, und man sollte meinen, je mehr Zeit man zuerst investierte, desto mehr Geld käme am Ende heraus. In unseren Alpenländern lautet ein gewöhnlicher Gruß, wenn sich zwei Bekannte begegnen oder verabschieden: Zeit lassen. Wir haben über diese Formel viel gespottet, aber angesichts der amerikanischen Hast haben wir einsehen gelernt, wieviel Lebensweisheit in ihr steckt. Jedoch der Amerikaner hat keine Zeit. Er schwärmt für die großen Zahlen, die Vergrößerung aller Dimensionen, aber für die äußerste Verkürzung des Zeitaufwands. Ich glaube man heißt das Rekord.«[93]

Max Weber, ein Zeitgenosse Freuds, der keineswegs mit dem Sozialismus sympathisierte, hat herausgearbeitet, daß die Durchsetzung des Kapitalismus von einem asketischen, puritanischen Protestantismus begünstigt wird.[94] Die protestantische Ethik mit ihrer lustfeindlichen »innerweltlichen Askese« paßt ihm zufolge zum »Geist des Kapitalismus«. Eine asketische Leibfeindschaft, die sich mit disziplinierter Lebensführung und Leistungsbereitschaft verbindet, die den eigenen Wert bestätigen sollen, hat, wie Weber sichtbar gemacht hat, der modernen ökonomischen Rationalität des Kapitalismus den Weg geebnet. Für Freud hingegen ist diese Disposition eher schlicht Ausdruck des von ihm verachteten Amerikanischen. Amerika ist seinen brieflichen Äußerungen zufolge für Freud ein Ort, der von puritanischen, geldfixierten »analen« Erwachsenen dominiert wird, deren anal-sadistische Disposition zugleich zu aggressivem Konkurrenzverhalten im Geschäftsleben führt. An Otto Rank schreibt er über die USA: »Nirgendwo wird man von der Sinnlosigkeit des menschlichen Treibens so überwältigt wie dort, wo auch die lustvolle Befriedigung der natürlichen animalischen Bedürfnisse nicht mehr als Lebensziel anerkannt

---

[93] Zitiert nach Grubrich-Simitis, S. 228. Diese von Freud zur Veröffentlichung vorgesehene Textpassage wurde von Eitingon und Jones unterdrückt. Siehe hierzu ebd.
[94] Siehe hierzu Weber, M.: Die protestantische Ethik und der Geist des Kapitalismus, Tübingen 1920

wird. Es ist eine verrückte anale Adlerei.«[95] Amerika wird mit Alfred Adler, dem von Freud verachteten Abtrünnigen, in Beziehung gesetzt.

Freuds von Vorurteilen besetzter »Amerikaner« ist mit Wesenszügen behaftet, die allgemeine Entwicklungstendenzen der vom Kapitalismus geprägten westlichen Welt zum Ausdruck bringen. Freud stammt aus einer Epoche, die noch starke vorbürgerliche und vorindustrielle Elemente aufwies, die ihn prägten. Sein nahezu paranoides Vorurteil gegen die Amerikaner hat mit Entwicklungstendenzen der modernen westlichen Gesellschaft zu tun, die wahrscheinlich tatsächlich das bedrohten, was Freuds Subjektivität und die mit ihr verknüpften intellektuellen Möglichkeiten ausmachte. Amerika ist ihm, wie er an Arnold Zweig, selbstzufriedene amerikanische Slogans parodierend, schreibt, ein »Anti-Paradies«.[96] An Jones schreibt er: »Ja, Amerika ist gigantisch, aber ein gigantischer Irrtum.«[97] In Freuds undifferenziertem Antiamerikanismus kehrt die verdrängte Kritik am sich durchsetzenden Kapitalismus wieder, der jener Epoche ihren Stempel aufdrückt. Daß Freuds Werk sich der psychischen »Unterwelt« seiner Epoche zuwandte, hat wohl auch mit seiner Weigerung zu tun, deren soziale Realität bewußter wahrzunehmen.

Freuds Antiamerikanismus hat sicherlich die verschiedensten Wurzeln. Freud hegt die Vorurteile vieler seiner Zeitgenossen, er fügte lediglich sein psychoanalytisches Vokabular hinzu. Es kann vermutet werden, daß die nahezu neurotischen Züge dieses Antiamerikanismus wohl auch mit seiner Vaterbeziehung zu tun haben. Der unpolitische Freud läßt sich gegen Ende seines Lebens dazu hinreißen, sich an einer polemischen Schrift gegen den amerikanischen Präsidenten Woodrow Wilson zu beteiligen. Dieser Text widerspricht eindeutig den von ihm selbst erstellten Geboten von wissenschaftlicher Seriosität und war von ihm, nach eigenem Bekunden, stark emotional besetzt.[98] Wilson ist für Freud nicht der verachtenswerte materialistisch orientierte Amerikaner, er erscheint vielmehr als dessen Gegenteil, als ein weltfremder Idealist, den er ebenfalls verabscheut. Peter Gay vermutet wohl zu recht, daß der angepaßte Geldversessene und der weltfremde Idealist etwas miteinander gemein haben. »Es ist ein Gemeinplatz der psychoanalytischen Lehre, daß die dramatischsten Unterschiede wie weit aus-

[95] Zitiert nach Gay, a. a. O., S. 638
[96] Zitiert nach ebd., S. 633
[97] Zitiert nach ebd., S. 633
[98] Siehe hierzu Gay, S. 622 ff.

einanderstehende Äste aus demselben Stamme entspringen können. Was für eine Gestalt der Amerikaner immer annahm, ob als Heiliger oder Geldraffer, Freud war bereit, ihn als ein höchst unattraktives Exemplar des menschlichen Zoos abzuschreiben.«[99] Freud hatte ursprünglich einige Hoffnungen auf Wilson gesetzt, aber nach dem Versailler Vertrag, der den von Wilson pathetisch proklamierten Idealen widersprach, verwandelte sich diese Einstellung in wütende Unzufriedenheit. Freud sieht das, was er an Wilson verachtete, in dessen nicht überwundener Vaterbindung begründet. Diese Beziehung zu seinem Vater, einem christlichen Prediger, führt dazu, daß Wilson sich manchmal mit Gott und dann wieder mit Jesus identifiziert. »Er mußte glauben, daß er aus dem Krieg irgendwie als der Erlöser der Welt hervorgehen werde.«[100] Freud stellt Wilson späterhin als alt gewordenen, ewig vaterfixierten Jungen dar: »Er liebte und bemitleidete sich selbst. Er verehrte seinen toten Vater im Himmel. Er ließ seinen Haß auf denselben Vater auf viele Menschen los.«[101] Zu der Zeit, als Freud den Text über die falsche Autorität Wilson, die ihre Ideale verrät, niederschreibt, arbeitet er auch über den »Mann Moses«, der entschieden und unerbittlich an für richtig erkannten Gesetzen festhält und diese zur Geltung bringt. Ein ewig kindlicher, pseudoväterlicher Präsident steht der machtvoll wirksamen Vaterautorität der Israeliten entgegen. Freuds Vater war ein jüdischer Geschäftsmann, dessen soziale Existenz wie die der verhaßten Amerikaner um das Geldverdienen zentriert war. Freuds Beziehung zu den Amerikanern, die er wegen ihrer übersteigerten Orientierung am Geld verachtet, erinnert auf eigentümliche Art an antisemitische Einstellungen, nach denen Juden vor allem Geldgier vorgeworfen wird. Freuds Beziehung zu seinem Vater zeigt einen eigentümlich zwiespältigen Charakter. Einerseits respektiert er ihn der jüdischen patriarchalischen Tradition entsprechend, andererseits zeigt eine für Freud entscheidende Kindheitserinnerung ihn als schwach und prinzipienlos. Diese Schlüsselszene seiner Biographie verwirrte und faszinierte Freud dem eigenen Bekunden nach zugleich. »Und nun stoße ich erst auf das Jugenderlebnis, das in all diesen Empfindungen und Träumen noch heute seine Macht äußert. Ich mochte zehn oder zwölf Jahre alt gewesen sein, als mein Vater begann, mich auf seine Spaziergänge

[99] ebd., S. 632
[100] Zitiert nach Gay, ebd., S. 628
[101] ebd., S. 629

mitzunehmen und mir in Gesprächen seine Ansichten über die Dinge dieser Welt zu eröffnen. So erzählte er mir einmal, um mir zu zeigen, in wieviel bessere Zeiten ich gekommen sei als er: Als ich ein junger Mensch war, bin ich in deinem Geburtsort am Samstag in der Straße spazierengegangen, schön gekleidet, mit einer neuen Pelzmütze auf dem Kopf. Da kommt ein Christ daher, haut mir mit einem Schlag die Mütze in den Kot und ruft dabei: Jud, herunter vom Trottoir! ›Und was hast du getan?‹ Ich bin auf den Fahrweg gegangen und habe die Mütze aufgehoben, war die gelassene Antwort. Das schien mir nicht heldenhaft von dem großen starken Mann, der mich Kleinen an der Hand führte.«[102] Seine Enttäuschung dem Vater gegenüber drängte Freud dazu, nach gradlinigeren und selbstbewußteren Autoritäten Ausschau zu halten. Gekränkt vom Verhalten seines ihm feige erscheinenden Vaters identifizierte sich der Junge mit dem unerschrockenen Semiten Hannibal, der geschworen hatte, Karthago zu rächen, so mächtig auch seine römischen Gegner waren. »Hannibal und Rom symbolisierten dem Jüngling den Gegensatz zwischen der Zähigkeit des Judentums und der Organisation der katholischen Kirche.«[103] Man kann vermuten, daß Freuds vorurteilsvolle Wahrnehmung »des Amerikaners« auch auf die Beziehung zu seinem Vater zurückzuführen ist. Es ist wohl auch Freuds infantiler Protest gegen seinen Vater, der, verschoben auf das Vorurteilskollektiv der Amerikaner, wiederkehrt. Für Freud gibt es zwei soziale Mächte, denen sein besonderer Widerwille gilt: die katholische Kirche und Amerika. Freud haßte die katholische Mutterkirche und litt unter der neurotischen Unfähigkeit, nach Rom, ihrem religiösen Zentrum, reisen zu können. Aber zugleich liebte er Rom ganz besonders, weil er dort seinen archäologischen Leidenschaften nachgehen konnte, die ihn in die Vergangenheit führten. In einem Brief über eine Wanderung durch Rom findet sich die Bemerkung: »Nichts als ungestillte Sehnsucht.«[104] Man darf annehmen, daß Freuds Beziehung zu Rom und der Mutterkirche mit der Beziehung zu seiner Mutter verknüpft ist. Die psychoanalytische Spekulation kann die Vermutung wagen, daß die eigentümliche Beziehung Freuds zu »den Amerikanern« und zur katholischen Kirche mit seinen frühen Elternimagines verbunden ist.

---

[102] Freud, S.: Die Traumdeutung. GW II / III, S. 202 f.
[103] ebd., S. 202
[104] Zitiert nach Heinrich, K.: Arbeiten mit Ödipus. Frankfurt am Main 1993, S. 284, Fußnote 433

Das Andere im Innern

Dem aufklärerischen Denken, zu dem auch die Psychoanalyse zählt, gilt der religiöse Glaube als etwas zu Überwindendes. Religiöses Denken und Empfinden wird einer unreifen, infantilen Stufe der Menschheitsentwicklung zugerechnet. Die Aufklärung hat die Ablösung des Glaubens an eine göttliche Offenbarung durch eine allein der Welt und ihrer Veränderung zugewandtes, wissenschaftlich gebildetes Bewußtsein zum Programm erhoben. Auch wer dies akzeptiert, sollte die Frage stellen, ob der Übergang von der Religion zur wissenschaftlichen Aufklärung nicht auch Verluste mit sich gebracht hat, über die nachgedacht zu werden verdient. Dies nicht, um Religion neu zu legitimieren, sondern um das aufgeklärte Bewußtsein und eine mit ihm verknüpfte soziale Praxis durch das von der Religion noch Bewahrenswerte zu bereichern.

Die Religion als »Traum des menschlichen Geistes«[1], als »Seufzer der bedrängten Kreatur, das Gemüt einer herzlosen Welt«[2], ist der Gefühls- und Phantasiewelt der Menschen oft näher als wissenschaftliches Denken, das durch die »Eiswüste der Abstraktion« (Hegel) hindurch muß. Die in mancher Hinsicht unpersönlichere und kältere theoretische Vernunft verfehlt die Wünsche der Menschen offenbar leichter als die Religion. Die Wissenschaft läßt sich häufig eher zu sozialen Interessen in Beziehung setzen als sich mit Wünschen und Emotionen verknüpfen. Für das kritische Denken sollte sich die Frage stellen, wie es trotz unvermeidlicher Abstraktionen eine andere Beziehung nicht nur zum sozialen Nutzen, sondern auch zur Logik des Wünschens herstellen kann. Ein Denken, das Menschen mehr Möglichkeiten öffnen möchte, muß eine Beziehung zu ihren sozialen Interessen herstellen, es ist aber auch darauf angewiesen, die Kraft der Imagination, von der die Religion lebt, in sich aufzuheben.

[1] Feuerbach, L.: Das Wesen des Christentums. Stuttgart 1969, S. 26
[2] Marx, K.: Zur Kritik der Hegelschen Rechtsphilosophie, a. a. O., S. 17

Jeder Mensch lebt in seiner Kindheit in einer Erfahrungswelt, die der Religion verwandt ist. Der Übergang von dieser kindlichen Welt zu einer aufgeklärten Erwachsenenwelt kann nie ganz abgeschlossen werden, er muß stets von neuem in Angriff genommen werden. Was für die individuelle Entwicklung gilt, gilt in ähnlicher Form auch für die kollektive gesellschaftliche. Auch hier kann der Übergang vom religiösen und metaphysischen zum wissenschaftlich geprägten Denken nie ganz abgeschlossen werden. Wer den Rückfall in historisch überholtes Bewußtsein vermeiden will und zugleich das Erbe religiös geprägter früherer Epochen in möglichst reichem Maße antreten will, muß die Konfrontation von Religion und Aufklärung immer von neuem suchen. Die Religion enthält Potentiale, die bisher von der Wissenschaft noch nicht ausreichend bearbeitet worden sind. Hierauf soll im folgenden eingegangen werden.

Die Macht des Kindlichen

I

In der Bibel wird die Überwindung von irdischen Übeln an das Kindliche gebunden; mit ihm verknüpft sich die Hoffnung auf Erlösung. Christus, der Erlöser, erscheint zuerst als Kind im Stall von Bethlehem, wo ihm die Könige aus dem Morgenland huldigen. Der Sohn Jesus opfert sein Leben am Kreuz aus Liebe und Gehorsam gegenüber seinem göttlichen Vater. Nur dank seiner Rolle als Kind seines himmlischen Vaters kann Jesus dafür sorgen, daß die Menschen als Kinder Gottes Erlösung finden. Bei Paulus heißt es: »Ich sage aber: solange der Erbe unmündig ist, ist zwischen ihm und einem Knecht kein Unterschied, ob er wohl ein Herr ist aller Güter, sondern er ist unter den Vormündern und Pflegern bis auf die Zeit, die der Vater bestimmt hat. So auch wir: als wir unmündig waren, waren wir in der Knechtschaft der Elemente der Welt. Als aber die Zeit erfüllt ward, sandte Gott seinen Sohn, geboren von einem Weibe und unter das Gesetz getan, auf daß er die, so unter dem Gesetz waren, erlöste, damit wir die Kindschaft empfingen. Weil ihr denn Kinder seid, hat Gott gesandt den Geist seines Sohnes in unsere Herzen, der schreit: Abba, lieber Vater! So bist du nicht mehr Knecht, sondern Kind; wenn aber Kind, dann auch Erbe durch Gott.«

(Galater 4,1–7) Jesus verkündet im Matthäus-Evangelium, daß die Erlangung des Heils davon abhängt, daß die Gläubigen wieder wie Kinder werden. »Zu derselben Stunde traten die Jünger zu Jesus und sprachen: Wer ist doch der Größte im Himmelreich? Jesus rief ein Kind zu sich und stellte es mitten unter sie und sprach: Wahrlich, ich sage euch: wenn ihr nicht umkehrt und werdet wie die Kinder, so werdet ihr nicht ins Himmelreich kommen. Wer nun sich selbst erniedrigt wie dies Kind, der ist der Größte im Himmelreich. Und wer ein solches Kind aufnimmt in meinem Namen, der nimmt mich auf. Wer aber Ärgernis gibt einem dieser Kleinen, die an mich glauben, dem wäre besser, daß ein Mühlstein an seinem Hals gehängt und er ersäuft würde im Meer, wo es am tiefsten ist.« (Matthäus 18,1–6) Kinder haben eine besondere Nähe zum Göttlichen und genießen deshalb seinen besonderen Schutz. In verwandtem Sinn heißt es im Lukas-Evangelium: »Sie brachten auch junge Kindlein zu ihm, daß er sie sollte anrühren. Da es aber die Jünger sahen, fuhren sie sie an. Aber Jesus rief sie zu sich und sprach: Lasset die Kinder zu mir kommen und wehret ihnen nicht; denn solcher ist das Reich Gottes. Wahrlich, ich sage euch: Wer nicht das Reich Gottes annimmt wie ein Kind, der wird nicht hineinkommen.« (Lukas 18,15–17)

Auch für Freud ist das Christliche an das Kindliche gebunden, aber ihm erscheint es deshalb als infantil und unreif. Die christliche Religion ist für ihn nicht an irgendeine kaum vorhandene kindliche Unschuld, sondern an die kindliche Hilflosigkeit und ihre fragwürdigen Bearbeitungsformen gebunden. »Wenn nun der Heranwachsende merkt, daß es ihm bestimmt ist, immer ein Kind zu bleiben, daß er des Schutzes gegen fremde Übermächte nie entbehren kann, verleiht er diesen die Züge der Vatergestalt, er schafft sich die Götter, vor denen er sich fürchtet, die er zu gewinnen sucht und denen er doch seinen Schutz überträgt. So ist das Motiv der Vatersehnsucht identisch mit dem Bedürfnis nach Schutz gegen die Folgen der menschlichen Ohnmacht; die Abwehr der kindlichen Hilflosigkeit verleiht der Reaktion auf die Hilflosigkeit, die der Erwachsene anerkennen muß, eben der Religionsbildung, ihre charakteristischen Züge.«[3] Diese, ihre kindliche psychische Basis, macht die Religion unfähig, zur Lösung anstehender sozialer Probleme einen wesentlichen Beitrag zu leisten. »Ihre Lehren tragen das Gepräge der Zeiten, in denen sie entstanden sind, der unwissenden Kinderzeiten der

[3] Freud, S.: Die Zukunft einer Illusion. GW XIV, S. 364

Menschheit. Ihre Tröstungen verdienen kein Vertrauen. Die Erfahrung lehrt uns: Die Welt ist keine Kinderstube.«[4] Religion ist für Freud Ausdruck von Unmündigkeit und ungelösten kindlichen Autoritätsbindungen. Sie bedeutet für ihn »gewaltsame Fixierung eines psychischen Infantilismus«.[5] Freud setzt als Aufklärer auf eine Erwachsenheit, die das Kindliche überwindet. In *Die Zukunft einer Illusion* schreibt er: »Der Mensch kann nicht ewig Kind bleiben, er muß endlich hinaus ins ›feindliche Leben‹. Man darf es ›die Erziehung zur Realität‹ heißen, brauche ich Ihnen noch zu verraten, daß es die einzige Absicht meiner Schrift ist, auf die Notwendigkeit dieses Fortschritts aufmerksam zu machen?«[6] Die Religion erscheint bei Freud als Kindheitsneurose, die er mit Hilfe der Psychoanalyse überwinden will. »Ein Psychologe, der sich nicht darüber täuscht, wie schwer es ist, sich in dieser Welt zurechtzufinden, bemüht sich, die Entwicklung der Menschheit nach dem bißchen Einsicht zu beurteilen, das er sich durch das Studium der seelischen Vorgänge beim Einzelmenschen während dessen Entwicklung vom Kind zum Erwachsenen erworben hat. Dabei drängt sich ihm die Auffassung auf, daß die Religion einer Kindheitsneurose vergleichbar sei, und er ist optimistisch genug anzunehmen, daß die Menschheit diese neurotische Phase überwinden wird, wie so viele Kinder ihre ähnliche Neurose auswachsen.«[7]

Es gibt Äußerungen von Freud, die das Erbe des Kindlichen in schätzenswerten Lebensäußerungen von Erwachsenen ausmachen. Aber wenn er sich programmatisch über den Konflikt zwischen Religion und Wissenschaft äußert, wird das Kindliche nie positiv beurteilt. Es wird bei Erwachsenen einer Kollektivneurose zugerechnet, die man auf dem Weg in die Erwachsenheit hinter sich lassen soll. Auch wo sich Freud über den Kampf gegen die individuelle Neurose äußert, ist er fast nur auf die Überwindung des Kindlichen aus, an das der Neurotiker gebunden erscheint. Macht es sich Freud, aufgrund seiner Frontstellung gegen die Religion und den notwendigen Kampf gegen die infantile Fixiertheit des Neurotikers, hier nicht zu einfach? Überwindet wirkliche Erwachsenheit nur schlicht das Kindliche, hebt sie nicht auch manches davon in sich auf? Hängt gelingende Erwachsenheit nicht auch davon ab, ob kindliches Vermögen, in eine reife Gestalt transfor-

[4] Freud, S.: Neue Folge der Vorlesungen zur Einführung in die Psychoanalyse. GW XV, S. 181
[5] Freud, S.: Das Unbehagen in der Kultur, a. a. O., S. 443
[6] Freud, S.: Neue Folge der Vorlesungen zur Einführung in die Psychoanalyse, a. a. O., S. 372
[7] ebd., S. 377

miert, in ihr bewahrt werden kann? Daß eine Therapie oder ein kollektiver Emanzipationsprozeß auch bisher verdrängtes Kindliches befreien könnten, indem sie es, vom Bewußtsein bearbeitet, für eine reichere Erwachsenheit zu retten suchen, tritt bei ihm kaum ins Blickfeld.

Ein Kind kann eine seine gesamten Lebensäußerungen durchdringende Lebendigkeit besitzen, die Erwachsenen abhanden gekommen ist. Es kann eine Neugierde und Fragelust zeigen, die Erwachsenen fremd geworden ist. Es kann sich über vieles wundern, vieles bestaunen, was Erwachsene kaum mehr berührt. Die größere Offenheit der kindlichen Psyche erlaubt Intensitäten, die später verlorengehen. Das Kind kennt einen schöpferischen, spielerischen Umgang mit der Welt, den die Realität später zunichte macht. Als Kinder waren wir alle Künstler, Philosophen, Abenteurer oder dergleichen. Eine reife, nicht in erzwungener Anpassung erstarrte Erwachsenheit, die allerdings die bestehende Gesellschaft kaum vorsieht, verlangt es, daß manche der kindlichen Möglichkeiten – in gewandelter Form – in ihr aufgehoben werden. Erwachsene können auf sehr fragwürdige Art infantil sein oder wieder werden, indem sie auf kindliche Einstellungen fixiert bleiben oder darauf zurückfallen. Die heutzutage existierenden Formen des »Erwachsenseins« zeichnen sich eher durch ein Übermaß an Infantilität aus, was fatale Folgen zeitigen kann. Aber jede Spontanität, Kreativität und Hingabefähigkeit von Älteren ist an die Bewahrung von etwas Kindlichem gebunden, das sich mit einem Ich verknüpft hat, das gegenüber dem des Kindes an Reife gewonnen hat. Erwachsensein fordert zwar, nicht Kind bleiben zu wollen, aber es verlangt zugleich auch, Kindliches in sich zu bewahren, um es als Reservoir von Lebenskraft zu erhalten. Ein nicht allzu beschädigtes Kind kennt eine – freilich stets gefährdete – Fähigkeit zur Hingabe und Versöhnung. In der Geborgenheit bei seiner Mutter oder seinem Vater kann es in den ersten Lebensjahren die Erfahrung machen, daß alles Leid durch Vertrauen von ihm genommen werden kann. Obwohl es sich einsam und verraten gefühlt hat und vom Haß auf alles und jeden erfüllt war, kann es erleben, daß all dies durch liebevolle Zuwendung der Eltern zum Verschwinden gebracht werden kann. Jede Sehnsucht von Erwachsenen nach Liebe, innerer Ruhe und äußerem Frieden nimmt diese Erfahrung in sich auf. Die Kindheit ist voller Ängste und Schrecken, denen man nur durch das Erwachsenwerden entkommen kann. Aber sie lädt auch ein Potential des Hoffens und Wünschens auf, das allein es erlaubt, die Enttäuschungen, die das Leben bereithält, auszuhalten, ohne daran zu zerbrechen. Die Kindheit liefert sowohl die Basis für die Fähigkeit, an den Freuden dieser Welt teilzunehmen, als auch die Basis für die Kraft, sich den Widrigkeiten entgegenzustemmen.

Goethe hat sich als »Weltkind« bezeichnet. Er bringt damit zum Ausdruck, daß er, ohne ihre Widrigkeiten zu verkennen, Vertrauen zu dem hat, was seine Welt ihm bietet, ebenso wie zu seiner Fähigkeit, in ihr ein erfülltes Leben zu gestalten. Solches Vertrauen wurzelt in einer Kindheit, in der die Eltern, und dabei besonders die Mutter, schon in frühesten Lebensphasen das hervorgebracht haben, was Erikson als »Urvertrauen« bezeichnet.[8] Nicht nur das Jasagen zu dieser Welt, auch die theoretische und praktische Kritik, die auf eine andere, bessere Welt aus ist, hat mit Kindheitserfahrungen zu tun. Max Horkheimer, der Stammvater der »kritischen Theorie«, sieht die Widerstandsfähigkeit gegen die Zumutungen des Bestehenden an die Bewahrung von etwas Kindlichem gebunden. »Der Erwachsene aber, der die eigene Kindheit, wenn auch als überwundene, nicht in sich bewahrt, ist kein wahrer Erwachsener. Er hat resigniert. Anders könnte er im Gedanken nicht unbedingt verharren, daß es bei der Welt des Schreckens sein Bewenden habe.«[9] Der Vorschein einer besseren Welt, der den Drang auflädt, die bestehende überwinden zu wollen, hat für Ernst Bloch eine Beziehung zur Kindheit. Am Ende seines »Das Prinzip Hoffnung« heißt es unter Anspielung auf die Genesis der Bibel: »Die wirkliche Genesis ist nicht am Anfang, sondern am Ende, und sie beginnt erst anzufangen, wenn Gesellschaft und Dasein radikal werden, das heißt, sich an der Wurzel fassen. Die Wurzel der Geschichte aber ist der arbeitende, schaffende, die Gegebenheiten umbildende und überholende Mensch. Hat er sich erfaßt und das Seine ohne Entäußerung und Entfremdung in realer Demokratie begründet, so entsteht in der Welt etwas, das allein in die Kindheit scheint und worin noch niemand war: Heimat.«[10] Freud verbietet sich derartige Hoffnungen auf eine andere Welt, die mit Wünschen verbunden sind, die aus der Kindheit stammen. »Man möchte sagen, die Absicht, daß der Mensch ›glücklich‹ sei, ist im Plan der ›Schöpfung‹ nicht enthalten.«[11] Betrachtet man die bisherige Geschichte der Menschheit, so spricht vieles dafür, daß ihre großen kollektiven Hoff-

---

[8] Erikson, E. H.: Identität und Lebenszyklus. Frankfurt am Main 1966
[9] Horkheimer, M.: Psalm 91. In: Gesammelte Schriften, Band 7, Frankfurt am Main 1989, S. 212
[10] Bloch, E.: Das Prinzip Hoffnung. Frankfurt am Main 1967, S. 1628
[11] Freud, S.: Das Unbehagen in der Kultur, a. a. O., S. 343

nungen nie an ihr Ziel kommen werden. Aber diese Hoffnungen sind ein Teil dieser Welt, sie sind nicht aus ihr zu vertreiben. Und niemand kann voraussagen, ob sie in der Zukunft einmal nicht vielleicht doch noch die Kraft erlangen werden, einiges zum Besseren zu wenden.

II

Der Mensch kann nie völlig erwachsen werden. In jeder Erwachsenenpsyche macht sich ein Spannungsverhältnis zwischen dem geltend, was die Kindheit hervorgebracht hat, und dem, was in der Psyche den Anforderungen der Realität des Erwachsenen gehorcht. Je mehr die Sphäre der Kindheit in der gesellschaftlichen Realität von der der Erwachsenheit getrennt ist, desto massiver fällt ein Bruch zwischen dem aus, was von beiden in die Psyche eingeschrieben wurde beziehungsweise eingeschrieben wird. Besonders die moderne westliche Kultur, die die Sphäre der Kindheit als eine von der Erwachsenensphäre abgetrennte besondere hervorgebracht hat, wie sie andere Kulturen nicht kennen,[12] wird durch diesen Bruch mit einem ausgeprägten konflikthaften psychischen Geschehen aufgeladen. Zur Erlebniswelt des Kindes gehört die Sehnsucht, groß und mächtig wie ein Erwachsener zu werden. Zur Erlebniswelt des Erwachsenen gehört, bewußt oder unbewußt, die Sehnsucht nach der verlorenen Kindheit. Diese Wünsche des Kindes ebenso wie umgekehrt die des Erwachsenen entsprechen oft kaum der Realität. In sie fließen zwar Erfahrungen auf verschiedene Art ein, aber diese werden von einer Phantasie in Beschlag genommen, die häufig vor allem dem Wunsch gehorcht. Die kindliche Psyche trennt Bewußtes und Unbewußtes noch viel weniger als die erwachsene, ihre klare Trennung muß durch Sozialisationsprozesse erst einmal aufgerichtet werden. »Wir haben es in der Psychologie des Erwachsenen glücklich dahin gebracht, die seelischen Vorgänge in bewußte und unbewußte zu scheiden und beide in klaren Worten zu beschreiben. Beim Kind läßt diese Unterscheidung uns beinahe im Stich.«[13] Die Kluft zwischen Bewußtem und Unbewußtem sorgt für ein Spannungsverhältnis in der Psyche, das mit dem zwischen Kindlichem und Erwachsenem verwandt ist. Mit der Aufrichtung der Trennung von Bewußtem und Unbewußtem verbleibt viel Kindliches im Unbewußten

---

[12] Siehe hierzu Ariès, Ph.: Geschichte der Kindheit. Frankfurt am Main 1975
[13] Freud, S.: Aus der Geschichte einer infantilen Neurose, a. a. O., S. 42

und bestimmt dieses daher entscheidend. Hauptcharakter des Unbewußten ist für Freud ein kindlicher. Er bemerkt: »[...] daß das Unbewußte des Seelenlebens das Infantile ist.«[14] Das Spannungsverhältnis zwischen beiden psychischen Sphären geht mit der Differenz zwischen Lustprinzip und Realitätsprinzip einher. Das Lustprinzip, das nach Freud die frühe kindliche Psyche ebenso wie das Unbewußte regiert, kennt keine Realitätszeichen, die zwischen Phantasie und Wirklichkeit trennen. Erst im Laufe der individuellen Entwicklung wird ein vom Lustprinzip verschiedenes Realitätsprinzip erworben, das die Realität als von der Phantasie verschieden zu akzeptieren erlaubt und die Suche nach Lust in eine Richtung drängt, die die Realität zuläßt. In ihren unbewußten Tiefendimensionen aber kann die Psyche eine unlustvolle, versagende Realität niemals wirklich akzeptieren, darin sind immer Kräfte wirksam, die sich nicht in das Realitätsprinzip einbinden lassen.

In jeder Erwachsenenpsyche macht sich, zumindest unbewußt, ein Wünschen geltend, das die verlorene Kindheit, bis hin zur symbiotischen Einheit mit der Mutter wieder herstellen will. Es zielt letztlich auf die Aufhebung einer schmerzlichen Individuation, die die Seele als ein Gefängnis hervorgebracht hat, in das sich die Menschen ein Leben lang eingesperrt fühlen können, ebenso wie auf die Abschaffung jeder Unlust bereitenden äußeren Realität. Die Sehnsucht nach dem Paradies, das alle Grenzen und Widersprüche aufhebt, im Christentum; die nach dem Nirwana, in dem jede konflikthafte Bindung an existierende Realitäten aufgehoben ist, im Buddhismus; oder die nach rauschhafter Entgrenzung in den antiken Dionysoskulten haben in diesem Begehren ihre Wurzel. Der Drang, die bestehende Realität zu negieren, kann, wie die Analyse der biblischen Texte zu zeigen versucht hat, zerstörerische Gewalt gegen andere und gegen das eigene Selbst begünstigen. Nicht nur die Geschichte des Christentums und anderer Religionen, sondern auch die des »Dritten Reiches« oder des totalitären Sozialismus können hierfür Zeugnis ablegen. Es gibt aber ohne ein Begehren, das existierende Realitäten verneinen will, auch keine theoretische und praktische Kritik an der vorhandenen Welt, die eine bessere Welt hervorbringen kann. Ohne ein Wünschen, das über die bestehende Realität hinauswill, erfährt diese Welt keine notwendigen Veränderungen. Das die Realität verneinende Wünschen, das die Religion einfängt, kann eine Weltflucht mit fatalen Konsequenzen fördern. Aber verbun-

---

[14] Vorlesungen zur Einführung in die Psychoanalyse. GW XI, S. 215

den mit seinem Widerpart, der nüchternen Orientierung an der Realität, kann es auch zu einem Handeln anleiten, das die Not wendendes Neues hervorbringt. Realitätsablehnung und Wirklichkeitssinn müssen, um Besseres in die Welt zu bringen, eine gelingende Verbindung eingehen. Das Wünschen, das über die existierende soziale Realität hinaus will, muß, um zum Nutzen der Menschen wirksam werden zu können, ein produktives und dabei notwendig konflikthaftes Verhältnis mit der Realität eingehen. Das Wünschen, das zur Religion drängt, kann in Verbindung mit Aufklärung und einem praktischen, nüchternen Realitätssinn eine andere Bedeutung erlangen. Allein kritisches Denken und Realitätsbezogenheit sind in der Lage, den Wahrheitsgehalt der Religion im Interesse der Menschen zu retten. Man kann problematische, aus der Kindheit stammende Wünsche nie völlig abschaffen, es ist aber möglich, sie so zu transformieren, daß sie zumindest ein Stück weit in den Dienst wirklichen Erwachsenseins treten können. Außerdem kann Regression auch befreienden Charakter im Dienste des Ichs haben. Sie vermag durch einen vorübergehenden Rückzug von der Realität, der Entlastung des Ichs zu dienen, die es diesem ermöglicht, sich danach wieder der Realität auf klügere Art zu stellen.

Nicht nur die Sehnsucht nach der Rückkehr in die Welt des frühen Mütterlichen kann in den Dienst einer regressiven religiösen Weltverneinung, unter Umständen aber auch in den Dienst des Strebens nach einer besseren diesseitigen Welt eingehen. Auch der ödipale Konflikt mit der Macht des Väterlichen kann ähnlich Gegensätzliches hervorbringen. Der Konflikt des Kindes mit der einschränkenden väterlichen Autorität erzeugt in ihm den Wunsch, sich jeglicher Autorität, die Gesetze auferlegt, zu widersetzen. Er erzeugt den Wunsch, sich gesellschaftlichen Ordnungen nicht zu fügen, wie sie zuallererst der Vater dem Kind gegenüber repräsentiert. Eine im Kind in dieser Lebensphase erzeugte Widerborstigkeit spielt unbewußt bei späteren Auseinandersetzungen mit sozialen Autoritäten und Realitätsmächten eine Rolle. Sie verleiht der Fähigkeit, Konflikte auszutragen, eine psychologische Basis. Wer ein Mensch werden will, muß schließlich als Kind während des Ödipuskomplexes lernen, soziale Ordnungen zu akzeptieren und zu verinnerlichen. Ohne die Verinnerlichung der väterlichen Macht, die soziale Gesetze auferlegt, gibt es keine die Selbsterhaltung sichernde psychische Ordnung. Das Kind muß, zumindest um später in einer patriarchalischen Gesellschaft überleben zu können, den ödipalen Konflikt so durchlaufen, daß die väterliche Autorität als

Kern des Über-Ichs verinnerlicht wird. Aber der Zwang, die Autorität des Vaters akzeptieren zu müssen, erzeugt nicht nur die Anpassung an bestehende Ordnungen, er erzeugt auch den Wunsch nach anderen, gerechteren Ordnungen und Autoritäten. Er gebiert den Wunsch, sich nur solchen Mächten fügen zu müssen, deren Ordnung Liebe, Wahrheit und Gerechtigkeit beinhaltet. Der im Über-Ich internalisierte Zwang, sich existierenden Ordnungen unterwerfen zu müssen, um dem Realitätsprinzip zu gehorchen, bringt als Kompromiß mit dem Lustprinzip die Sehnsucht nach idealeren Ordnungen hervor. Er erzeugt, als Kompromiß mit dem Wunsch, das Begehren nach einer guten und gerechten Ordnung, die früher mit dem Namen Gottes verbunden wurde. Daß das Kind sich seinem Vater in der Kindheit unterwerfen muß, kann später in den Wunsch nach autoritätsgebundener Unterwerfung unter irrationale soziale Mächte eingehen, aber dieser erzwungenen Unterordnung entspringt auch die psychische Basis des späteren Suchens nach guten und gerechten sozialen Ordnungen, die – nach der Loslösung vom christlichen Gott – einer menschlichen Vernunft gehorchen, in der die Interessen und Bedürfnisse der Menschen möglichst weitgehend aufgehoben sind. Die aus der Kindheit stammenden Wünsche können später sehr widersprüchliche Konsequenzen zeitigen. Ob sie zum Guten oder zum Bösen drängen, hängt nicht zuletzt davon ab, ob sie von der Vernunft eines entwickelten Ichs geleitet werden und unter welchen sozialen Konstellationen sie Wirksamkeit erlangen. Christliches Bewußtsein lebt von der Sehnsucht nach einer jenseitigen anderen Welt, in der die Gesetze, die die jetzige Welt regieren, abgeschafft sind. Aber nicht nur religiöses, auch kritisches Bewußtsein lebt vom Spannungsverhältnis zwischen der existierenden und einer ersehnten Welt. Nur dieses Spannungsverhältnis kann wahrhaft veränderndes Handeln antreiben.

In der Psyche kann Kindliches und Erwachsenes in eine zerstörerische, aber auch produktive Wechselwirkung miteinander treten. Ihre Verknüpfung kann, wenn sie mißlingt, in eine individuelle oder kollektive Psychose oder Neurose münden oder, wenn sie gelingt, eine befreiende kreative Auseinandersetzung mit inneren und äußeren Realitäten fördern. Das Verhältnis von Kindlichem und Erwachsenem ist mit dem zwischen Unbewußtem und Bewußtem verwandt. Das Unbewußte, das stärker als das Bewußte der Psyche der Kindheit nahesteht, kennt keine Zeit, keine Moral, keine Widersprüche, keine Vernunft, es kennt keine Realitätsbindungen, die das Bewußtsein festlegen. Es gehorcht als ein anderer Ort, als eine andere Gegenwelt in der Psyche einer anderen Logik als das Bewußte. Jedoch sind Einwirkungen des Unbewußten auf das bewußte Denken und Handeln nie auszuschalten. In allen sozialen Beziehungen, in jedem Handeln und Denken, verschaffen sich unbewußte Anteile der Psyche Geltung. Aus *Es* kann nur in recht begrenztem Maße *Ich* werden. Im Unbewußten haben sich unendlich viele dem Bewußtsein entzogene lebensgeschichtliche Erfahrungen niedergeschlagen, die uns bestimmen. Die Einschreibungen früherer Erfahrungen sind jedoch immer nur begrenzt bewußtseinsfähig. Sie haben entweder nie das Bewußtsein erreicht oder sie sind ihm durch Verdrängungsprozesse wieder entzogen worden. Besonders frühkindliche Prägungen, die den Kern des Unbewußten ausmachen, sind vom Bewußtsein immer nur ansatzweise faßbar. Alle mit frühen prägenden Beziehungen verbundenen Bilder, Phantasien, Wünsche und Ängste haben im Unbewußten Eindrücke hinterlassen und bestimmen aktuelle Realitätsbezüge unterschwellig mit. Freud schreibt während einer Analyse frühester seelischer Bildungen: »Wir rühren hiermit an das allgemeinere Problem der Erhaltung im Psychischen, das kaum noch Bearbeitung gefunden hat, aber so reizvoll und bedeutsam ist, daß wir ihm auch bei unzureichendem Anlaß eine Weile Aufmerksamkeit schenken dürfen. Seitdem wir den Irrtum überwunden haben, daß das uns geläufige Vergessen eine Zerstörung der Gedächtnisspur, also eine Vernichtung bedeutet, neigen wir zu der entgegengesetzten Annahme, daß im Seelenleben nichts, was einmal gebildet wurde, untergehen kann, das alles irgendwie erhalten bleibt und unter geeigneten Umständen, zum Beispiel durch eine so weit reichende Regression wieder zum Vorschein gebracht werden kann.«[15] Die Fähigkeit, neue Realitätserfahrungen zu machen, Neues zu denken und zu erleben, ist nicht nur darauf angewiesen, daß mehr Unbewußtes bewußt wird, sondern auch darauf, daß sich Unbewußtes und Bewußtes auf neue Art verknüpfen. Unermeßlich vieles hat im Unbewußten seine Spuren hinterlassen; das Unbewußte ist deshalb in mancher Hinsicht reicher als das Bewußte. Diese Spuren können tendenziell auf unendlich vielfältige Art in Beziehung zueinander gesetzt werden und dabei entweder zerstörerisch oder aber befruchtend auf das Ich einwirken. Die Autonomie eines Ichs besteht nicht zuletzt darin, sich auf produktive Art in ein Verhältnis zum Unbewußten einlassen zu können und soziale Be-

[15] Das Unbehagen in der Kultur, a. a. O., S. 426

ziehungen und Verhältnisse anzustreben, die dieses begünstigen. Ein starkes Ich kann an der Grenze zwischen Bewußtem und Unbewußtem mehr Durchlässigkeit dulden, die es bereichert. Eine solche Durchlässigkeit erlaubt dem Ich zugleich einen freieren und gekonnteren Umgang mit den Möglichkeiten der Kindheit.

III

Die Liebe zwischen Eltern und Kindern, ebenso wie die unvermeidlichen, mit Versagungen verknüpften Konflikte des Kindes mit seinen Eltern, verankern in der menschlichen Psyche die Sehnsucht nach Liebe, Wahrheit und Gerechtigkeit. Diese Sehnsucht ist zuerst auf die Familie bezogen, später überschreitet sie deren Grenzen. Die Kindheit bringt, damit verbunden, auch etwas Messianisches in die Psyche ein, das nicht aufgrund göttlicher Eingebung, sondern aufgrund lebensgeschichtlicher Erfahrungen Geltung erlangt. In allen Menschen wirkt – bewußt oder unbewußt – der in der Kindheit erzeugte Wunsch, erlöst zu werden oder andere zu erlösen. Dieser Wunsch wird der Seele in der Kindheit eingepflanzt; Kindheit stellt für die Erwachsenen ein Jenseits dar, das solches Begehren weckt. Der Gläubige, der den Erlöser Jesus in seiner Seele spürt, verdankt dies nicht primär einem von der Kirche propagierten Gott, sondern der Beziehung zu seinen Eltern.

Schon bevor das Kind auf die Welt kommt, existiert es bereits mehr oder weniger deutlich in den Wünschen seiner Eltern. Es soll die Arbeit vorhergehender Generationen fortführen und ihnen im Alter eine Stütze sein, es soll Leere und Einsamkeit aus dem Leben der Eltern vertreiben und ihrem als zu wenig sinnvoll erfahrenen Leben mehr Sinn verleihen. Um die Liebe und Anerkennung seiner Eltern zu erlangen, auf die es existentiell angewiesen ist, muß das Kind, ob es nun will oder nicht, sich darum bemühen, solchen Wünschen seiner Eltern entgegenzukommen. Die Beziehung zu den Eltern erzeugt im Kind eine mit Schuld verbundene Verantwortung für das Glück der Eltern. In der Seele des Kindes wird verankert, daß es dazu da ist, seine Eltern und später auch andere Menschen aus deren Einsamkeit zu erlösen und ihrem Leben Erfüllung zu verschaffen. Um sich zum Menschen entwickeln zu können, muß das Kind diese Aufgabe ein Stück weit übernehmen – aber es muß auch mit der Schuld fertig werden, die entsteht, wenn es sich dieser entzieht, um sein Leben als eigenständiges Subjekt leben zu können.

Während der ödipalen Phase kann ein Junge von dem Wunsch beseelt sein, seine Mutter vom »bösen Vater« zu erlösen; ein Mädchen kann von dem Wunsch erfüllt werden, den Vater von der »bösen Mutter« zu befreien. Ernest Jones hat einen mit derartigen ödipalen Problematiken verknüpften Gottmensch-Komplex analysiert. Der männliche Persönlichkeitstypus, der ihm verfallen ist, tendiert zur Identifikation mit dem christlichen Erlöser. »Dies gibt dem betreffenden Typus ein besonderes Gepräge, das hier kurz gekennzeichnet werden mag. Die drei Hauptcharakteristika sind: Auflehnung gegen den Vater, Rettungsphantasien und Masochismus oder, mit anderen Worten, eine Ödipussituation, in der der Heros-Sohn ein leidender Heiland ist. Bei dieser Klasse spielt die Mutter eine ganz besonders wichtige Rolle, und ihr Einfluß zeigt sich oft in den besonderen Eigenschaften, die Freud in seinem ›Dirnenrettertypus‹ beschrieben hat. Rettungsphantasien, in denen das, was vor dem ›bösen Vater‹ zu retten ist, von einer bestimmten Person bis zur ganzen Menschheit variiert (demokratische Reform usw.), sind hier außergewöhnlich häufig. Die Rettung kann oft nur durch schreckliche Selbstaufopferung bewerkstelligt werden, bei der die masochistischen Tendenzen volle Befriedigung erfahren.«[16]

Die Welt des kleinen Kindes ist die seiner Familie; vor allem die Eltern agieren dort als Schicksalsmächte. Mit deren Imagines kommen Beziehungserfahrungen zustande, die später bewußt oder unbewußt auf anders geartete Beziehungen zur Welt übertragen werden. Das der infantilen »Allmacht der Gedanken« verfallene Kind, das Wunsch mit Wirklichkeit gleichsetzt, kann sich zutrauen, seine Eltern von vielerlei Nöten zu erlösen. Das kann in den späteren Wunsch eingehen, die Welt von Übeln zu befreien und die Mitmenschen glücklicher zu machen. Der von Liebe und Schuldgefühlen gespeiste Wunsch, die Eltern zufrieden zu sehen, kann später auf die ganze Menschheit übertragen werden. Wenn Zerwürfnisse zwischen Vater und Mutter auftauchen, kann das Kind sich die Schuld daran geben und sich danach sehnen, sich von dieser Schuld wieder zu befreien, indem es die Eltern einander versöhnend näherbringt. Dieser Wunsch kann in den späteren Wunsch eingehen, als Friedensstifter in sozialen Gruppen – oder auch für die ganze Menschheit – tätig werden zu wollen. Die Liebe zu den Ge-

---

[16] Jones, E.: Der Gottmensch-Komplex, in: Zur Psychoanalyse der christlichen Religion. Frankfurt am Main 1971, S. 34f.

schwistern als wesentlichen Gefährten der Kindheit und der mit dieser Liebe verbundene Wunsch, aggressive Rivalitätskonflikte mit ihnen zu überwinden, kann in den späteren Wunsch münden, mehr Geschwisterlichkeit unter allen Menschen hervorzubringen.

Das Kind kann Wunsch und Wirklichkeit, Phantasie und Realität, oft nicht präzise unterscheiden. Diejenigen, die den Realitätsbezügen der Kindheit verhaftet bleiben, tendieren zu einem religiösen Bewußtsein, das die illusionäre Identifikation mit einem göttlichen Erlöser erlaubt. Auch diejenigen, die über kindliche beziehungsweise religiöse Realitätsbeziehungen hinausgekommen sind, können kindlichen Wunschwelten nie ganz entkommen. Aber sie haben unter Umständen die Möglichkeit erworben, das »Messianische« in sich so dem Neurotischen zu entziehen und zu ernüchtern, daß es in aufgeklärte Beziehungen zu anderen und sich selbst einfließen kann. In einem Kind, das in der Geborgenheit von Mutter oder Vater erlebt hat, daß die elterlichen Schicksalsmächte es von seinem Leiden erlösen können, erwacht der Wunsch, selbst diese erlösende Macht zu erlangen. Ein so entstehendes Begehren nach messianischen Möglichkeiten wirkt nicht nur, auf Gottesgestalten projiziert, im religiösen Bewußtsein fort; jedes Bewußtsein, das mehr menschliche Möglichkeiten freisetzen will, hebt etwas von ihm in sich auf. Das in einer kindlichen, von Größenphantasien erfüllten Wunschlogik steckengebliebene Messianische kann fatale Wirkungen zeitigen, aber abgekühlt und sich seiner fragwürdigen Seiten bewußt geworden, kann es auch in ein aufklärendes Bemühen eingehen, das sich und anderen aus äußeren und inneren Gefängnissen heraushelfen will.

Die Juden akzeptieren Christus nicht als Erlöser; für sie ist der Messias noch nicht erschienen, seine Position noch nicht besetzt. Deshalb kann das Messianische bei jüdischen Intellektuellen besonders deutlich zum Ausdruck kommen. Sie können leichter dazu verführt werden, es verkörpern zu wollen. Der jüdisch geprägte Marx will mit seinem Denken einen entscheidenden Beitrag dazu leisten, eine neue Epoche der Menschheitsgeschichte zu eröffnen. Die großen Versprechungen der Religion sollen mit seiner Hilfe, wissenschaftlich untermauert, vom Himmel auf die Erde herabgeholt werden. Menschliche Entfaltungsmöglichkeiten, die als durch soziale Zwänge gefesselt erscheinen, sollen auf erlösende Art freigesetzt werden. Dem Skeptiker Freud sind derartig große Ansprüche fremd. Aber er hat mit seiner Psychoanalyse einen Schlüssel gefunden, der die Tür aus dem Gefängnis der Neurose öffnen und so die Liebes- und Arbeitsfähigkeit aus Fixierungen herauslösen kann. Ernüchtert durch die Erfahrungen des Faschismus und des Stalinismus kann ein kritischer jüdischer Intellektueller wie Adorno keinen messianischen Optimismus mehr aufbringen. Aber er vertritt ein Denken, das darauf aus ist, nahezu »jesushaft« das Leiden dieser Welt auf sich zu nehmen in der verzweifelten Hoffnung, so vielleicht doch noch Entscheidendes zu ihrer Rettung beitragen zu können.

Gott und das Unbewußte

Im christlichen Weltverständnis erleben sich die Gläubigen als von einer göttlichen Macht gelenkt, deren Willen sie niemals ganz begreifen können. »Der Mensch denkt, Gott lenkt!« Die heiligen Mächte übersteigen dem religiösen Bewußtsein zufolge in ihrer Unermeßlichkeit die Erkenntnismöglichkeiten des Menschen, das Wesen Gottes bleibt für den menschlichen Verstand letztlich unerkennbar. Zwar wird Gott mit väterlichen und, dahinter verborgenen, auch mit mütterlichen Eigenschaften ausgestattet und so für die Gläubigen faßbar und damit auch durch religiöse Handlungen wie Gebete beeinflußbar, aber alle bedeutenden christlichen Theologen haben immer wieder darauf hingewiesen, daß eine transzendente Macht stets das menschliche Bewußtsein übersteigt. Im religiösen Bewußtsein des »gemeinen Mannes«[17], das Freud interessiert, sind Gottesvorstellungen mit Vaterbildern verknüpft. Aber schon im Alten Testament wird verlangt, daß sich die Gläubigen von Gott kein Bild machen sollen, und einflußreiche christliche Theologen haben immer wieder eine negative Theologie vertreten, die betont, daß Gott so nicht ist, wie es sich der menschliche Verstand ausmalt. Die aufklärerische Religionskritik hat die von der Theologie verlangte Anerkennung der Beschränktheit des menschlichen Bewußtseins nicht akzeptiert. Sie hat Gottesgestalten, etwa bei Feuerbach und in dessen Nachfolge später auch bei Nietzsche und Freud, als Ausdruck undurchschauter menschlicher Wesenskräfte analysiert, die auf den Himmel projiziert werden und die es im Interesse der menschlichen Emanzipation in die Verfügung der Subjekte zurückzuholen gilt. Die Marxsche Religionskritik, als gesellschaftstheoretisch orientierte

---

[17] Freud, S.: Das Unbehagen in der Kultur, a. a. O., S. 432

Variante der aufklärerischen Religionskritik, hat hinter göttlichen Mächten nicht nur menschliche Wesenkräfte von mehr oder weniger psychologischer Art vermutet, sie hat auf die gesellschaftlichen Mächte hingewiesen, deren Wirkungen sie zum Ausdruck bringen und die zugleich durch die Religion verschleiert werden. Das Schicksal, das im religiösen Bewußtsein von einem letztlich undurchschaubaren göttlichen Willen den Menschen auferlegt erscheint, wird von ihr als Konsequenz des Wirkens undurchschauter gesellschaftlicher Mächte interpretiert, die die religiösen Phantasmen verhüllen. Hinter Gottesgestalten verbergen sich, der materialistischen Analyse zufolge, soziale Strukturen, welche von Menschen hervorgebracht wurden, die sich ihnen gegenüber dann aber so verselbständigt haben, daß sie als undurchschaubare fremde Mächte erscheinen. Wo diese verselbständigten Strukturen als Produkte einer fehlgeleiteten menschlichen Praxis durchschaut und einem vernunftgeleiteten Willen unterworfen sind, werden religiöse Bewußtseinsformen nach der Annahme von Marx verschwinden. Religiöses Bewußtsein erscheint im Horizont aller verschiedenen Varianten seiner aufklärerischen Kritik als Konsequenz eines Mangels an menschlicher Autonomie, als Ausdruck des Fehlens von Möglichkeiten zur bewußten, selbsttätigen Lebensgestaltung, das durch innere oder äußere Blockaden hervorgerufen wird. Die Menschen, die in ihrer sozialen Praxis noch keine Selbstbestimmung erlangt haben, zeigen einen Hang zur Bindung an religiöse Mächte. Wo sie ihrer selbst mächtig gworden sind und gesellschaftliche Prozesse, an denen sie teilhaben, einer gemeinsamen bewußten Kontrolle unterworfen haben, werden diese Bindungen – nach der Annahme der Aufklärer – erlöschen.

Die Freudsche Religionskritik argumentiert im Horizont der aufklärerischen Religionskritik. Sie führt scheinbar transzendente religiöse Mächte auf unbewußte psychische Kräfte zurück, deren Bewußtmachung jene zum Verschwinden bringen kann. Religiöse Mächte werden in gewisser Weise wie Symptome interpretiert, die mit der Bewußtmachung ihrer unbewußten Wurzeln erlöschen können. Die Stärkung des Ichs als Träger der menschlichen Vernunft macht sie überflüssig. Aber Freud, der als Anhänger der Aufklärung die menschliche Vernunft stärken möchte, erkennt viel stärker als seine Vorgänger ihre Begrenztheit. Ein Ich, das sich seiner gegenwärtigen oder zukünftig möglichen Autonomie allzu gewiß ist, ist für ihn einer Illusion verfallen; es lebt von Größenphantasien, die der Leugnung innerer Abhängigkeiten dienen. Die psychoanalytische Aufklärung hat für Freud die Aufgabe, das

Ich zu stärken, aber sie hat immer auch zu zeigen, daß das Ich niemals wirklich »Herr« im psychischen Haushalt sein kann, sie muß dem menschlichen Autonomiestreben notwendigerweise auch Kränkungen zufügen. Das Unbewußte, wie von der Psychoanalyse entdeckt, sorgt dafür, daß die Menschen von Mächten in ihnen gelebt werden, die sie nie völlig durchschauen können oder gänzlich dem Willen ihres Ichs zu unterwerfen vermögen. »Mit dieser Hervorhebung des Unbewußten im Seelenleben haben wir aber die bösen Geister der Kritik gegen die Psychoanalyse aufgerufen. Wundern Sie sich darüber nicht und glauben Sie auch nicht, daß der Widerstand gegen uns nur an der begrifflichen Schwierigkeit des Unbewußten oder an der relativen Unzulänglichkeit der Erfahrungen gelegen ist, die es erweisen. Ich meine, er kommt von tiefer her. Zwei große Kränkungen ihrer naiven Eigenliebe hat die Menschheit im Laufe der Zeiten von der Wissenschaft erdulden müssen. Die erste, als sie erfuhr, daß unsere Erde nicht der Mittelpunkt des Weltalls ist, sondern ein winziges Teilchen eines in seiner Größe kaum vorstellbaren Weltsystems. Sie knüpft sich für uns an den Namen Kopernikus, obwohl schon die alexandrinische Wissenschaft ähnliches verkündet hat. Die zweite dann, als die biologische Forschung das angebliche Schöpfungsvorrecht des Menschen zunichte machte, ihn auf die Abstammung aus dem Tierreich und die Unvertilgbarkeit seiner animalischen Natur verwies. Diese Umwertung hat sich in unseren Tagen unter dem Einfluß von Ch. Darwin, Wallace und seinen Vorgängern nicht ohne das heftigste Sträuben der Zeitgenossen vollzogen. Die dritte und empfindlichste Kränkung aber soll die menschliche Größensucht durch die heutige psychologische Erforschung erfahren, welche dem Ich nachweisen will, daß es nicht einmal Herr im eigenen Hause ist, sondern auf kärgliche Nachrichten angewiesen bleibt von dem, was unbewußt in seinem Seelenleben vorgeht.«[18] Die Psychoanalyse übt Kritik an einem idealistisch geprägten aufklärerischen Subjektbegriff, der den Menschen einseitig als vernunftbegabtes Wesen sieht, das mit Hilfe seines Denkens Macht über sich und äußere Realitäten erlangen kann. Sie bemüht sich um eine Dezentrierung des Subjektbegriffs, die dem um seine Autonomie bemühten Ich die Erfahrung auferlegt »daß wir gelebt werden, von unbekannten, unbeherrschbaren Mächten«.[19] Das Bewußtsein ist für Freud nur die »Oberfläche des seelischen Ap-

---

[18] Freud, S.: Vorlesungen zur Einführung in die Psychoanalyse, a. a. O., S. 394
[19] Freud, S.: Das Ich und das Es. GW XIII, S. 251

parats«[20], die aus dem Meer des Unbewußten auftaucht. Die unbewußten psychischen Kräfte, die die Menschen beeinflussen, sind vom Bewußtsein niemals direkt zu erfassen; sie erschließen sich nur indirekt über ihre Äußerungsformen im Bewußtsein. Für den Trieb zum Beispiel gilt: »Ein Trieb kann nie Objekt des Bewußtseins werden, nur die Vorstellung, die ihn repräsentiert.«[21] Deshalb gilt für die Trieblehre: »Die Trieblehre ist sozusagen unsere Mythologie. Die Triebe sind mythische Wesen, großartig in ihrer Unbestimmtheit. Wir können in unserer Arbeit keinen Augenblick von ihnen absehen und sind dabei nie sicher, sie scharf zu sehen.«[22] Das Unbewußte kann aufgrund seiner Manifestationen im Bewußtsein ein Stück weit entschlüsselt werden, es entzieht sich aber seinem Wesen nach einer völligen Erfassung durch dieses. Es bleibt für die Psyche immer auch ein Anderes, Fremdes, Unfaßbares, dem das Bewußtsein nie ganz gewachsen sein kann. »Das Unbewußte ist der größere Kreis, der den kleineren des Bewußten in sich einschließt; alles Bewußte hat eine unbewußte Vorstufe, während das Unbewußte auf dieser Stufe stehen bleibt und doch den vollen Wert einer psychischen Leistung beanspruchen kann. Das Unbewußte ist das eigentlich reale Psychische, uns nach seiner inneren Natur so unbekannt wie das Reale der Außenwelt, und uns durch die Daten des Bewußtseins ebenso unvollständig gegeben wie die Außenwelt durch die Angaben unserer Sinnesorgane.«[23] Daß auch viele psychoanalytische Autoren trotz solcher Äußerungen Freuds glauben, das Wesen des Unbewußten gänzlich theoretisch durchdringen zu können, demonstriert, daß sie Prozessen der Abwehr verfallen sind, die sie dazu zwingen, hinter die radikalsten Einsichten Freuds zurückzufallen. Das Unbewußte lebt, denkt, spricht, schreibt die Subjekte immer auf eine Art mit, die sie nicht kontrollieren können. Die Stärke ihres Ichs zeigt sich darin, daß es dies ohne übermäßige Ängste und Abwehrleistungen bewußt auszuhalten vermag.

Ein psychoanalytischer dezentrierter Subjektbegriff, der die Macht des Unbewußten gegenüber dem Bewußten wirklich ernst nimmt, kann eine irritierende eigentümliche Verwandtschaft mit theologischen Konstruktionen aufweisen, die den Menschen durch unfaßbare göttliche Mächte gelenkt sehen. Dies gilt, obwohl sich natürlich psychoana-

[20] ebd.., S. 246
[21] Freud, S.: Das Unbewußte. GW X, S. 275
[22] Freud, S.: Neue Folge der Vorlesungen zur Einführung in die Psychoanalyse. GW XV, S. 102
[23] Die Traumdeutung. GW II/III, S. 617 f.

lytische Interpretationsmuster grundsätzlich von theologischen unterscheiden. Freud hat christliche Gottesbilder auf Elternimagines der Kindheit zurückgeführt; hinter ihnen verbirgt sich der idealisierte Vater der Kindheit, der dem Kind als allwissend und allmächtig erscheint. Freud hat nicht thematisiert, daß die Unfaßbarkeit des christlichen und jüdischen Gottes, auf die die Bibel ebenso wie christliche und jüdische Theologen immer wieder hingewiesen haben, etwas mit der Qualität des Unbewußten zu tun hat. Freud führt den monotheistischen Gott auf die Vaterautorität zurück, die in Gestalt des Über-Ichs verinnerlicht wird. Daß das Über-Ich, wie Freud gelehrt hat, in das Es eintaucht und Gottesbilder damit auch von der spezifischen Qualität des Es infiziert werden, hat Freud nicht genügend berücksichtigt. Es lassen sich eigentümliche Parallelen zwischen den von Freud entdeckten Qualitäten des Es und den Qualitäten ausmachen, die mittelalterliche Theologen seit Augustinus Gott zugeschrieben haben. Die Bestimmungen der Eigenschaften Gottes und der des Es zeigen, trotz ihrer natürlich vorhandenen grundsätzlichen Verschiedenheit, eigentümliche strukturelle Verwandtschaften.

Für die Mächte des Unbewußten gilt nach Freud: »An und für sich sind sie unerkennbar.«[24] Der Zugang zum Unbewußten bleibt immer nur ein indirekter, über das Bewußtsein vermittelter. Das Unbewußte kann zum Bewußten nur Zutritt erlangen, wenn es sich der anderen Logik des Bewußtseins anpaßt, die es zugleich immer auch verdeckt. Für Augustinus offenbaren sich die Wirkungen Gottes dem menschlichen Bewußtsein allenthalben, Gott selber ist aber zugleich für dieses Bewußtsein unfaßbar. Gott ist »breit dastehend und doch unbegreiflich«.[25]

Für Freud kennt das Unbewußte, anders als das Bewußte, keine Zeitvorstellungen. »Die Vorgänge im System Ubw [des Unbewußten] sind zeitlos, das heißt, sie sind nicht zeitlich geordnet, werden durch die verlaufende Zeit nicht abgeändert, haben überhaupt keine Beziehung zur Zeit.«[26] Der christliche Gott verschafft sich in der Lebenszeit der Menschen Geltung und regiert doch, nach Augustinus, zeitlos. »Deine Jahre gehen nicht und kommen nicht, unsere aber gehen und kommen, bis sie alle gekommen sind. Deine Jahre stehen alle zugleich, denn sie

[24] Freud, S.: Das Unbewußte. GW X, S. 286
[25] Aurelius Augustinus: Bekenntnisse. Zürich 1950, S. 33
[26] Das Unbewußte, a. a. O., S. 286

stehen fest, werden nicht fortgehend von herkommenden verdrängt, denn sie gehen nicht vorüber.«[27]

Für Freud kennt das Unbewußte keine Widersprüche, die das Bewußtsein festlegen. »Es gibt in diesem System keine Negation, keinen Zweifel, keine Grade von Sicherheit.«[28] Die Widersprüche, die im Bewußtsein der Menschen Geltung haben, sind auch für den Gott des Augustinus ohne Bedeutung. »Du liebst und gerätst nicht in Wallung, eiferst und bist doch gelassen, es reut dich und bist doch unbekümmert, du zürnst und bleibst doch ruhig.«[29]

Das Es wird für Freud vom Lustprinzip regiert, das keinen Mangel kennt, weil es im Unbewußten kein Realtiätszeichen gibt, das zwischen Phantasie und Realität unterscheidet. »Der befremdendste Charakter der unbewußten Vorgänge, an den sich jede Untersuchung nur mit großer Selbstüberwindung gewöhnt, ergibt sich daraus, daß bei ihm die Realitätsprüfung nichts gilt, die Denkrealität gleichgesetzt wird der äußeren Wirklichkeit, der Wunsch der Erfüllung.«[30] Was für Freud für das Unbewußte gilt, kann auch Augustinus von seinem Gott sagen: »Du kennst keinen Mangel.«[31]

Nach Freud zeichnen sich die Besetzungen des Unbewußten durch große Beweglichkeit aus; sie sind nicht, wie die des Bewußtseins, an bestimmte Vorstellungen von der Realität gebunden. »Es herrscht eine weit größere Beweglichkeit der Besetzungsintensitäten. Durch den Prozeß der Verschiebung kann eine Vorstellung den ganzen Betrag ihrer Besetzung an eine andere abgeben, durch den der Verdichtung die ganze Besetzung mehrerer anderer an sich nehmen.«[32] Der Beweglichkeit von Besetzungsenergien, bei gleichzeitigem Erhalt der Gesamtenergie, die Freud für das Unbewußte ausgemacht hat, entspricht das ungebundene Strömen der Kräfte Gottes, die nie verlorengehen. Für den Gott des Augustinus gilt: »Nein, du bedarfst keiner Gefäße, die dir Halt geben, denn ob auch alle Gefäße zerbrächen, du wirst nicht ausgegossen.«[33]

Freuds metapsychologische Texte zur Bestimmung der Qualität des Unbewußten wie zum Beispiel *Das Unbewußte* oder *Jenseits des Lust-*

[27] Bekenntnisse, a. a. O., S. 311
[28] Das Unbewußte, a. a. O., S. 285
[29] Augustinus: Bekenntnisse, a. a. O., S. 33
[30] Freud, S.: Formulierungen über zwei Prinzipien des psychischen Geschehens. GW XIII, S. 237
[31] Augustinus, a. a. O., S. 33
[32] Freud, S.: Das Unbewußte. GW X, S. 285
[33] Augustinus, a. a. O., S. 32

prinzips[34] zeigen eigentümliche Ungereimtheiten, ungelöste Widersprüche und Brüche, sie hinken an einigen Stellen auf sehr merkwürdige Art. Vielleicht können sie sich nur so, ohne daß Freud dies bewußt geworden sein dürfte, einem Gegenstand annähern, der sich seinem Wesen nach einer völlig stimmigen, exakten Erfassung durch das Bewußtsein entzieht. Ihre problematische Qualität haben diese Texte – wenn natürlich auch auf ganz verschiedene Art und in ganz anderen Zusammenhängen – mit theologischen Texten gemeinsam, die das Wesen Gottes zu ergründen suchen.

Die theoretischen Texte psychoanalytischer Autoren, die sich über das Unbewußte äußern, tun das notwendigerweise in einer Begrifflichkeit, die ihrem Gegenstand nie ganz gerecht werden kann, die häufig bloß Hinweise auf etwas geben kann, was sich einer exakten Bestimmung durch theoretische Begriffe immer wieder entzieht. Wenn in psychoanalytischen Texten, die kindliche Realitätsbezüge beschreiben, Begriffe wie Vater oder Mutter, Ödipuskomplex oder Mutter-Kind-Symbiose auftauchen, so können solche Begriffe immer nur Hinweise auf sehr vielschichtige kindliche Erfahrungswelten geben, die das Bewußtsein eines aus der Kinderwelt vertriebenen Erwachsenen nie ganz zu durchdringen vermag. Die Erlebniswelt des Kindes unterscheidet sich von der eines Erwachsenen, seine theoretischen Begriffe können ihr deshalb nie völlig angemessen sein. Die Interpretationen der Psychoanalyse kodieren mit ihren sprachlichen Symbolen sinnstiftende psychische Ordnungen, die psychologische Probleme handhabbarer machen, aber sie können die Komplexität des Seelischen nie ganz erfassen. Die Sprache verweist hier immer auch auf etwas, das jenseits aller Sprache liegt. Freud hat mit der Psychoanalyse Licht in das Dunkel des Unbewußten gebracht, er hat dem Bewußtsein einen neuartigen Zugang zu den Nachtseiten der Seele eröffnet. Aber auch die revolutionären Entdeckungen Freuds können das Unbewußte nie völlig transparent machen; eine gewisse Fremdheit bleibt immer. Wer das dennoch glaubt, benutzt die Einsichten der Psychoanalyse, um die Angst vor dem Unbekannten abzuwehren. Seit Freud kann das »innere Ausland« der Psyche mit wissenschaftlicher Nüchternheit ohne die falsche Tiefe der Theologie bearbeitet werden. Das Unbewußte behält aber trotz Freud noch etwas von seinen »metaphysischen Mucken« (Marx), durch die sich das kritische Denken immer wieder verunsichern lassen sollte. Wer

[34] Freud, S.: Jenseits des Lustprinzips. GW XIII

die Metaphysik »nachmetaphysisch« bloß liquidieren möchte, anstatt ihr irritierendes und nie ganz abzugeltendes Erbe aufgeklärt in seinem Denken aufzuheben, landet allzu leicht bei der Vergötzung von Fassaden, hinter denen sich anderes verbirgt.

Die andere Welt im Diesseits

Gegen religiöse Illusionen, die Wunsch und Wirklichkeit verwechseln, setzt Freud die Forderung nach der Ernüchterung durch wissenschaftliches Denken. Mit Hilfe der Psychoanalyse will er die »Erziehung zur Realität«[35] gegen sie vorantreiben. Er lehnt nicht nur religiöse Wunschwelten, sondern auch soziale Utopien ab, er will auf alle Glücksversprechen verzichten, die sich auf eine bessere zukünftige Welt richten. »So sinkt mir der Mut, vor meinen Mitmenschen als Prophet aufzustehen, und ich beuge mich ihrem Vorwurf, daß ich ihnen keinen Trost zu bringen weiß, denn das verlangen sie im Grunde alle, die wildesten Revolutionäre nicht weniger leidenschaftlich als die bravsten Frommgläubigen.«[36] Freud propagiert ein Denken, das ohne das Versprechen auf eine andere Welt im Jenseits wie im Diesseits auskommt. Aufklärerisches Denken ist für ihn an den Verzicht auf utopische Perspektiven gebunden. Aber ist kritisches Denken notwendigerweise an diese Art der Bescheidung geknüpft, muß es zwangsläufig der Hoffnung auf eine andere Welt entsagen? Adorno ist hier ganz anderer Ansicht als Freud. Für ihn muß kritisches Denken das andere der Religion in aufgeklärter Weise in sich aufnehmen. »Erkenntnis hat kein Licht, als das von der Erlösung her auf die Welt scheint: alles andere erschöpft sich in der Nachkonstruktion und bleibt ein Stück Technik.«[37] Das gilt für Adorno auch dann, wenn es dem Theoretiker praktisch kaum möglich ist, in diesem Licht zu denken, weil jedes Denken auch dem Bestehenden verfallen ist. Um eine bessere Zukunft offenzuhalten, darf der kritische Theoretiker die Sehnsucht nach dem anderen nicht aufgeben, auch wenn er mit dem Bewußtsein leben muß, daß sein Denken das Bestehende kaum wirklich überschreiten kann. »Selbst seine eigene Unmöglichkeit muß er noch begreifen um der Möglichkeit willen. Gegen-

[35] Freud, S.: Die Zukunft einer Illusion, a. a. O., S. 372
[36] Freud, S.: Das Unbehagen in der Kultur, a. a. O., S. 270
[37] Adorno, Th. W.: Minima Moralia, Frankfurt am Main 1962, S. 333

über der Forderung, die damit an ihn ergeht, ist aber die Frage nach der Wirklichkeit oder Unwirklichkeit der Erlösung selber fast gleichgültig.«[38] Es spricht vieles dafür, daß das Zerstörerische und Wahnhafte, das diese Welt auszeichnet, nur dann überhaupt halbwegs vom Bewußtsein ausgehalten werden kann, wenn die Überzeugung nicht aufgegeben wurde, daß diese Welt eigentlich ganz anders sein sollte und es vielleicht sogar einmal sein kann. Wer keine Distanz zu dieser Welt zustande bringt, die mit der Sehnsucht nach einer besseren Welt verknüpft ist, wird kaum in der Lage sein, ihre Abgründe zu erfassen. Nur ein Denken, in dem der Wunsch nach einer Welt aufgehoben ist, in der die Gerechtigkeit, die Solidarität und die Wahrheit machtvoller wirken als in der bestehenden, erlaubt es, auch die Schattenseiten dieser Welt ins Auge zu fassen. Nur wer sich darum bemüht, die Grenzen, die die bestehende Realität setzt, zu überschreiten, kann diese Grenzen wirklich zur Kenntnis nehmen und damit die Wirklichkeit erkennen. Diejenigen, die die Verfaßtheit dieser Welt bloß wunschlos analysieren wollen, kapitulieren intellektuell allzuleicht vor Realitäten, die als unabänderliche Tatsachen mystifiziert werden.

Die großen theoretischen Ernüchterer verfügen üblicherweise über ein utopisches Potential, das erst ihren erhellenden »bösen Blick« auf das Bestehende erlaubt. Karl Marx, der mit *Das Kapital* die Welt der bürgerlichen Ökonomie seiner Zeit mit kalter Nüchternheit analysiert hat, hoffte auf eine andere Geschichte, jenseits der bis dahin von Menschen hervorgebrachten Zustände. Nietzsche, der die verborgenen lebensfeindlichen Seiten der europäischen Kultur und der mit ihr verbundenen Psyche schonungslos aufgedeckt hat, träumte von einem Übermenschen, der alle Unfreiheit hinter sich lassen würde. Der Wille, das transzendente Andere der Religion aufzugeben und sein Erbe zugleich in das Ringen um das Andere in dieser Welt einzubringen, macht üblicherweise erst weitreichende Gesellschaftskritik möglich. Dieser Wille verleiht ihr freilich auch ihre problematischen, übersteigerten Züge. Freuds Interesse, der Ausbreitung der Liebe unter den Menschen allein durch Ernüchterung dienen zu wollen, scheint dieser Feststellung entgegenzustehen.[39] Freud verbietet sich jeden utopischen Hori-

---

[38] ebd., S. 334
[39] Es gibt freilich unter den Zeitgenossen Freuds noch einen anderen großen Ernüchterer, Max Weber, den Wegbereiter der modernen Soziologie. Aber auch Webers Nüchternheit hat religiöse Wurzeln. Er ist protestantisch geprägt, und seine besondere Liebe gilt den alttestamentarischen Propheten, mit denen er sich wohl auch identifiziert hat.

zont, um nicht an der Verbreitung von Illusionen mitzuwirken. Aber der genauere Blick auf sein Wirken kann sichtbar machen, daß auch sein Denken eine geheime Beziehung zur religiösen Transzendenz hat.[40] Freuds unbedingter Wille zur Wahrheit ist wohl ohne die jüdische monotheistische Tradition seiner Vorväter kaum möglich, die jede Abweichung vom wahren Glauben durch das Anbeten falscher Götter mit dem ersten und damit zentralen Gebot Moses' untersagt hat. Freuds Bemühen, auf jede »falsche« Transzendenz zu verzichten, lebt noch von der heiligen Bescheidenheit der jüdischen Religion, die Gott, der das gute und gerechte Andere ist, mit einem Bilderverbot belegt hat. Auch in Freud wirkt noch unterschwellig das Ideal einer wahrheitsstiftenden traditionellen jüdischen Vater-Sohn-Beziehung. »Ein jüdischer Sohn sollte intellektuell über seinen Vater hinauswachsen, er sollte ihn, die Familie, und damit das Volk Israel durch seine Gelehrsamkeit der Erlösung näherbringen.«[41] Freud hat diesen Willen zur Gelehrsamkeit vom Volk Israel und seiner Religion abgelöst, aber ihre Wirkungen sind weiterhin in ihm spürbar.

Die Unterwerfung unter die Macht einer göttlichen Autorität, die mit dem Versprechen auf ein besseres Jenseits verknüpft ist, tritt, wie die aufklärerische Religionskritik deutlich gemacht hat, zumeist in den Dienst der Unterwerfung unter diesseitige Mächte. Die Religion basiert, wie die Psychoanalyse sichtbar gemacht hat, auf ungelösten infantilen Autoritätsbindungen, die leicht auf weltliche Autoritäten übertragen werden können. Die Bindung an das, was als göttlich erscheint, kann so an irdische Autoritäten fesseln. Gottesvorstellungen können aber auch ein Potential in sich tragen, das gegen existierende gesellschaftliche Mächte gerichtet ist. Die Allmacht Gottes relativiert jede weltliche Macht. Im »Dritten Reich« haben sich die Anhänger der Bekennenden Kirche gegen den Allmachtsanspruch eines faschistischen Führers unter Berufung auf ihre Verpflichtung gegenüber der höheren Autorität Gottes gewandt. Mit der Beziehung der Gläubigen zu ihrem Gott ist die Frage nach Sinn und Ziel der eigenen Existenz verknüpft, eine Frage, die unter Umständen auch kritisch gegen die von der Gesellschaft auferlegten Existenzformen gerichtet werden kann. Die sozialen Protestbewegungen der unteren Klassen haben sich in früheren christlich geprägten Epochen in ihrem Kampf um mehr Gerechtigkeit

[40] Siehe besonders das vorherige Kapitel
[41] Krüll, M.: Freud und sein Vater. Frankfurt am Main 1992, S. 263

und Solidarität immer auch auf einen Jesus berufen, der ein Freund der Armen und Schwachen war, ihresgleichen zu seinen Jüngern gemacht und Reichtum und weltliche Macht als Hindernisse auf dem Weg zum Heil gebrandmarkt hat. Ein Gott, an den als Schöpfer und Lenker dieser Welt geglaubt werden soll, ist von Theologen nur sehr schwer von der Verantwortung für das Unheil dieser Welt freizusprechen, aber er repräsentiert für die Gläubigen auch ein Anderes, in dem die Widersprüche dieser Welt aufgehoben sind.

Liebe, Wahrheit, Gerechtigkeit, Frieden oder Versöhnung sind für das Christentum Attribute Gottes. Die Aufklärung hat sie von der christlichen Gottesgestalt abgelöst und in Prinzipien und Zielvorstellungen verwandelt, die kritisch gegen bestehende Verhältnisse gerichtet werden können. Der Gott, der die Liebe, die Wahrheit und die Gerechtigkeit zu sein verspricht, reduziert sich mit seinem allmählichen Verschwinden auf Idealforderungen, die mit diesen Begriffen verbunden sind, welche gegen das Schlechte in dieser Welt stehen. Solange aber die Vernunft an solchen Idealen festhält, lebt in ihr in abgewandelter Form noch unterschwellig etwas von der christlichen Metaphysik fort. Wer sich, wie moderne positivistische Theoretiker, zu denen in manchem auch Freud zu rechnen ist, mit der Absage an religiöse Gottesgestalten zugleich auch von der Bindung an solche Ideale bei der Analyse bestehender Verhältnisse verabschieden will, befreit sich damit keineswegs von fragwürdigen Bindungen. Mit der Loslösung von Idealen wächst die Bindung an veränderbare Realitäten, die zu Tatsachen verklärt werden, die man als unabänderliche zu akzeptieren hat. Wer völlig auf jegliche Utopie verzichten will, landet bei der Vergötzung von Bestehendem. Eine propagierte Orientierung nur am Existierenden begünstigt dessen von Wünschen hervorgebrachte Idealisierung, weil dem Wünschen, dem nicht zu entkommen ist, durch eine solche Fesselung der offene Horizont genommen wird. Wer ganz auf jeden Glauben an ein Anderes außerhalb oder innerhalb dieser Welt verzichten will, landet leicht beim illusionären Glauben an die unabänderliche Macht oder Sinnhaftigkeit des Bestehenden. Die »Realisten« ähneln Frommen; sie verleihen dem Existierenden eine Art Gottgegebenheit, der man sich gläubig zu fügen hat.

Der Glaube an den Sozialismus, der auf eine bessere Welt setzt und deshalb die Hoffnung auf eine andere Welt vom Himmel auf die Erde zurückholen will, hat in manchem die Nachfolge des christlichen Glaubens angetreten. Im neunzehnten und zwanzigsten Jahrhundert ging vieles von der christlichen Sehnsucht nach einer besseren Welt in den Willen der sozialistischen Arbeiterbewegung ein, eine gerechtere und menschlichere Welt zu schaffen. Nach dem Scheitern vieler Bemühungen um die Durchsetzung ihrer Ziele dominiert heute bei westlichen Intellektuellen die Werbung für das »nüchterne« Akzeptieren von bestehenden gesellschaftlichen Realitäten. Die Enttäuschung gegenüber linken Alternativbewegungen, mit denen sich Intellektuelle identifizierten, erzeugt bei diesen den Willen zur »Illusionslosigkeit«. Die Erfahrung des Mißlingens der Verwirklichung sozialer Utopien und das Fehlen gesellschaftlicher Kräfte, die andere soziale Realitäten durchzusetzen willens und in der Lage sind, begünstigt die Neigung, sich mehr oder weniger mit dem Bestehenden abfinden zu wollen. Ein mit totalitären Mächten verknüpfter politischer Dogmatismus hat als Gegenbewegung einen »antidogmatischen Dogmatismus« produziert, der die grundlegende Kritik des Bestehenden als fundamentalistische Machenschaft denunziert. Der »realexistierende Sozialismus« hat die Neigung zum »realexistierenden Opportunismus« begünstigt. Das Bemühen um intellektuelle Ernüchterung kann gegenüber Illusionen und Ideologien sehr sinnvoll sein, aber es birgt stets die Gefahr in sich, die intellektuelle Kapitulation vor der Übermacht bestehender Verhältnisse rationalisieren zu helfen.

Wer allzu nüchtern sein möchte, verleugnet auf illusionäre Art die Macht des Wünschens. Menschen leben niemals nur in der Gegenwart: Ohne Wünsche, die sich auf eine bessere, individuelle oder kollektive Zukunft richten, ist die Gegenwart nicht auszuhalten. Wer ohne Hoffnung auf Veränderung ist, gerät unter belastenden Verhältnissen zwangsläufig in schwere psychische Krisen. Jede Gesellschaft, die, wie die bestehende, ihren Mitgliedern Versagungen auferlegt, führt zu privaten oder öffentlichen Wunschproduktionen, die das Bestehende übersteigen. Diese Wunschproduktionen können zu Wahnsystemen, zu Illusionen, aber auch zu sinnvollen Zukunftsprojekten führen. Sie können mit dem Willen zur nüchternen Auseinandersetzung mit der Realität im Interesse ihrer Veränderungen ebenso wie mit Weltflucht verbunden sein. Sie können vorwärts oder rückwärts gerichtet sein. In all diesen Wunschproduktionen steckt, selbst wenn sie der bestehenden Realität eine illusionäre Verschleierung verschaffen, immer auch offene oder versteckte Kritik. Die Wünsche sagen stets auf irgendeine Art *nein* zur bestehenden Realität. Aufklärerisches Denken, das auf sinnvolle und notwendige soziale Veränderungen drängt, kann nur Wirksamkeit erlangen, wenn es sich mit Wünschen verbinden kann, die über das Bestehende hinaus wollen.

Die kapitalistisch geprägte Industriegesellschaft scheint heute ohne soziale Alternativen zu sein. Die grundlegende Kritik, die die Linke an ihr geübt hat, gilt als obsolet oder wird kaum noch zur Kenntnis genommen. Im Vergleich mit den Übeln, die den gescheiterten osteuropäischen Staatssozialismus ausgezeichnet haben, können die fragwürdigen Seiten der marktwirtschaftlich geprägten Gesellschaft, zumindest im Westen, als weniger schlimm erfahren werden. Trotz des Fehlens sozialer Alternativen in der westlichen Welt hat aber das Leiden an der Verdinglichung des Humanen, an der Kommerzialisierung aller Lebensbereiche, an sozialer Ungerechtigkeit, an Vereinsamung und Naturferne keineswegs aufgehört; es bestehen weiterhin Wünsche nach Veränderung. Jede Sehnsucht nach Glück hat, wie Freud bemerkt hat, mit der Sehnsucht nach Erfüllung von Kindheitswünschen zu tun. Menschen können niemals gänzlich damit aufhören, diese Wünsche retten zu wollen, sie brauchen in der Erwachsenenrealität zumindest einen Ersatz für sie. Menschen sind immer auch wünschende Wesen, die das Vorhandene niemals völlig akzeptieren können. Wenn jedoch keine intellektuell begründeten Alternativen zum Bestehenden angeboten werden, auf die sich die Hoffnungen der Menschen richten können, muß die vom Wünschen erzwungene Kritik am Bestehenden nahezu unvermeidlich irrationale Ausdrucksformen annehmen. Wo keine aufgeklärten sozialen Alternativen auf den Plan treten, mit denen sich Menschen identifizieren können, drohen kollektive Formen des Fundamentalismus, des Obskurantismus und Nationalismus. Eine illusionäre Realitätsverneinung gewinnt um so mehr an Macht, je weniger sich das Wünschen mit der Aufklärung paaren kann. Das kritische Denken hat die Aufgabe, über Alternativen zur existierenden Kultur und menschlichere Formen des Zusammenlebens nachzudenken und deren Erprobung nach Kräften zu unterstützen. Wenn es diese Aufgabe nicht übernimmt, überläßt es Wunschregungen, die sich auf das Soziale richten, kulturindustriell erzeugten Scheinwelten oder politischen Ideologien, die die Sehnsucht nach mehr Nähe und Solidarität nur noch auf pervertierte Art in sich aufnehmen. Das Begehren nach Veränderung läßt sich niemals völlig stillstellen, es läßt sich allenfalls für das Bestehende einspannen, indem es illusionär verformt oder auf suchthafte Art an die Warenwelt gefesselt bleibt. Die gegenwärtige konservative Welle, die die bestehende westliche Welt als beste aller möglichen Welten ausgibt und die Anpassung an die in ihr geltenden Regeln als allein vernünftig preist, lebt vom illusionären Glauben an einen möglichen Stillstand der Geschichte. Wer aber keine notwendigen Veränderungen mitgestalten will, wird irgendwann Veränderungen in fataler Gestalt erfahren müssen. Wer nur den sozialen *Status quo* verteidigen will, arbeitet insgeheim an dessen Zerstörung. Die Demokratie ist nie wirklich gesichert, sie ist nur durch das Ringen um ihre ständige Erweiterung zu bewahren. Die allerorten propagierte »nüchterne« Anpassung lebt von der Angst vor notwendigen sozialen Veränderungen. Sie will sich das Wünschen eher aus Angst vor Abweichung und Enttäuschungen als aus überlegener Einsicht verbieten. Wieviel Offenheit Menschen gegenüber dem Anderen, dem Neuen, dem Unbekannten aufweisen, ist ein Index für ihre Emanzipiertheit. Ein Glaube, der darauf aus ist, fragwürdige vorhandene Verhältnisse als allein sinnhaft zu rationalisieren und dabei den Wunsch nach grundlegenden Veränderungen zu denunzieren, ist ein Glaube, der von der Angst vor der Ablösung von infantilen Bindungen an bestehende Mächte lebt.

Ob man weiterhin darauf hoffen soll, daß eine sich verändernde politische Praxis eine andere, bessere Welt hervorbringen kann oder ob man sich damit abfinden muß, daß das Bestehende trotz aller Wandlungen fortexistieren wird und dabei mit einiger Wahrscheinlichkeit in der Katastrophe endet, läßt sich kaum allein theoretisch begründen; das Wissen gerät hier notwendig an seine Grenzen. Zu den existierenden sozialen Strukturen gehören Zwänge und Abhängigkeiten, die den Eindruck erwecken, als seien sie für die Menschen unüberwindbar. Aber zum Bestehenden gehören nicht nur fesselnde Bindungen, sondern auch die darin enthaltenen Möglichkeiten des Anderen, Potentiale des Neuen, Phantasien und theoretische Entwürfe, die das Bestehende übersteigen. Die soziale Wirklichkeit ist nicht eindimensional, sie enthält immer potentiell vielerlei Möglichkeiten, die in unterschiedlichem Maße die Chance haben, praktisch realisiert zu werden. Zur sozialen Realität gehören immer auch die objektiven Möglichkeiten, die in ihr schlummern. Im Innern der Menschen, in ihrer widersprüchlichen psychischen Verfaßtheit, ebenso wie in der von ihnen geschaffenen Welt von Beziehungen, Techniken und Gegenständen, ist potentiell immer auch noch anderes angelegt, als bisher zur Geltung kommen konnte. Ob Menschen ihre Möglichkeiten wahrnehmen und nutzen können, hängt nicht nur von ihren intellektuellen Fähigkeiten und den historischen und sozialen Konstellationen ab, es hängt nicht zuletzt auch vom Vertrauen in die eigene Kraft ab, etwas verändern zu können. Das Andere kommt nicht nur durch Kritik am Bestehenden in die Welt, es wird erst dann wahr, wenn Menschen an ihre Fähigkeit glauben, es auch durchsetzen zu können. Veränderung ist auf Verbindungen von Wissen und Glauben angewiesen, die sich freilich von den Verbindungen unterscheiden, die das Christentum kennzeichnen.

Sigmund Freuds große Leistung besteht darin, einen für ihn sehr gefahrvollen Weg in die Welt des Unbewußten gesucht und entdeckt zu haben. Sein Unternehmen war mit vielerlei psychischen und sozialen Bedrohungen verknüpft, die er, relativ isoliert, aushalten mußte. Er konnte das neue innere Terrain nur erkunden, wenn er die äußeren Realitäten seiner sozialen Existenz nicht zu sehr infrage stellte, an denen er Halt fand. Seine Tabuisierung des Politischen, durch das andere soziale Realitäten ermöglicht werden können, war für ihn notwendig, weil er sich weitgehend ungeschützt in ein gefährliches psychisches und intellektuelles Gelände vorwagen mußte. Das gleichzeitige radikale Infragestellen von inneren und äußeren Realitäten, von psychischen und sozialen Konstellationen hätte Freud sicherlich überfordert. Sein auf Veränderung der Innerlichkeit gerichtetes Bemühen war auf Elemente eines politischen und sozialen Konformismus angewiesen, die ihm bei diesem Unternehmen Sicherheit versprachen. Nachdem uns Freud mancherlei intellektuelle Anstrengungen abgenommen hat, ist kritisches psychologisches Denken nicht mehr auf seine Tabus angewiesen. Es kann sich, durch Freuds Einsichten bereichert, mit sozialen Problemen anders auseinandersetzen, als es ihm in seiner Lage möglich war, und dabei die Entdeckung und Freisetzung des Anderen nicht nur in der inneren, sondern auch in der äußeren Realität vorantreiben. Die Misere unserer Zeit verdoppelt sich in einem trostlosen Blick, dem die Wahrnehmung der Möglichkeitsräume des Anderen, die diese Welt in sich trägt, verschlossen bleibt. Wie können wir die Angst überwinden, die uns nicht sehen läßt?

Anhang

Literaturverzeichnis

Abaelard Die Leidensgeschichte und der Briefwechsel mit Heloisa. Heidelberg 1979

Adorno, Th. W. Kierkegaard. Frankfurt am Main 1974

Adorno, Th. W. Minima moralia. Frankfurt am Main 1962

Adorno, Th. W. Studien zum autoritären Charakter. Frankfurt am Main 1980

Adorno, Th. W. Negative Dialektik. Frankfurt am Main 1986

Adorno, Th. W. Philosophische Terminologie. Frankfurt am Main 1974

Adorno, Th. W. Die Freudsche Theorie und die Struktur faschistischer Propaganda. In: Kritik. Kleine Schriften zur Gesellschaft. Frankfurt am Main 1971

Adorno, Th. W. Ästhetische Theorie. Frankfurt am Main 1977

Adorno, Th. W. Die autoritäre Persönlichkeit. New York, 1950

Ariès, Ph. Geschichte der Kindheit. Frankfurt am Main 1975

Aurelius Augustinus Vom Gottesstaat. 2 Bände. München 1978

Aurelius Augustinus Bekenntnisse. Zürich 1950

Bach, J. S. Matthäus-Passion. Frankfurt am Main 1985

Beyschlag, K. Grundriß der Dogmengeschichte, 2 Bände. Darmstadt 1991

Bloch, E. Das Prinzip Hoffnung. Frankfurt am Main 1967

Blumenberg, H. Matthäus-Passion. Frankfurt am Main 1988

Böcher, O. Die Johannes-Apokalypse. Darmstadt, 1988

Boos-Nünning, U. Dimensionen der Religiosität. München 1972

Bultmann, R. Das Urchristentum. Zürich 1949

Caterina von Siena Gottesvorsehung. München, Zürich 1989

Chasseguet-Smirgel, J. Das Ich-Ideal. Frankfurt am Main 1987

Chasseguet-Smirgel, J. Anatomie der menschlichen Perversion. Stuttgart 1989

Chasseguet-Smirgel, J. Hgb. Psychoanalyse der weiblichen Sexualität. Frankfurt am Main 1974

Chasseguet-Smirgel, J. Zwei Bäume im Garten. München, Wien 1988

Denzler, G. Die verbotene Lust. München 1991

Deschner, K. Abermals krähte der Hahn. Stuttgart 1971

Deschner, K. Das Kreuz mit der Kirche. Düsseldorf, Wien, New York, Moskau 1992

Deschner, K. Kriminalgeschichte des Christentums, Band 1. Reinbek 1986

Drewermann, E. Kleriker. Psychogramm eines Ideals. München 1991

Drews, A. Die Christusmythe. Jena 1910

Duby, G. Die Zeit der Kathedralen. Frankfurt am Main 1984

Evangelisches Kirchengesangbuch. Hannover 1983

Erdheim, M. Die gesellschaftliche Produktion von Unbewußtheit. Frankfurt am Main 1983

Erdheim, M. Einleitung zu S. Freud: Totem und Tabu. Frankfurt am Main 1991

Erikson, E. H. Der junge Mann Luther. München 1958

Erikson, E. H. Identität und Lebenszyklus. Frankfurt am Main 1966

Federn, P. Zur Psychologie der Revolution: Die vaterlose Gesellschaft. In: Aufstieg Nr. 11/12. Leipzig, Wien 1919

Feuerbach, L. Das Wesen des Christentums. Stuttgart 1969

Feyerabend, P. Wider den Methodenzwang. Frankfurt am Main 1983

Flasch, K. Einführung in die Philosophie des Mittelalters. Darmstadt 1987

Flasch, K. Das philosophische Denken im Mittelalter. Stuttgart 1988

Forstner, D. Die Welt der christlichen Symbole. Innsbruck 1977

Freud, S. Briefe an Wilhelm Fließ. Frankfurt am Main 1986

Freud, S. Gesammelte Werke. Band I–XVII. Frankfurt am Main 1941–1968

Fromm, E. Autorität und Familie. Sozialpsychologischer Teil. Paris 1936

Fromm, E. Das Christusdogma. Stuttgart 1984

Gay, P. Ein gottloser Jude. Frankfurt am Main 1988

Gay, P. Freud. Eine Biographie für unsere Zeit. Frankfurt am Main 1989

Greshake, G., Kremer, J. RESURRECTIO MORTUORUM. Darmstadt 1992

Grubrich-Simitis, I. Freuds Moses-Studie als Tagtraum. Psyche 4. 1990

Grubrich-Simitis, I. Zurück zu Freuds Texten. Frankfurt am Main 1993

Grunberger, B. Narziss und Anubis. 2 Bände. München, Wien 1988

Heim, R. Der symbolische Vater als Revenant. Die Geburt der Psychoanalyse aus dem Geist des Vaters. Psyche 11. 1997

Heinrich, K. Dahlemer Vorlesungen. Band 3. Arbeiten mit Ödipus. Frankfurt am Main, Basel 1993

Heinz-Mohr, G. Lexikon der Symbole. Düsseldorf 1971

Henseler, H. Religion – Illusion? Eine psychoanalytische Deutung. Göttingen 1995

Höhler, G. Die Bäume des Lebens. Stuttgart 1985

Horkheimer, M. Philosophie und Religion. In: Gesammelte Schriften, Band 7, Frankfurt am Main 1985

Horkheimer, M., Adorno Th. W. Dialektik der Aufklärung. Frankfurt am Main 1969

Horkheimer, M. Über den Zweifel. Gesammelte Schriften 7, Frankfurt am Main 1985

Horkheimer, M. Studien über Autorität und Familie. Paris 1936

Horkheimer, M. Psalm 91. In Gesammelte Schriften, Band 7, Frankfurt am Main 1989

Huizinga, J. Herbst des Mittelalters. Stuttgart 1975

Jones, E. Zur Psychoanalyse der christlichen Religion. Frankfurt am Main 1971

Jones, E. Die Theorie der Symbolik und andere Aufsätze. Berlin 1978

Jones, E. Psychoanalyse der Religion. In: Psychoanalyse und Kultur. Hrsg.: Meng, H., Bern 1965

Kahl, J. Das Elend des Christentums. Reinbek 1993

Kant, I. Kritik der reinen Vernunft I. Frankfurt am Main 1974

Kernberg, O. Innere Welt und äußere Realität. München, Wien 1988

Kernberg, O. Borderlinestörungen und pathologischer Narzißmus. Frankfurt am Main 1978

Klein, M. Das Seelenleben des Kleinkindes. Stuttgart 1962

Krüll, M. Freud und sein Vater. Frankfurt am Main 1992

Kunisch, H. (Hrsg.) Ein Textbuch aus der altdeutschen Mystik. Reinbek 1958

Kursbuch '93. Glauben. Berlin 1988

Lang, B., McDannell, C. Der Himmel. Eine Kulturgeschichte des ewigen Lebens. Frankfurt am Main 1990

Laplanche, J., Pontalis, J. B. Das Vokabular der Psychoanalyse. Frankfurt am Main 1973

Luther, M. Die Bibel oder die ganze Heilige Schrift des Alten und Neuen Testaments. Nach der deutschen Übersetzung D. Martin Luthers. Nach dem 1912 vom Deutschen Evangelischen Kirchenausschuß genehmigten Text. Stuttgart o. J.

Luther, M. Die ganze Heilige Schrift. Deutsch. D. Martin Luther, Wittenberg 1545. München 1972

Luther, M. Martin-Luther-Hausbuch. Bindlach 1996

Luther Deutsch, Band 9 – Tischreden. – Hgb. K. Aland. Stuttgart 1960

Luther Deutsch, Band 4, Hgb. K. Aland. Stuttgart 1964

Lutherlexikon, Hgb. K. Aland. Stuttgart 1957

Macho, Th. H. Todesmethaphern. Frankfurt am Main 1987

Mahler, M., Pine, F., Bergman, A. Die psychische Geburt des Menschen. Frankfurt am Main 1978

Marx, K. Zur Kritik der Hegelschen Rechtsphilosophie. In: Marx–Engels Studienausgabe. Frankfurt am Main 1966

Marx, K. Ökonomisch-philosophische Manuskripte. MEW. Berlin 1974 Ergänzungsband

Marx, K. Das Kapital. 3 Bände. Berlin 1960

Meissner, W. W. Psychoanalysis and Religious Experimence. New Haven, London 1984

Moeller, M. L. Der Krieg, die Lust, der Friede, die Macht. Reinbek 1992

Nase, E., Scharfenberg J. Hrsg. Psychoanalyse und Religion. Darmstadt 1977

Neumann, E. Die große Mutter. Olten 1974

Nietzsche, F. Werke in drei Bänden. Hrsg.: Schlechta, K., Darmstadt 1994

Nigg, W. Das Buch der Ketzer. München 1949

Paz, O. Sor Juana oder die Fallstricke des Glaubens. Frankfurt am Main 1994

Ranke-Heinemann, U. Eunuchen für das Himmelreich. Katholische Kirche und Sexualität. Hamburg 1989

Raguse, H. Psychoanalyse und biblische Interpretation. Stuttgart 1993

Reich, W. Massenpsychologie des Faschismus. o. J.

Reik, Th. Dogma und Zwangsidee. Stuttgart 1973

Reik, Th. Aus Leiden Freuden. Frankfurt am Main 1983

Reik, Th. Der eigene und der fremde Gott. Frankfurt am Main 1972

Reik, Th. Psychoanalyse und Justiz. Frankfurt am Main 1974

Richter, H. E. Der Gotteskomplex. Reinbek 1979

Rohde-Dachser, Ch. Expedition in den dunklen Kontinent. Berlin, Heidelberg, New York 1991

Rohde-Dachser, Ch. Das Borderline-Syndrom. Bern, Göttingen, Toronto, Seattle 1995

Rohde-Dachser, Ch. Die ödipale Konstellation bei narzißtischen und Borderline-Störungen. Psyche 9. Stuttgart 1987

Roper, L. Ödipus und der Teufel. Frankfurt am Main 1995

Roskoff, G. Geschichte des Teufels. Nördlingen 1987

Schopenhauer, A. Sämtliche Werke, Hrsg.: Hübscher, A., Wiesbaden 1949

Schottroff, L., Schröer, S., Wacker, M.-Th. Feministische Exegese. Darmstadt 1995

Schröer, S. Der Geist der Weisheit und die Taube. Feministisch-kritische Exegese eines neutestamentlichen Symbols auf dem Hintergrund seiner altorientalischen und hellenistisch-frühjüdischen Traditionsgeschichte. In: Freiburger Zeitschrift für Philosophie und Theologie. 33. Band, Freiburg in der Schweiz, 1986

Schulte, G. Die grausame Wahrheit der Bibel. Frankfurt am Main 1995

Sloterdijk, P. Weltfremdheit. Frankfurt am Main 1993

Sloterdijk, P., Macho, Th. Weltrevolution der Seele. Gütersloh 1991

Teresa von Avila Ich bin ein Weib – und obendrein kein gutes. Frankfurt am Main 1990

Türcke, Ch. Kassensturz. Zur Lage der Theologie. Frankfurt am Main 1992

Underhill, E. Mystik. München 1928

Vinnai, G. Die Austreibung der Kritik aus der Wissenschaft. Psychologie im Universitätsbetrieb. Frankfurt am Main 1993

Vinnai, G. Das Elend der Männlichkeit. Reinbek 1977

Weber, M. Die protestantische Ethik und der Geist des Kapitalismus. Tübingen 1920

Weber, M. Gesammelte Aufsätze zur Religionssoziologie. 3 Bände. Tübingen 1988

Weischädel, W. Die philosophische Hintertreppe. 34 große Philosophen in Alltag und Denken. München 1966

Zöllner, W. Geschichte der Kreuzzüge. Wiesbaden o. J.

Namenregister

Abaelard 134
Adler, Alfred 243
Adorno, Th. W. 27, 71 (Fn.), 201, 206, 228 (Fn.), 260, 267
Aischylos 58
Aland, A. 7 (Fn.), 43 (Fn.)
Ambrosius, hl. 125, 162
Ariès, Philippe 252 (Fn.)
Aristoteles 59
Augustinus 89–93, 150 (Fn.), 151, 161, 164, 183, 202, 264 f.

Bach, Johann Sebastian 148, 162, 197
Baer, Karl Ernst von 59
Becket, Thomas 127
Beethoven, Ludwig van 229
Bergman, A. 56 (Fn.)
Bernhard, hl. 159 ff., 163
Beyschlag, K. 46, 51 (Fn.)
Böcher, O. 77 (Fn.)
Bloch, Ernst 251
Bonaventura, hl. 163
Boos-Nünning, U. 192 (Fn.)
Brücke, Ernst 211 f.
Bruno, Giordano 19

Chasseguet-Smirgel, Janine 44 (Fn.), 58 (Fn.), 61, 75 (Fn.), 76, 82 f., 85 (Fn.), 190 (Fn.), 197 (Fn.), 198, 221 (Fn.)
Chrysostomos, Johannes 19

Damiani, Petrus 158
Darwin, Charles 202, 262
Denzler, G. 152 (Fn.), 158 (Fn.)
Descartes, René 200, 202 f.

Deschner, K. 19 f. (Fn.), 40, 47 f. (Fn.), 59 (Fn.), 93 f. (Fn.), 116 (Fn.), 118 (Fn.), 127 (Fn.), 132 (Fn.), 143 ff. (Fn.), 160 f. (Fn.), 181 (Fn.), 183 f. (Fn.), 196 (Fn.)
Drewermann, Eugen 47 (Fn.), 89, 152, 157, 158 (Fn.), 196 (Fn.)
Drews, A. 125 (Fn.)
Dutschke, Rudi 235

Efrem, hl. 162
Einstein, Albert 214
Eitingon, Max 242 (Fn.)
Erdheim, Mario 228 (Fn.), 231
Erikson, Erik H. 148, 161 (Fn.), 184, 251 (Fn.)

Federn, Paul 236 f.
Ferenczi, Sándor 214
Fetscher, Iring 222
Feuerbach, Ludwig 8, 43, 48, 246 (Fn.), 260
Feyerabend, P. 202 (Fn.)
Flasch, K. 165 (Fn.), 174 (Fn.)
Fließ, Wilhelm 8, 104 (Fn.), 240
Forstner, D. 62 (Fn.), 64 (Fn.), 125 f. (Fn.), 162 (Fn.)
Fox Keller, E. 221 (Fn.)
Frazer, James 149
Freud, Jacob 211 f., 244 f.
Freud, Sigmund 7 f., 9 (Fn.), 11 ff., 24, 26 f. (Fn.), 28–32, 34, 40, 48, 43, 44 (Fn.), 45, 49, 50 (Fn.), 55–60, 62–65, 67, 68 (Fn.), 76 (Fn.), 80, 85 (Fn.), 96, 97 (Fn.), 101 (Fn.), 103 f., 106 (Fn.), 108 f., 110 (Fn.), 113, 120, 121 (Fn.), 122–125, 130 f., 136–139, 140 (Fn.),

Peter Gay

»*Ein gottloser Jude*«

Sigmund Freuds Atheismus
und die Entwicklung der Psychoanalyse

Aus dem Amerikanischen von Karl Berisch

Band 14287

Der amerikanische Kulturhistoriker Peter Gay, ein profunder
Kenner der Psychoanalyse und ihrer Geschichte, untersucht hier
das Verhältnis von Freuds Atheismus zur Entdeckung der Psy-
choanalyse. Nach Peter Gays Auffassung konnte nur ein Athe-
ist wie Freud – dazu ein »jüdischer Atheist« –, der zwischen
Wissenschaft und Religion keinerlei Gemeinsamkeiten sehen
konnte, die Psychoanalyse begründen und entwickeln. Der
Autor behandelt einen umstrittenen Aspekt der Freudschen
Persönlichkeit und dessen Einfluß auf die folgenschweren
Entdeckungen des »Vaters der Psychoanalyse«.

»Freud hätte sich über das Buch gefreut.«
The New York Times

Fischer Taschenbuch Verlag

Marga Kreckel

Macht der Väter – Krankheit der Söhne

Band 13305

Psychisch kranke Söhne sind nicht nur Söhne ihrer Mütter. Sie sind vor allem auch als Söhne ihrer Väter zu verstehen. Dennoch wissen wir wenig über die Väter. Wenn über sie nachgedacht wird, ist dies meist mit der Klage um ihre Abwesenheit verbunden. Es ist – nach Ansicht der Autorin – eine beachtliche »Kulturleistung«, die Väter durch wissenschaftliche Nichtbeachtung und den Hinweis auf ihre häufige Abwesenheit fast vollkommen zu ignorieren, sobald es um die Klärung pathogener Entwicklungen bei ihren Söhnen geht. Aber in der Kultur des Vaterrechts scheint der Vater ein Tabu zu sein. Marga Kreckel hat reichhaltiges Material über das Verhältnis psychisch erkrankter Söhne zu ihren Vätern gesammelt, das hier anschaulich dargestellt und analysiert wird. In zahlreichen Fallbeispielen wird der tiefgreifende Einfluß der Väter auf ihre Söhne sichtbar gemacht. Neben diesem Schwerpunkt wird zudem auf die konflikträchtige Phase der Adoleszenz eingegangen.

Fischer Taschenbuch Verlag

Hans Deidenbach

Zur Psychologie der Bergpredigt

Band 10259

In der Bildersprache der christlichen Bergpredigt entdeckt der
Autor psychologische Gesetzmäßigkeiten, die nach seiner Meinung eine von Zeit und Kultur, Alter und Geschlecht des Menschen unabhängige Gültigkeit haben. Die Psychologie der Bergpredigt kann unser Leben von innen her verändern, nicht im
Sinne eines Rückzugs in die private Innerlichkeit, sondern kon-
kreter Auswirkungen auch im sozialen Bereich. Dabei spielt es
keine Rolle, ob der Mensch sich einer bestimmten Religion,
Kirche oder Konfession verbunden fühlt. Auch der Atheist kann
von der Psychologie der Bergpredigt profitieren. Der Autor
zeigt praktische Wege, wie jeder mit Herz und Verstand die Vo-
raussetzungen der Bergpredigt prüfen und ihre »Früchte« ern-
ten kann. Nach seiner Ansicht ist die Psychologie der Bergpredigt von kosmopolitischer Bedeutung, insofern sie das Anlitz
der Erde verändern kann.

Fischer Taschenbuch Verlag

fi 796 / 6

Heinrich Deserno
Die Analyse und das Arbeitsbündnis
Kritik eines Konzepts
Band 12131

Gegenstand der Kritik des Autors ist das für die psychoanalytische Arbeit grundlegende Konzept des Arbeitsbündnisses von Greenson, das die rationale Arbeit mit dem Patienten erst ermöglichen soll. Der Autor argumentiert nicht nur, daß dieses Konzept die Beteiligung des Analytikers an der Gestaltung des Übertragungsprozesses leugne, sondern zeigt außerdem, daß ein solcher Bereich »außerhalb« der Übertragungssituation zum Einfallstor unhinterfragter gesellschaftlicher, an Arbeits- und Leistungsbegriffen orientierter Konventionen werden kann. Eine unreflektierte Orientierung am Konzept des Arbeitsbündnisses verbindet sich folglich mit einer Tendenz zur Unterminierung des kritischen Potentials der Psychoanalyse. Der Autor sieht in Greensons Konzept einen Kompromiß, der technische Rigidität abschwächen sollte, ohne indes die dominierende ichpsychologische Orientierung einer Kritik zu unterziehen.

Fischer Taschenbuch Verlag

fi 526 / 9

Martin Dornes

Die frühe Kindheit

Entwicklungspsychologie der ersten Lebensjahre

Band 13548

Die Bedeutung der Kindheit für die weitere Persönlichkeitsentwicklung ist eines der großen Themen der Psychologie des 20. Jahrhunderts. Freuds Behauptung, das Kind sei der Vater des Mannes, ist sowohl auf Zustimmung als auch auf Widerspruch gestoßen. Heute kann kaum noch ein Zweifel daran bestehen, daß Erfahrungen in der Kindheit ganz erheblich die späteren Denk- und Gefühlsgewohnheiten beeinflussen. Allerdings haben sich inzwischen die Akzente verlagert: Nicht mehr die psychosexuelle Entwicklung steht, wie zu Freuds Zeiten, im Zentrum des Interesses, sondern die Schicksale von Aggression und Bindungsfähigkeit. Martin Dornes beschreibt die Eigenarten der Denk- und Gefühlsprozesse kleiner Kinder. Außerdem befaßt er sich mit der Entstehung und Entwicklung von Aggression, den Ursachen und Folgen der Kindesmißhandlung, der Angst im Säuglingsalter sowie der Frage, ob schon Säuglinge *unbewußt* denken und fühlen.

Fischer Taschenbuch Verlag

Johannes Reichmayr

**Spurensuche in der Geschichte
der Psychoanalyse**

Mit einem Vorwort von Paul Parin

Band 11727

Man verstehe die Psychoanalyse immer noch am besten, wenn man
ihre Entstehung und Entwicklung verfolge, meinte Sigmund Freud
(1923). »Johannes Reichmayr beruft sich mit Recht auf diesen Satz,
wenn er seine historischen Arbeiten als Beitrag zum Verständnis der
Psychoanalyse vorlegt; ich möchte hinzufügen, als ›unerläßlichen
Beitrag‹…Die Arbeiten Reichmayrs sind wichtig; sie leiten einen
Erkenntnisprozeß ein. Erst danach wird sich die Frage beantworten
lassen, welche äußeren Verhältnisse die Psychoanalyse braucht und
welche innere Wandlung nötig wäre. Ich meine, daß der psychoanalytische Kampf gegen Verblendung und Illusion weitergehen wird,
wenn wir jene Illusionen durchschauen und aufgeben, die uns die
Verhältnisse aufgezwungen haben« (Paul Parin). Der Autor beschäftigt sich mit der Entwicklung und Ausbreitung der Psychoanalyse, mit den Entwicklungstendenzen in der Zwischenkriegszeit,
mit der Psychoanalyse im Nationalsozialismus und im Austro-
faschismus, mit der Vertreibung der Psychoanalyse und ihrer Neu-
belebung nach 1945.

Fischer Taschenbuch Verlag